冯尔康文集

冯尔康 著

近现代海内外宗族史研究

南开大学历史学院◎编

天津出版传媒集团

天津人民出版社

图书在版编目(CIP)数据

近现代海内外宗族史研究 / 冯尔康著；南开大学历史学院编. --
天津：天津人民出版社, 2019.9
（冯尔康文集）
ISBN 978-7-201-15071-0

Ⅰ. ①近… Ⅱ. ①冯… ②南… Ⅲ. ①宗族–历史–
中国–近现代–文集 Ⅳ. ①K820.9–53

中国版本图书馆 CIP 数据核字(2019)第 156775 号

近现代海内外宗族史研究
JINXIANDAI HAINEIWAI ZONGZUSHI YANJIU

出　　　版	天津人民出版社	
出 版 人	刘　庆	
地　　　址	天津市和平区西康路 35 号康岳大厦	
邮政编码	300051	
邮购电话	(022)23332469	
网　　　址	http://www.tjrmcbs.com	
电子信箱	reader@tjrmcbs.com	

策划编辑	韩玉霞
责任编辑	韩玉霞
装帧设计	明轩文化 · 王烨 TEL:23674746

印　　　刷	河北鹏润印刷有限公司
经　　　销	新华书店
开　　　本	710 毫米×1000 毫米　1/16
印　　　张	22.25
插　　　页	4
字　　　数	380 千字
版次印次	2019 年 9 月第 1 版　2019 年 9 月第 1 次印刷
定　　　价	210.00 元

前　言

　　本卷由三组文章组成：宗族活动及研究；海外华人、宗亲会与宗族文化；家谱研究。辑录的是近现代宗族史、宗亲会史、海外华人宗亲会活动史的文章。

　　我研究历史，奢望能够贯通，但因为学识、资质不足，不可能全面进行，于是想在宗族史研讨上有所实现，并且进行了一些实践。除了主观原因，也有客观的助力，这就是我获得了一些近现代宗族尤其是宗亲会史的一些资料，可以"有米熬粥"了。宗亲会，是宗族的异化物，最早出现在香港、台湾。自 1985 年至 2011 年的二十多年间，我十多次去香港、台湾出席学术研讨会，获得了与会学者及有关人士赠予的宗亲会文献，如《谱系与宗亲组织》《袁汝南堂宗亲总会有限公司注册章程》，以及袁氏宗亲会其他文书，等等，我视之为珍贵文献，遂用以研讨宗亲会史。

　　我集中精力关注社会史研究以来，懂得了田野调查的必要，乃于 90 年代前期趋赴江苏、江西、湖南农村调查，访问族谱编纂者、热心活动者、研究者，参观作为宗族载体的祠堂、供奉"天地国亲师"的牌位及其场所，观览新修的族谱、草谱及盛装族谱的木匣，参观聚族而居的村落及其自然环境，随机拍照有关资料，还获赠了族谱及宗族宗亲活动通信录。在农村调查的同时，我与城市家族史研究者或通信联络，或前往拜访，获赠了谱牒文献。对这些接受我访问并赠我资料者，对与我共同进行田野调查的学友，对向我提供有关信息的友人，在此再次表达我真挚的感激之情。

　　在大陆研讨宗亲会史，我自许开其端，对近现代宗族史研治也还是适时的，但是仅仅是尝试而已，既不系统，也不深入，更与全面研究无缘，因此不敢有任何沾沾自喜的念头。

改革开放以来,家族编修族谱,友人令写的弁言三篇,另一篇关于当代宗族史研究的评介文字,一并收入本卷。

海外华人史、海外华人社团史、宗亲会史的文章。写作的缘起是将研治宗族通史延伸到海外华人社会的"祠堂"、宗亲会,了解他们生活中宗亲关系的因素与作用,从而发现他们的丧葬礼仪传承了中华传统丧礼文化,这些是在中国大陆已基本绝迹了,真正是"礼失见诸野"了。至于早已中国化的佛教、本土的道教,在海外华人中被信奉和流传,表明中华传统文化在海外的生根。这些都是民间生活自然形成的,是民间的自觉行为,是有意识去做而做不到的。

(2019 年 1 月 20 日初稿,2019 年 5 月 22 日删订)

编者按

为避免文集各卷内容重复,敬请读者垂注:

一、作者为"冯尔康文集"10 卷本所作的自序《学无止境,是我治学的座右铭》,置于文集的《社会史理论与研究法》之卷首。

二、作者历年著作之总目《冯尔康著作目录》,以及《冯尔康文集总目录》,置于文集的《师友述怀·序跋札记》之卷末。

以上 3 篇内容,不再一一列入文集每卷之中。读者如有需要,可以参阅。不便之处,敬请谅解。

目　录

家谱研究

解 题

常建华

20世纪中国宗族史的研究,冯先生称得上是重要的开拓者。时下中国社会处于现代化的转型时期,国家对于宗族的政策更加宽容,在尊重中国传统文化的背景下,甚至可以说宗族得到新的生机。因此,先生对于近现代宗族的研究不仅具有重要学术价值,也具有重大的现实意义,非常值得重视。

先生的研究内容分为三大部分, 收录本集的论文19篇。根据先生的分类,我的介绍如下。

一、宗族活动及研究

冯先生主持过教育部人文社会科学"九五"规划(1996—2000)项目"18世纪以来中国家族的现代转向",为了完成课题,在20世纪最后几年,将研究精力主要放在清代中后期宗族与民国、共和国时期宗族研究上,近现代宗亲宗族相关论文主要写于这一时段。

(一)先生立足于近世宗族史对于20世纪宗族史形态与演变的考察

《18世纪以来中国家族的现代转向》(《天津师范大学学报》2002年第1期),是一篇宏观论述18世纪以来近三个世纪中国家族史的论文,后来作为绪论收入先生所著《18世纪以来中国家族的现代转向》(上海人民出版社2005年)。冯先生在文章第一段中指出:"18世纪以来的三百年,是中国社会剧烈变化的现代化转型的时代,家族在社会变革中受到严重的冲击。清朝时期家族活动较为活跃,热衷者企图实现'尊祖敬宗收族'的理想,团聚族人,实行自我管理,依附于政府,成为忠诚的民间群体。及至20世纪上半叶,迭遭舆论的批判和政治力量、战乱的冲击,呈现某种衰败之象,下半叶的前30年基本上处于销声匿迹状态,70年代末期以来,有了一定程度的复活。"冯先生将18世纪以来家族演变分为清朝、20世纪上半叶、下半叶的前30年、70年代末期以来四个时间段,并概括出各时期家族的主要特色。

冯先生还开宗明义,揭示了家族的性质、演化与趋向:"面对社会的变革和自身的遭遇,家族显示出适应能力,不断地自我调整与革新,也在随着社会的现代化,向着现代社会的民间团体方向演变,经历着从宗法的、血缘的、集体本位的群体,朝着个人本位的血缘群体或同姓俱乐部两个方向演化或异化,但是远远没有完成。"这些认识可谓高瞻远瞩。

论文主体分为四个部分,第一部分家族形态沿着两种路线变化。冯先生认为,三百年间的家族组织的变更轨迹有两条:一条是纯血缘群体的路线,这类家族形态的演变途径似可简化成这样的公式:祠堂(含清明会、宗约会)——族会——族务理事会、宗亲会;另一条是同姓社团的路径,这类家族形态的变化途径可以简化成公式:祠堂(含宗约会)——联宗(含丁仔会)——同宗会——宗亲会。冯先生概括出家族组织的形态则是:"传统家族形态(祠堂族长制、族老制)——族会、同宗会、联宗和传统家族形式(祠堂+宗约会)混合体——不同类型的宗亲会、族务理事会和传统家族形式(祠堂+宗约会)混合体。"强调从中可见血缘原则的松动,股份制被引入家族组织,及其过渡性质。

第二部分家族观念的更新。认为三百年间家族组织建设的价值观,是围绕着家族本位主义与个人本位主义之间展开的。清人建设家族,希望在尊祖的旗帜下,以宗法血缘观念将族人组织为群体,立足于当地社会;"礼以义起",则是清人家族改良的思想武器,探讨使家族适合于时代状况。20世纪新型家族观的产生,分为两大流派,一派认为家族是专制主义的基础,应该消灭它,另一派希望剔除家族的宗法性,而将它建设成现代的互助团体。"近三百年来,家族在管理体制与观念方面,在对族人的职业、信仰选择、女性及异姓上谱等方面的松动,为族人创造社交、娱乐、福利条件,体现出对族人自由意志、人格的尊重,相当程度上,或完全克服宗法性质,令其本身具有现代民主意识,走向或进入现代社团的行列。"

第三部分家族与国家关系转入新阶段。清代处于家国关系发展史的第三个阶段,即宋元明清阶段,20世纪家国关系从第三阶段向第四阶段转变,从家族的政治功能与社会功能转化,可以观察到家族与国家关系的演变。

第四部分家族的变化与社会的变革。近三百年中,中国社会经历了三次巨大的变革:民国与清朝的更替,共和国取代民国,实行改革开放,家族的命运与社会的变动一脉相通,颇受冲击。"家族对社会处境颇有适应能力,在社会环境压力下,实行自我改造,其方向是厘剔宗法性,进行民主管理体制的建设,朝着建立现代社团的方向努力。"

(二)20 世纪家族观的讨论

20 世纪中国社会动荡不安,家族备受冲击,社会各界对于家族的评价各异。《20 世纪中国社会各界的家族观》(《中国社会历史评论》第二卷,天津古籍出版社 2000 年),是一篇约 5 万字的长文,分为九节,就此问题进行了细致的讨论。

前五节叙述百年来社会各界对家族的看法、态度和政党的政策。

第一节 20 世纪上半叶部分学者的全面批判态度与青年学生的呼应。指出:"批评的揭橥者可能是世纪之交的章太炎,而最激烈的则是陈独秀和吴虞,主持《民国日报》'觉悟'副刊的邵力子则是学生的呼应情绪得以表达出来的支持者之一。"

第二节 20 世纪上半叶部分学者的局部批判观点与民间的相应实践。以梁漱溟、胡适、梁启超为代表,其见解为:家族讲求亲情、人伦,令人重视家族家庭而忽视国家;改革婚丧礼俗中的宗法内容;主张以议会制、地方自治,实行家族自治,或由绅治向民治发展。民间家族改良派的观念,要点在于从家族观到爱国保种观念的产生;建立族会,开始走向民主管理的道路;崇奉进化论,注意到竞争意识;初步树立平等观念,主要表现在对待女性方面。

第三节 孙中山与国民党的观点和态度。孙中山对家族主义的态度要点有三:一是家族主义为民众所信奉,而不懂国族;二是利用家族主义达到形成国族主义(即民族主义)的目标,并给传统忠孝以新的内容;三是提倡民族主义(国族主义),用民族精神救国,挽救危亡。"蒋介石对家族的态度要比孙中山温和得多,他认为家族不是严重的社会问题,家族所信奉的忠孝伦理、它作为固有的社会组织均可以加以改造,尤其是可以利用。""在国民党人方面,大革命时期的一部分激进人士对家族主义持反对态度,特别是国民党中央农民部和湖南、广东两省的农民部,支持农民运动和农民协会,惩治宗族首领的土豪劣绅。"

第四节 20 世纪上半叶共产党的观点、政策与策略。"毛泽东提出族权及其为封建四权之一的理论,将其列入新民主主义革命的对象,以之为实现土地革命的必要内容;在思想上批判家族主义,并视为批判封建宗法制度、宗法思想的重要内容;在行动上苏维埃政府制定《土地法》,惩治被认定为剥削阶级成分的家族族长及其土豪劣绅,没收宗族公有土地与财产。由于这个时期共产党与国民党处于对立状态,只是在第一次国内革命战争时期在苏区、解放区实行它的主张和政策,同时由于它同国民党有两次合作,所以在对待宗族问题上时或讲究策略。"

第五节20世纪下半叶的主导基调及有所不同的观点。对待家族的社会观点,一是主流声音:联宗续谱是复辟封建主义活动;二是报刊常见的观点:宗族势力死灰复燃,必须取缔;三是从理论上、宏观上看家族与社会的不协调及其变革;四是观点似乎接近主流舆论,但实际另有见解;五是家族活动有某种合理性,需要认真分析。

后四节冯先生提出自己的看法。

第六节五个派别与对传统宗族基本上的批评态度。从民间家族活动家、民间革新派、思想文化上的批判派、改造派、革命派考察,认为:"五派之中,除了守旧派之外,都批判家族的宗法性,并有共同的内容,这就是:宗法家族是专制主义的基础;以家为本位,违背近代人文精神;小团体主义,造成中国人的一片散沙;家族共财,养成人的依赖性,缺少创造力;拥有大量出租土地的祠堂,实质上是地主;传统家族不适应近代社会的需要,必须改造(革命派则以之为革命对象)。"

第七节对家族的取缔及其反弹。重点考察家族复兴的原因:强制摧毁使农民的家族意识潜藏起来,社会环境适当便会冒出头来;家族的某些社会功能有合理性,我国当前的社会保障事业尚不能代替它;家谱是家族的历史记录,我国素有重视史学的传统,续修家谱反映了人们重视家史的愿望,也是继承古代优秀文化的传统;家族组织的自治性及其同政府关系中协调与不协调的两面性,加强协调性,需要多方努力。

第八节家族自身走了一个世纪的变革之路。从变革家族的思想看,首先是遵守国体、政体、法令和政策的思考;其次是破宗法思想,立平等自由观念,尤其是男女平等意识;最后是迎合时代新风,树立主动改革态度。从组织管理的改革看,祠堂族长制管理体制是宗法家族的管理制度,是对族人实行宗法家法的组织,家族改革就是要革除族长制。从家族活动内容看,其更新特别是加强伦理建设和文化建设。从家族复活中存在的问题看,家族恢复活动的同时,传统家族的某些宗法成分以及由家族活动本身引起的问题也出现了。

第九节宗族与现代化的关系,提出:家族制度产生于农耕社会,然而并不可怕、且可促进传统社会的商品生产与交换;家族在现代工业化社会依然能够存在,并能参与现代化经济活动。

(三)20世纪上半叶家族的专门研究

先生讨论了20世纪上半叶的家族形态。《20世纪上半叶式微中更生的家族》作于2000年,2019年修订。本文首先讨论20世纪上半叶家族"是衰败还是更新"的问题,接着考察变异中的家族形态和类型:族长制、族老制、族会制、同宗会制,认为类型多样是20世纪上半叶家族组织的一大特点,出现新旧交相呈现状态,既不是旧事物,也不是全新的事物,其走在近代社会团体的轨道上。当时家族活动内容,主要是祭祀祖先、修建祠堂、经营公产、互相赈恤、家族纠纷与进行教化,此外兴修家谱是家族大事。家族的宗法性和功能都在变化之中:传统的教化功能在消退,社会功能有所加强;个人社会化,家族控制能力削弱;传统家族的纯血统原则受到较为严重的冲击;传统家族仍然存在着某种宗法性。

冯先生继续考察了民间自强自治的家族团体观:对于废除家族的呼声,引起一些家族的强烈不满,并以改革作为回应;笃信孙中山国族理论,以家族为爱国之根基;初步具有民主、平等的观念,并在家族的治理中有所体现;相信进化论,期望将家族建设成自治自强团体。社会冲击下家族发生变化与更生:传统家族在衰落之中,族会、同宗会的出现,有了新的活动内容。

家族式微的原因是多方面的:一是社会经济的衰败,造成家族经济危机,使其开展活动失去财力的支持,常常无法进行;二是频繁的战争造成直接破坏和间接影响;三是苏区的家族,受到政府支持的农民运动的冲击和政府土地政策的实行,内部也出现分化,家族从而涣散了;四是大量移民造成的这个时期内家族的消弱,而又没有条件再行恢复;五是新思想的冲击作用,损坏了家族的固有形象,不得不发生变化。家族变异与更新也出现:家族组织新形式的产生,新旧家族观念的交织,家谱面貌变化。家族处于销声匿迹的前奏,是由古代家族向近代家族转化的过渡状态。

北洋政府时期传统宗族的演变受到关注。《北洋政府时期传统宗族的演变》作于2010年,从发生在北洋政府时期的十则案件,观察宗族的活动:破坏宗族限制族人职业选择权的宗法性族规,法庭基本上支持异姓上谱和族人家庭的立嗣权,法庭支持义子寡妻遗产继承权,法庭支持族人反对宗族的压抑,法庭尊重宗族习惯,宗族自身与政府均在努力促使宗族向近代社会团体演化。

(四)改革开放以来宗亲宗族活动研究

《改革开放以来宗族宗亲活动概况》一文作于 2000 年,首先探讨 20 世纪八九十年代以来宗亲团体的形成与主要活动,涉及宗亲团体、祭祖和年会、续修族谱与研究家族历史、修缮祠堂;接着论述宗族与外部、政府关系,涉及协调或干预族内人际关系、参与社会公共事务、宗族械斗、宗族与政府关系;最后归纳宗族宗亲团体的特点,涉及宗族宗亲团体的传统、松散、向宗亲会过渡这三种类型与特点,认为当今宗亲活动是城乡民众(主要是乡村农民)社会活动的一种形式,宗族组织处在变动之中或者可以说是处在它的转型期。并探讨乡村衰落形势下宗族转型趋向,认为宗族在农业现代化、农业生产规模化过程中将逐渐消失,宗族将因家族文化机缘异化为宗亲会。

20 世纪海内外的华人宗族面临现代化的问题。《当代宗族与现代化关系》(原载日本《中国研究》第 1 卷第 10 期,1996 年 1 月号)首先论述改革开放初期宗族的正负面作用,认为积极作用体现在人们利用宗亲关系和宗族活动,作为扩大谋生的手段,起到促进社会经济发展的作用;人们利用宗族活动,寻找归属感和安全感,有益于社会秩序的稳定;城里人利用宗族活动达到文化享受目的,有益于文化事业繁荣;宗族活动是联系台港同胞、海外侨胞的手段之一,有益改革开放政策的贯彻和经济建设。消极的因素体现在传统上的限制个性发挥,平均主义残余影响的存在,械斗的不良风习。然而积极作用占主导地位,负面作用是次要的。其次谈论宗族与商品经济的关系及家族企业的出现,认为明清和近代商品经济发展,一定程度上刺激了宗族活动;宗族接受工商皆本思想,从观念形态上证明它可以与商品经济相融合;台湾、香港及海外华人社会的现代家族企业发挥了积极作用;学术界注意到家族企业利弊。最后探讨宗族在现代化初期对社会的某种适应性,认为:"当今宗族有其对社会的适应性,能根据社会的变化和需要,改造其组织形式和活动内容。宗族正是有这种适应力,所以能够在变动中的社会生存下去,非但没有被改革的时代所淘汰,还能在消沉后复兴。"

此外,《20 世纪中国宗族史研究状况评介》一文,是《中国宗族史》(上海人民出版社 2009 年)绪论中的部分内容,与近现代宗族史相关。文中开列了中国宗族史研究专著的部分书目,阐发在宗族通史、宗族断代史、宗族专门史、地域宗族史、宗族历史地位和宗族史理论六个方面取得的成绩。

二、海外华人、宗亲会与宗族文化

清中叶以来大量华人走出国门,到海外谋生,形成海外华人群体。《晚清南洋华侨与中国近代化》(《亚太地方文献研究论文集》,香港大学 1991 年)使用丰富的地方文献资料,从四个方面详细论述:华人大规模移民南洋的状况、原因;南洋华侨对国内的经济援助;中华传统文化的限制;清朝政府的政策和国内封建势力阻碍。

《当代海外华人述略》(《南开学报》1999 年第 5 期)以北美和大洋洲为重点,叙述海外华人的现实状况,分析他们的发展途径,他们与祖国与中华文化的关系。指出从大陆和港台地区出来的人有四类:自豪又可怜的香港移民,团结、传统又略嫌粗俗的台湾移民,卑微又愤发的大陆移民,游动中的华人移民。移民的途径,有留学、依亲、偷渡等。时局的不稳定,是移民特别是香港人和台湾人迁移的重要原因;为寻求好生活而移民,这在大陆人和台湾人中较多;投资海外,开拓事业,这是少数人移民的原因;随潮流走,是大陆某些人移民的原因。认为海外华人加速融入主流社会的步伐,如职业的多样化与专业人士的较多涌现,从唐城走向高尚住宅区,反对种族歧视。并就移民与祖国、中华文化的关系进行讨论,可见海外华人重视家庭和子女文化教育几乎是有口皆碑的,这是中华文化移植海外的集中体现;海外华人对于祖国的政治不忘关怀,但不热烈。最后前瞻海外华人,提出希望:发扬中华传统美德,克勤克俭,辛勤劳作,量入为出;搞好华人内部的团结,形成自我保护力量,以便立足于社会;继续主动融入主流社会。强调:"移民一面要融入主流社会,一面又要保持中华文化,而这两者要同时共存,无疑是矛盾的,难以把握的,移民处理好这组矛盾,就会前进,就会生活美满。期待着这个目标早日实现。"

先生考察了 20 世纪下半叶宗族宗亲活动。《20 世纪下半叶以来台湾、香港和海外华人社会的宗亲会》,原文出自《中国宗族史》(上海人民出版社 2009 年)所写部分,2019 年 1 月 20 日增改。冯先生强调:"宗亲会与宗族虽有渊源关系,却是现代社会类似俱乐部的社会团体,或许可以说它是宗族的异化物,既不要把它简单地视作宗族,也不忽视它脱胎于宗族,与宗族有着千丝万缕的联系。"其理由是:第一,宗亲会是现代社会真正完全的民主管理社团;第二,血缘观念使得宗亲会与中华传统家族文化保持联系;第三,血缘观念造成宗亲会以具有中华家族文化因素而与俱乐部有着些微的差异;第四,宗亲会将有怎样的未来值得关注。

《当代海外华人丧葬礼仪对中华文化的传承与反哺》一文写于 2006 年,收录在卞利主编《民间文献与地域中国研究》(黄山书社 2010 年)。冯先生注意到:"海外华人刊登在澳洲、美国、新加坡华文报纸的华人丧礼讣告,显现出西方文化的成分,而更多的却是中华传统文化的韵味,诸如以服制规范丧礼行为(逝者亲属的行为准则),风水观念的流衍,中华纪元文化的尊奉,落叶归根观念及其演变。"基于此,冯先生与大家分享了两点感受:一是海外华人传承中华文化;二是尊重海外华人的文化传承,还需要探讨能从那里汲取一些什么成分,以利于传统文化的弘扬。冯先生说阅读那些讣告时,孔子说的"礼失求诸野",总在脑际萦怀,挥之不去。总在拿海外华人的中华文化传承与大陆的传统文化地位作比较。于是呼吁:"现在我们就是要认识哪些是需要捡回来的东西,让它在人们社会生活中发挥作用。"认为赡养老人的孝道,在非常缺乏社会保障的社会,尤显其重要,适合社会需要的"孝道"要提倡,要给予其尊严;其他的人伦内容也需要社会去关注,如古代有冠礼,即成年礼,是勉励刚刚步入青年行列的人,增强其社会责任感,也是尊重其成长的人格。

《当代海外华人丧礼文化与中华家族文化的海外生根》是一篇长文,继续探讨当代海外华人丧礼文化,收入南开大学历史学院等编《纪念郑天挺先生诞辰一百一十周年中国古代社会高层论坛文集》(中华书局 2011 年),冯先生对照了海外华人与中华传统的丧礼仪式,从初终到下葬的全过程,基本上一致,认为前者基本上继承了后者的形式和观念。还考察了中国传统家族文化在海外华人中的传承与变化,所谓传承,一是家族成员命名使用辈字,表示家族成员的共识,共同愿望,是宗族文化的基本内容,也可以视为家族存在的标志。二是参与族人家庭丧礼,是家族成员的义务与权利,在族人,参加是理所应当的事情,若不吊唁、送葬和致送赙金是失礼,是不仗义。三是主妇、儿妇、孙媳等外姓人员进入家庭、家族,为正式成员,故名字前冠夫姓,写作"某门某氏",此系传统家族文化。所谓变化,主要表现在对家庭、家族女性的尊重,讣告,哀谢将嫁女、侄女、内侄女及其夫婿和子女列名,把传统观念中家庭、家族以外的人纳入家族之内,成为本家族成员;还表现在重视拟制亲方面,义子、义女及其家属列名讣告,传统社会是绝对不准许的,如今他们同亲生子女一样参与丧事,列入孝子名单。

冯先生认为,中华传统丧礼文化能够在海外华人社会流传的直接原因,是有按照中华传统丧礼文化办事的丧葬服务业,更为深层次的原因则是海外华人社会中华传统文化因素的留存和流传,即宗亲会、同乡会、佛教、道教和互助会的存在及其活动,为华人的传统丧礼文化提供精神的、组织的条件。冯先生强调:"海外华人丧礼,基本上是中华传统文化与西方现代文化的结合,以中华传统文化为基础,吸收西方文化,于是乎中西文化合璧,具有多元文化的特征,但是中华传统文化实为根基。"该文的后记中,冯先生指出了海外华人丧礼文化的具体来源:"美国、澳大利亚华人的丧礼文化是中华传统文化特别是宗族文化的传承,也是从台湾、香港,以及昔日之广东、福建等地区传播过去的。"

《当今美澳华人佛教、道教传播与文化反哺》一文,首先从佛教和道教藉中华传统节日进行传教法会活动,举办佛学讲座、研讨会,佛诞日法会,佛教从事救灾活动,佛家与有丧事之家合作完成丧礼,佛家、道家与商家结合在中华传统节日的纪念活动中进行传道,介绍了佛教、道教的传道活动与渠道。接着分析了中华传统文化在海外生根的社会原因:大量华人移民在相当程度上采取中华传统生活方式,是中华文化移植的基本因素;华人群体是移植中华文化的中坚力量;商人是传承中华传统文化的活泼因素;佛道本身是中华传统文化的重要组成部分,并在中华传统文化的观念传承上、表现形式上均有不可忽视的作用,成为海外华人的一种精神家园。

三、家谱研究

冯先生探讨了 20 世纪家谱纂修问题。《20 世纪上半叶家谱修纂与谱例改良》讨论了兴修家谱的追求与实践,修谱目标、组织与搜集资料手段,改良谱法的指导思想与新的编辑方法,家谱新功能与谱例改良的时代特色。《改革开放 20 年来家谱编修及其文化取向》,首先介绍家族编写族谱概况,接着指出新谱例的追求,体现在新体例的探讨、新书例与秉笔直书上,并分析了当代族谱体例书例及编写族志的趋向,还就新的社会文化取向提出,开发族谱社会功能的价值取向、提倡建设现代人伦的思想文化取向、发扬尊祖先爱乡族的传统精神并赋予新的文化内涵,并且提出何以仅是新型族谱出现的端倪之问,探讨新观念、新体例、新书例出现在少数宗谱中,绝不能表示新修族谱普遍达到此种水平;新谱书的观念、体例需要不断地完善,以克服现存的问题;如何克服传统族谱乱认祖先的弊端;修谱与社会的关系有待协调,以利提高族谱质量。最后论述修谱与台港同胞及海外华人关系,认为是双方结合的产物,大陆宗亲活动的发生及活动状态受境外的影响,这也是当前大陆宗亲宗族活动和续修家谱的一个特点。

三篇谱序,反映了冯先生对于新修家谱的一些看法。《诚可效法的创新体例的家谱》是为舅家仪征《月塘康氏家谱》所作序,认为该谱:"在体例新、材料翔实两点上确有特色。它既能记述康族历史,又能以家族的衍化,或多或少地反映近代仪征乃至中国历史的一个侧面,不能不说它是一部好的族乘之作。"《新时期早期的族谱》是 1988 年为天津《徐氏宗谱》所作序言,指出:"我们应当批判传统家族文化中的宗法性,并赋予其爱国主义、集体主义新内容。徐氏修谱有了这种表示,值得赞扬。"强调:"讲究谱法则不容忽视,盖新时代当有新谱学。民间不懂谱法,往往沿用旧法,容易导致宣扬家族主义",建议加以引导,使宗族修谱沿着新谱学的科学轨道前进,利国利民"。十几年后,冯先生又以《关注精神文明建设的家族史》为题,为天津《徐氏芳名录》作序,该序涉及生人是否收入《芳名录》的问题,认为:"历史上的传芳录不写或基本不写在世的人,有其道理,因为人是变化的,前半生做好事,后半生可能办坏事,这样的人经不起表彰,对后人难以起到教育作用,不写是有道理的。难道绝对不能写吗?也不尽然。写出来,对其人是一种鼓舞,激励他更向前走;也是一种要求和鞭策,只能往上走,不可以向下出溜。"

18世纪以来中国家族的现代转向

18世纪以来的三百年,是中国社会剧烈变化的现代化转型的时代,家族在社会变革中受到严重的冲击。清朝时期家族活动较为活跃,热衷者企图实现"尊祖敬宗收族"的理想,团聚族人,实行自我管理,依附于政府,成为忠诚的民间群体。及至20世纪上半叶,迭遭舆论的批判和政治力量、战乱的冲击,呈现某种衰败之象,下半叶的前30年基本上处于销声匿迹状态,70年代末期以来,有了一定程度的复活。面对社会的变革和自身的遭遇,家族显示出适应能力,不断地自我调整与革新,也在随着社会的现代化,向着现代社会的民间团体方向演变,经历着从宗法的、血缘的、集体本位的群体,朝着个人本位的血缘群体或同姓俱乐部两个方向演化或异化,但是远远没有完成。

一、家族形态沿着两种路线变化

三百年间的家族组织,出现多种形式,并在不停的变更之中,寻求其轨迹,似有两个途路。

一条是纯血缘群体的路线。

清代的家族组织,传承于元明的祠堂族长制和族老制。在聚族而居和家族制度发达的地区,家族建设有祠堂,作为祭祀祖先和家族议事的场所,"祠堂"其实是家族的组织机构及其代称。结构庞大的家族,下面还有分支,设立分祠、支祠。祠堂有着一套组织机构,设有族长和其他管理人员;它负责家谱的编纂,确认家族成员的族籍;制定宗族规约,作为处理家族事务的准则;管理家族的公共财产,用于祭祀和赡族;有的祠堂还备有族学;定期举行娱乐活动,等等。祠堂是团体,是小社会。在家族制不甚发展的地区,家族的组织形式简单,实行的是族老制,有的地方叫作"清明会",由年辈高、有声望或富有财产的人出任族长,主要职责是依时进行家族祭祀活动。由于管理机构的不健全,许多家族事务没有人管,于是有"宗约会"的产生,以调处族内细小纠纷、实行自我教育、增强族人凝聚力,它既是家族的一种组织形式,也是家族的一种活动方式。

清代的祠堂族长制、族老制是宗法性的,对族人施行宗法性的控制,其主要内涵有两个方面。首先是它的宗法专断性,族长拥有家族祭祖的主祭权,他人只能是陪祭和参与祭祀,对外代表家族与官方及社区其他群体进行交涉和往来,对内向族人实行教化,拥有国家认可的教化权,可以依据家规族法,处断族务及族人家庭的某些事务,对族人实施精神的和肉体的处罚,直至开除出宗,以致处死。但是族长往往由遴选法产生,族中大事要经过族人合议议行,族长的专断受到制约。另外,在家族内部,人们依照血缘辈分关系,形成血缘等级,俗谚"摇篮里的爷爷,白胡子的孙子",人们间的关系主要不以年龄来定,而以血缘辈分区分成等第,形成家族中的尊卑差别,在同辈分中又区划出长幼之别,这尊卑长幼决定人们在家族中的地位。在家族内部纷争中,家法对争执双方,既论是非,又论血缘辈分,偏袒尊长,压抑卑幼。在家族的宗法等级制中,族人参与祠堂活动,是必须的,没有选择的权力。

20世纪前期,少数家族,如上海的王氏、朱氏、曹氏,福建安溪刘氏,广东潮州洪氏等家族,仿照议会制度,族人有选举权,选举产生家族负责人。如曹氏拟定族会简章,将祠堂族长组织,改造为族会,使用投票法公举议长、副议长、评议员及办事员,任期一年,族人大会改选,可以连选连任。族人16岁以上有选举权,25岁以上有被选举权。评议员会议,准可族人旁听,经允许可以发表意见;设若议长要阐述个人见解,必须退离议长席位,由副议长主持会议,始可讲话。可见该家族会议的民主程序已较完善,族人拥有参与族务的权力,而议长是根据族人大会和评议员会议的决议办事。这样的族会,实行的是现代民主管理原则,同昔日的族长制迥然不同,为中国家族管理制度史翻开了新的篇章。

这种族会,由于20世纪上半叶的战乱环境未能允许它发展而夭折。50年代至70年代的三十年间,家族处于潜存状态。70年代末以来的二十多年中,随着改革开放政策的实行,家族重新开展活动。一些家族较为守旧,保持较多的宗法性,而相当多的家族自我调整,放弃古老的祠堂族长制,成立族务理事会、族人联络组、宗事辅导组、宗亲会、家族代表大会和理事会,如浙江苍南华氏家族制定《族内守则》,宣称族人代表大会是解决族内一切事务的最高权力机构,下设理事会,由代表大会选举产生。不难看出,它是模仿现行的人民代表大会制度,意图体现民主管理原则。21世纪之初的族会与20世纪之末的族务理事会,所建立的是新式的家族组织形式,它们之间虽然没有传承关系,但民主自治的精神是一脉相承的,意图取代昔日的祠堂族长专制制度也是相同的,因此在一定意义上说,后者是前者的延续。这类家族形态的演变途径似可简化成这样的公式:祠堂(含清明会、宗约会)——族会——族务理事会、宗亲会。

另一条是同姓社团的路径。

明末清初以降,联宗修谱现象有了较多的出现,这种联宗的地域范围,超出本乡本县,乃至本省,常常对家族的铁的血缘原则有所忽视;在19世纪的台湾,大陆移民中产生崇拜"唐山祖"的融合型家族,成员以男性个人名义入股,故称"丁仔会",是同姓而不一定同宗人群的联合,也是淡化血缘关系。20世纪前期,在社会团体纷纷问世的时候,有所谓基于血统观念而成立的"敦宗会",或称"同宗会",说是因血缘关系而立会,实际只是同姓氏的关系。这种组织的管理,已初步建立民主体制,如潮州洪氏于1915年建成以"三瑞堂"为名的联宗团体,1922年联宗修谱,实行议事会制度,定有《规则》若干条,其中有一条是,倘若规则里面有不完善的地方,得由公众议改议补。可知这个联宗会是众人协商理事,绝不同于传统的族长制。到20世纪下半叶,台湾、香港以及海外华人社会出现许多宗亲会,以实业股份有限公司向政府注册,实行现代的会员大会和理事会、监事会管理制度,成员自愿参加,同姓男女成年人均可,需要交纳会费。如1959年制定的香港袁汝南堂宗亲总会章程规定,凡属宗亲,不论籍贯、性别,及男会员之直属亲属(即母、妻),均可申请入会,但须填具志愿书,并由会员一人介绍,经理事会审查通过为有效;会员的权利是:有选举权及被选举权;有书面建议权、会员大会时表决权;若遇纠纷或其他不幸之事件发生,可向理事会申请调解或帮助;有享受宗亲会所办的一切福利的权利。

又如1979年建立的台北市吕姓宗亲会的章程,会员大会的规则:会员大会是最高权力机关,理事、监事均由会员大会用无记名投票选举产生。会员大会职权是:制定及修改章程,审查年度工作计划、经费收支预决算,审议理监事会的会务报告,选举及罢免理监事。理事会职权是:执行会员大会决议及处理日常会务,厘定年度工作计划、经费收支预算等。这种宗亲会的组织机构可以很庞大,地区性、世界性的均有。从上述会章可知,它不讲究血缘原则,只要是同姓成年人即可吸收,颇具俱乐部性质。近来大陆有些姓氏的成员受其影响组织了跨地域的宗亲会,并同台湾、香港、新加坡的宗亲会举办联谊活动,也有一些家族进行跨地域的联宗修谱。这类家族形态的变化途径可以简化成公式:祠堂(含宗约会)——联宗(含丁仔会)——同宗会——宗亲会。

两条路径,综合起来看,三百年间中国家族的历程可以勉强地概括为如下的公式:传统家族形态(祠堂族长制、族老制)——族会、同宗会、联宗和传统家族形式(祠堂+宗约会)混合体——不同类型的宗亲会、族务理事会和传统家族形式(祠堂+宗约会)混合体。

家族形态转变中的两条路线,令我们产生深刻印象的有三点:一是血缘原则的松动。家族本来是男性血缘群体,一个老祖宗所生的"一本"观念牢不可破,反对异姓乱宗一直是家族坚持不懈的原则,也是家族之所以成为家族的根本法则,可是上述第二条演变途径中的联宗修谱、丁仔会、以县为范围的同宗会、跨地区和国别的宗亲会,只注意于同姓而不留意于同宗,反映出家族血缘原则的松弛,笔者所以区分为两种类型,就是从家族血缘原则考察的。二是股份制被引入家族组织。丁仔会实行股份制,成员系入股人,各个家庭入股若干不决定于丁男数量,而出于自愿,股权在子孙中传承,而以有限公司名义注册的宗亲会,入会的个人交纳会费,与家庭无涉,所办的公司是股份公司。三是过渡性。就着三百年的时间讲,联宗、丁仔会、族会、同宗会是前后两期的过渡型,而从中国整个家族发展史及其未来发展看,更是处于过渡状态,即从宗法性民间组织,向现代民主性民间群体转变,但尚未完成,正在变异之中。

这些印象又使笔者思考家族的发展前途问题,产生如下的认识:在一个时期内家族还将沿着这两条路线走下去,形成为两种截然不同的社会团体,一是照着第一条道路继续发展,基本保持固有的血缘原则,但是在血缘观念上比传统的来得科学,因为古代家族仅仅承认男性血缘系统,排斥同样具有血缘关系的女性,现代家族本着男女平等的原则,承认女性的血缘关系,接受女性及其配偶和子女。不论这种家族将来叫什么名目,只要坚持血缘原则,仍然是家族的社会组织。这种保持血缘原则的家族的变化,仍属于"演化"性质。另一条是上述第二条路线的继续,成为同姓人的自愿组合,它虽然也强调"宗亲",但这个"宗"不是同宗的宗,而是指同姓,所谓"五百年前是一家"是也,认定凡属同姓即系一个始祖所生,其实与实际相去甚远,它应是俱乐部式的社会群体。两种组织,都以"宗亲"为名,实质却不相同。其实我们留心的话可以发现,有的宗亲会自称"某姓宗亲会",公开揭示出以姓氏成员为入会标准,并不遵守家族组织的吸收家族成员的规则,也就是说,它自身并不认为是家族组织。这种同姓团体,就着它从家族演变而来的因素来看,是家族的异化。因此,在观察宗亲群体及其变化时,宜于区分出家族组织与同姓组织的不同,演化变迁与异化变迁的本质差异,不过,目前它们还搅和在一起,似乎还没有区划得那么清晰。

二、家族观念的更新

三百年间人们怎样认识家族组织,为什么要建设它,它对家族、家庭及个人有什么价值,对它抱有什么希望,这些问题,人们同样随着社会的变化而产生不同的理解,不过集中起来,是围绕着家族本位主义与个人本位主义之间展开的。

(一)清朝人的主流观念及其某种变化

为什么要有家族,清朝人的理解是为祭祖,是"尊祖敬宗收族"的需要。这"祖"是族人的始祖、始迁祖,是一本之源;"宗"的本义是始祖的嫡长裔孙,上古大宗法制时代的宗子,大宗法不能实行之后,小宗法的宗就是能够凝聚、治理族人的祠堂族长,不一定非要嫡长;"收族"是指祠堂团聚族人必备的条件,大宗法制度下,宗子实行分封制以收族,小宗法制度下,家族应有祠堂、祖坟、族谱、祀产四种载体,否则难以收族。祭祖是联系祖宗与活着的族人必不可少的环节,祠堂是祭祀的组织者,祠产是祭祀的物质保障,族谱确定族人的族籍,族人具有祭祀的权利与义务。凝聚家庭是祠堂的主要使命,它强调的是家族集体精神,可谓笃信的是"光宗耀祖"的家族集体主义。传统家族的集体,应当保护族人在社区的活动,仅仅行施教化权不行,要能养护族人,得有家族公共经济,即一定数量的祭田、义田、义庄、义塾,祭祀才会办得隆重丰盛,族人参与因而感到光彩,贫穷的族人始可得到周济,并令无力上学的族人子弟到家塾就读,获取膏火费。有了这样的经济能力,族人自然靠拢祠堂了。但是谁去建设家族公有经济,热心人是有,不过太少了,家族公有经济远远不能解决族人的生计需要。这是"尊祖敬宗收族"的内在矛盾,是祠堂所不可能克服的。看来,清朝人的建设家族,希望在尊祖的旗帜下,以宗法血缘观念将族人组织为群体,立足于当地社会。

刚刚说的是清朝人的家族观念的主流成分,人们对家族的见解并非都是一致的,实际上有所讨论,也有局部改革的主张,表现在对古代宗法制度能不能作出适合时代的调整,家族通财的观念有没有可以非议的地方。上古实行大宗法,宗子实行分封制以收族,可是后世分封制废除,宗子无法收族,家族还要不要继续立宗子,如若不要,由什么人主持祭礼、主理族务?理论的滞后,使得民间家族在自行其是,是否合于古礼,人们并不太计较。面对古今相异的家族活动条件及民间实践的状况,有的人立意从实际出发,反对泥古不化。乾隆朝制礼专家秦蕙田谈到宗法制度,希望按照民情、世情对宗法作出某种改变,但不要违背古代宗法精神。就改制的内容来讲,基本上实行小宗法,不立宗子,即使立了,也如同摆设,家族主事人,实行贵贵的原则,即热心而有能力的官员、绅衿及对家族建设有贡献的富商田主。再一项,是对家族通财论提出某种异议,建设家族公共经济,是为祭祖和赡族,这是没有异说的,但是,社会通行的是家庭财产私有制,族人家庭自谋生计,在这种情形下富有的族人愿意将私财捐献给家族当然很好,如果不乐意是不是就是做人的缺陷呢?康熙朝徐乾学不以为然,他就皇族成员的俸禄说,拿百姓的赋税供养皇族,并不是大公无私的表现,不供养他们,也不为刻薄少恩。山东宁海曲氏家族设有义庄赡族,规则中表示不养懒汉,不培养不上进子弟。"礼以义起",是清人家族改良的思想武器,表明清人在进行使家族适合于时代状况的探索。

(二)20世纪新型家族观的产生

20世纪人们更新家族观念,比起清代"礼以义起"的主张者,激进得多,可以区分为两大流派:一派认为家族是专制主义的基础,应该消灭它;另一派希望剔除家族的宗法性,而将它建设成现代的互助团体。这里仅就后者的观点,区分其内容,作出说明,而将前者的一些论点插叙在里面,并将在第四节中续作交代。

1.进步的自治团体意识

家族本来就是具有自治因素的团体,不过古代没有自治的概念,人们不可能往这方面联想,迨至宪政观念传入中国之后,特别是清朝提出预备立宪,人们开始将家族与自治联系起来,宣统间《南海县志》的编纂者就当地家族祭祀和参与乡族事务的事实,说这是"可谓能自治者矣",将家族与自治联为一体。这是外人说家族,与此同时家族本身也有了这种意识。前述潮州洪姓于1922年联宗修谱,在规约和谱序中非常明确地意识到家族是追求进步的自治团体,需要奋发图强,在社会生存竞争中力求发展。这是那时社会流行的进化论在家族中的反映,是古代家族所不可能具有的观念。1928 年四川长寿县李姓设立"长寿李氏同宗自治会",宣称自治精神是建设团体的出发点。这些事实,无不表明自治精神已为家族民众所接受,并在一定程度上付诸实行。无疑,开化的民众已经初步掌握进化论和自治论,企求将家族建设成进步的自治团体。

2.民主团体的理念

传统家族的宗法专制和伦理观,在"五四"前后遭到猛烈的批判,此后不时受到舆论的谴责,而且批评家往往把它同国家的专制主义联系在一起,事情就来得特别严重了。思想开明的热心于家族活动的人着力用民主思想去改造它,希望将它建设成现代的民主团体。在上一节我们讲到 20 世纪初上海出现的族会的民主管理体制,如果说那是得风气之先的大城市所特有的话,至迟到 30 年代初家族民主管理的思想已经传入内地农村。1931 年江西萍乡泉溪村刘氏修谱,主事人在《凡例》中说:"自治主义,首先家族法约不敢私议,家规自当明订。"他将自治同民主紧密联系,深知族法不能再像旧日那样由族长自订,应该众人协商订立。到 20 世纪的最后二十年,家族经历了多年的严重冲击之后,令一些新的家族活动者认识到传统族长制的不合时宜,不同程度地摈弃它,而采用民主的管理手段,从前述族务理事会、联络组、宗亲会等名称使用就透露出来了,至于苍南华氏的《族内守则》更明白无误地作出说明。这是从家族组织体制讲的,是正面建设,有的家族为防止宗法性重演也作出规范。盐城市郊步风镇陈氏文杰门支于 1993 年议定《家训十条》,表示要更新观念,废除宗法思想,遇事公议、公办、公决,废除包办代替,不致贻害他人。将矛头指向宗法专制主义,族务应由族人会议决定和执行。又规定,对犯有严重错误者应抱说服教育态度,以国法制裁为依据,保障人权不受侵犯,不私立法庭,不私自惩罚。这里讲的门支教育不一定是适宜的,但所宣称的保证不侵犯人权,不私设公堂,不搞惩罚,是针对传统祠堂的专制统治而言,知道尊重人权,这就与宗法族长制有了根本性的区别。

家族机构的组织原则以及名称,是反映其性质的基本内容,此外,从对族人的职业、女性及异姓家庭成员的态度来看,亦与往昔大异其趣。清代传统家族对族人的职业、信仰及行为有严格的限制,如不得做叛逆、盗贼、贱民的倡优隶卒、不做不信祖宗的僧道和天主教徒,否则削谱黜宗,绝不宽容。20 世纪以来,人们的职业观、信仰发生很大变化,原来被认为是卑贱职业的,有些被视为正当职业了,那种从业人员也就能上谱了。如民国初年湖北夏口县王氏家族修谱,主修人将过去的倡优隶卒不准入谱,改作"营业不正"者不得上谱,遂使唱戏的族人书写入谱,持有旧观念的族人认为这种人上谱有辱宗族,并以此为由状告主修人,湖北高等审判厅驳回上诉,指出清代的"卒",就是现在的警察、士兵,身份绝异,至于优伶营业,为社会教育的一种,根本不能说他是营业不正。原告不服,上告北京政府大理院,仍被驳回。这个案例说明在社会转型期,家族成员对一些新观念理解不一,但有一部分人已自觉地克服传统观念,尊重族人的职业选择及其相应的权利。苏州严氏家族早年不让僧尼上谱,民国间修谱改变做法,认为出家是人生修炼方法不同,他们也是要达到功德圆满的境地,而且出家必有不得已的情况,应当体谅他们,不必视作异端而抛弃他们。个人的职业、信仰的选择,在古代得禀命于家长、族长,近代则是个人的权利,家族对这类限制的放宽,显示它的宗法性的削弱。新中国成立以后,贱民解放,人们的观念大为变化,家族更不存在对族人的职业限制问题。

民谚:"嫁出去的女儿,泼出去的水。"女儿不是娘家家族的人,所以清代家谱大多不予记录,即使有例外的,也因她有节烈行为,或婆家系社会上层,书写出来是为家族增光,但是如果是再嫁妇,就绝对失去上谱的资格。娶进来的女子,因为作为男人的妻子,是一定要上谱的,如果是改嫁过来的,就不写姓氏,表示蔑视她,如若没有生育,干脆不写。自从社会提倡男女平等、反对男尊女卑之后,一些家族逐渐改变对女性的看法,认识到应当给女子上谱,并同"民权"联系起来。前述萍乡刘氏家族编修族谱,书写族女,修谱人为此得意地说:"其促进民权为何如!"山东掖县赵氏家族修谱,主张书写族女,因为女子亦是骨肉之亲。给女性上谱的意识,越往后越强烈,这是男女平等的观念日益深入人心的缘故。少数家族不仅允许族女上谱,还将她们的配偶、子女通统叙入谱内,这是过往的家谱所从来没有的事。为什么?人们在观念上已从"骨肉之亲",提升到现代的血缘关系来认识,1994年制成的《长乐林氏开蓉公五世后裔宗谱》的作者认为:收入女子及其配偶、子女的"界线是血缘",并解释说:"嫁出去的女有血缘,不是水,不但不泼出去,而且配偶也列谱,其所生子女都有血缘,不论其为八分之一,十六分之一,多少分之一,都是'之一',就都列入。……可能这个血缘血统观念本身即含有男女平等的意识。"由于男女平等

8

观念,进而允许女子承嗣,1994年萍乡刘氏家族规定女子及其配偶的继承权,凡族人中有女无男而招赘的,以女方为主册人,子孙亦一脉相承。

关于异姓入宗,历来争论颇大,松动现象与日俱增。古人的理论,祖宗不能享受异姓的祭祀,所以不可以异姓为后,这叫作反对"异姓乱宗",近三百年中不少家族坚持这种观念,不接纳异姓的后人,不许他们上谱承嗣。可是不少人家由于没有男儿,收养义子和女婿,家族对此是容忍的,义父子的名分是被社会认可的,但是在家长死后不许义儿、赘婿承嗣,有的觉着情分上讲不过去,于是在伦理上讨论"生功"与"养功"的问题,儿子不应当忘掉生身父母的生育的恩德,生功是父子双方天性所决定的,但是如果没有义父母的收养,弃儿早就死亡,化为尘土,所以养功不仅是义儿不可忘掉的,社会也应该承认。有人对家族在族人死后驱逐其养子,强行从族子中择人为后的做法表示不满,认为不符合人情。有的家族采取变通方法,在家谱中特设"养子谱""附图""继入考""继出考",将养子入谱,同时又区别于正宗的"正图",以此变例行权与体谅人情,使异姓子孙以另类的形式叙入谱内。20世纪八九十年代大陆的一些家族,如前面说过的萍乡刘氏家族已经允许女儿女婿承嗣,1990年湖南岳阳县张氏也作出同样的规定:凡有女无子者,本男女平等,赘婿承嗣承产。至于将族女夫婿及子女收入谱内的做法,就不存在异姓能不能上谱的问题了。异姓上谱,同家族的血缘原则相矛盾,这是传统家族不可克服的困惑,一允许,就破坏了家族的神圣原则,不准许又违背情理,家族处于两难境地,然而从趋向看,对义父子双方的感情越来越得到人们的理解,这实际上是对人格的尊重,从这个角度观察,可以视为家族的一种进步,不过为此付出血缘不纯的沉重代价。

从上述各方面不难看出,家族在逐步用近代民主思想克服传统的宗法观念,尊重族人的独立人格,从而向近代社团方向演变。

3.团体社交的理念与功能

从会章、族谱体例、宗亲联谊活动三方面来看。

20世纪初,上海曹氏族会将联络族人感情置于办会宗旨首要地位,以后的宗亲会章程莫不如此。香港袁氏宗亲会1959年的章程,谓其宗旨:"联络宗亲情谊,使互助团结,共谋福利。"建立于1981年的台北市梁氏宗亲会以阐扬祖德、敦睦宗谊、增进宗亲福利、树立团结互助精神为宗旨,基本任务是祭祖,宗亲登记,编辑族谱,宗亲互助及调解宗亲间纠纷,宗亲康乐活动,宗亲福利等项。看来敦睦宗谊及宗人互助成为宗亲会的两大功能。传统家族讲究敦宗睦族，希望族人和睦相亲，是在上者寄希望于在下者的，虽然也符合于在下者的愿望，但不是在下者主动的结果，因为就族人个人来讲，参加家族活动是必须的，而不一定是自发的，现代家族及宗亲会的追求宗谊，是睦族观念的继承和发展，由于会员是自愿参加的，主动地要求与其他成员联谊，通过宗亲会加以实现，所以祠堂的睦族与宗亲会的联谊，对群体的成员来讲有重大的不同意义，宗亲会的联谊宗旨，尤其适合会员的社交需要。

20 世纪以来的族谱，在体例上增加了许多新项目。就笔者寓目的一些当代家谱和家族文献，项目有"地图"，绘制家族及成员迁徙图、族居村落乡镇示意图；"家族通讯录"，备载家族成员个人的家庭地址、邮政编码、电话号码；"家族影集"，有集体照和个人标准像；"嫁女世系表"，实即表亲的姻亲人物世系表。这是适应现代家族成员的需求，有利于居住在农村与城里及城里族人之间的联系，如居乡的族人常常希望城里人提供有关事业的信息、物资，介绍合作对象，即希望借助在外族人的力量支持家族和个人事业的发展。城里的族人在亲情交融之外，同样有事业上的互助，或单方面的求援。家谱中通讯录、相片、地图，都是适应了这种人际交往的需要。家族、宗亲会是人们社交的一种渠道、一种社会资源，族谱内容的增多，实质上是群体社会资源的扩大，可供其成员利用，谋求事业的发展，丰富生活情趣；作为家族群体讲，则是帮助其成员参与社会活动，提高其活动能量。

近年的家族宗亲活动，联谊和福利的成分占有相当的比重。香港袁氏宗亲会章程中有下述福利、联谊事项：设立不牟利义学及举办奖学金；设立医务所，办理医药福利事务；办理体育事业，促进会员健康；招待过往海外宗亲，尽力指导及协助其所需要者；介绍失业会员职业；调解宗亲间纠纷，并救济贫苦宗亲及其家属；设立阅书楼，以增进会员之知识；赞助及捐助香港其他慈善事业及公益等。它在 1982 年的实际活动有，庆祝袁崇焕诞日联谊会，晚宴 20 余桌；春秋二祭，午餐后乘船游览；组团回乡，探亲谒祖，50 人参加，每到一个族居村落受到燃放爆竹、敲锣打鼓的盛情欢迎；派员出席吉隆坡胡氏宗亲会庆典，进行友好交往；春节联欢，竞投胜灯，由宗亲会发放利是及金牌以助兴；福利组为 21 位逝世的会员哀悼，慰问家属，致送花圈并赠每位帛金 1500 元，宗亲会有会员 742 人，参加福利组的有 532 人，比上年增多 20 人。联谊与福利，无疑是袁氏宗亲活动的主要内容。90 年代中，一位台北彭氏宗亲会会员出席宗亲会活动,认为在今日物质文明丰富而精神文明匮乏的情况下,和宗亲在一起,悠然自在,只需注意基本礼貌,可以无拘束地畅所欲言,"更有归属感之再生",增强对本身、家庭、社会的"使命感"。他感到亲情最纯真,参与宗亲会活动,达到精神充实的收益。大陆的家族,往往在新年举行团拜活动,盐城陈氏于 1993 年、1994 年元旦连续举办年会,有 12 项议程,其中有唱《陈氏之歌》,讲陈氏家史,议选孝贤典范,聚餐,推选代表访问老人、探视病人,举办家族文献展览,全部活动摄有录像,作永久的纪念。这类活动,商议会务并不多,主要是联欢联谊。传统宗族的赡族之举,在今日社会保障还远不健全的情况下,不时引发人们的怀念,特别是贫家子女入学困难,令人想到家族义塾的好处,因此有的家族,如山东淄川孙氏设立"希望工程奖学会",自 1997 年开始,奖励以优异成绩考入高等学校的族子,每人 500 元,在 2000 年已经向 5 名学生发放奖学金。有这种愿望的家族为数不少,现时有经济条件的尚不多,不过多少有一点发展趋势。

以上所叙述的家族与个人的关系,传统的是管制关系,是压抑个人的。陈独秀在《东西文化根本思想之差异》文中,从家族本位与个人本位的角度批判传统的家族主义,他说宗法社会是以"家族为本位",而不是以个人为本位,因为个人是"无权力的,一家之人,听命于家长",他认为宗法制度有四大恶果:"一曰损害个人独立自尊之人格;一曰窒碍个人意思之自由;一曰剥夺个人法律上平等之权利(如尊长卑幼同罪异罚之类);一曰养成依赖性戕贼个人之生产力。"改变这种状况的关键,"在以个人本位主义,易家族本位主义"。近三百年来,家族在管理体制与观念方面,在对族人的职业、信仰选择、女性及异姓上谱等方面的松动,为族人创造社交、娱乐、福利条件,体现出对族人自由意志、人格的尊重,相当程度上,或完全克服宗法性质,令其本身具有现代民主意识,走向或进入现代社团的行列。而族人独立人格在逐渐取得,自觉自愿地投入团体的活动。

三、家族与国家关系转入新阶段

(一)清代处于家国关系发展史的第三个阶段

中国历史上的家族与国家的关系,笔者认为经历了三个阶段,当代正在向第四个阶段转变。周代宗法制与分封制结合,周王集宗族权力和国家权力于一身,家与国不分,是家国关系史的第一个阶段,这时的宗族是各级贵族的组织,集政治、经济、文化教育于一体,具有政治、社会双重功能,尤以前者为突出。第二个阶段是秦汉至隋唐时期,郡县制取代分封制,世卿世禄的贵族宗族消失,世族、士族型的宗族产生,它们拥有家族的治理权,辖制族人和附庸的荫户,它们是天子的臣民,但全社会的宗族内部事务天子不能直接干涉,如寒族进入士族,得经过高层士族的认可,而天子并不具有这种权威,于是政权与族权分离,政府实行九品中正制,从士族选拔官僚,作为政府与家族的联结渠道,这时宗族的政治功能比前一阶段有所削弱,但是仍然很强。宋元明清是第三阶段,如果说在前一个时代,臣民在君主与家长谁处于第一位的问题上,还有不同见解的话,到这时这个问题已不复存在,中央集权制下君主的权力进一步加强,将家族完全置于政府控制之下;家族日益民间化、民众化,为官员、绅衿乃至平民所掌握,失去对天子的任何抗衡能力,依附于政权,受到政府的保护,但也有与政府不协调的成分。以清朝时期来讲,家族对国家忠诚,人们认为"君恩重于亲恩","宁可终身无父,不可一日无君",从观念上将国家放在第一位,家族置于其次,做官的要忠君,作为草民的百姓本来同皇帝联系不上,可是也应感戴皇恩,因为毕竟是子民。家族要求族人忠君,具体地说是"畏王法",按时完纳赋税,免遭拖欠追比之罪。清朝政府实行以孝治天下政策,保护家族祠堂,在法律上实行亲权法,即"尊卑长幼同罪异罚",给予祠堂送审权,旌表义门和孝子顺孙,保护家族公共财产,严惩盗卖者,甚至连犯罪也不予没收。家族同政府也有不协调的地方,主要是家族引起的诉讼案件多,少数宗族盗窃、聚赌、私铸和为霸一方,不法分子包揽家族成员的赋税和抗税,宗族械斗,这类事情不利于社会秩序的稳定,政府坚决予以打击。从总体上看,家族是政府的附属品,双方间那些不协调是相当次要的方面。祠堂送审权是合法的,两姓祠堂协调两姓之间或社区事务,是社会习俗所认可的,官方默认,但并非是合法的,所以家族具有自治因素,但不成其为社会中介组织。至此家族的政治功能严重削弱,社会功能上升,成为主导性的功能。

(二)20世纪家国关系从第三阶段向第四阶段转变

让我们继续从家族的政治功能与社会功能转化方面观察家族与国家关系的演变。

自从君统、宗统分离之后,家国关系的一个基本方面,是家族服从政权,谁当政家族就服从谁,古代如此,民国时期依然如旧,共和国时代一如既往。

许多家族懂得政权的变化，尤其是国体、政体的变更，家族旧有的规约以及作为载体的家谱谱法，会有与新国体、政体相违背的成分，因此要作出改动，以符合新政权的要求。清朝时期，民间家中安置"天地君亲师"的牌位，民国时期改作"天地国亲师"，"君"字易为"国"字的一字之更，反映的是国体的变异，表示民众从忠君转向爱国。民国前期，孙中山主张建立国族，希望由家族而国族，以中华民族的整体，对抗帝国主义对我国的侵略，有的家族与此相呼应，如萍乡刘氏家训表示"爱国家以保种族"，他们知道"家族乃民族基础"，把家族建设好，就是打好国族的基础。这种呼应含有很大的被迫成分，它对应的是社会上取消家族的呼声，以此说明家族有维护国家的作用。

70年代以降，农民家中的中堂墙壁上仍然贴有"天地国亲师"的"牌位"。还有的对改革开放政策讴歌不已，如1993年江苏建湖唐氏《告祖文》所云："维太平不易之元，改革开放之时，桃李含芳之日，搞翻番奔小康之年，吾宗族人，喜乎！……共产党好，导我光明，听从党话，从事建设。"家族还能紧跟形势，如香港回归之际，《山东淄川孙氏族谱》修成，在序言中颂扬百年国耻的洗雪，中华民族出现了一个前所未有的极盛时期，人民安居乐业。歌颂的同时，表示遵守国家的一切法令，八九十年代之际，山东临沭马氏家族扫墓祭祖，大会会联写作："仁义为重守法第一；孝敬当先尊老爱幼。"郑重表示"守法第一"。

在台湾、香港的宗亲会，向政府注册，取得合法地位，它同政治的关系，有的是隔离的，如香港袁氏宗亲会的宗旨明确表示不问政治——禁止一切政治活动。设在台湾的跨地区的宗亲总会，有的作出政治表态。

上述各事，无不表明家族爱国守法的强烈愿望，这是一种政治态度，但不是政治功能，不像先前的家族运用其组织去维护政权和社会稳定，如果说还有些许的政治作用，那是客观上的，而不是主观上的。这是大多数家族组织的态度，只有少数组织表示关注政治，希望赋予家族及宗亲组织以政治使命，即政治功能。总起来看，家族的政治功能极大地衰退。与此相对应的是，因为着力谋求联谊及福利事业的发展，其社会功能大大地增强。这种此消彼长，令社会功能成为家族最突出的功能，而使政治功能蜕化为无足轻重的地位。

再从政府有关宗族政策来看。

20世纪历届政府对家族的态度迥然有别。民国时代，从前述夏口王氏家族族谱纠纷案例可知，北京政府支持家族破除宗法性，引导家族与社会同步前进。南京政府制定《婚丧仪仗暂行办法》《礼制草案》,破除家族礼仪中一些宗法性的仪式和内容,倡导男女平等,改变丧服中以男性为中心的制度,废除宗祧制度。20世纪上半叶的政府,承认家族的合法存在,但改革它的宗法性,不过多属于意向性的、号召性的表态,缺少强制性,即使《礼法草案》,亦复如此。

新中国成立后,鉴于家族的宗法性形成系统的权力——族权,并且与政权、夫权、神权共同组成封建的四权,历史上一贯依附于政府,认为有必要对其采取打击消灭的政策,在土地改革运动中,将家族的公共土地视为地主经济的体现,予以没收,分配给贫苦农民,将一些族长作为地主富农恶霸分子加以镇压,将族谱视作封建文化予以禁毁。于是作为群体的家族消失,而宗亲之间的个人往来仍然存在。及至三年困难时期,处于销声匿迹状态的家族有所复苏,个别地方出现修家谱的现象,随之而进行的农村社会主义教育运动,家族作为农村复辟封建势力的一种代表,遭受批判,"文革"把家族当作"四旧"的内容之一继续横扫。改革开放以后,家族活动再度兴起,不少家族表示革除传统的宗法性,实行民主管理的原则,使自身成为符合时代进步的群体,另一方面表示对政府的忠诚,听党的话,拥护改革开放政策,希望获取政府的谅解,这些前面业已作过说明,这里不作赘述;政府似无政策的总体回顾。

不难看出,在20世纪,家族与政府基本上处于分离状态,不过在上下两个半叶有所不同。上半叶,中国发生的国内、国际战争频仍,时间拖得很长,人民颠沛流离,维生艰难,哪里还有条件进行良好的家族建设?而处于多事之秋、焦头烂额状态下的政府,哪里有精力和能力去管理民间的家族?何况家族表示顺应时代潮流,愿意厘剔自身的宗法成分,并不是政府的异己力量,故而只在某些政策措施中支持其清理宗法性。下半叶,政府基于对革命的理解以及在这种理解上产生的政策,加之家族原有的宗法性及尚未来得及清除的宗法性,坚固了政府的信念,长期予以打击,即使它的殷切依附要求,也不予回应。还应看到,在官方设立的民众团体之外,社会上不存在农村基层民间组织,没有政府认可的家族群体,也是情理中的事情了。

家族与政权分离的状况,使家族政治功能进一步消失,更使其社会功能凸显出来。

家族要想成为现代的纯血缘的社团或同姓的俱乐部,就应当脱离政治,不必具有政治功能,而去充分发挥它的社会功能,以感情交流、互助福利、成员共享文化,才可能发展,并长存于现代社会。

四、家族的变化与社会的变革

家族的变异,有其内在的依据,更受社会环境的影响,兹就这两方面作简略的了解。

近三百年中,中国社会经历了三次巨大的变革,第一次是民国与清朝的更替,从此结束传统的君主专制,使中国开始走向现代民主国体、政体。第二次是共和国取代民国,进行了政治、经济、文化、教育制度及社会生活全面大改造,真正是天翻地覆的巨变。第三次是实行改革开放的方针政策,经济、文化、社会生活领域再次出现巨变。家族的命运与社会的变动一脉相通,辛亥革命、五四运动前后,家族受到巨大的冲击,主要是来自舆论方面的,认为它对中国社会产生四大恶果:一曰家族主义是封建专制的基础;二曰家族本位压制个人,使之无自由、平等与人格;三曰家族通财养成个人的依赖思想,而且忘掉自身的社会义务,不利于国家的进步;四曰家族的小团体主义阻碍中华民族的统一。农村的青年到城里上学,接受了新文化,不再笃信家族主义,激进者不仅反对家长所订的婚姻,更表示不要遗产,对家族称谓、家族人际关系表现出反感,主张"打破行辈制度",令家长莫名其妙,也使居住于农村的家长、族长有了切身之痛,不能不产生家族信仰危机之感。共和国的土地改革运动及随后进行的农业合作化、"四清""文化大革命"等历次社会运动,无不冲击着家族或其潜在形态及家族意识,以致达到毁灭性的程度。

家族对社会处境颇有适应能力,在社会环境压力下,实行自我改造,其方向是厘剔宗法性,进行民主管理体制的建设,朝着建立现代社团的方向努力。这是根据家族活动的各种事实,归纳分析的结论,作为一个个家族来讲,不可能有这种整体设计。家族是在强烈感到压力的事物上着手改革的,与政府的方针政策、社会的舆论情况密切相关,因此是一项一项地进行的。1906年清朝政府宣布预备立宪,次年筹组中央资政院,各省设咨议局,同年在上海出现预备立宪公会,1908年其机关报《预备立宪公会报》问世,上海朱氏、曹氏等家族就是在这样的背景下,模仿立宪,成立了族会,初步实行民主管理办法。戊戌变法时期强学会等团体的成立,实际上冲破了清朝禁止民间组织团体的禁令,社团如雨后春笋般出现,及至民国前期向各县发布推行乡治的意向,进一步推动了民间设立社团的热情,天足会、同乡会、学生自治会出现于各地,同宗会、敦宗会就是在这种建设社团的浪潮中诞生的。妇女解放的呼声,由20世纪初年面世的《妇孺报》《妇孺日报》《妇女时报》等报刊发出了信息,新文化运动也以促进妇女解放为内容之一,遂使家族修谱不得不改变对族女的看法,试图将族女容纳进去,同时提高过去书写在谱中的妻子地位,因为旧日谱例,多是将妻子小传附写在丈夫名下,至此,有的提格,使妻子传记与丈夫平头书写,真正实现敌体地位。新中国成立,实行新的婚姻法,更是妇女解放的有力方法和步骤,妇女是"半边天",已成为人们的共识,家族续谱大多将族女叙述进去,不写的也多系资料不足的缘故。共和国实行计划生育,特别是生一胎的政策,出现许多独生子女家庭,家族修谱因而允许族女招婿承嗣上谱,文化层次较高的家族,更将血缘血统观念与计划生育政策所形成的家庭人口状况作出综合思考,不但准可族女上谱,且将她的夫婿和子女容纳进来。舆论抨击家族小团体主义,妨碍中华民族的整体建设,有的家族就高唱爱国主义,认为自身是建设国族的基础,会为保国保种作出努力。舆论批评家族本位主义,压制个人发展,家族与之对应的是改造祠堂族长制,实行议会式的民主管理,使成员成为家族组织的主人。所有这些都是围绕建立现代社团的总题目进行的,只是事情尚处于前期阶段,远远没有达到现代社团的目标。至于港台海外华人社会的宗亲会,是中外两种文化的化合物,源自中国的家族文化、移民文化和中国现代化的进程,并受到西方民主和民间兴趣性俱乐部的影响,保存了它的许多痕迹。至此,家族与社会的关系似可形成下列公式:

古代社会————————现代化转型期社会

祠堂族长制家族————族会议长制————会员大会暨理监事会制

不是任何旧事物都能适应社会的巨大变化,事物被淘汰是正常现象,而家族能够应变、自变地生存下来,自应有其内在的因素,笔者以为其有四个方面:一是它对政权的一贯服从性和依赖性,在历史上从来依靠于政权,是中国古代史上为数极少的合法民间组织之一,而且比其他的合法宗教、行会历史悠久得多。历来皈依于政府,已经成为它的品格。二是家族有着悠久的历史和文化传统,已为人们所习惯,形成感情纽结——一种需要,不可缺少,特别是遭到人为因素破坏之后,只要有可能,人们就会立即恢复它的活动。三是有变革的内在力量,即商人。商人是社会的活泼因素,在家族内部也是如此,它破坏传统家族的宗法性,而为新式家族提供建设经费。四是血缘凝聚力的牢不可破,此点最为重要。清朝人就懂得,民众与皇朝政权的关系是"人合"的,而族人之间是"天合"的,天合的关系自然紧密,人合的关系得到天合的家族支持才能更加巩固。所谓族人之间的天合关系,是血缘因素形成的,是人所不能选择和改变的。诚如费孝通在《乡土中国》里说的:"血缘是稳定的力量","血缘所决定的社会地位不容个人选择"。或如全慰天在《论"家天下"》文中所说:"家族,一串生物的血统关系,真把全家人连锁成了一个牢不可破的事业团体。"自然形成的稳定性力量的血缘关系与社会性的家庭家族情结合在一起,越发具有稳定性,在这里"血缘"成为集结团体的基础性的因素、基本的因素,只要稍微具有相应的社会条件,族人就会因为亲情的需要、社交的需要、谋事及其他福利的需要而组织起来,结成同宗的社团和同姓的俱乐部式的宗亲会。

从社会现状来看,在现代化转型中的我国,家族可能会沿着两条路线走下去,一是走纯血缘的民主管理的家族团体之路,或是走同姓的宗亲会之路,究竟如何,只有未来的社会实践才知分晓。

(本文系同题书名——《18 世纪以来中国家族的现代转向》一书的绪论,试图归纳近三个世纪中国家族史的某些特点,所依据的素材大多在书中有关章节使用过,并作出文献的注释,这里为免去重复,又为行文的顺畅,一般不引用史料原文,也不作注。特此说明。作者识于 2001 年 9 月 15 日,载《天津范大学学报》2002 年第 1 期,2019 年 1 月 15 日阅定)

北洋政府时期传统宗族的演变

本文从北洋政府时期的十则案例,观察宗族的活动及其社会属性向近代民主团体方向的演变,认为北洋政府司法行为起了推动作用,进而从这一侧面了解家族在北洋时期的历史地位。

一、破坏宗族限制族人职业选择权的宗法性族规

20世纪10年代,湖北夏口王氏宗族修谱,主修王继树将以前"娼优隶卒"不许入谱的规定,改为"营业不正"不得上谱,允许唱戏演员王继炎及其妾——演员甘氏上谱,王继均等人反对这种改变,于1918年将王继树告到湖北高等审判庭,认为依据清朝习惯谓优伶就是"营业不正",不能上谱,应当销毁族谱,重新编修,费用由王继树负责赔偿。审判庭驳回其上诉,说清代所说的卒,即为今日的士兵、警察,职业虽同,身份迥异,至于"优伶营业,为社会教育事业之一种,根本不能谓之不正,则王继树等许王继炎入谱,系因谱例改良之结果,不能谓为违反习惯"。王继均不服,上诉北京政府大理院,说营业不正与娼优隶卒意思相同,"业优之人,有何身份,当然不能载入宗谱,否则就是世代羞辱"。又说本案争论焦点是家规问题,不是法律问题。大理院将其驳回。①

传统宗族多有对族人职业选择的规范,不许从事贱民职业,做奴婢、皂隶、优伶,以至出家做和尚道士、轿夫、理发匠、胥吏、衙役、长随,否则削谱黜宗,王继均等人告状是坚持传统认识和做法。法庭的观念尤其值得注意:其一,尊重人们的职业选择,将清代被视作下贱营生的优伶,看作是教育事业的

① 见中国第二历史档案馆藏档,全宗241卷第4752号,1919年。本文所用该馆档案资料,是闫爱民指导南开大学历史系本科生实习所抄录,特致谢。

行当,令其社会身份大为提高,这是平等观念在法律上的体现;其二,既尊重家族习惯,更支持改良,如赞成谱例更新,支持家族事务的更革。夏口王氏的案件,反映宗族观念自身在朝着现代方向演变、在前进,而法庭、法律支持这种进化。

二、法庭基本上支持异姓上谱和族人家庭的立嗣权

湖南浏阳于渭溥等人是于氏家族的义子后裔,于氏宗族在乾隆、同治年间修谱,允许于渭溥等人均上谱,及至1919年修谱,于鸿黼等人以于渭溥等人是异姓抚子后裔,不能进入正谱,而应列于副谱,双方争持不下,于是打起官司,法庭尊重宗族习惯,支持于渭溥等人上正谱。[①]浙江浦江曹梦岐,在民国初年拆庙宇,办小学,观念新潮,可是反对异姓乱宗,族中有人养郑姓外甥为继嗣,祠规不许上谱,该人上告,曹代表祠堂应诉,结果败诉,自云为终身遗憾。[②]1917年,山东历城崔尚义、崔尚衢两兄弟的后裔打官司,崔尚义后人崔光录认为崔尚衢一支的崔厚荣等人是义子之后,不认为是同宗,山东高等法庭支持义子崔厚荣,大理院倾向于崔光录,令山东重新审理。[③]1920年,浙江慈溪张氏家族发生案件,原来在道光三十年(1850)编修的家谱,载有"螟男大佃,例不入谱"的内容,1904年纂修的族谱仍有此字样,1919年,大佃子孙要求上谱,谓其先人并非义子,只是因为信仰基督教遭到排斥——不许上谱,张锡尧等256人联名反对,告到法院,浙江高等审判庭支持被告,大理院支持原告,令浙江再审。[④]崔氏、张氏两个事例,表明省审判庭主张异姓上谱,而大理院不然。在异姓上谱方面,各级法院观念不一,表明人们的意识处于矛盾状态。

宗族基于血缘原则,反对异姓乱宗、异姓上谱,对于无子家庭的立嗣,强调应继原则,可是家庭往往希望实行爱继原则,以及抚养异姓义子,或以外孙、外甥为嗣,家庭与宗族这类冲突,在历史上不断出现,北洋时期亦多次发

---

① 二档,全宗241卷第7006号,1920年。

② 曹聚仁:《先父梦岐先生》,《曹聚仁集》,知识出版社1997年,第5页。

③ 二档,全宗241卷第3020号,1918年。

④ 二档,全宗241卷第7060、7982号,1920、1921年。

生。如何理解异姓与宗族关系？宗族对于拟制血亲具有双重的矛盾态度，皇家用赐姓巩固政权；军阀、宦官用养子扩展势力，宦官等因有财产的传承需要义子；宗族为壮大力量，有时吸收异姓成员，如宗族间械斗严重的地区（广东、福建），宗族就一定程度上忽视血统原则。拟制血亲对宗族发展，扩大影响，立足社区社会有正面作用。但是宗族是血缘组织，需要保持纯血统，所以许多宗族坚持血缘原则，反对异姓继嗣，不许上谱，或别立副谱，以示与本根子孙的区别。可是族人家庭立嗣，受宗族限制，时而发生冲突，遂有案件出现。宗族是半被迫、半主动地接受拟制亲，破坏其血缘原则。终于不断出现联宗、联宗修谱、联宗会、宗亲会，向同姓俱乐部方向发展，如此，宗族就异化了。

话说回来，宗族逐渐接纳拟制血亲，北洋政府法庭基本上抱持支持拟制亲态度，是顺应形势发展的，兼顾了宗族、族人双方利益，特别是支持族人家庭的选择立嗣权。

三、法庭支持义子寡妻遗产继承权

河北宁津县李昌瑞拾养李金钟，李昌瑞亡故，族人李安居要求继承其遗产，1910 年知县断给李金钟 40 亩田地，作为亡者对义子的抚恤。及至李金钟死亡，李昌瑞族人以其为异姓，不许安葬祖坟，40 亩田产不许其妻李王氏继承，引起争执，1915 年起诉到大理院，院判允许李金钟下葬李氏祖坟，其妻继承田产。①

这一案件涉及异姓安葬祖坟和寡妇继承权两个问题。早在宋代寡妇对遗产有管理权，无所有权，即使奁田，若改嫁也不能带走。明清时代亦然，如吕坤《实政录》所规范，寡妇不改嫁，丈夫遗产归族人，留下一部分给其养赡，或者立嗣，由嗣子继承。李金钟的案例，反映寡妇有全部财产继承权，而且这个寡妇还是螟蛉义子的遗孀，宗族也只能接受，说明女性拥有继承权，这是女权提高的明证。

---

① 二档，全宗 241 卷第 1307 号，1915 年。

四、法庭支持族人反对宗族的压抑

民国初年,浙江余姚徐氏修谱主持人徐杞棠,误以为徐文炬之妻倪氏所生之子宝华不是徐氏血胤,不准上谱,徐文炬不服,提起诉讼,浙江高等法庭审明宝华实系徐文炬之子,驳斥徐杞棠,应予宝华上谱。[1]1917 年浙江安吉王徐氏状告继子王其渭虐待罪,欲废其继嗣,审判庭令王氏家族近亲调解,然而近亲不同意废嗣,徐氏继续起诉,法庭判决维持嗣母子关系,并令嗣子赡养嗣母。[2]

余姚徐氏修谱主持人徐杞棠的行为,代表宗族按照传统的宗法观念行事,实际上是压迫族人、控制族人,但族人敢于反抗,并且通过国家权力机构的法院作出抗争,是伸张个人权利;安吉王徐氏状告继子案,并敢于持续上告,是藐视王氏宗族。将两案联系观察,是族人维护自身权利,不容宗族干涉,是公民意识或多或少的体现。

五、法庭尊重宗族习惯及分析

约在 1916 年,浙江奉化张氏重修族谱,依照惯例,在改嫁妇女名下注出"改醮"二字,有人说寡妇张孙氏已经改嫁,名下应写"改醮",从而引起官司,大理院按照尊重家族习惯原则,认为若系确实改嫁,就书写"改醮",否则也不能写出侮辱性字样。[3]

尊重习惯有两种意义,一是维护其合理性,社会习惯往往有其合理性,法庭尊重宗族习惯,处理一些案件,可能符合民情,有益于宗族安定;另一方面,习惯中有许多是不合理的,如前述族规中对族人职业选择的限制,所以不能不加分析地尊重习惯。北洋时期法庭的态度是在习惯法中作出选择,有时依习惯,如"改醮"事,有时又不,如优伶事,如何处理,同法官的个性、观念有关,不是纯粹依据习惯,这也是观念更新的表现。

---

① 二档,全宗 241 卷第 7052 号,1920 年。
② 二档,全宗 241 卷第 3450 号,1920 年。
③ 二档,全宗 241 卷第 2883 号,1918 年。

六、宗族自身与政府均在努力促使宗族向近代社会团体演化

先进的宗族主动尊重族人间的平等,是平等观念增强的表现。案例中仅有夏口一例,但其他方面不少,如上海朱氏、曹氏按照议会制组建宗族族会,有会章,会员有权利、义务;如江西萍乡刘氏,实行族事公议原则。这些是克服宗族自身的宗法性,令其组织向近代社会团体方向演化。

政府的支持,甚至走在民间前面,有倡导作用,夏口事例极其明显。其近代内容,体现在关注公民身份平等、男女平等,伸张公民权利。

七、余论:对北洋时期的点滴看法与纪念辛亥革命一百周年

一个时期,学术界视北洋时期为黑暗时代,外国侵略,军阀混战,土匪横行,民不聊生,乏善可陈。上述法庭判案的事实说明权力机构在进步,有值得称道的地方。或谓其时文化发展,言论较为自由,是军阀忙于混战,无力、无暇顾及,并非想实行民主政治。然而其时观念在变,在向近代民权观念方向转变,并非只因军阀混战,无力控制,只好默认。北洋政府时期有许多值得肯定的地方:参加一战,为战胜国;文化事业发展,其时出版的《辞源》《辞海》《中国人名大辞典》是典型;民间社团活跃,然应遵守法令,从五四运动看,蔡元培等人倡导法制观念,反对学生打人,烧人住宅,强调依法处治,而不能私自刑罚。

(2010 年 10 月 13 日草拟)

20世纪上半叶式微中更生的家族①

在 20 世纪上半叶两次社会巨变中,传统家族在严重冲击、分解下,迅速适应环境,应变、自变,使组织形态、群体观念、活动内容及家谱制作都向着近代方向转化;从中国全部家族史来看,此时是传统家族向日后宗亲会转型的过渡期;致此之由,是社会政治、经济制度的变革及家族自身的灵活性、适应性和坚韧性,以及它悠久传承的服从政府的习惯性。

一、家族"是衰败还是更新"——关于 20 世纪上半叶家族史研究

20 世纪上半叶的家族,如同中国社会发生巨变一样,也出现重大的变化,可以说是从传统家族向近现代家族转型迈出一大步。对这段历史的研究,学术界显然不宜忽视,然而实际状况很难说是理想的。中国断代史和家庭通史的近代部分涉及到这时的家族史,却大多语焉不详,或不讲事实,或未作概括。看来成果不是很多,不过它是继续研究的基础,不妨碍我们将一些学术见解陈述于此,以便明了学术界关注的是哪些重大问题。

法国安德列·比尔基埃主编的《家庭史》,往往将家庭史与家族史联系在一起讲述,在论及中国民国时期的家庭、家族社会际遇时,谓国民党和共产党都关心家庭权力的改革,共产党更是"一直站在贫穷亲属一边反对家族权威",最后提出"家庭是衰败还是更新"的疑问。②这个问题提得相当有意思,20世纪上半叶中国的家族是衰落了,还是更新了?究竟怎样了呢?

学者柯昌基注意到辛亥革命以后,一些家族建立自治性的同宗会。不过

---

① 本文初稿成于 2000 年 3 月 25 日,随即节写成《20 世纪上半叶变异中的家族形态和类型》,刊于《天津社会科学》2001 年第 5 期。此节写文不拟选入本集。现对初稿略作修订,成此定稿,收入本集。

② [法]安德列·比尔基埃主编:《家庭史》,袁权仁等译,生活·读书·新知三联书店(以下简称"三联书店")1998 年,第二卷第 323、333 页。

23

他认为这是打着资产阶级旗号,违背现代轨道,受到经济、阶级关系变化的狠狠打击,于 50 年代被彻底埋葬。①徐扬杰在《中国家族制度》中说,辛亥革命对家族的制度和宗法思想作了批判,但批判的内容比较幼稚,而新民主主义革命和土地改革,"彻底摧毁了封建家族制度"②。这两位学者都认为家族阻碍社会前进,应当毁灭。

学者王沪宁以家族为传统社会遗存终将消亡的基本观念看待它的变化,他在《当代中国村落家族文化》中说,在社会稳定时家族文化起潜移默化作用,当社会变革时作用显著,故令中国革命家对之"有切肤之感",孙中山深感它的"掣肘力量的强大",所以要在适应它的基础上改造它,而毛泽东则"着意通过强大的政治运动"消除它。又说"家族文化在近代尤其是现代的社会变革中受到巨大的冲击呈现出前所未有的变革",它"既应变也自变","正经历着一个或快或慢的革故鼎新的过程"③。陈支平研究明清以来福建家族史,认为家族的社会适应力很强,"尤其是在近百年来激烈的社会变迁中,家族制度几经挫折,往往死灰复燃,似乎具有跨时代的生命魅力,值得深思"④。王、陈二氏是就整个 20 世纪或更长时段家族的变化发表这些意见,也将 20 世纪上半叶的家族演变包括在挫折和革故鼎新的过程中了。

蒋介石在《中国之命运》中写道:"百年来中国在不平等条约压迫之下,农村生活日趋于衰落,而都市生活日趋于浮华。家族乡村的组织,为之分解。"⑤他看到家族与农村社会组织一起被分解的事实。

华裔学者王国斌认为,"在 20 世纪前半叶,社会与政治的变化为宗族创造了各种含糊不清的角色"⑥。"含糊不清的角色",是很难为其用定性的说明了。

上述各种说法令我们知道,学、政二界的一些人士对 20 世纪上半叶的家族有着多种多样的看法:家族受社会变革的冲击,发生剧烈的变化,这是众人

① 柯昌基:《中国古代农村公社史》,中州古籍出版社 1989 年,第 121—236 页。

② 徐扬杰:《中国家族制度史》,人民出版社 1992 年,第 459 页。

③ 王沪宁:《当代中国村落家族文化——对中国社会现代化的一项探索》,上海人民出版社 1991 年,第 4、10、199 页。

④ 陈支平:《福建族谱》,福建人民出版社 1996 年,第 327 页。

⑤ 蒋介石:《中国之命运》,正中书局 1943 年普及版,第 62 页。

⑥ [美]王国斌:《转变的中国——历史变迁与欧洲经验的局限》,李伯重、连玲玲译,江苏人民出版社 1998 年,第 132 页。

的共识;变化究竟是怎样的,见解颇不一致,或谓被分解,是衰败,是被彻底摧毁的前夜,应当用政治力量毁灭它,即使因应时代进程产生的同宗会亦予批判;或云是死灰复燃,是革故鼎新、是更新,因为它能够应变、自变;或以为是成了含糊不清的事物。

笔者虽然对古代,特别是清代家族历史下过一点功夫,对20世纪下半叶的当代家族亦投注过精力,唯独对20世纪上半叶的家族史缺少认真思考,如今多少作点补课,试写这一段家族史。①笔者的目标是在研读各种家谱和有关著作基础上,对这一时期的家族史有所概括,同诸位学者一样,将要涉及到家族与社会的关系问题,同时留心于家族形态、家族主要活动、家谱制作和社会各界的家族观等方面,中心是想了解这个时期家族变异及其意义和原因。

二、变异中的家族形态和类型

中国古老的家族,自殷周以来,直到清代,大约经历两种型态的变更,起始是贵族的宗子制,实行大小宗法制,家与国一致。其后家国分离,除了皇族实行宗子制,民间通行族长制,或同祠堂联系在一起,成为祠堂族长制,实行小宗法;另一种是基本不具备祠堂、族谱、祖坟、族产诸种实体,而实行族老、族贤治理的族老制。到了20世纪上半叶的清末和民国年间,家族的变化,首先表现在家族组织的类型增多,以至可以说达到丰富多彩的程度,在祠堂族长型、族老型之外,出现族会、同宗会、族公会及自治会等类别。

1.族长制

族长制是明清以来祠堂族长制家族组织的延续,从组织原则、机构、观念到行为都很少变动,如同陈独秀所说:"有家谱,有族长,有户尊,有房长,有祠堂,有钱的还要设个义庄、义学。"②这种家族载体完善,唯义庄在清代发展之后,民国时期大多衰败了,其他的祀田义产或多或少地保持着。家族有其管理机构,全族有族长,支派有分族长,房有房长,家族的附属事业都有办事人员,如祀产、族学、义庄、家庙的专门管理人员,乃至管坟山的庄仆。如湖北通山县

---

① 笔者1999年写作《20世纪上半叶中国人的家族观述论》,是对这个时期家族史研究的试笔;该文发表在刘志琴等主编的《近代中国社会生活与观念变迁》,中国社会科学出版社2001年。

② 《陈独秀文章选编》,上海三联书店1984年,第53页。

燕厦区的大族王氏,有一个名为洪公祠的总祠,内分上三支、下三支六个甲头,建有盛公、京公、云公、能公、正公、拒公、师公、文公、法远公、胜万公及衡公等十一个分祠,设有族长、经管、督修、公会会长等管理人,在一份材料中就列出了它的上层十数人。[1]可知大家族族长是庞大人群和组织机构的管理人。总祠、支祠、分祠是祠堂的层次类别,反映家族房派分支的状况,也是家族机构的体现。这类家族,一般有传承的族规家训,有的此时新添一些条文,令族人遵守,并在一定程度上得到实现。这类家族相当守旧,对家族的宗法性内容很少革除,所以说它基本上是传统家族在新时代的延续。这类家族多出现在历史上祠堂族长制盛行的地区,如江西、湖南、安徽以及广东、福建、浙江、江苏等长江流域及其以南的省区。

2.族老制

在北方,家族建立祠堂较少,编修族谱者有之,但不如南方那样普遍,那样一次次地续修,义庄不是历史上没有出过,只有凤毛麟角,实在罕见,家族的公共财产有一点,不过数量很少。这种缺乏物质基础的家族,在组织建设和活动方面必然会与南方不同,难以实现祠堂族长制,而会实行"清明会"之类的族老制,如同1932年编纂的四川《万源县志》关于祭礼的记载所云:"县中大族各立祠堂,置祭田,每春季按期致祭,行礼如仪;亦有无祠而置业各为'某氏清明会'者,每岁清明扫墓,中元化财,胥以此款开支。"[2]没有祠堂和大量田产的家族,置备少量公产,作祭奠祖宗之用。它的组织叫"清明会",这个名称自然是来自清明节祭祀扫墓了,表明是一种家族组织。

清明会不仅出现在四川,在华北更多。日本南满株式会社于20世纪30年代在中国河北、山东农村作调查,形成《中国农村惯行调查》文献,就有关于清明会的若干记录。80年代学者黄宗智云:"冀鲁西北宗族族长是比较不发达的,宗族唯一共有财产是几亩坟地。"一般的大多按通行的租率支付,或由该族的清明会收现钱,或由租种者提供等值的祭祖的开销。地租大多按通行的

① 张希贤等:《血泪话祠堂——湖北省通山县燕厦区王氏宗祠调查》,见《封建族权害死人》,天津人民出版社1965年。
② 民国《万源县志》卷5《教育门礼俗》,台北成文出版社《中国方志丛书》华北地方第363号之二,第629页。

租率支付,或由该族的清明会收现钱,或由租种者提供等值的祭祖时所需的纸钱、香等,只有在罕见的情况下,才有减低租率的例子,稍微体现了照顾同族中贫穷人的精神。[1]这里讲的清明会是家族组织,管理族产和祭祀事务,因财力极其有限,很难对族人在经济上进行资助。

南开大学历史系系友、河北迁安人王承斌先生[2]对笔者讲述他记忆中童年的王氏家族生活及族老的教育活动。他说该家族有清明会,由族长负责;有几亩族产,租给族人,收入由族长和清明会安排清明祭祀;扫墓时长老带领后生,指认哪一座坟茔是哪一位祖宗的,少年儿童不耐烦,要跑着回村,好吃祭祀饭;扫墓后聚餐,犯有过失的男性族人不许吃饭,或不准吃肉,或饭、肉都不让吃,以示羞辱,促其改进。这时有人会根据犯错误的情节来说情,或许会改变处分,允许吃饭或吃肉,希望以此达到教育族人、改造族人的目的,不会有不良子弟使家族蒙羞。

综合民国时期的文献记载和笔者的访问,对以清明会为标志的家族我产生这样的印象:家族组织叫"清明会";有少量的族产收入,主要供清明祭扫之用,有富裕的作中元节等节日活动开销,清明扫墓,既是祭祖,又是族人聚会和教育族人的机会;族长是辈分高而又年尊的人出任,但是族内真正有权威的人是为族人信服和家庭经济比较富实而又能干的人,如同黄宗智所说:"在理论上,那些族长是族中辈分和年龄最高的人,但实际上,他们常是族中最富裕和最能干的人。"[3]以清明会为组织形式的家族,相对祠堂族长制的家族,组织机构简单,家族活动不多,对族人的制约力薄弱,族长不起多大作用,而族中有权威的人和老人共同维系家族,所以笔者将这种状况的家族视为族老制家族。这种家族组织,在北方较普遍。原来人们讲家族,多注意于祠堂家族,对没有祠堂的似乎留心不够,其实族老制家族并非20世纪上半叶的产物,而是历史的遗存,不宜忽视。

3.族会制

族会制家族与前两种不同,是新产生的。

近代中国受西方列强侵略的同时,西方议会政治和民主思想也或多或少

---

① 黄宗智:《华北的小农经济与社会变迁》,中华书局 1986 年,第 254 页。
② 南开大学历史系 1963 年级学生。
③ 《华北的小农经济与社会变迁》,第 247 页。

地传入中国,特别是戊戌维新和清朝政府实行预备立宪,在民间也有了反响,并影响到宗族活动,特别是在得风气之先的地方。光绪三十一年(1905),上海、苏州、松江地区绅士要求实行地方自治,为苏松太道袁树勋所接受。上海王氏、朱氏两个宗族把自治的精神与方法运用到家族组织中,将祠堂族长制改为族会制,所谓"集族人为族会,从事家族立宪法",分别成立自家的族会。宣统元年(1909)十月曹氏族人两次开会,决议效法王氏、朱氏家族,草拟章程,到冬至祭祖时族众聚会,通过章程,公举职员,正式建立族会,1924年由临时大会修改简章,使组织完善。因曹氏一般以谯国为郡望,故其族会定名为"谯国族会"①。福建安溪县刘氏设立"若乾家族会"②。族会、家族会,就成为家族组织的正式名称。

族会,多制定有章程,说明宗旨,规定组织原则、办事机构和成员的权利义务,上海曹氏族会宗旨为:"联络情谊,清厘公产,保管祖坟,修葺族谱。"表明建立族会是为了两项事务,一事联络族人,二是处理族中公共事务,即族产、祖坟的经管保护和家谱的续修。安溪刘氏家族会章程总则云其宗旨:"本会以处理本房公共事项,促进家族进步为目的。"③表示处理家族事务是为了促使家族前进,特别使用了古人不用的"进步"一词,反映了近代的气息。这两个家族的章程,开宗名义讲宗旨,都是古代家族组织所缺欠的,讲宗旨是近代社会组织的表现。

安溪刘氏家族会建设理事会,由理事七人组成,其中一个为常务理事,办理日常事务;七名理事由长、三、四房各出二人,二房一人;常务理事由理事互选;理事会下设总务、财政、祭祀、福利、调解等股,各股长由理事互推兼任。④上海曹氏家族实行议员制,设议长、副议长各一人,评议员十人;下设契券保管员、会计、庶务、征租、文牍;以上所有人员的产生,是在全族大会上"用投票法公举";任期一年,议员可以连选连任,然以三年为限;会议有两种,一是议员会,另一是全族大会;会议有定期和议长酌定的临时会议两种;议员开会,

　①民国《上海曹氏族谱》卷4《族会缘起》。
　②安溪案馆藏档,卷宗第209号《若乾家族会记录》,转见陈支平:《近500年来福建的家族社会与文化》,上海三联书店1991年,第88页;以下若乾家族会资料均转引自陈氏书,注作"陈书某页"。这里对陈氏表示谢意。
　③④陈书第88页。

得有半数以上出席,职员必须列席会议,以备询问和报告事件,族人可以出席旁听,在得到半数议员同意后才能发表意见,但无议决权;凡议决之事,登录议事簿,由主席签字。①

族会制关于族人的规则,安溪刘氏是:"凡本房人年满 20 岁者,均为本会会员。"②上海曹氏是:"16 岁以上有选举权,25 岁以上有被选举权。"③会员、选举权、被选举权之说,无疑是新鲜的。

有一些家族组织,没有族会、家族会的名称,但是依照族会精神行事,基本上实行民主管理的办法。上海葛氏家族于光绪三十二年(1906)创立"公会","先修坟墓,继理公产",经理出租土地、赎地、捐建公墓诸事,到宣统三年(1911)葛尚钧就此事作文云:"愿吾族人化其私心,力崇公德,则斯会之兴有可操券者。"表达出族人办理好公会的愿望。④上海倪王氏家族于 1926 年订立《职思堂房产公约》,依照公约经理族产。⑤江苏苏州安仁里严氏家族于 1933 年 8 月开会,首先公推主席和记录。由与会者一人提议案,主席签字,始能生效。⑥广东潮州洪氏 1915 年建设的三瑞堂祠堂,其建设之初,有一群发起人和赞成人,制定《简则》四章,设有董事会,公举职员,而后订出《三瑞堂规则》,办事人由"公举"产生,《规则》未善未备之处,"得由公众议改补"。⑦以公会、基金会的形式,以公约、简则、规则的内容,管理家族事务,都符合近代的管理原则,与前述族会实质上是一样的。

族会、家族会及其类似群体,仍然是家族组织,然而大不同于传统的宗法性家族,它实行或基本上实行民主管理原则及办法,由公举的议员、董事、理事依照会议的决议处理事务,族人大会高于族议会,族人是"会员",有明确的权力和义务,对族产的经营也是根据约章进行,议长与祠堂族长截然不同,它的管理机构完善,与族老制的简单大不一样。

① 《上海曹氏族谱》卷 4《谯国族会简章》《谯国族会施行规则》。
② 陈书第 88 页。
③ 《上海曹氏族谱》卷 4《谯国族会简章》。
④ 民国《上海葛氏家族》卷 3《顿邱公会记》。
⑤ 民国《上海倪王家乘》,钱基博《例略》。
⑥ 民国《六修江苏洞庭安仁里严氏族谱》卷 12《杂录·提备严氏修谱永远基金议案》。
⑦ 民国潮州《洪氏族谱·筹建宗祠缘起附列简则四章、三瑞堂规则》。

4.同宗会制

中古及近古，两个家族或因同宗、或仅因同姓关系而联合，在一起修谱，或有联欢等活动，称为"联宗"。20世纪上半叶依然有一些家族进行联宗续谱，如湖南黔阳县力溪团周氏家族于1936年修谱，联合土溪、岩坳等地周姓合谱，于是有2000户近1万人上谱。①1931年5月湖北沔阳严氏派代表二人到苏州安仁里严氏族居处，考察是否为一族，结果不能确定同族关系，遂提出双方家谱互载对方信息的要求，苏州严氏内心不同意，但并未拒绝。②这类联宗修谱基本上是成功的，没有发生争执及不愉快的，有的则引起纠纷，安徽六安戴氏族人于清代同治九年（1870）联合修谱，到1916年修谱时，开始决定联修，并将戴梧轩一支收入谱内，后来戴思永等人反悔，认为与他们不同宗，主张分开修谱，因为不能取得共识，乃于1919年打官司，从安徽省高等审判厅直打到北京大理院。③联宗，是旧时代的遗存，但它却是即将说明的同宗会产生的一种前提。

清末民初，各种社团雨后春笋般地出现。诚如1929年编纂的四川《合江县志》所云："自清季运动维新，县人渐知集会，于时放足有'天足会'，戒奢有'崇朴会'，基于血统观念有'敦宗会'，基于地域观念有旅外'同乡会'，学生砥砺学行有'自治会'。"④在诸种社团中，有因血缘观念而组织的"敦宗会"。1937年撰写的四川《南溪县志》，亦云在各类组织中，"基于血统观念者，有'某氏同宗会'"⑤。1938年兴修的四川《泸县志》则说："敬宗收族，则有'同宗会'。"⑥同宗会、敦宗会是同一类型的家族组织，它以县为单位，某一姓氏成立一个团体，不限于某乡某村，又如民国四川《筠连县志》所载该县李姓有600余户，约3000人，共同建立一个祠堂："邑中李族，系联在县各籍李姓而成祠。"⑦一县的李姓联为一个团体。

---

　①周基铭：《控诉族权对我的迫害》，见《封建族权害死人》。

　②《六修江苏洞庭安仁昊严氏族谱》卷12《杂录·湖北沔阳县严氏来山合谱记》。

　③南京中国第二历史档案档案馆藏档，全宗241卷7079号；本文所引用的第二历史档案馆藏档，均系阁爱民教授指导学生所抄录。

　④民国《合江县志》卷4《礼俗》，《中国地方志集成·四川府县志辑》，巴蜀书社1992年，第490页。

　⑤民国《南溪县志》卷4《礼俗》，《中国地方志集成·四川府县志辑》，巴蜀书社1992年，第626页。

　⑥民国四川《泸县志》。

　⑦民国《筠连县志》卷1《管理志·附大族与望族》，《中国方志丛书》华中地方第377号之一，第210页。

民国四川《宣汉县志》记载:"县中宗祠最多,其初皆一本之亲,洎光绪末年,联谱联宗,创造总祠,各姓纷然,几成风气。"①无疑,同宗会、敦宗会是在早先的联宗基础上,在地方自治舆论流行和社会团体普遍增多的社会条件下发展起来的,是较大范围的同姓家族的联合。它同传统的联宗有传承的关系,但不是一个事物,它多少已具备近代社会组织因素。还有一点值得注意的是同宗会一定程度上忽视家族的血缘原则。家族是血缘团体,历来强调家族的血统关系,反对异性乱宗,可是一县范围的同姓联合,肯定有同姓不宗的人被认作同宗了。即如筠连李姓的共建宗祠,其实他们籍贯不同,来自于各个地方,不可能都是同宗的。同姓不宗的联宗,在相当程度上违背了家族的血缘法则。虽名"同宗会",实际为同姓不宗人的聚合。如果追溯其渊源的话,早在清代雍正、乾隆年间江西就流行同姓不宗的组合,在省会、府、县城里建立同姓总祠堂,一度为政府所反对。

5.其他

有的家族成立某种特殊组织,或在祠堂内单独建立团体。这多半是在当时当地政治斗争激烈的情况下应变而设立的。如 1926 年 1927 年之交,湖南有的家族成立"族公益会",据湖南农民协会 1927 年 1 月关于农村斗争调查报告讲:"劣绅组织'族公益会',以族规迫令族中农民加入该会,如已加入农协的,须一律退出。"②有的组建农民协会,对抗国民党、共产党领导的农民协会,即所谓"利用家族观念,集合其一姓子弟,假名农民协会,饵以一时小利,破坏整一的革命农民运动"③。湖北通山燕厦区王姓家族首领,当 1947 年刘邓部队南下时,组织宗族自治会、宗族联防队,以应付事变。④

上面所说的祠堂族长制、长老制、族会制、同宗会制等家族组织类型,表明家族构成的多样性,也即它的组织不只是一二种形式,而多达四五种。因此说类型多样是 20 世纪上半叶家族组织的一大特点。在这多种形式中,有传统的祠堂族长制、族老制,有崭新的族会,是古来所没有,也不可能有的,同宗会似乎脱胎于传统的联宗续谱,但实际也是新的形式,因此笔者进一步认为,20

---

① 民国《宣汉县志》卷 15《礼俗》,《中国方志丛书》华中地方第 385 号之一,第 2125 页。

② 中国社会科学院经济研究所中国现代经济史组编:《第一、第二次国内革命战争时期土地斗争史料选编》,人民出版社 1981 年,第 154 页。

③《第一、第二次国内革命战争时期土地斗争史料选编》,第 192 页。

④ 参见张希贤等:《血泪话祠堂》。

世纪上半叶家族组织形式出现新旧交呈状态,既不是旧事物,也不是全新的事物,然而却是走在近代社会团体的轨道上。新事物的出现是因其有相应的社会条件,如果条件适合是应当得到发展的,能够取代旧事物,而使事物变为新质,20世纪上半叶中国政局的频繁变换、社会的剧烈震荡,议会制和地方自治根本不能全面实现,模仿它的族会以及同宗会本来应当发展的,但因失却了发展和存在的依据,抗战以后就无声息了,又因土地革命和土地改革的实现,家族在形式上被消灭,或者说销声匿迹了,所以说20世纪上半叶的家族并没有沿着近代化的道路走下去,未能顺利地更生,却不免呈现某种衰落之象。

如若放长时间和扩大地域范围观察,就整个20世纪看,从大陆、台湾、香港和海外华人社会看,20世纪后半叶,在台、港和海外华人社会,宗亲会出现,并得到某种程度的发展,它与传统的联宗,以及此前的同宗会、敦宗会一样,不注意同宗一本的血缘关系;家族组织逐渐从男性群体向男女双性混合体演化,不仅接受已出嫁的族女,甚至接纳她的配偶和子女。八九十年代以来,在大陆也出现了类似于宗亲会的家族群体,更因为独生子女政策的实行,观念更新很快的人士在家族中接纳了女性。宗亲会是同姓组织,实行会员大会理事会制,讲求亲情和互助,但不在乎血缘关系,它在性质上完全是近代社团,会员自愿参加,实行民主管理。其民主精神同族会是一致的,不讲究血缘原则,又与同宗会相仿佛,因而在某种意义上说宗亲会是族会和同宗会的综合体,与它们不无渊源关系,当然不能说宗亲会是它们直接产生物,因为这二者在大陆一度中断了。不过由此我们看到家族在20世纪的演变轨迹:传统家族形式——族会、同宗会和传统家族形式混合体——宗亲会和传统家族形式混合体。如此看来,族会、同宗会是从传统家族形式向近代宗亲会形式过渡阶段的形态,或者说是过渡状态。从家族形态来讲,20世纪上半叶家族,是从传统的宗法性族长制家族向近代的民主的、一定程度上忽视男性血缘关系的家族(如男女血亲混合家族、宗亲会)转化的过渡形态,是转变中的、变异中的形态,而不是某种定型的形态。

三、家族主要活动与功能

20世纪上半叶的家族活动内容,主要是祭祀、修建祠堂、经营公产、互助赈恤、调解家族纠纷,此外兴修谱是家族大事,将另节说明。

1.祠堂建设

祠堂是祭祀祖先的建筑,同时是宗族组织的标志和代称,讲家族活动首先要留意于祠堂的建设。祠堂,就建筑物而言,在20世纪初有很多19世纪的或其以前的遗物,进入20世纪之后,有些家族维修旧祠堂,有的则在兴建。比如葛氏家族迁移上海已有三百余年之久,一直没有建祠,到20世纪10年代,热心人筹款买屋,于1917年改建成祠堂,虽尚属草创,然已能进行"春秋二祭,族中人才得荟萃一堂"①。潮州各县的洪氏原来分别建有祠堂,有人于20世纪10年代建议在汕头建立大宗祠,因该地已成"一大重镇,上通潮海,下达广惠,适为四方之枢纽,是以商务繁盛,士庶云集,精华所萃,尽在于斯。设有宗祠,位置其间,不特藉以序昭穆、敦人伦,而其发展正自无岸"。基于此种认识,众人出资出力,很快将祠堂建成。②葛氏、洪氏都是南方家族,南方人对家族建设有兴趣已是不争的事实。北方人亦有建立祠堂的,笔者阅览1913年编纂的山东东平《张氏族谱》,即载有祠堂图。③正因有许多家族建设祠堂,才有新旧祠堂矗立在农村城镇。据1935年编辑的四川《云阳县志》记载,该县有59座祠堂,笔者统计其建立时期,得知有11座是1890年至1923年间建造的,占总数19%,可见20世纪上半叶人们兴建祠堂不少。④另据1938年编修的民国《达县志》记录,粗略计算,该县当时有祠堂287所。⑤1928年编修的《大竹县志》记录祠堂116间,其中设在城厢的16所,其他散布乡村。⑥祠堂不仅建立在农村,像大竹那样县城有,大城市也有,据《吴虞日记》所载,成都市内并不少见。在南京城里有多所祠堂,今属南京市辖区的高淳县城内有吴氏祠堂,笔者于1998年春天去参观,见大殿、戏楼相当引人注目,此堂始建于清代,抗战时期一度为新四军某部的司令部,现为县文管会所在地。

祠堂的功用,传统的说法是祭祀先人和敬宗收族,20世纪上半叶人们不乏重复老调的,但在旧的词语中往往有新内容,同时也有一些新见解的出现。前述上海葛氏为什么要新建祠堂呢?葛尚圭说:"不有祠堂,何以昭敬祖而联

---

① 《上海葛氏家谱》卷3《祠堂成立记》。

② 潮州《洪氏族谱》。

③ 东平《张氏族谱》表1祠堂图。

④ 民国《云阳县志》卷23《族姓》,《中国地方志集成·四川府县志辑》,巴蜀书社1992年,第224页。

⑤⑥ 民国《达县志》卷10《礼俗庙祠》,《中国地方志集成·四川府县志辑》,巴蜀书社1999年,第43页;民国《大竹县志》卷3《祠祀》,《中国方志丛书》华中地方第380号之一,第345页。

族谊!"葛士鉴则云:"当念水源木本,无非积厚流水,于以见先泽之不可忘,亦族谊之不可涣也。"①他们共同讲了两个内容,即祭祖与联族谊。该族祠堂一建成,立即在祠堂祭祖,昭告祖宗,从此有了固定的祭祀场所,于是敬祖有了某种保障。祠堂建成,从时代讲并没有任何新鲜内容,但是两位人士都强调"族谊",从前人们讲"收族",是以在上者地位团聚族人,是要进行施予,现在讲联族谊,是平等交往,无上下之分,而且认识到感情友谊的重要。如果说这还没有超出过往的"联涣散""勿视族人为途人"的话,那么潮州洪氏祠堂的目标就相当新潮了。该族在倡建祠堂时宣称建祠目的:"一足以隆享祀之仪,一足以联家族之谊,甚盛典也,异日祠宁告成,或筹办自治,或振兴教育,后生小子获蒙其麻,岂不甚善。处此共和时代。团结力大者,其族必昌,否则归诸天演淘汰之列。"②他们的联族谊,首先明确人们已生活在共和时代,相信天演论,知道生存竞争的道理,建立祠堂,联合族人,是为参与生存竞争,以立足于不败的优胜地位。这是传统宗族所没有的新观念,这就赋予祠堂新的使命:建设自强群体,帮助和教育族人拥有生存竞争能力,立足于新时代。

祠堂历来是家族议事的场所,也是宗法性族长施行家法的地方,族会出现了,它就成为族会所在地,上海曹氏《族会简章》规定会所在"宗祠崇教堂"③,安溪刘氏《若乾家族会章程》第三条:"本会假建安祖宇为会所。"④族会是新型的家族形式,基本上以民主讨论、决定家族事务,这里的祠堂就改变了施行宗法性族政的性质,而有议院的味道了。由此可见,这个时期的祠堂功能,既有传统的祭祀和族务处理,又负有团结、教导、帮助族人在新时代立足于社会的使命,对传统功能作了局部的改造。过往有条件的家族在祠堂办族学,这是相对于后来所说的"私塾",到了20世纪上半叶,随着社会开办新式学堂,一些宗族改祠堂的私塾为学堂,或成为政府开设的学校校址。如四川广安人邓小平家的家族祠堂改建为协兴小学堂,他入校学习,至1915年离开。湖南湘潭韶山的唐氏祠堂,至迟在1925年成为公立第三小学,汤氏祠堂中亦有"国校",萧氏祠堂也有学校。韶山的家族祠堂还被社会活动家利用为开展

---

① 《上海葛氏家谱》卷3《宗祠成立记》。
② 潮州《洪氏族谱·筹建宗祠缘起》。
③ 《上海曹氏族谱》卷4《谯国族会简章》。
④ 陈书第88页。

活动场所,贺尔康先后到过七家祠堂、两个支祠开国民党省党部会议、雪耻会成立会、教育会会员大会,以及会见同道开秘密会。①祠堂被利用为大范围的社会运动场所,这是它的特殊功能,一般不是家族本身主动的。

2.祭祀祖先

家族祭祖,祭祀日期多是传统的,而仪式则有所变革,祭礼对象的选择表面上看依然是传统的,但观念内容上已有所更新。

祭期通常是在清明和冬至进行,此外各个家族或有自身的习惯,举行秋祭,年节祭,还有对某个先人的特别祭祀,另有忌日之祀,不过这是家族某个房内的事了。祭日一般不作更改,如遇特殊情况,会临时变动,如潮州洪氏每年祭期为阴历九月十五日,若不得不更动时,"先期由值年登报",或传单告知族人。②

祭祀以冬天和春天的最隆重,清明扫墓、挂纸,大规模地、甚至喧嚣地进行,以令社区外族人知道,可谓夸耀于乡里。据赵华富在安徽黟县的调查,叶氏家族的清明大祭"热闹非凡,实际上成为这个宗族一个盛大节日",许多在外地经商的支丁,都返归故里参加祭祀,祭扫日沿街鸣锣三次,通族人众在祠堂门前集合,队伍出发,排列秩序是响号、堂灯、金鼓、旗、牌伞、乐队、祭品、礼生、族长、缙绅、支丁、观礼妇女和儿童。60 岁以上老人乘轿前往,轿费由祠堂支付,与祭人及观礼人穿着盛装,扫墓时,许多小贩到来,出卖食物和玩具。祭祀后祠堂发钱给每个支丁,民国初年是制线 20 文,抗战前夕改付铜线 20 文。抗战以后,因市面经济衰落,族人财力大不如前,祭祖活动从简。③在四川宣汉县,清明扫墓,族人集合前往,"大队出发,金鼓火炮,轰动闾里,一以见子孙之蕃殖,一以夸族势之壮盛也",至墓前培坟土、挂纸钱,叩拜。④南溪县徐氏家族扫墓和祠堂祭祀,"至者千数百人",可见规模之盛大。⑤

扫墓的时候有一项重要内容,就是族老向后生指认坟茔。河北南皮县侯氏在 1918 年修谱,增订家规,有一条是"勿忘先人坟墓":因为没有墓碑的祖坟,日久难以辨认,故在"春秋拜扫之期,切示子孙,曰某坟为某公,某坟为某

---

① 《湖南农民运动资料选编·贺尔康日记》,人民出版社 1988 年,第 389—394 页。
② 潮州《洪氏族谱·三瑞堂规则》。
③ 《黟县南屏叶氏宗族调查报告》,《'95 安徽大学学术活动月论文选粹》,第 113 页。
④ 《宣汉县志》卷 15《礼俗》,《中国方志丛书》华中地方第 385 号之一,第 2125 页。
⑤ 《南溪县志》卷 4,第 11 页。

公,详言履历,后世自明晰,若以为寻常故事而敷衍之,一经年远,鲜不断罔"①。祭祀向祖宗行礼之后,族人间礼拜,是"团拜"之意。90年代江西乐安流坑的董姓老人回忆:"民国时期,正月初一在大宗祠中祭祖,也是只有一定身份的族人才可以参加,既是祭始祖,又是'团拜'。"②不是所有族人参拜,可能是祠堂容纳不了那么多人,不过参加者的身份亦是重要因素。

　　历时长久的家族祖先众多,祠堂祭祀牌位多得容纳不下,所以有个祭祀对象的选择问题,就中,没有异议的是始祖、始适祖及前几世的先人,是永久祭祀的不祧之祖。此外,有的家族创造了议德、议爵(议贵)、议功(议能)的原则,即根据其人的官爵、德行和对家族祠堂贡献,决定是否在祠堂给其立牌位。早在明代,江西乐安县流坑董氏家族就作出"礼爵"的规定,即凡在本朝及前代当过官的人,不论辈分,牌位进入宗祠;又规定,凡是捐助祠堂财产,亦可附礼于祠。至清代沿袭这种规则,只要交几两银子,甚至几百文钱,都能享受附祭。③明代广东曲靖县庞氏家族祠堂,正堂分三龛,正龛供始祖及族中最重要的人物,左龛为"崇德",右龛为"报功",为做过官、有德泽于民的人和对家族捐献过田产钱财的人立牌位。④

　　这种论贵论财的做法,在20世纪上半叶被一些家族继承了,并且特别着重在钱财贡献上。如潮州洪氏家族决定在祠堂设立400个牌位,分左中右三龛,中龛200位,每位收位金100元,两旁每位收60元。有了牌位,每年可以获得一次祭祀,中龛牌位的子孙能够得到二斤胙肉,旁龛则为一斤。⑤就是说要想为先人设置灵牌,有钱就行。1920—1927年,安徽旌德县江氏家族修谱和建造祠堂,凡捐献银钱的就会得到为祖先设立配享的奖励。捐得多,为先人设立的牌位可以多达四代,如捐银400元,配享两代,墓祭也是两代,并将这种情形记录在家谱的《征信录》中。⑥20世纪上半叶家族祭祖牌位的设置,继承了前人的论贵论功的传统,但更侧重于论子孙对家族建设的贡献,而不太注重

① 民国南皮《侯氏族谱·家规十条》。
② 周銮书主编《千古一村——流坑历史文化的考察》,江西人民出版社1997年,第270页。
③ 《千古一村——流坑历史文化考察》,第261—264页。
④ 屈大均:《广东新语》卷17,中华书局1985年,第464页。
⑤ 潮州《洪氏族谱·简则四章》。
⑥ 民国《济阳江氏金鳌派宗谱》,此家谱之资料由曾在旌德生活过的上海傅先生提供,下同;特致谢。

官爵,因为时代的观念是讲究平等,同时金钱作用力加大,故家族给出了捐献金钱者的地位, 所以论财是时代的精神。人们在家族中和祭祀中论钱财贡献,是功利观念,陈支平在谈到这个问题时认为:"家族祭祖中的功利因素,对于家族制度的发展以及祭祖活动的久盛不衰,都不无益处。"①说得颇为符合实际。

家族祭祀仪式举行之后,公共财产丰富者能够使与祭者聚餐,或者还能给族人发胙肉和钱,有的家族因而形成"胙肉丁口单",如浙江奉化县张氏祭祀后,在祠堂颁发,领胙人要亲到,办事人要写上他的名字,故成丁口单。寡妇张氏因路远未领胙,故单上没有她家名字,有人诬赖她已改嫁,就以单上无名作左证。②可见族人参加祭祀和领胙的重要。祠产不充足的就不可能以公众的钱聚餐发肉,或者大家摊钱在一起聚一聚,或者少数人聚餐,再不然则祭后散去,这种情形诚如《宣汉县志》所说:"祠款丰者,宰牲赐胙,肆宴设席;简单者,或酾赀会饮,或祭毕而散。"③

3.族产与运用

许多家族的祭祀费用,来源于家族的公共财产。确实,相当多的家族或多或少拥有公产,这在长江及其以南地区多一些。据陈翰笙在广东的调查,该省35%的耕地是族田和其他各种公田。广东各地家族的族田多寡不一,如惠阳县族田占到全县耕地的1/2。族田出租收租,田多地租量很大,大约占到全省地租收入的1/3。④

毛泽东在江西寻邬县农村作调研,得知祠田占到全部土地24%,并占包括寺院、教会等田地在内的公田的60%。⑤兴国县的调查结论是,公堂拥有全县耕地的10%。⑥在福建,据华东军政委员会土地改革委员会编制的《福建省农村调查》统计数字所示,一般讲,闽西北族田占全部耕地的一半以上,沿海

① 陈书第 185 页。
② 第二历史档案馆藏档,全宗 241 卷 2883 号,民国七年(1918)。
③《宣汉县志》卷 15,第 6 册第 2126 页。
④ 陈翰笙:《解放前的地主与农民——华南农村危机研究》,冯峰译,中国社会科学出版社 1984 年,第 29—39 页。
⑤ 毛泽东:《农村调查文集》,人民出版社 1982 年,第 108 页。
⑥《农村调查文集》,第 199 页。

地区也达 20% 左右。①在四川泸县,"宗祠率有祭田,以供粢盛"②。南溪县的任氏"合族租谷达五六千石以上"③。租谷如此之多,可知田地的广袤。湖南黔阳周氏家族公产有两千多担祠堂田,一千多担学堂、庵堂田,四五百担的大小祭会田。④在河北和山东西北部,家族公产极少,据黄宗智对"满铁"调查资料的摘录,在六个村的十个家族中,有两姓仅各有一亩公地,最多的李姓也只有八亩,其他的多在三亩左右。⑤1997 年出版的河北盐山县采氏第三次编修《采氏家谱》,于一项《说明》中写道:"卷二(笔者按:系指该族 1954 年第二次编修的族谱)中有阖族伙产记载。现在这些采氏家族伙产下落:地亩在 20 世纪 50 年代末期被国家收归国有,衣物碗碟在 60 年代中期的'文革'大内乱中散失于村民手中。至此,采氏家族以户为生活单位无阖族伙产。特记。"⑥可知采氏家族在 20 世纪上半叶有田业和祭祀器皿等公共财产。总之北方家族公产少是少,但不能说没有。看来,各地家族有一些公产,其中以田地为主,多的占到当地全部耕地的一定比例,令人侧目以视。有的家族公产还有房屋和铺面出租,有的经营小型农产品加工厂,有的放债收息。

祠产的来源基本上有两项,一是族人捐献,一是个人遗产,遗命为其建祠,作祭祀之用,如毛泽东在《寻邬调查》中所说:"祠堂的公产有两种,一是子孙凑的田地,一是本人留下的。"⑦大量的历史文献表明祠产来自于子孙捐助,这是大家早注意到的,对于个人自留的,陈支平的《近 500 年来福建的家族社会与文化》、周銮书主编的《千古一村》,提供了许多明清时期的个案事例,可作参考。20 世纪上半叶的家族财产,大量的是上个世纪的积累遗物,这个时期捐置不多,重要的是在于经理,使之得以保存和生财。上海曹氏家族于 18 世纪有 194 亩良田和房屋,19 世纪后半叶丧失不少,20 世纪着意经营恢复,1913 年赎地 0.75 亩,1918 年赎地 0.76 亩,1919 年以 2100 银元向联义善会赎回味经堂坟地,1923 年用银 4300 余元赎买和瑞堂茔地, 同年家族建楼五

---

① 陈书第 63 页。

② 《泸县志》卷 3,第 114 页。

③ 《南溪县志》卷 4,第 611 页。

④ 《控诉族权对我的迫害》,见《封建族权害死人》。

⑤ 《华北的小农经济与社会变迁》,第 245 页。

⑥ 采玉双:《采家庄志——采氏家谱》,(内部出版,文号:沧文准字[1997]第 058 号),1997 年,第 29 页。

⑦ 《农村调查文集》,第 106 页。

楹。①作为航运业世家的上海葛氏的公业也是久被他人"占踞,清理颇多窒碍,幸族中有鲁仲连其人,仗义执言,不辞劳怨,始得收归公有",所修祠堂经费,"由族人量力资助,益以借款",如葛尚钧之母周氏有奁田三亩,1906年捐作公墓。②由曹、葛二家族公产状况可知,家族要想保产增产,重要的是族人合力经营和陆续捐献。但是家族公产,再用力经营,总会有人侵蚀,因而有出有入。清代捐献的人多是有田的人、做官的人、有钱的寡妇,特别是南方的商人,成为族产重要贡献者,到了20世纪上半叶,在有田人和商人之外,又增加了闽粤华侨,他们在海外含辛茹苦,积累一点钱,常常回报桑梓,尤其钟情于家族,成为家族组织重要的支持力量。

族产的用途,首先是作祭祀经费和修缮祠堂,富裕的则设立义学,培养家族人才,以及资助贫困族人。毛泽东在寻邬调查发现,刘维锷等五人,由祠堂提供费用到北京、广州上大学。③著名学者钱穆少时家贫,其父死后乃母与他兄弟靠家族义庄抚恤,领取米粮维持生活。④这些事例可以举出若干,不必多叙,而互助思想的张扬,诚可留意。1917年订立的上海葛氏《敬睦堂公款暂拟章程》云:"族中设立公产,原以救济孤寒,敬宗收族,非徒春秋祭祀,修葺祠墓已也。凡子弟无力读书者应资助之,孤寡残废者应抚恤之,丧葬疾病力不继者应赙给之,婚嫁乏资者应帮贴之。"由于祠堂经费有限,不能确定各项的资助数目,但为了实行,还是作出如下的规定:"一、学费资助:目前助至小学毕业、中学毕业;二、孤寡给养,每月酌送若干;三、残废疾病者养抚:每月酌送若干;四、丧葬襄理,临时酌量赙赠若干;五、婚嫁助资,酌量情形补助若干。"⑤经费多少是一回事,而互助思想又是一回事。葛氏家族强调公产功用,不仅仅在祭祀,而救助不可缺少,这种观念为前人所少有。到了近代社会,西方社会救济观念传入中国,有的人已有所接受,要把它运用到家族活动中。传统家族的公产亦有救助功能,只是不突出,位于祭祀、修祠、修谱之后,有余才行救助,而近代则将救助提高到前所未有的地位,表明家族经济的功能在发生变化,在着力向救济方面演变。

① 《上海曹氏族谱》卷4《礼堂祭田记略》《艺心公保存祠产记》《赎购味经堂和瑞堂茔地记》。
② 《上海葛氏家谱》卷3《宗祠成立记》《顿邱公会记》。
③ 《农村调查文集》,第161页。
④ 钱穆:《八十忆双亲　师友杂忆》,生活·读书·新知三联书店1998年。
⑤ 《上海葛氏家谱》卷3《敬睦堂公款暂拟章程》。

4.家族纷争与祠堂教化

笔者看到写作于20世纪上半叶的关于那时家族活动的积极与消极两方面的记录,读过五六十年代控诉封建族权罪恶的回忆文章,而八九十年代的家族史调查,则多云其助学和保护生态环境的好处,不同时期的主导观念影响人们观察事物的方法,可能有片面性。笔者在这里从家族活动中看个人、家庭与家族的关系以及他们的是非,并拟从四方面作出说明。

家族对族人从体罚到导致死的问题。传统家族对族人惩治,一般都写在家规族约里:违背做人原则和族训,其人可能会受到笞杖的体罚、捆绑于祠堂门前的羞辱,也有的在金钱上罚赔酒席,再严重者,不许进祠堂、上族谱,但笔者极少见到处死族人的诫条,不过这在实际上是有发生的。1994年到江西作家族史田野调查,走在一口很小的池塘边,承被访问人见告,这里以前处死过一个族人,他也没有犯什么大事,只是小偷小摸,屡教不改。族尊嫌他太给家族丢人,不利于家族在地方的良好地位,就将他沉潭了。1925年,通山县燕厦王氏家族王义能屡次偷窃族人地里红薯,被提到祠堂,先打板子,挖去双眼,最后被活埋。①1937年纂修的《南溪县志》在讲到民俗和家族法时说:"一民之身恒附属于其家,而家又附属于族。乡有逆子,聚族科罪,坑埋沈渊,残酷不恤,演之既久,遵为信条。"②人们接受了残酷的处死族人的家法。破坏人权,是因传统观念深入骨髓,人们变得麻木不仁。

对族人职业的限制与反限制。传统家族对族人的职业,除了士农工商四业之外,对其他职业都表示反对,不许族人当和尚、道士、巫师,信天主教,做胥吏、书吏、屠户,至于作为贱民的奴仆、皂隶、演员、吹鼓手、轿夫、理发、修脚等职业更不能从事,此外族人不经祠堂同意,不得打官司。这些19世纪或其以前的家法,是适合宗法性等级社会需要的,到20世纪上半叶社会制度发生巨大变化,宗法性家法已不合时宜,有的家族要坚持,有的则对它表示蔑视。通山县燕厦王氏家族原先规定七种人不准上谱或进祠堂,这七种人是闺女、穿破衣服的、私生子、养公猪的、抬轿子的、尼姑和尚、剃头修脚的,后来又加上一个当红军的,成为八种人。③

---

①③《血泪话祠堂》。

②《南溪县志》卷4,第615页。

20 世纪 10 年代，湖北夏口县王氏家族修谱，对以前族规"倡优隶卒"不准入谱，改为"营业不正"者不得入谱，于是主修王继树将唱戏的王继炎及其妾甘氏叙入谱内，引起王继均的反对，并在 1918 年状告王继树于湖北高等审判厅，谓优伶就是营业不正，不应上谱，应将已印制族谱作废，损失由王继树赔偿。审判厅驳回他的控告，认为清代所说的"卒"，就是现在的士兵、警察，职务虽同，而身份迥异，至于"优伶营业，为社会教育事业"，王继均不服，上告到中央大理院，说"营业不正"与"倡优隶卒"意思相同，"业优之人，有何身份，当然不能载入宗谱"，否则就是家族世代的羞辱。又说本案的争论点是家规问题，不是法律问题。最后大理院也予驳回。①此上告人的观念还留在旧时代的职业观里，用传统的等级观念，鄙视社会正当行业，不能接受时代新观念。对家规和谱例中宗法等级观与近代平等观的斗争，新观念占上风了，亦表明家族在改造中前进了。

家庭在嗣子问题上与家族的纷争。无子立继嗣，应该是本人的事情，但在传统家族社会，却成为家族的事，族长有权过问。有的家规对此明白写道："当请命族、分长集议，写立过房，告之祖宗。"②20 世纪上半叶，不少家族为此闹纠纷，打官司，主要是立嗣、立异姓为嗣与上谱，各家为子孙争做宗人的继嗣，家族或干预，或调解无效，终致走向法庭。1919 年湖南浏阳于鸿麟等人控告于渭溥等人，因该族在清代乾隆、同治年间两度修谱，均准许抚子入谱，至是又行修谱，上告人认为被告人是异姓假子的后人，他们的支系不能入于正谱，而应移入"副谱"，被告人不同意，双方争持不下，走上法庭。法庭基于尊重家族习惯的原则，支持被告。社会观念陈旧之人，笃信反对异姓乱宗原则，不过在同宗会出现的时代，它已不合时宜，故官方不予支持。

关于嗣子上谱的案子，1920 年出现在浙江慈溪张氏家族。原来在道光三十年(1850)编纂的张氏家谱中有"螟男大佃，例不入谱"的记录，光绪三十年(1904)修谱，在德成名下作注云："螟男大佃，例不入谱。"排斥大佃后人，大佃后裔张朗齐认为其祖先并非义子，而是加入耶稣会遭到家族排斥，要求上谱，张锡尧等 256 人坚持家族传统，并上告法庭，浙江高等审判厅支持被告，原告

---

① 第二历史档案馆藏档，全宗 241 卷 4752 号，民国八年。
② 江苏武进《毗陵修善里胡氏宗谱》卷 1《祖训》。

上告大理院,该院倾向于原告,令浙江厅重审。①这类义子入谱的案件,反映传统家族纯血缘原则受到挑战。民国初年,浙江余姚徐氏杞棠主持修谱,认为徐文炬之妻倪氏所生之子宝华不是徐家血胤,不得上谱,徐文炬不服上告,经浙江高等审判厅审明,宝华实系徐氏子,故文炬要求为其子上谱,徐杞棠实际是祠堂代理人,此案多少反映出家族对族人的压制,但在官方干预下没有成功。②1917年浙江安吉县王徐氏状告其继子王其渭,指控继子虐待她,意欲废其继嗣,审判厅让王氏家族近亲参与调解,近亲不同意废嗣子,王徐氏不予理会,仍然上告。法庭维持嗣母子关系,要求嗣子赡养其母。此案上告人根本不理会家族,继嗣事直接面向官府,如此藐视家族,家族亦无能为力。③嵊县裘宝书死后,其妻裘商氏宣称生有遗腹子松枝,其女锦荪为同乃母争食田,称松枝不是乃母亲生,是换养的,因此打官司,1911年嵊县汤知县令裘氏家族判明松枝是否为假子,再作决定,此时嵊县自治会裘乃馨致函知县"请求议饬房族,准松枝入谱",族长裘法澄等人遵令会议,确立德成为宝书嗣子,但是裘商氏不接受德成为嗣子,德成怀恨打她,并上告浙江法庭和大理院,被驳回。④从此案全过程看,表面上是为立嗣,实质上是为家庭财产的继承权。

同类事发生在河北宁津县。县人李瑞昌与李李氏拾养李金钟,瑞昌死后李安居要求继承遗产,宣统二年(1910年)知县依照清朝法律,断定给金钟40亩田地,及至金钟死亡,李瑞云以金钟为异姓,不许葬于李氏祖坟,田产不许其妻李王氏继承,并于1915年上告到大理院,院判允许李金钟葬于李氏祖坟,李王氏应继承其夫所得的40亩地。⑤家族内部的关于宗支之争,南北各地不时均有发生。1917年山东历城崔光录等人状告崔厚荣等人,两造分别是崔尚义、尚衢两兄弟的后裔,可是原告认为被告是崔尚衢的义子之后,不承认为同族,山东高等审判厅支持被告,而大理院支持原告,令山东厅重新审理。⑥广西郁林陶氏与陆川陶氏原为一族,然而后者不认同,在咸丰年间就打官司,

① 第二历史档案藏档,全宗241卷7006号,民国九年。
② 第二历史档案馆藏档,全宗241卷7060、7982号,民国九年、十年。
③ 第二历史档案馆藏档,全宗241卷7052号,民国九年。
④ 第二历史档案馆藏档,全宗241卷3450号,民国九年。
⑤ 第二历史档案馆藏档,全宗241卷3083号,民国九年。
⑥ 第二历史档案馆藏档,全宗241卷1307号,民国四年。

1919年再度兴讼。①宗支问题牵涉到祖坟、族谱，纷争并非没有实际意义。

女性的地位和婚姻问题。同女性的整个社会地位一样，女性在家族中也处于次要地位，在家谱的写法上和婚事的处理上表现得尤其明显。对族人娶再嫁之妇或孀妇改嫁，族谱不承认这种婚姻，不予记录，或者虽将该妇载入，但在她的丈夫名下书写"曾娶"字样，以表示对该妇女的贱视。约在1916年，浙江奉化张氏重修族谱，依谱例，在再嫁者名下写明"改醮"二字，有人认为寡妇张孙氏已改嫁，其名下就应书写"改醮"字样，因而引起官司，大理院本着尊重家族习惯的原则，认为若确已改嫁，则行书写，但审不出证据，遂不许族人多事。②湖南黔阳周氏祠堂仍实行老规矩，不准寡妇改嫁，"否则就要开祠堂门办罪"③。通山王氏家族的王丁顺之长姐，出嫁后因与丈夫感情不好，回娘家，要离婚，族长王华然说好女不嫁二夫，污蔑长姐不贞洁，长姐愤而自杀，她父亲也气死了。④一些家族对于女性的压迫，仍然是严重的社会问题。

综观20世纪上半叶家族的主要活动，可以发现，家族的宗法性和功能都在变化之中：

其一，传统的教化功能在消退，社会功能有所加强。传统家族聚会的时候，常常伴随着的是宣讲纲常伦理和家族规约，除了族长族尊理所当然地负有教导职责，有的家族还专门设立宣讲人员，不怕烦琐地进行朔望宣讲，教化成为家族日常事务的头等大事。民国以后宣讲已没有人再提，开导性的教育仍然有一些，如前述迁安王氏家族的扫墓后会餐中族长的教育方式。更重要的是人们要求通过家族活动，如同上海曹氏、葛氏，潮州洪氏所一再呼吁的增强"族谊"，甚至认为族产的主要功用也在于帮助族人，而不是祭祀、修祠堂。深化族谊和加强经济互助，使家族组织增强了社会功能，从政治的教化功能转变过来。

其二，个人社会化，家族控制能力削弱。这个时代，个人主义、自由主义、社会主义思想流行，许多人摆脱家庭、家族的制约，要求职业、婚姻选择的自由权力，家族在择业问题上的松动，像夏口王氏家族将特指的"倡优隶卒"，改

---

① 第二历史档案馆藏档，全宗241卷3020号，民国七年。
② 第二历史档案馆藏档，全宗241卷6535号，民国九年。
③ 第二历史档案馆藏档，全宗241卷2883号，民国七年。
④《血泪话祠堂》。

为笼统的、含糊的"营业不正",是传统家族对族人职业选择上的让步,也是家族在择业观念上的进步。家庭与家族在立嗣上历来有摩擦,家庭要择爱立子("爱继"),同家族遵血缘原则的"应继"相冲突,有些人不顾家族的意愿,以致发生争执——法庭相见,表明家族立嗣权的削减。诸如此类,"个人统于家""家统于族"的状况有了很大的改观。

其三,传统家族的纯血统原则受到较为严重的冲击。从前述宗支之争中不难获知,最迟到清代,义子系统在家族中争取到正统地位。反对被视为旁支,反对被放在家谱里的"副谱"地位,民国时期修谱中的这种纷争更是屡见不鲜,无有止境。义子系统似乎还理直气壮,敢于打官司,传统家族的"异姓乱宗"伦理显得是有气无力。如果再看社会上拟制亲现象流行,就更显现事态的严重性:两个或多个本没有血统关系的同姓家族联宗修谱,互认同宗;拜把兄弟,誓同生死,祸福与共,进而认盟兄弟之亲为亲;民间的一些结社和宗教,也以家族亲属的关系相称呼,表示亲近,这显然已不属于拟制亲范围,可见家族关系的社会化是多么的广泛。反对异姓乱宗的血缘原则是传统家族的根本法则,家族之所以成为家族,就在于血缘一致。不坚守血缘原则,表明家族在变异,亦说明它有较强的社会适应力。

其四,传统家族仍然存在着某种宗法性。家规、谱法对女性歧视,在家族生活中还是较为普遍的现象;对违犯传统伦理的族人惩治,以至处死,非常残酷。这些都严重侵犯人权,妨碍个性的发展,这种宗法性阻碍社会进步,必然引起社会进步人士的反对,批评宗法族权,有人摆脱家庭、家族的制约,正是这些社会力量,在破坏家族宗法性的同时,促使家族进行自身的改造。

四、民间自强自治的家族团体观

在考察了家族形态及其活动之后,需要明了家族活动家们是在何种思想意识支配下从事活动的,特别是在废除家族的声浪中,给家族造成巨大精神压力;同时社会又存在着建设议会、地方自治舆论,无形中又给家族提供了学习模式。在诸种舆论与权力的作用力下,促使一部分家族去认识自身,思考传统中一些不合理、不合时宜的因素,产生变革的思想,而方向则是家族自治,建设自强自立的团体,具有这种观念的实例,在前几节已经多次讲到,以下只从观念上作出粗浅的描绘。

废除家族的呼声，引起一些家族的强烈不满，并以改革作为回应。潮州洪己任对于民国以来的政治局面和社会思潮有这样的评价，内中涉及到废家族论，他在1922年说："中国自改革政体以来，人人有共和之志，而求治皆失共和之旨——最谬者更有倡废家族之说，其亦不达事体矣！"①洪氏族谱在两篇序文②中抨击废家族论，可知该家族对这种舆论不满的程度。1931年萍乡刘氏也强烈表现出对废家族的抗议。刘洪澄在《三修家谱序》中将废家族说当作靶子，辩证说明家族存在对中国民族团结的价值。他认为"家族乃民族基础"，原因是家族观念深入人们脑际，家族有号召，人们立即响应，家族建好了去建设民族，会成为"发扬民族之先声"③。

笃信孙中山国族理论，以家族为爱国之根基。洪氏、刘氏、张氏维护家族，颇有底气，以为他们所认识的家族有存在价值，是建立国族的基础。洪己任认为废家族论是不知"国之团结始于一家，家家有自治之能力，则一国有自治之能力，夫如是，家族之义，宁可不有以广之乎！"④家族是自治团体，所有的家族治理好了，国家就好治理了。萍乡刘氏于1931年制定《家训十六条》，其第六条是"爱国家以保种族"，如果说家族是小团体，与国家对立，怎么能爱国保种？原来他们否认家族活动是不合时宜的小团体行为，而认为"家族乃民族基础"，"中国家族观念深入脑际，一呼立集，如影随形"，从而成为中华民族凝聚的莫大力量。⑤河南项城张氏也从孙中山的民族主义与家族主义的关系，论述家族存在的好处，1936年张凝德说，孙中山三民主义，以民族主义居其首，"民族者积多数宗族而成也"，我国受外国侵略，忧国之士忧于民族主义不巩固，其实应归咎宗族主义不巩固，因为若宗族团结，民族自然团结一体，因此主张发展家族，以巩固民族核心。⑥在四川泸县，从事建祠修谱活动，以"期达到孙中山国族说"⑦。欲将小的家族建设成国族的基础，达到全国各家族的团结，共

---

① 潮州《洪氏族谱·序文》。

② 潮州《洪氏族谱》洪开文《倡建汕头三瑞堂并倡修族谱序》。

③ 1931年《刘氏家谱》刘洪澄《序》。

④ 《洪氏族谱·序文》。

⑤ 《刘氏家谱》刘洪澄《三修家谱序》；卷3《家规》。

⑥ 民国《项城张氏族谱》张凝德《序》。

⑦ 《泸县志》卷3《礼俗》，第108页。

同对抗外国的侵略,以保卫中华种族。反帝爱国是中国人民时代的重任,在这一检验人们使命感方面,如此留意于国族的建设和家族的改革,这样的家族大约不会落后于时代。

初步具有民主、平等的观念,并在家族的治理中有所体现。萍乡刘氏家谱谱例,作小传时为族人妻子提行另书,以与丈夫平列,又详为族女写传记,表示男女并重,刘洪澄为家谱写序时,就此规范问道:"其促进民权为何如?"①因为批判者讲家族实行专制主义族长制,压制族人,特别是女性,他以此反问,以显示其家族的进步,不存在宗法专制问题,以此与批判者对垒。上海曹氏、王氏、朱氏,安溪刘氏等家族建立族会,苏州严氏、潮州洪氏等家族的管理,不论用什么名称,基本上是实行民主管理原则,改变祠堂族长制的作风,虽未见到它们关于民主平等理论的说明,而实践表明了它们的认识是超脱宗法家族观念的,是以近代议会制、地方自治、村治为规式的。观苏州严氏家族设立家谱基金会的讨论,先选主席、记录,提案要有提议人和附议人始能成立,通过了要形成文字的决议,要有主席、记录的签名;再看上海曹氏家族的族会开会,议长不能随意行事,如果他要发表意见,也要按程序进行,退出议长席位,由他人主持会议,他才能发言。会议允许族人旁听,按程序讲话。②这一切无不表明严、曹等家族懂得议会制度,按照其原则从事家族活动。

相信进化论,期望将家族建设成自治自强团体。严复译《天演论》,将达尔文进化论介绍到中国,该书成为人们的枕中秘籍,影响巨大,使进化论一时成为人们的主导观念之一。不少家族笃信它,用它指导自身的活动。潮州洪氏云其建设家族组织,以便"团体固结,而立于社会优胜之地位"。这样说,就是按照进化论的生存竞争法则——适者生存、劣者淘汰的观点,来认识事物。他们一再宣称建祠堂、修家谱,"盖知非从家族求自治团结,不足与人竞争","处此共和时代,团结力大者,其族必昌,否则归诸天演淘汰之列。吾伯叔昆弟明此义久矣"。"团体固结——自治奋拔,努力发展。"③湖南平江叶氏家族利用近代方法制作人口统计表,发现家族内男人殊多于妇女的不可否认的无情事实,触目惊心,因此要极力讲求"生息教养之生存,个人需要努力,但也得靠团体,

---

① 《刘氏家谱》刘洪澄《序》。
② 《上海曹氏族谱》卷4《族会简章、族会施行规则》。
③ 潮州《洪氏族谱·修谱例言、序文》。

为此建设好家族组织,去参与社会竞争"①。

五、社会冲击下家族的变化与更生

20世纪上半叶,家族与社会究竟是什么关系,处于何种状态,从家族历史的长河来看,它有哪些特色?以下略述之。

1.传统家族在衰落之中

家族,已不能像过往那样具有较大的权威,在施行家法的力度,受到政府的支持上,明显地呈现出衰败的景象。

从现象上看,有组织的家族活动比过去减少,就是开展活动,有的也因经费、人心等因素,竭力而为之,勉强而艰难地进行,已非昔日的原貌,或者说离昔日的规范相去甚远;家族的原有秩序已在一定程度上被破坏,家族经济衰退,赈恤减少了,或者没有了,义学也难以维持,即使家族支持上学的学生,受了新思想的教育,也回乡宣传新意识,反对传统家族伦理,因此成为破坏家族传统的力量;族长的权威大为下降,族与族之间的纠纷,族人家内事务,过去族长、房长、族尊要过问的,这时有的不再请示,而总自行处理,或者径直打官司,没有把族长的权威放在眼里,昔日"为政于家"的情况,虽不能说完全消失,但族长施行家法的现象毕竟比从前少得多了;南方家族活动差异有所扩大,南北家族连活动都在减少。

政府对家族支持的力度大大下降,民国政府与清朝政府的态度相比发生很大的变化,不再把家族视作政权的一种支柱,过往家族尊卑长幼不平等的法律条文业已革除,族长家长的权威在法律方面已经失灵,家族不愿意承认的拟制亲,国民政府却在法律上予以保护,如1948年行政院批准台湾省政府制定的关于收养义子、义女的条例,收养者与被收养者订立合同,各有其权利义务,政府依照合同,保护双方利益。

式微的原因是多方面的:一是社会经济的衰败,造成家族经济危机,使其开展活动失去财力的支持,常常无法进行。家族经济来源,是靠原有财产的经营所得和族人继续捐助,社会经济不振,族人经营受到损失,哪里还有多少余钱捐赠给家族?比如黟县叶氏家族成员,抗战以后,"在长江流域都市和城镇

---

① 1935年《平江叶氏族谱》卷末《平江叶氏人口统计表》。

开设的企业和店铺,有的毁于战火,有的停业倒闭,有的乔迁'内地',有的生意萧条,再加上有的富商大贾子弟不务正业,因此造成宗族衰落。所以,抗日战争中祭祖活动逐渐从简"①。

二是频繁的战争造成直接破坏和间接影响。不论是哪一种性质的战争,如军阀混战、民族抗战、革命战争,都直接影响或破坏家族组织和力量,毁坏了祠堂和族人有序的生活。

三是苏区的家族,由于受到政府支持的农民运动的冲击以及政府土地政策的实行,内部也出现分化,家族从而涣散了,甚至再也形不成有组织的家族团体,而苏区所在地的南方,历来是家族团体盛行之处,这个地方受冲击,其不仅是局部地区的问题,而是影响着全国的家族状态。

四是大量移民造成这个时期家族的削弱,且没有条件再行恢复,在北方尤其如此。华北农村人口的大量流移,在抗战以前,主要原因是天灾、兵患、匪祸和寻找生路,七七事变之后,则为逃避日军的杀戮,据江沛的研究和转述,华北地区的家族制度,到三四十年代,许多村庄已没有族长,据对冀东 9 个县 24 个村的调查,无族长的村庄占 75%,即使有族长的其权力也大小不一,有的族长徒具虚名,没多少事可管。人员大量走失,家族丧失人力资源,生活自然难以进行,而迁徙出去的族人,短期内在新居地组织家族并开展活动是不可能的,回乡参加家族活动同样是不现实的。②

五是新思想的冲击,损坏了家族的固有形象,不得不发生变化。西方进化论、天赋人权学说的传入,新文化运动的开展,批判儒家思想,首当其冲的是家族主义,以及随后的持续批判,使家族受到巨大的冲击。思想的批判,似乎是学术界、文化界的事情,实际上到达了乡村家族社会,请看民国时期的四川几种县志对这方面的记录,就可明了新思潮对家族的作用。《大足县志》:"晚近欧风东渐,人争趋时,一切交际衣着之属,咸以规摹泰西为荣。五四运动以后,新学家更倡为平等、自由、妇女解放诸说,波澜壮阔,风靡一世,于是父兄不能率其子弟,夫妇则动辄离异,视为固常,无足怪者。"③《合江县志》说到家

① 《黟县南屏叶氏宗族调查报告》,第 113 页。
② 江沛:《民国时期华北农村社会结构的变迁》,《南开学报》1998 年第 4 期。
③ 民国《大足县志》,第 337 页。

族社会:"自倾人权说兴,颇有病其为王者专制之先驱,国民发展之梗者。"①
《泸县志》:"近来多主张小家庭制度,以免养成子女依赖骄惰之习,盖不独生事日窘应各自立,而宗法社会亦不适宜于今也。"②大足、合江等县志的记载,无不表明家族在新文化体制改革中发生的深刻变化。

　　分析至此,不妨看一个家族事例,就可以知道家族的衰落状况和过程。江西乐安流坑董氏家族,是出过状元的望族,在清朝,是知县乐于落脚之处,辛亥革命以后,家族组织一度依然是流坑社会的主宰:"宗族内的各种制度规矩仍然严格规范着族众的言行,各种祭祀、捐助、修祠、上谱及赈济和惩罚等年复一年地进行,村中的各条巷道里,也像从前一样行走着专门的巡视之人,昼禁游手好闲之辈,夜防鼠窃狗盗之徒。"可是到 20 年代,兵事频繁,1926 年军阀孙传芳属下邢玉堂部在当地骚扰破坏,于次年将董氏大宗祠焚毁,这个祠堂是董氏家族的"象征和中心,它被焚毁后,受社会形势和宗族财力等条件的制约,一直未能重修。因此,这一事件实际上预示着绵延千年的董氏宗族组织的行将瓦解"。30 年代流坑一度成为县苏维埃所在地,也成为国共两个政权争夺之处,"长幼之序、孝悌之道等传统道德也不复昔时之凛然;大宗祠尚未兴复,各房下的祠堂亦已面目渐非。同时,书院、私塾仅剩下几处苟存其脉,虽成立了新式的瑶田小学,但后来只有一至三年级,且学生辍学者多,毕业者少"。40 年代后半期,由于政治上的分化,董氏家族内部出现两个相互竞争的团体,"流坑董姓,已不再是昔日那个具有高度凝聚力和地域支配力的强宗大族了"③。不难看出流坑董氏家族是个典型,它的衰微,是半个世纪里中国传统家族衰落的缩影。

　　2.变异与更新之出现

　　在社会强力冲击下,家族并非坐以待毙,而是起而应变,进行自我调整,革除一些传统因素,输入一些适合的时代新观念,创造新的组织形式,开展某些新内容的活动,而这一切的应变、自变,在外界压力之外,更有其内部的动力,即内部的社会力量。

　　家族组织新形式的产生。传统家族形式基本上是两种,为祠堂族长制和

---

　　①《合江县志》,第481页。

　　②《泸县志》,第108页。

　　③《千古一村》,第65—71页。

族老制,而 20 世纪上半叶出现几种新形式,即族会、家族会、族公会,扩大家族范围的同宗会、敦宗会,应变的、带有临时性的族公益会、族自治会等,名称的变异,同管理方法的改变同步进行,族会等实行议会制度管理法,建设家族议会、董事会,召开族人大会,民主讨论家族事务,家族职员遵守会议决议;族人成为家族会员,有相应的权利和义务,可以在家族会议发表意见。这一切同祠堂族长制大相径庭。族会是新时代的产物,为旧时代所没有,也不可能有,因为族会以议会、自治会为模式,而这些是西方近代的政治制度,也是民主管理制度,家族学习它,用来改造自身。这种新的组织形式及其观念的产生,造成传统家族面貌上的变化。

新旧家族观念的交织。传统家族讲究孝、忠,讲求家族及其上层对族人的顾恤,近代的人权论、进化论渗透到家族中,产生新的家族观念,其内容是:家族是自强、自治的团体,建设家族大团体("国族"),外抗列强,保卫种族,而不像过去只忠于皇帝王朝;家族是民主社群,平等对待族人,批评传统的贵贱职业观,不再是过去的"施政于家"的场所,动辄给族人以惩罚;家族是联络族人情谊的桥梁,传统家族管理家族事务,要兴修祠堂,祭祀祖先,编纂家谱,赈济族人,新观念对这些事务照常办理,但是旨趣有较大的差异,认为这些事情应该做,然而更重要的是联络族人的感情("联族谊"),从而认为修祠堂、续家谱观念是新旧杂糅,既不是纯粹传统的宗法性的,也不是纯粹近代的人道主义的。

家谱面貌的变化。①族谱是家族存在的形式之一,或者说是载体之一,兴修族谱是家族经常性反复进行的重要事务,既是家族的一种活动,又是家族活动记录,换句话说是家族的历史,家族无不重视它。民国时代对于家谱的改良,最重要的是有些家族采取务实的态度,尊重事实,不作、少作无谓粉饰先人历史的事情,克服传统的尚虚荣观念;注意运用平等意识,一定程度地改变传统的职业等级观念和男尊女卑意识,对过去不许卑贱族人上谱的谱例有所松动,为族女写传记,给妻子传记与男子传记以同等地位,以体现男女平等;更新体例,采用一些近代图书表达方法和研究方法,使用符号法,制作统计表、检字表,于是表达趋于科学,读者易于阅览,令家谱具有某些近代图书的

---

① 关于家谱书写的变化,本卷另有专文,此处是概述其内容。

面貌;变家谱的私藏秘籍为公藏的公共读物,令家谱的性质发生某种变化。要而言之,家谱内容、体例的更新,使它的面貌有了某种程度改变,向着近代家族文化载体的方向嬗变。

总之,家族的组织新形式、新观念、新谱例的出现,似乎可以认为家族开始进行脱胎换骨的更新,只是这种变异刚刚发生,有待于大发展,有待于大幅度地清除它的固有宗法成分。

家族变异的内部动力。外界对家族主义的猛烈批判,是造成家族改变状态的一种因素,但只是一种可能,只有家族内部产生变革的强烈需要,事情的变化才会发生。它的致变内部动力,是青年层和商人层。在传统社会家族内部本来就存在着不和谐的因素,只因变革的社会条件不充分,这一矛盾难以促使家族内部不和谐因素的扩大。家族是族尊者老世界,一般来讲青年是受压抑的,他们也就成为反抗力量,近代社会个人社会化,首先具有这种能力的是知识青年和一般青年,他们受新文化感染,要求独立于社会,摆脱家庭家族的羁绊,于是产生先进青年对家族主义的批判,他们要废家族、婚姻自由、不要遗产,即使不那么激进的青年,也是对包办婚姻、限制个人自由表示不满,巴金在小说激流三部曲《家》《春》《秋》中所塑造的觉慧、觉民两个类型的人物,多少反映不同观念的青年学生放假回乡,宣传反对家族的观念,老人颇为困惑,想不通,可是形势逼着他们,逐渐有所知晓,不得不改变家族的一些传统做法。明清时期商人以财力支持家族的,已为许多学者所论证。20 世纪上半叶改良比较多的家族,与商人不无关系。苏州严氏家族是经商世家,族人外出经营者多,族居地的吴县洞庭山"多妇道守家",不少族人在上海经商,故能在上海的新闻纸刊登修谱广告,并在上海设立编辑所,印刷家谱,家族开会在族人设于上海的天生锦绸庄召开。①严氏家族的商人如果不积极支持家族组织,它的修谱、会务是难以开展的。

潮州洪氏家族建造祠堂,筹办处设在福安横街的裕生当。该店主洪恕之是建造祠堂的发起人之一,被董事公举为筹办处财政负责人,并承担垫支的义务,可知他是洪氏宗祠建设不可缺少的角色。上海《倪王家乘》的兴修,由商人王树增聘请纂写人钱基博(钱锺书之父),并出经费和印刷费。上海曹氏家

---

① 民国《严氏族谱》卷 12《杂录》。

族能够建立族会,渊源有自该族的曹钟秀,早在同治五年(1866)就参加了中国最早的四大近代企业之一的上海制造局的建设,与西方技术人员一起绘制厂图,后来在局中翻译馆绘图40年,成图50余种,包含声光化电汽机军械各种图纸,1925年他按照议会模式建设家族的族会。①上海葛氏是商业世家,商人经营,做的是人际关系的事,深知联谊的重要,故强调联络族谊,甚至比修祠祭祖为重,就不足为奇了。商人为建立具有近代因素的家族组织尽心,以财力作为家族后盾,成为新式家族不可忽视的社会力量。家族内部具备改革原动力,与外部的冲击力相结合,就产生了家族的改革,从而使这家族的面貌有所变化。

不仅如此,家族的守法传统,亦有助于它随着国体的变革而更新。家族历来是依附政府的,早已铸成遵守法令的品格,当改朝换代以后,多数家族已经从内心里予以顺从了。1927年宜兴任氏家族讲他们为什么要续修家谱:"国体既变,子姓日蕃,宗人屡议重修。"②原来国体变了,家族及其家谱也应当跟着变化,再加上族人增多,所以就要续谱了。1931年萍乡刘氏家族对此说得更清楚:"谱为一家法规,但必与国法互相维系,方能生效。今政体变更,正朔改矣,民法易矣,礼制殊矣,教育新矣,吾前谱所载,动与抵触。《论语》言夏殷之礼在所损益,《乐记》言礼乐异世不相袭沿,此其义也。倘非与时变通,执吾前谱,不惟无信今传后,而生今古,且将干国典取戾矣,此准诸法律不能不改者。"③该家族一再强调要遵守国法,要懂得国法会因政权的更替而改订,人民应跟着国法的更改而变更家法,这样才能不违法,家法也才可能得以实行。把家法与国法的关系认识得相当透彻,可谓家族守法的典型言论。守新法,也就意味着认识时代,或者说是识时务,让意识随着时代的变化而改变。修家谱,改订家法,识时务地将原来供奉的"天地君亲师"牌位改成"天地国亲师",易"君"字为"国"字。④一字之更变,反映思想从君主时代转换到近代(向往建立民主制的时代),意义不可谓不重大。家族守法的传统,运用到新时代,就是接受新政权的意识形态,对自身作出改造,这也是民国时期一些家族进行改革

---

① 《上海曹氏族谱》卷4《褒扬录》。
② 民国《宜兴任氏家谱·序》。
③ 《刘氏家谱》卷首《三修家谱序》。
④ 《万源县志》,第629页。

的一种内在原因。当然,接受新观念,对于传统家族来讲,是缓慢的、渐进的,因此各个家族态度不一样,原封不动,或有所改革,或多所变革,步调不一,呈现不同的家族类型、谱牒类型和家族理念。

3.销声匿迹的前奏

在革命者看来,家族总是依附于敌对政权的,是异己的力量,因而是革命对象,必须消灭它,只是首先要解决政权问题,然后解决它就很容易了。在苏区、解放区都有土地政策,家族田产被看作是宗族地主阶级财产,列入没收范围。全国胜利之后,随着土地改革的实行,在没收地主土地的社会运动中,家族自然瓦解了。所以到40年代末,家族也同南京政府一样,处于风雨飘摇之中,不过它不久将来的瓦解,并不是真正消失,从后来事态的进程来看,从家族几千年来的历史看,更从家族传统的强烈意识、家族的社会功能、家族的坚韧性和社会适应性来看,它只是一时的销声匿迹,并非消亡,因此,我们说20世纪上半叶家族是处于衰落状态,而到这个时期的末年,家族是处于销声匿迹的前奏阶段。

4.由古代家族向近代家族转化的过渡状态

家族类型多种多样,古代传统的有,近代新创的也有,家族观念是传统宗法思想与近代人权观交织在一起,家族功能有传统教化作用的某种保留,而互助的社会功能得到某种发展,至少在认识上是这样的,传统家谱中产生出具有近代图书的气息。所有这些变化,使家族同传统型产生若干差异,而又非纯粹新式的,真是不古不今,处于由古代宗法性家族向近代平等互惠社会团体过渡的转型状态。家族是在衰落中,这"衰落"是基本事实,但这种衰微是指传统的宗法性家族而言;家族又是在衰落中发出新生的信号,它在接受近代观念,朝着近代社会团体演变,不过这种变化刚刚开头,故谓之发出信号。所谓"新生",是说家族将发生某种质的变异,或者叫"异化",演变的方向,可能是日后发展起来的宗亲会。宗亲会是现代社团,是俱乐部式的,既讲亲情,又不讲求"一本"的血缘关系,所以它是家族组织,又不同于早先的家族群体,而是它的变异,故谓之"新生",自然,说它是"更新""更生"亦不是不可以的。

(2000年3月25日初稿,2019年1月15日略事修订)

20 世纪中国社会各界的家族观

什么是宗族、家族、大家庭及家族观,由于学术界和民间在使用上颇不规范,这里仅将笔者的理解表述如次:家族、宗族都是男性血缘关系的有形及无形的社会组织;所谓家族观、宗族观是反映家族、宗族制度及其文化的意识,其内涵主要是:亲等制(宗子制、祠堂族长制、法律上的亲等制)、祖坟制、祭祖制、谱牒制、宗亲观、忠孝观与教化观。本文就是依照这种理解考察 20 世纪社会各界人士的家族观、宗族观。

家族、宗族出现于古代社会,延续于近当代。20 世纪中国社会经历了三次巨变,即民清更替、共和国建立和实行改革开放方针政策;几乎与此相适应,家族走了这样的历程:受冲击——基本上销声匿迹——一定程度地复苏。历史地观察,它走在衰落的道路上,但其自身对于社会环境的应变与自变一直没有停止。

百年来,社会各界对家族持有不同的态度,本文意在清理各种认识,试图予以诠释,从而说明社会变革中的家族及其文化的正负面作用,以及怎样对待家族才有利于社会的变革及家族自身的变化。

本文由九个部分组成,前五节叙述百年来社会各界对家族的看法、态度和政党的政策,后四节提出笔者的浅见,不当之处,敬祈方家赐正。

一、20 世纪上半叶部分学者的全面批判态度与青年学生的呼应

众所周知,"五四"及其前后的一段时间里,中国社会掀起批判宗法制度和宗法思想的浪潮,家族文化成为批判的重点对象。批评的揭橥者可能是世纪之交的章太炎,而最激烈的则是陈独秀和吴虞,主持《民国日报》"觉悟"副刊的邵力子,则是学生的呼应情绪得以表达出来的支持者之一。

章太炎在提倡反清排满的民族主义之时,对宗族的小团体主义视为"仆逮之体,偏陋之见,有害于齐一明矣",即妨碍民族的统一。他认为进入军国社

会(近代社会),必会"定法以变祠堂族长之制,而尽破宗法社会之则矣"。意思是政府和社会一定会消除宗族。[1]

吴虞以著名的文章《家族制度为专制主义之根据论》,成为"中国思想界的一个清道夫"[2],他认为家族是宗法国家的基础,使我国困顿于宗法社会而不能前进,其害"不减于洪水猛兽"[3];在这种社会,"人民无独立之自由,终不能脱离宗法社会,进而出于家族圈以外"[4]。

比起吴虞来,陈独秀对于家族主义的批判要系统得多,更具有理论性。他指出宗法社会是以"家族为本位",而不是以个人为本位,因为个人是"无权力的,一家之人,听命于家长"。他进而说明宗法制度有四大恶果:"一曰损坏个人独立自尊之人格;一曰窒碍个人意思之自由;一曰剥夺个人法律上平等之权利(如尊长卑幼同罪异罚之类);一曰养成依赖性戕贼个人之生产力。"他认为改变这种状况的关键是:"在以个人本位主义,易家族本位主义。"[5]

陈独秀等人对家族的批判,可以归纳为四点:一是家族主义是封建专制的基础;二是以家为本位压制个人,无自由、平等与人格;三是家族共财,养成个人的依赖性,缺乏创造力,使生产和社会不能进步;四是消除这种"洪水猛兽"——宗法家族,促使中国成为近代社会的国家。

反对家族主义的思潮,因年轻的社会活动家、学生乃至少年的投入更加显现出来,他们向父兄及周围的人作宣传,并投书于报纸,在1920年围绕废姓氏与不要遗产等问题展开讨论。哲民倡议废除族姓和使用单名,认为族姓是旧社会遗留,只能当作一件古董,没有利用的余地;师复讲到了共产时代,无国界疆域之分,"一部贵族式的百家姓,绝对没有存在的必要";因此,废族姓"是主张社会主义的一种最彻底的办法"。[6]意子将姓氏与专制联系起来,说"姓是奴性的、是专制的、又是偏性的男子世袭的",阿虎发挥意子的奴性说:

① 《章太炎全集》第4卷《〈社会通诠〉商兑》,上海人民出版社1985年,第334页。
② 《胡适精品集》第2卷《〈吴虞文录〉序》,光明日报出版社1998年,第355页。
③ 《吴虞文录》卷上《家族制度为专制主义之根据论》,民国丛书第二编,上海书店据亚东图书馆1927年影印本,第1、6页。
④ 《吴虞文录》卷上《说孝》,第15页。
⑤ 《陈独秀文章选编·东西民族根本思想之差异》,生活·读书·新知三联书店1984年,第98页。
⑥ 《"单名制"与"废族姓"问题》,《民国日报》1920年3月30日第14版。

"袭姓某,便成了某家的一个人,不是他自己的一个人",因而不能要姓。①在这场讨论中李绰除赞成废姓外,更全面地反对家族制度和宗法制度,他说:"'姓'取消后,遗产问题、婚姻问题、亲权问题,和以上种种的法律上的问题,不改造也是要改造的了;不打破也要打破了。"编发这些通信的邵力子,也赞成废姓,但深知因此而形成的人们的符号标志不明显的实际问题,还要讨论。②

在批判家族制度的潮流中,12 岁的少年童理珲提出取消辈分的问题,他因辈分高,被人尊称为"阿公""太公",觉得难为情,要求族人改称,族人说行辈不能动,他却说从前不是满清吗?现在改成民国了。"国族都要改,何况我们家族"。邵力子给他写回信,标题冠以《打破行辈制度》。有的青年学生放暑假回乡,不让仆人称呼少爷,反对父母定的亲,表示不接受遗产,颇令长辈不解:"我们辛辛苦苦叫你们出去读书,你们倒越读越不通了,什么祖宗的产业也不要,父亲替你们定的亲也反对,你们说的话,真好像小孩子一般。"青年要改造包括家族制度在内的社会,遇到这样的情况,不知如何是好。邵力子告诉他们锲而不舍,逐渐改革。③邵力子本人也是反对家族制度的,故云:"中国社会的组织,是以家庭为单位,不以个人为单位,所以个人只觉对于家庭有种种义务,而忘却他对于社会的义务。"④

青年对于家族的痛恨,有如刘絮如在《大家庭与小家庭生活之检讨》文中所说:"一般受过新思潮洗礼的青年们,诅咒旧式大家庭中的生活是地狱,多数主张组织小家庭。"⑤某些青年学生和社会人士不满家族主义的思想和某种实践,与激进的陈独秀、吴虞等大学者理论上的倡导相呼应,使得反对家族主义的思潮在一个时期内来得相当猛烈。

二、20 世纪上半叶部分学者的局部批判观点与民间的相应实践

这里讲的学者对家族亦持批评态度,但是要比第一节所述学者的观点缓

---

① 《废姓的讨论》,《民国日报》1920 年 4 月 16 日第 14 版。

② 《邵力子文集》,中国近代人物文集丛书,中华书局 1983 年,上册第 292 页。

③ 《邵力子文集》,上册第 369 页。

④ 《邵力子文集》,上册第 227 页。

⑤ 载《大公报》家庭版 1935 年 9 月 10 日,收入汪冰编《时风世象》,天津人民出版社 1998 年,第 293 页。

和得多,梁漱溟、胡适、梁启超可算是代表。他们的见解可以概括为三个方面:

1.家族讲求亲情、人伦,令人重视家族家庭而忽视国家

以从事乡村建设而著名的梁漱溟,在改造农村社会的思考中,自然会涉及家族问题。他在《乡村建设理论》中,将中国人的世界观区划为四个层级:一个人,二家庭(包括宗族及戚党),三团体,四天下,人们的实际认识是:"心目中所有恒为家庭、天下二级",即将家庭家族放在第一位,国家处于第二位,不像西洋人以个人及团体为重。①在讲到大、小家庭优劣时,他从情感与勤惰两方面作比较:"二者各有其长,各有其失。大家庭在情谊上说能很洽和,固然很好,但不容易做得到,并会养成依赖恶习;小家庭较冷酷,但利于创造。"②可见他主张改造大家庭的依赖性。

2.改革婚丧礼俗中的宗法内容

胡适一方面赞同"捶碎"孔家店,给无业绩女子李超写传记,批评"家长族长的专制",以及"有女不为有后"的宗法制;实践上他主张改革,在他为乃母发丧与自己的婚事上表现出来。他为乃母办丧事,反对"大家族的恶风俗",讣告不列期亲及大、小功的名字,简化祭礼,不受戚党的送祭,缩短丧期。在婚礼上,他本来不要举行庙见的仪式,最后拗不过母亲的坚持,才勉强进行的。他认为做父亲不应当要求儿子报恩,而要儿子"做一个堂堂的人",以此反对人伦的核心——孝道。③

3.主张以议会制、地方自治实行家族自治,或由绅治向民治发展

梁启超在《中国文化史》里说:宗法思想"入人心甚深,至今在社会组织上犹有若干之潜势力,其藉以表现者则乡治也"。他用其家乡的以族制为基础的自治为例,说明"上祠堂"的耆老会是乡治组织,除交纳钱粮,乡间事务几乎与地方官没有关系,"此盖宗法社会蜕余之遗影,以极自然的互助精神,作简单合理之组织,其于中国全社会之生存及发展,盖有极重大之关系"。④他的家乡在清末实行的是族治与绅治的结合,梁启超的赞美,表明他对宗族自治合理成分的向往。

---

① 《梁漱溟全集》第 2 卷,中国文化书院文库·论著类,山东人民出版社 1990 年,第 195 页。
② 《梁漱溟全集》第 4 卷《婚姻问题》,山东人民出版社 1991 年,第 118 页。
③ 《胡适精品集》第 2 卷,第 271、336、358 页。
④ 《饮冰室合集》第 10 册专集之 86,中华书局 1989 年,第 15、58—61 页。

与改良家族论的学者持有相同观念的农村及部分城镇家族活动家,一面反对废宗族论,一面适应社会环境对宗法家族进行改革。1927年江苏宜兴任氏修谱,主稿人任承弼说:"国体既变,子姓日蕃,宗人屡议重修",而所持的修谱原则为"编辑之例,悉遵旧谱;……或因时制,量为变通"。①国体变更了,家谱要重修,再修的时候,既要尊重旧体例,又要根据时代的要求作出适当的变更,这大概反映了民间的家族改良派观念。而其要点在于四个方面:改变组织管理系统、强调家族自治、以竞争意识鼓励族人创造力、表示信奉孙中山的民族主义和国族说。

　　其一,从家族观到爱国保种观念的产生

　　对于废家族、废姓氏的激烈主张,持改良态度的家族自然大为反感,它们针锋相对,以变革而保存家族,首先在观念上接受孙中山的国族论(论说见第三节),在爱家族之外,增强爱国的意识,其初步的表达形式是堂屋神龛"五大"内容的改变。中国人家的传统牌位书写"天地君亲师","君"是指皇帝,民国以后,一些家庭写作"天地国亲师",将"君"改为"国",表示不要皇帝,而崇奉民国。还有将君字改作圝字的,②不知何义,可能是说以民立国吧。

　　家族爱国的深刻认识是将小团体的宗族纳入国族范围,举国一致对抗外国侵略者。萍乡刘氏于1931年修谱,制定《家训十六条》,其第六条云:"爱国家以保种族。"一个家族怎么能同爱国保种联系起来呢?原来他们不承认家族活动是不合时宜的小团体主义行为,他们认为"家族乃民族基础","中国家族观念深入脑际,一呼立集,如影随形",从而成为民族集聚的莫大力量。③1938年四川泸县修志讲到当地风俗,谓宗法社会已不适合于今世,同时认为县人"敬宗收族,建祠修谱,以期达到中山先生民族主义之目的者亦不少矣"④。孙中山的民族主义讲合家族为国族,人们多予接受,要把宗族变成国族的基础,达到全国人民的团结,共同对抗外国的侵略,以保卫中华种族。反帝爱国是中国人民时代性的重要任务之一,在这样检验人们使命感的方面,如此注意改

　　① 民国《宜兴任氏家谱·序》。
　　② 民国《万源县志》卷5《教育门·礼俗》,台北成文出版社《中国方志丛书》,华中地方第363号之2第629页。
　　③ 1931年修萍乡《刘氏家谱》刘洪澄《三修家谱序》;卷3《家规》。
　　④ 民国《泸县志》卷3《礼俗志·风俗》,《中国地方志集成》,巴蜀书社1992年,第108页。

革的家族绝不落后于时代。

其二,建立族会,开始走向民主管理的道路

祠堂族长制具有很强的宗法性,族长是宗法家族的代表。20世纪初清朝提出立宪的方针和措施,民国时期加强县政建设,主张地方自治,在这种政治气候下,得风气之先的地区某些家族开始实行管理制度的改革。如在上海,王氏、朱氏两个家族运用自治的精神和方法,将祠堂族长制改为族会制,所谓"集族人为族会,从事家族立宪"。1909年,曹氏家族以它们为榜样,仿效立宪章程拟定族会简章,选举议长和办事人员,成立族会,并定名为"谯国族会"。①广东潮州洪氏于1915年成立"三瑞堂",实行议事会制度,设有董事,其《三瑞堂规则·附则》云:"以上规则,除遵守外,倘有未善未备,得由公众议改议补。"②可见其宗族是众人协商办事,而非传统的族长独断。在四川合江县,自清末维新运动以来,"县人渐知集会",于是有妇女放足的天足会、学生的自治会等社团出现,而"基于血统观念,有敦宗会"的产生。③南溪县的情形与合江相同,"基于血统观念者,有某氏同宗会"的设立。④敦宗会、同宗会的名称不同于传统的某某宗族、某某家族,而是多少按照近代社团组织原则建立的,与天足会、同学会、自治会等近代社团应是同一性质的,而与传统的家族不同。

家族管理体制的改变,有利于实行家族自治。前述潮州洪氏于光绪年间开始将潮属各县的宗亲联合起来,在揭阳县港口乡创建祠堂,但团结力弱,自治精神不强,因而讲求改造,于1915年在汕头建立三瑞堂,1922年编修宗谱,以便"昭穆既序,则和气融浑,团体固结。……自治奋拔,努力发展"。⑤

其三,崇奉进化论,注意到竞争意识

1935年编纂的湖南《平江叶氏族谱》,用近代的方法作出叶氏人口统计表,现存1019人,其中男性521名,妇人319名,未出阁的族女179人,统计数字表明许多男子没有结婚,编纂者因而说"为生计窘迫,冠而不婚,男多于妇",进而又说:"吾族人读此表,应刿目怵心,亟讲求生息教养之道。"⑥编者因

① 民国《上海曹氏族谱》卷4《族会缘起、族会简章》。
② 民国潮州《洪氏族谱·序文、三瑞堂规则》。
③ 民国《合江县志》卷4《礼俗》,《中国地方志集成》本巴蜀书社,1992年,第490页。
④ 民国《南溪县志》卷4《礼俗》,《中国地方志集成》本,巴蜀书社1992年,第626页。
⑤ 民国潮州《洪氏族谱·序文》。
⑥ 民国《平江叶氏族谱》卷末《平江叶氏人口统计表说明》。

族人生计维艰,呼吁讲究生财教养的方法。如果说这里还看不出生存竞争意识的话,而在潮州洪氏的活动中就体现出来了。他们懂得建立家族组织是为奋发自强,以求生存发展,所谓"团体固结,而立于社会优胜之地位"。所谓"有所团结,始能演为社会上种种之事业……非从家族求自治团结,不足与人竞争"。他们讲竞争,出发点是给宗族争社会地位,但他们不仅要自身的发展,还要全国的团结进步,故云:"国之团结始于一家,家家有自治之能力,则一国有自治之能力。"①

其四,初步树立平等观念,主要表现在对待女性方面

前述1931年萍乡刘氏修谱,强调爱族、爱国,它还注意于民权和男女平等,将旧谱中不合民权的内容加以删改,原来妇女的上谱,附在丈夫名下,如今改作另行书写,所谓"改为平列,以崇敌体;女子(按指族女)亦详注所生,与男并重"。因而得意地说:"其促进民权为何如!"②1914年修成的《武威段氏族谱·凡例》:"配某孺人,提行另书。"③亦是崇敌体之意。

改变传统家族观念,顺应时代发展,这样的家族无疑还是少数,就是更新的家族,也多系在某个方面作出改革,很难全面实行,不过部分家族在革故鼎新,则是事实,应予充分注意。

三、孙中山与国民党的观点和态度

孙中山是广东人,家族主义在广东颇为盛行,这给了他深刻的印象。他在《三民主义·民族主义》书中说明对家族主义的态度,是将它改造为国族主义,团结国人,外御列强。其要点有三:一是家族主义为民众所信奉,而不懂国族。他说:"中国人对于家族和宗族的团结力非常强大,往往因为保护宗族起见,宁肯牺牲身家性命。像广东两姓械斗,两族的人无论牺牲多少生命财产,总是不肯罢休,这都是因为宗族观念太深的缘故。"如此维护家族,却对国家冷落,因此他惋惜地讲:"至于说到对于国家,从没有一次具极大精神去牺牲的。所以中国人的团结力,只能及于宗族而止,还没有扩张到国族。"外国人说中国

---

① 民国潮州《洪氏族谱·修谱例言、序文》。
② 民国萍乡《刘氏家族》洪澄《三修家谱序》。
③ 民国《武威段氏族谱·卷首·凡例》。

人是一盘散沙,原因就在这里。这样崇拜家族主义就同国族主义对立起来,对此他很痛心,深知其不利于民族国家的前途,因而说:"中国的人只有家族和宗族的团体,没有民族的精神,所以虽有四万万人结合成一个中国,实在是一片散沙,弄到今日,是世界上最贫弱的国家,处国际中最低下的地位。"这种现状必须改变,为此要对宗族进行改造,把人们的意识引导到国族主义方面来。[①]

二是利用家族主义达到形成国族主义(即民族主义)的目标,并给传统忠孝以新的内容。孙中山号召"合各宗族之力来成一个国族,以抵抗外国",就是"用宗族的小基础,来做扩充国族的功夫",具体做法是先让一个一个姓去联合,次让已经联合的若干姓氏联合起来,结成大的团体,在此基础上再行大联合,"便可以成一个极大中华民国的国族团体"。简单地说,就是"把各姓的宗族团体先联合起来,更由宗族团体结合出一个民族的大团体"。[②]宗族本来就讲究忠孝,"忠"在原来是忠于皇帝,具有宗法性,民国以来,有的人就将祠堂里的忠字铲掉了,孙中山讲国族,就涉及到还要不要讲求"忠道",因此他给予"忠"以新的阐释,即赋予其新的内容。他说一个国家,君主可以不要,"忠字是不能不要的",要忠于国家、民众、事情,"我们做一件事,总要始终不渝,做到成功,如果做不成功,就是把性命去牺牲亦所不惜,这便是忠"。过去是为一个人效忠,现在是为四万万大众效忠,"自然是高尚得多",故而忠字不能丢。对于孝,孙中山更是予以肯定:"讲到孝字,我们中国尤为特长,尤其比各国进步得多。"他总结说:"国民在民国之内,要能够把忠孝二字讲到极点,国家便自然可以强盛。"[③]孙中山重视中国的固有道德,将其核心内容的忠孝作出新的解释,更新其内涵,使其成为新时代的道德准则。家族是最讲忠孝的,更新其内容,也是改造家族观念,令家族能够适应新时代的要求。这里要注意的是,建设国族的主张,章太炎早就提出来了,他在前述《〈社会通诠〉商兑》中写道:"今外有强敌以乘吾隙,思同德协力以格拒之,推其本原,则曰以四百兆人为一族,而无问其氏姓世系……民知国族,其一夫有奋心,谛观益习,以趋一致。"[④]他说得明白,他的国族是要国人合为一族,而不是以家族联合而成。孙

① 《孙中山选集》,人民出版社 1981 年,第 617、621 页。

② 《孙中山选集》,第 676—677 页。

③ 《孙中山选集》,第 680 页。

④ 《章太炎全集》,第 4 卷第 333 页。

中山与他虽然都讲国族,但基础不同,他是要联家族为国族。章太炎是消灭家族,而孙中山是改造家族。

三是提倡民族主义(国族主义),用民族精神救国,挽救危亡。孙中山改造家族主义,使之合成国族主义,是为实现民主革命、建设独立自由的中国这一根本目标服务的。前面已经说过,他痛心疾首于中国最低下的地位:"人为刀俎,我为鱼肉,我们的地位在此时最为危险。如果再不留心提倡民族主义,结合四万万人出一个坚固的民族,中国便有亡国灭种之忧。"由于国人笃信家族主义,不妨利用它,令它扩展为国族主义,化解国内各宗族之争为对外的民族斗争。改造家族,就是建设全国的、民族的大团体,有了这个团体,就有力量同外国对抗了。他说:"把各姓的宗族团体先联合起来,更由宗族团体结合成一个民族的大团体。我们四万万人有了民族的大团体要抵抗外国人,积极上自然有办法。"①

孙中山面对盛行的家族主义,提出的是改造主张,是要借用它的深入人心的力量,去完成革命的大业,但是如何使家族联合为国族,他却没有实践的办法,也没有去实践。当然,这不等于说他的理论没有意义,因为他的国族观点已被许多人所接受,如同前面讲到的萍乡刘氏宗族,同时它亦为国民党所尊奉。

孙中山痛恨家族主义的狭隘性,着眼点在对它的改造和利用。蒋介石对家族的态度要比孙中山温和得多,他认为家族不是严重的社会问题,家族所信奉的忠孝伦理、它作为固有的社会组织均可以改造,尤其是可以利用。如果说孙中山的要点是在改造,蒋介石的意向则是利用。

蒋介石认为家族组织已经分解,他说:"百年来中国在不平等条约压迫之下,农村生活日趋于衰落,而都市生活复日趋于浮华。家族乡社的组织,为之分解。"这是他对于其所处的时代家族状况的认识,他没有把家族活动当作严重的社会问题。其本人更是热衷于家族活动,兴修家谱,祠堂祭祖,甚至到宜兴祭祀远祖,由此可以想见他是不会对家族作大批判的。他对于儒家理想的以家族为基础的大同社会有所向往。下面一段较长的引文,是其观点的明白表露:"中国固有的社会组织,在血统方面,由身而家而族;在地域方面,由家族而保甲而乡社。两方面的系统都很分明,两方面的训练和教育,亦最为古来

①《孙中山选集》,第677页。

的贤哲所致力。有个人日常生活的箴规,推而至于家,则有家礼,有家训;推而至于族,则有族谱,有族规。在保甲则有保约,在乡社则有乡约和社规。其自治的精神可以举修齐的实效,而不待法令的干涉。其互助的道德,可以谋公众的福利,而不待政府的督促。言教育则有乡校和社学。言赈济则有义田和义庄。……(由于家族乡社的分解)自治的精神丧失,代之者为自利与自私。互助的道德沦亡,代之者为斗争与倾轧。一切公共的设备,皆归废弛。一切公共的事业,无人过问。不独社会丧失其自动自发兴利除弊的能力,即国家亦丧失其严肃整齐施政立业的基础。"①

蒋介石希望借助于家族的是利用其固有社会组织的基础,推行县政、地方自治和社会建设。他说:"以言地方自治,要知道中国古来建设国家的程序,由身而家而族,则系之于血统;有族而保甲而乡社,则合之以互助。"由此而建设县、省与国家,"因之,我们中国国体虽久为君主,而民本民治的精神,实贯注于民间"。②乡社是地方自治的中心,而乡社又以家族为基础,所以在蒋介石的观念里,家族体现了民本民治的精神;实现民本民治,地方社会就能稳定;家族作为民治的团体,对政权有辅助作用,并非坏事。

20世纪30年代蒋介石推行新生活运动,讲"礼义廉耻""忠孝仁爱信义和平"的"四维八德"。他对所说的礼义廉耻,赋予时代的涵义,其礼是:"守纪律,重秩序,明人伦,孝父母,知本分,敬长上。"其义是:"尽责任,保国家,争公理,救民族,爱同胞,昭诚信。"廉是:"辨是非,分公私,明利害,严取予,尚节俭,惜物力。"耻是:"明大义,励气节,负重任,耐劳苦,识奇耻,明生死。"③蒋介石在四维八德之中,又以家族伦理的核心忠孝为根本。何谓忠孝,他认为:"为国家尽全忠,为民族尽大孝,公而忘私,国而忘家,实为我们中国教忠教孝的极则。"④他讲的四维八德,中心是要民众为国家为民族效力,就传统的宗法家族伦理而言,是将尽忠皇帝改为尽忠民国,而孝父母、敬长上的人伦观念不变,所以蒋介石是对家族伦理作了部分的改造,以适合于民国时代。

在国民党人方面,大革命时期的一部分激进人士对家族主义持反对态

① 《中国之命运》,正中书局1943年普及版,第61页。

② 《中国之命运》,第135页。

③ 国民党中央党史委员会编印:《中华民国重要史料初编——对日抗战时期·新生活运动须知第一次改正草案》,1981年,第69页。

④ 《中国之命运》,第133页。

度,特别是国民党中央农民部和湖南、广东两省的农民部,支持农民运动和农民协会,惩治宗族首领的土豪劣绅。1929年以后,激进的国民党人,如邓演达于1929年10月发表《我们对现在中国时局的宣言》,讲到土地问题,主张把祠产等公共土地分配给农民耕种。[1]这一年,某省党部提出一个铲除封建势力的计划,里面所举的封建势力包括一切把持包办以及含有占有性的东西,将祠堂算在其内。[2]这表明有部分国民党人要革家族祠堂的命,但整个国民党及南京国民政府并不是这种态度,而是同蒋介石一样,保护家族活动,但对其活动内容作出改良性的规范,如1930年6月公布的《土地法》,关于土地所有权的规定是:"其经人民依法取得所有权者,为私有土地。"[3]这意味着承认家族公共财产的祠田、义田的合法性,而同邓演达等人以及共产党人的没收主张相反。其改革的精神主要表现在礼俗规定上。

国民政府对于传统礼俗,屡经讨论,制定相应的法规,如1936年内政部公布《婚丧仪仗暂行办法》,认为民间婚丧所用仪仗,多由宗法礼教及人民迷信相沿而来,竞尚奢靡,以车马旗仗之威,状阀阅交游之盛,结队过市,殊碍观瞻,而于国民经济影响尤巨。因此制定新仪规,禁止含有迷信及封建色彩的旧式仪仗。[4]1943年公布《礼制草案》,对于传统礼俗本着改革的精神,既有所保留,又有所革新,如丧服规定,要体现男女平等的精神,改变以男性为中心的丧制,所谓:"旧制丧服系以男系为中心,与现行民法亲属继承两篇,注重男女平等之精神不符。……我国素重家族制度,在同一家族中之亲属,同居一处,共营生活,其关系甚为密切,故其服丧范围,亦应酌量放宽,以示亲亲睦族之意。"具体方面,废除宗祧制度,丧期依旧,但不用斩衰、缌麻、"长""次""承重"等宗祧意味的名称。子女订婚自主,但要告知父母,由父母加以指导。相见礼方面,要求尊卑长幼、父子有别,晨昏定省。[5]

从孙中山到南京国民政府,对待宗族有一个共同的精神,就是承认它的

① 《邓演达文集》,第134页。
② 《胡适精品集》第8卷,第136页。
③ 彭明主编:《中国现代史资料选辑》第3册,中国人民大学出版社1988年,第52页。
④ 国民党中央党史委员会编印:《抗战前国家建设史料——内政方面·中国国民党五届三中全会内政部工作报告》,《革命文献》第71种,1977年,第380页。
⑤ 《礼制草案》,承张仁善博士由南京大学图书馆复印寄阅。

合法存在,但改革它的宗法性;他们的态度和政策,多属于意向性的、号召性的,而不是法律、法令的强制实行,包括带有法令性的《礼制草案》亦复如此;在实践上着力不够,对民间相当程度地放任自流;至于国民党的先后两任领袖,孙中山的批判眼光多一些,蒋介石则偏向于保护。

四、20 世纪上半叶共产党的观点、政策与策略

在 20 世纪上半叶,共产党对于家族主义、宗族及其载体的祠堂、族田有着一以贯之的观点,就是毛泽东提出族权为封建四权之一的理论,将其列入新民主主义革命的对象,以之为实现土地革命的必要内容;在思想上批判家族主义,并视为批判封建宗法制度、宗法思想的重要内容;在行动上苏维埃政府制定《土地法》,惩治被认定为剥削阶级成分的家族族长及其土豪劣绅,没收宗族公有土地与财产。由于这个时期共产党与国民党处于对立状态,只是在第一次国内革命战争时期在苏区、解放区实行它的主张和政策,同时由于它同国民党有两次合作,所以在对待宗族问题上时或讲究策略。客观环境决定它的观点、理论与实践不可能一贯地表达出来,所以在这里将其理论主张与政策实践作分别的说明。

1.理论与主张

批判家族主义,共产党的创始人陈独秀是很有理论的,在本文第一节已作叙述,这里不从他开始,而将其作为激进学人典型,是由于他的理论与共产党对家族的革命联系不大,而以毛泽东为代表的共产党人更多地是从革命实践出发,提出对家族的看法,形成他们的家族革命论,当然在思想上与激进派的观点是一脉相通的。

毛泽东认为族权是封建"四权"之一的理论,是共产党对家族主义和制度的完整的理论。他亲自在农村作过调查,制定土地革命政策,领导土地革命的实践,他关于家族理论自然是最具有权威性的,所以共产党的家族理论及其相应政策的制定与实践,笔者以考察他的活动来作分析。他的理论大约可以归纳为以下五个方面:

第一,宗法家族是一种系统的权力——族权,是封建"四权"之一。

共产党早期活动家之一的李维汉在 1927 年 4 月发表的《湖南革命的出

路》文中,明确地说农民运动"动摇了族权、神权、夫权"。①毛泽东讲政权、族权、神权、夫权,表明他们有同样的观点,但是李维汉在文章中并没有对他讲到的族权作出剖析,而毛泽东则作了解释,他在《湖南农民运动考察报告》中说:"中国的男子,普通要受三种有系统的权力的支配,即:(一)由一国、一省、一县以至一乡的国家系统(政权);(二)由宗祠、支祠以至家长的家族系统(族权);(三)……这四种权力——政权、族权、神权、夫权代表了全部封建宗法的思想和制度,是束缚中国人民特别是农民的四条极大的绳索。"他提出在中国宗法社会中有一种族权,祠堂族长是它的标志和代表,它是构成宗法社会的四种权力之一,人民都受其控制,而农民受到的束缚尤其严重。所谓族权,是通过祠堂族长的活动体现的,毛泽东具体说明族长和祠款经管人压迫族下子孙事实,指出他们对农民实行"打屁股""沉潭""活埋"等残酷的肉刑和死刑,不许女人和穷人进祠堂吃酒;他们还侵占祠堂公款。②

第二,促进农村阶级分化,破坏、战胜家族主义,推翻祠堂族长的族权。

族权既是封建宗法的性质,自然是坏东西,是革命对象范畴内的事物,对此毛泽东并没有作多少的论述,可能他认为这是不言而喻的事情,无须深论,因而只是说:"地主政权,是一切权力的基干。地主政权既被打倒,族权、神权、夫权便一概跟着动摇起来。"所以农会势盛的地方,族长便不敢胡作非为。③

怎样推翻族权对农民的统治呢?毛泽东感到要提高农民的阶级意识。祠堂作为家族组织,以有一位共同的祖先为前提,这种血缘关系容易模糊祠下族人间的统治与被统治关系。毛泽东说农村"社会组织是普遍地以一姓为单位的家族组织,村的支部会议简直是家族会议"。又说:"无论哪一县,封建的家族组织十分普遍,一姓一村或几村,非有一个长时间,阶级分化不能完成,家族主义不能战胜。"④要战胜家族主义,在家族内,首先要农民觉悟,自己起来造长族尊的反;怎么能觉悟呢?要让家族内部出现阶级分化,懂得剥削与被剥削的道理。在社会上,"家族主义的破坏,是政治斗争、经济斗争胜利后自然的结

---

①《战士》周报第 41 期,1927 年 4 月,收入夏立平等编:《湖南农民运动资料选编》,人民出版社 1988 年,第 350 页。

②《毛泽东选集》(一卷本),人民出版社 1966 年,第 33 页。

③《毛泽东选集》,第 33 页。

④《毛泽东选集》,第 71、76 页。

果"。①也就是说,打倒地主政权,实行土地改革,自然可以战胜家族主义。

第三,祠产是封建性的,为地富控制,应予没收。

毛泽东注意到祠堂拥有公共财产,特别是占有很多土地,他说他在兴国调查,获知"地主、富农所共有的公堂土地为百分之十",在寻邬,祠田则占到全部土地的24%,山林多在大姓公堂手里;他将祠堂的拥有土地,视为是"祖宗地主"。②这是1930年的认识,到1933年写《怎样划分农村阶级》一文,讲到地主时说:"管公堂和收学租也是地租剥削的一种。"即将祠堂的收租划入地主阶级的剥削行为范畴,管理人一般划为地主成员。③既然祠田及其管理人属于封建性质,必然成为农村革命的对象,所以毛泽东在其亲订的兴国《土地法》中规定:"没收一切公共土地及地主阶级的土地归兴国工农兵代表会议政府所有,分给无田地及少田地的农民耕种使用。"④祠田是公共土地的一种,成为没收对象。所以农村革命必然触动祠堂和属于剥削阶级的族长。

第四,反革命利用家族主义破坏革命,必须警惕和惩治。

毛泽东在《井冈山的斗争》一文中说:"中间阶级表面上投降贫农阶级,实际则利用他们从前的社会地位及家族主义,恐吓贫农,延长分田的时间"⑤,迫使贫农害怕而不敢革命,所以只有发展革命形势,令地富惧怕,贫农才敢起来战胜地主政权和家族主义。1926年中共广东区委报告,讲到普宁农民运动,因普宁城里有二万多居民,其中一万多姓方,方姓地主遂"用家族主义煽动全城的人,提出'方姓的人联合起来,打倒农会'"⑥,也是将家族视为反革命利用的工具。1927年1月《湖南省农民协会关于农村争斗调查记》说:"劣绅组织'族公益会',以族规迫令族中农民加入该会,如已加入农协的,须一律退出。"⑦这与毛泽东的观点完全一致。

第五,破坏家族主义不能勉强,应有策略。

这同促进农村阶级分化相联系,农民既然还相信祖宗和祠堂,就不能生

① 《毛泽东选集》,第34页。

② 《毛泽东农村调查文集》,人民出版社1982年内部本,第26、106、108页。

③ 《毛泽东选集》,第121页。

④ 《毛泽东农村调查文集》,第38页。

⑤ 《毛泽东选集》,第71页。

⑥ 广州农民运动讲习所旧址纪念馆编:《广东农民运动资料选编》,人民出版社1986年内部本,第93页。

⑦ 《湖南农民运动资料选编》,第154页。

硬地去反对,必须讲究策略方法,因此毛泽东说家族主义、迷信观念等的破坏,若用过大的力量生硬地勉强地进行,"那就必被土豪劣绅借为口实,提出'农民协会不要祖宗''农民协会欺神灭道'"等反革命宣传口号,破坏农运。共产党对这类事情要作引导,让农民自己去干——"烈女祠、节孝坊要农民自己去摧毁,别人代庖是不对的。"①

总之,毛泽东将家族问题放在农村土地革命任务中来考虑,所运用的是阶级与阶级斗争分析方法,认为祠堂族长形成封建族权,是家族主义的体现,从而成为革命的对象,但由于农村阶级分化不够,必须有策略地予以清除。毛泽东的认识和主张不是他一个人的,是他与大多数同志的共同观念,前面提到的李维汉、广东区委的例子即可明了;下面,我们在叙述中共中央和苏区政府的土地政策时还会涉及到共产党人的观点,这里不多说明。

2.中共中央、苏区政府没收祠产以破坏族权的政策与实践

对家族主义的破坏,诚如毛泽东所说,开始不在于一般的思想文化领域,而是政治、经济斗争,因此在建立政权的苏区、解放区,就有如何对待宗族及其公共财产的政策与实践问题。这里主要对此作出说明。政策是对客体作出具体规定,一般不申述理由,然而由于革命草创阶段,法令文献不一定规范,有的多少说出政策规定的原因,因而间或交代制订政策条文的理论根据。

1927 年 5 月《中国共产党第五次全国代表大会关于土地问题决议案》,全面表达了对家族及其公共财产的态度和政策:"寺庙祠堂等所属之地,占有耕地之数目,亦实可观。""所谓公用田产之管理制度,尚遗留于乡村间,作为乡村中宗法社会政权之基础。""要破灭乡村宗法社会的政权,必须取缔绅士对于所谓公有的祠堂、寺庙的田产的管理权……使农民群众从封建宗法的剥削下解放出来,农民革命的成功才有保障。""没收一切所谓公有的田地以及祠堂、学校、寺庙、外国教堂及农业公司的土地,交诸耕种的农民。"②这个文件认为包括祠田在内的农村公共土地很多,它是宗法社会政权的基础,要取消绅士对它的管理权,将其没收,以保障革命的胜利。如此看待族产的存在状况、性质、作用,归结点是没收它,目的是为取得革命的胜利,这是对族产及其所

---

① 《毛泽东选集》,第 34 页。

② 中国社会科学院经济研究所中国现代经济史组编:《第一、第二次国内革命战争时期土地斗争史料选编》,人民出版社 1981 年,第 92—99 页。

有者宗族的本质认识和处理态度,以后在苏区、解放区所制定的政策,大体不出这个范围。

1930年5月《全国苏维埃土地暂行法》:"凡属于祠堂、庙宇、教会、官产……占有的土地,一律无偿没收。"①

1931年11月《中华苏维埃共和国土地法》:"一切祠堂、庙宇及其他公共土地,苏维埃政府必须力求无条件地交给农民。"②

1931年12月《江西苏维埃没收和分配土地条例》:"祠堂、庙宇、公堂、会社的土地、房屋、财产、用具须一律没收。"③

1932年7月《福建省苏维埃政府检查土地条例》:"祠堂、庙宇等公田,过去未完全没收者应查出没收。"④

1932年8月湘赣省苏维埃代表大会决议之一《土地法执行条例》:"没收豪绅、地主、军阀、官僚、祠堂、神会、庙宇、大私有制的土地、房屋、财产、用具及一切出租的土地。"⑤

1934年12月《湘鄂川黔省革命委员会没收和分配土地暂行条例》:"祠堂、庙宇、公堂、会社的土地、房屋、用具须一律没收。"⑥

所有这些法令性文件都规定没收祠堂的田产以及房屋、财产、用具等一切宗族的所有公共财产,如果一次没有没收完全,在查田运动或类似查田活动中补行没收,不使有遗漏;没收土地的同时,焚毁田契,防止祠堂将已经分配给贫农的土地倒算回去;对祠堂的山林出产,如竹木,亦行归公。要之,全面剥夺祠堂的土地、山岭、池塘和一切财产,分给无地少地农民,既促进了农村阶级分化,扩展红军,并使宗族失去其赖以存在的物质基础,以便从根本上消除农村宗族势力。

这些法令中有的特别讲到祠田与其管理人的阶级属性,既给管理人定性,也是为祠田定性。全国苏维埃代表大会通过的《土地暂行法》在讲到没收族田的地方解释说:"这些祠田、庙宇、教会、官产……等的土地,大半都是归

---

① 《第一、第二次国内革命战争时期土地斗争史料选编》,第392页。
② 《第一、第二次国内革命战争时期土地斗争史料选编》,第617页。
③ 《第一、第二次国内革命战争时期土地斗争史料选编》,第629页。
④ 《第一、第二次国内革命战争时期土地斗争史料选编》,第710页。
⑤ 《第一、第二次国内革命战争时期土地斗争史料选编》,第714页。
⑥ 《第一、第二次国内革命战争时期土地斗争史料选编》,第815页。

豪绅、僧尼、牧师、族长所私有。即或表面上是一姓一族或者当地农民公有,实际上还是族长、会长、豪绅所垄断,利用来剥削农民,所以这样的土地一律没收。"①他如1930年监利县第一次工农兵代表大会通过的《土地问题决议案》所说:"所谓公田,是豪绅的私产——(湖北)监利(县)的农村中,多系以豪绅掌握他自己家族中和地方的政权,他们以自己的地位,借公事的名义,遂以来掌握这些公产,又借公事的名义来收租,所以公产就变为豪绅的私产而成为实际的地主。"②管理祠田的人,不论他们原来是否为地主,管了祠田,使他们本身成为地主,不用说,管理祠田的豪绅应当受到惩治,祠田应归入没收之列。

在这些法令性文件中,往往还有执行中注意民众意向的内容,即不可造次实行,这就是实行中的策略。1926年9月中共第四届中央执行委员会第三次扩大会议通过的《农民运动决议案》,在讲到宣传问题时说:"乡村中的迷信及宗族伦理道德关系,不可积极的反对,应该有方法的、有步骤的去提高乡村文化程度,有时为使自己生活农民化,冀求容易接近农民,且有暂时附和群众迷信形式之必要,以取得新的工作发展。"③为了达到反对宗族伦理的目的,可以在一个时期内农民化而迷信宗族伦理。前述1931年11月《中华苏维埃共和国土地法》在讲了没收祠堂、庙宇等公有土地后,又说:"在执行处理这些土地时,须取得农民自愿的赞助,以不妨碍他们奉教感情为原则。"④在第三次国内革命战争时期,对于祠田等公有土地,在未实行土地改革的地区,亦是讲究对待它的策略,1946年7月《中央实现耕者有其田提议》:"凡祠堂、庙宇、教堂及其他宗教机关所有之土地应根据当地情况依照当地人民公意及其族人或教民的意见妥善处理之。"⑤1948年10月《中原局减租减息纲领》规定包括祠田在内的所有出租土地实行"二五减租",又说:"族地、社地、公地、学田,应由本族本社本村本地区人员组织管理委员会管理之,其收入除依法缴负担外,应经公议充作公益事业之用。"⑥公地、族田收入归公益事业使用,但要经过民

① 《第一、第二次国内革命战争失去土地斗争史料选编》,第392页。
② 《第一、第二次国内革命战争失去土地斗争史料选编》,第380页。
③ 《第一、第二次国内革命战争时期土地斗争史料选编》,第71页。
④ 《第一、第二次国内革命战争时期土地斗争史料选编》,第617页。
⑤ 中央档案馆编:《解放战争时期土地改革文件选编》,中共中央党校出版社1981年,第23页。
⑥ 《解放战争时期土地改革文件选编》,第415页。

众公议才可实行。

五、20 世纪下半叶的主导基调及有所不同的观点

1949 年中华人民共和国成立以后,全面地实行土地改革,没收了宗族土地,清算了管公堂的地主,从组织形态上,或者说从社会形态上消灭了家族和清算了家族主义,其后陆续进行的农村合作化、人民公社、"文化大革命"等运动,进一步冲击家族主义残余,家族的最后一种载体——家谱亦被毁坏不堪。但是家族意识并没有在民众心中完全消失,时或有所表现,如 60 年代初期一些家族祭祖先、修家谱。不过从总的情形看,在共和国成立后的前 30 年,家族活动基本上处于销声匿迹状态。改革开放以来的 20 年,家族活动在某种程度上复兴了,家族文化有冒头的趋势。人们如何看待这 50 年的家族活动现象和它的文化内涵呢? 似乎有三种视角、三种观点:一是从宏观上、理论上看家族与当代社会的不协调,要以发展生产力和社会经济,使它进一步衰落和消亡;一是只看到它的消极面和破坏性,主张严厉批判和打击;另一是在批判其负面作用的同时,认为它还有某种积极因素,因之须有相应政策。下面从五个方面分析对待家族的各种社会观点。

1.主流声音:联宗续谱是复辟封建主义活动

1963 年中共中央关于在农村进行社会主义教育的文件——《中共中央关于目前农村工作中若干问题的决定》(草案),指出联宗续谱是复辟封建主义活动,是阶级斗争的一项内容。1986 年中央整党工作指导委员会办公室转发浙江省委整党办公室关于温岭县委结合整党,加强思想政治工作,发动和依靠群众,坚决取缔封建迷信和封建宗法活动的报告和按语,按语说:"封建迷信活动和封建宗法活动有所抬头,严重地毒害了群众,尤其是青少年一代,影响了社会主义精神文明建设。……建宗祠、续家谱、联宗祭祖,是封建宗法活动,是我们的社会主义制度所不允许的。"①1995 年《中共中央关于加强农村基层组织建设的通知》,注意到农村宗族势力。1996 年 5 月 16 日《湖南日报》披露《省政府发出通告:制止农村封建迷信,加强精神文明建设》,要求在全省范围内狠刹修族谱、建宗祠、联宗祭祖等歪风;同年海南省海口市对农村祠堂予

①《温岭县委坚决取缔封建迷信活动》,《光明日报》1986 年 3 月 1 日第 1 版。

以清理;福建、浙江等省对农村滥建祖坟墓地之风进行整顿;江西万年打击宗族势力的活动,收审、处理40余名宗族势力骨干分子。①从上述事实可知,党和国家,在前30年是以阶级斗争的观点认识家族活动,认为它是复辟封建主义的新动向;后20年是以它破坏社会主义精神文明建设和基层政权建设而整治它;是继承上半世纪以来的方针政策,视之为异己力量。不过,有时又因"特事特办"而支持某个家族活动,地方政府更时或如此。

2.报刊常见的观点:宗族势力死灰复燃,必须取缔

在近20年的报纸杂志上, 不时地会看到持有下述论点的文章或调查报告:宗法制已经被摧毁,现在家族恢复活动,是沉渣泛起,死灰复燃;封建族长出现,以家法代替国法,对族人实行宗法控制;干扰农村政治生活,破坏村民委员会和村民小组的建设;破坏国家某些政策,如计划生育政策、税收政策,冲击政府部门;频繁出现械斗,破坏社会秩序的稳定;家族活动已成为阻碍农村社会发展的一个严重社会问题; 在加强对农民进行社会主义教育的同时,对非法家族活动予以打击和取缔。因为这类文章太多,本文篇幅所限,对它们的观点不能一一引述,不过本文为注所示肖唐镖的文章,余红等著作的《当代农村五大社会问题》一书中所述的一大问题——"复活的宗族势力"均有表述,②可参阅。此外,曾志的《关于农村基层组织建设问题的思考》一文,提出了尖锐的问题:"有的村子的宗教势力、宗族势力、帮派势力、各种封建迷信活动都很严重,他们引导一些群众公开地或潜移默化地向社会主义新农村相反的方向演变。"③把宗族势力作为促使社会主义农村向相反方向演变的社会力量,就不简单是破坏精神文明建设的问题了。

3.从理论上、宏观上看家族与社会的不协调及其变革

可能不是家族史研究者的李汉林,对家族史作了这样的一番谈话:"家族制度是在自然经济的条件下形成的……家族制度的衰落和正式组织的兴起,是社会由低级向高级发展的必然趋势。这是因为家族制度固然适用于人们生于斯、长于斯、死于斯,但是它本身相当封闭,生产力十分低下。正是在家族制度解体和正式组织出现后, 社会才能在分工和协作中得到迅速的发

---

① 以上诸事均见肖唐镖等:《江西农村宗族情况考察》,《社会学研究》1997年第4期,第87页。
②《当代农村五大社会问题》,江西人民出版社1995年,第97—147页。
③ 见《真理的追求》1995年第6期,第18页。

展。"①他是认为家族制度产生于生产力极其落后的自然经济社会,虽然开始有适应人们求生的需要,但是本身具有封闭性,必会随着社会的发展而解体。他的认识反映了社会上一般人和相当一部分家族史研究者的观点,笔者在 20 年前也持有同样的看法。如今许多学者基本上还是这样看的,不过有些人深入得多了,而且不是简单的概念化的认识。王沪宁在《当代中国村落家族文化——对中国社会现代化的一项探索》一书中对家族主义、村落家族文化作出相当深刻的说明,其要点有三:

一是家族是落后的社会经济和生产力的产物。他是从近现代社会冲击家族文化不理想的现象,溯源到家族产生于经济与生产力极不发达的社会,他说直到本世纪初,中国"没有形成什么足够的力量能冲击深根蒂固的家族文化,主要是没有形成强大的物质生产力"。又说打破古老的家族"是以生产力一定时期内质变性的变革为前提的。在中国,这样的变革没有普遍形成",所以千年地延续下来。他还说:"村落家族文化,也不是人们可以随心所欲地加以处置的东西。它是社会形式中的主要部分,它的未来走向与整个社会经济水平的发展密切相关,与中国现代化的进程相辅相成。"②对于家族文化的状况与未来,或者说家族的命运,总是同物质生产力的发展联系起来,换句话说,只有生产力高度发展,家族文化才会有性质的变化。

二是家族文化的落后性,必须进一步变革。王沪宁看到家族文化有八种属性,即血缘性、聚居性、等级性、礼俗性、农耕性、自给性、封闭性和稳定性,是古代社会的产物,必须变革:"村落家族文化必须经受一定程度的变革,以适应不断发展和正在发展的生产力。"他认为:"家族文化在近代尤其是现代的社会变革中受到巨大的冲击,呈现出前所未有的变革。"其冲击力"主要来自两个方向:其一是现代以来中国经济的逐步发展和西方资本主义的介入,生产力的发展和商品市场的扩大动摇着村落家族文化的基础;其二是现代以来的社会革命和政治革命,也以新的理想和新的意识形态冲撞古老的中国社会的结构"。对于家族文化的变化中,王沪宁指出:"村落家族文化既应变也自变,其中应变的因素一开始大于自变的因素。"③

---

① 刚建:《传统家族制度与现代单位组织——访李汉林》,《光明日报》1988 年 8 月 25 日第 2 版。

② 《当代中国村落家族文化——对中国社会现代化的一项探索》,上海人民出版社 1991 年,第 6、31、201 页。

③ 《当代中国村落家族文化》,第 10、49、199、201 页。

三是在家族系统受到冲击时,中国革命中"左"的东西对它没有解决多少问题。王沪宁分析家族文化在土改、合作化、人民公社和改革四次高潮性冲击,使"其成分、结构和基础均在不断削弱",而"文化大革命"中,"各种'左'的措施从形式上强有力地冲击了村落家族文化。……但这种震撼是相当表面性的、强制性的,村落家族文化内在的关联只是受到压抑,并没有终结"。①王沪宁强调对家族文化的改造,要有条件地进行,条件不充分应创造它,而强制性的打击只能有表面性的成效,未能有预期的效果。他是面对改造家族的现实作出他的判断。不过需要看到,他是从家族的消极面分析事物,对于家族文化有无积极因素的问题未予置评。

4.观点似乎接近主流舆论,但实际另有见解

何清涟在《当代中国农村宗法组织的复兴》文中认为:"近十年宗法活动已渗透到农村生活的各个方面,农民的行为已逐渐纳入宗法组织的控制之下。首先是宗法组织对祖先祭祀的管理和对农民家庭丧葬活动的监管。……其次是宗族对市场经营活动的干预。……第三,大多数宗法组织在事实上已对其宗族成员行使司法权。……第四,宗法组织已成为调整农村社会秩序的重要势力。……在宗族势力的组织下,农村宗族械斗日益增多。"她将家族活动视为宗法性的,与前述主导舆论几乎没有什么不同。但是在两个基本点上不一样。一是批评中国政府对家族的处置,二是认为家族活动将会造成重大的社会冲突。她说:"在广大农村地区,中国政府则依靠原来处于社会边缘的阶层如贫雇农之类所蕴含的破坏力打破了原来的权威平衡,并利用人民公社这种新型社会组织形式重新组织了广大农民,将农民效忠于血缘关系强制改变为效忠于中国共产党。……但是要真正消灭宗法组织这种前现代化的社会基层组织系统,唯有依靠现代化进程的推进来消灭其旧有土壤才可实现,而中国领导人似乎忽视了这一点,他们过分依赖个人魅力和'运动'这种手段从表面改造和控制社会。"何清涟认为:"强有力的宗族组织对国家具有潜在的危险。……宗法组织在中国农村中的复兴,无论从哪个角度观察,都是一次文化的退潮,必将导致剧烈的社会冲突。它的发展和壮大,意味着中国现代化还有一段曲折的漫漫长路。"②似乎她把当代家族活动的宗法性及其能量,以及

---

① 《当代中国村落家族文化》,第58页。
② 《当代中国农村宗法组织的复兴》,《二十一世纪》1993年第4期,第141—148页。

所形成的社会问题都看得相当严重。

5.家族活动有某种合理性,需要认真分析

以上四类看法,全都没有考察当今家族活动和家族文化还有没有积极因素,若有,表现在哪里?应当如何对待它?包括笔者在内的一些研究者,在看到并指出当今家族活动、家族文化中的一些宗法因素的同时,还希望能够说明民众从事家族活动的真正原因,全面了解它的文化内涵,分析它的正、负两方面的社会效应。这类文章虽然不是很多,然而亦可见如下的见解:

一是给予当今家族活动、家族文化在中国家族发展史上一个新阶段开始的评价。钱杭在田野调查基础上对当前家族活动写出不少论著,在《宗族重建的意义》文中提出重估宗族现象的问题,认为宗族在新阶段的重建,"就其结构和功能两方面已出现的特征来看,应该被视为中国汉人宗族发展史上的一个新的阶段;甚至可以有把握地说,目前所见的一切还只是这个新阶段的一个开端"。①表明他的着眼点与前述诸家不同,他在观察家族活动、家族文化正负两方面的作用,特别是看到它的新质,它的历史性的变化的开端。基于这样的认识,认为对宗族不必抱着消灭的态度,因而说:"宗族是中国历史上长久发展过的一种根植于中国文化传统的社会关系形态,它不会被人为地以简单的方法'消灭'掉。过去40年中农村的历史完全可以证明这一点。"②笔者同样不把今日家族与古代宗法家族视为同一事物,在谈到近代宗族时说:"与近代社会变化相适应,宗族也开始发生近代化的演变,特别是以族会代替祠堂族长管理体系,体现了近代民主精神。"谈到当今家族活动,认为它具有"新旧交陈的性质……新旧两方面的内容掺合在一起,使宗族既不是传统的,也不是全新式的,处于由传统宗族向新式宗族的过渡状态"。③又说:今天的"宗亲组织本身也处于变化之中:古代宗法成分明显减弱,现代因素在增长"。④

---

① 《宗族重建的意义》,《二十一世纪》1993年第10期,第151页。

② 钱杭、谢维扬:《传统与转型:江西泰和农村宗族形态——一项社会人类学的研究》,上海社会科学院出版社1995年,第308页。

③ 冯尔康、常建华等:《中国宗族社会》,浙江人民出版社1994年,第295、324页及笔者所写部分。

④ 《以革新观念编修新族谱述论》,收入《中国宗族制度与谱牒编纂》,天津古籍出版社2011年。

二是宗族活动表现了农民对自身历史感、归属感、道德感和责任感的追求，需要予以尊重。钱杭认为今日宗族的重建，是"汉人对自己历史感、归属感、道德感和责任感的自觉追求，是中国数千年文明的精髓，应该得到全人类的尊重，尤其应该得到汉人子孙们的尊重。近几十年来，我们对这种自觉追求，不但没有给以足够的尊重，反而从蔑视发展到扼杀，其教训是值得认真记取的"。①历史感、归属感之说，被一些学者所接受，不具述。

　　三是民众在文化传承和创新的追求，这主要从某些新编家谱中体现出来。刘小京著文说："许多新族谱和传统的宗族文献的文化取向已有差别，与社会历史潮流基本走向相适应。"②梁洪生认为今天农民的修谱，"是他们的一种活法，是他们的一种文化。既然存在，就有其合理性，就像城里人不必修谱。住在城里的人，历来喜欢'教育'和'指导'乡民们怎样生活，动机未必不好。但恐怕应更多地想想：没有离乡离土的几亿人，是否应该有些自己的文化氛围，以及他们现在为什么还需要营造这种氛围"③。

　　四是家族组织与现代化商品经济并非水火不容，它有适应或者说促进社会生产发展的一面。李成贵认为："农村宗族制度并非只有陈腐的传统遗存和阻滞农村社会经济发展的消极因素。改革以来，它至少起到了以下的功效。(1)有利于克服小生产的局限性……(2)保持传统的责任……(3)对农村权力的有效制衡。"④他是讲在农村实行土地承包制以后，家族可以发挥互助作用，有着积极的因素。笔者在《当今宗族与现代化的关系》文中谈道："宗族对农村经济、乃至全社会经济和社会秩序产生一定的影响，就中有积极的和消极的两种因素。"积极方面在于"人们利用宗亲关系和宗族活动作为扩大谋生手段，起到促进社会经济发展的作用"。⑤

　　五是当今宗族是地方社会的稳定因素。家族是破坏因素还是稳定因素，学界有着针锋相对的两种观点，钱杭在江西调查，获知许多地方干部认为有稳定作用，他因而说："所谓'稳定秩序和人心'，也就是减少和降低了农民在

　　① 《宗族重建的意义》，第 157 页。
　　② 《宗族·宗教·拳派——传统民间社会组织的恢复与重建》，《中国农民》1994 年第 10 期，第 11 页。
　　③ 《近观江西民间修谱活动》，《东方》1995 年第 2 期，第 62 页。
　　④ 《当代中国农村宗族问题研究》，《管理世界》1994 年第 5 期，第 186 页。
　　⑤ 《中国研究》1996 年第 1 期，第 34 页。

心理'失衡'下可能出现的浮躁、失落、迷惘以至报复情绪。这对于舒缓社会性的紧张、稳步地实现农村现代化显然具有积极的意义。"①梁洪生从不能编修家谱的地方看到社会不安定,反证修谱倒是一种社会生气,他说:"在一些族姓和村庄,你确实会意识到某种程度的自治倾向——尤其当乡村基层干部挪用侵占严重,甚至被异姓或同姓的'恶势力'把持之后。在这个意义上说,修谱轰轰烈烈的地方反显出一种生气,人际关系相对和谐;修不成家谱的地方,则常常伴随着基层社区生活的无序乃至破败, 管理层与农民之间关系紧张,对立明显等等。多看一些事例,不由你不产生这种感觉。"②被指责破坏社会稳定的械斗,刘小京在专题研究之后,对家族问题作了如下的说明:"宗族组织具有很强的适应性和内聚力,迄今,我们尚未能见到它彻底退出历史舞台的可能性。这是一种中性的社会组织,并非于社会有害无益。"③

总之,认为当代家族的存在有某种合理性的观点,看到它是家族发展史上的一个新阶段,因而不能用简单的方法'消灭'它。

以上五个子目介绍了 20 世纪以来,文化教育界、学术界、民间和国民党、共产党对传统家族和当代变革中的家族的各种观点、态度及政党的政策,笔者将它们归纳为四个问题,发表一点浅见。

六、五个派别与对传统宗族基本上的批评态度

百年来社会各界对家族的态度,王沪宁在谈到前人对村落家族文化的论述时,将它们分为三个基本范畴:一为文化适应观,以龚自珍、孙中山的观念为典型,他们的主要思路是如何适应中国社会村落家族文化的特性来组织社会;二是以梁漱溟、晏阳初的观念为典型的文化改良观;三是以毛泽东为代表的文化革命观,想通过大规模的群众运动来迅速地改变,甚至消除村落家族文化。④王沪宁的考察是以社会上层为范围,故所分析是有其道理的,但是

---

①《中国当代宗族的重建与重建环境》,《中国社会科学季刊》第 1 卷,总第 6 期,1994 年 2 月,第 82 页。

②《谁在修谱》,《东方》1995 年第 3 期,第 41 页。

③《略析当代浙南宗族械斗》,《社会学研究》1993 年第 5 期,第 107 页。

④《当代中国村落家族文化》,第 202 页。

如果将视野放大，把民间家族的活动及其主导思想也作一些了解，不难发现，社会各界的家族观，将不是三种，却是五类，而且代表人物的分类也会有所不同。

首先认识民间家族活动家，其中有一派是相当守旧的，可名为守旧派。他们不管世事的变化，我行我素，在家族事务上一切按老祖宗的规矩办，不作变动，并且声称不敢作任何改动，这在一些族谱的序言、凡例、宗规、家训里不难见到。社会讲尊重人格、男女平等，这类家族的族长一概听不进去，仍然利用宗法对族人进行制约。更有甚者，已经到了民国三年的1914年，修谱作序，竟然书写"皇清宣统五年"，①似乎念念不忘前清的盛德，不屑于近代社会生活。这类守旧人中，有一些是拥有清朝小功名的人，也就是秀才、贡生，他们人虽生活在近代，而思想还留在古代，在为家族写序时还要将这种功名冠在名讳的前面，以为荣耀。有一位大人物，他的家族观也许可以视为是这一派观点的反映，他就是蔡元培。蔡元培在北京大学实行兼容并蓄的自由主义办学方针，是伟大的教育家，而其家族观则颇守宗法性。他于1912年出版《中学修身教科书》，1921年第16版修改本，第二章《家庭》，实际是讲家庭和家族，说到子女的做人法则时，谓"孝者百行之本"，"顺命""年幼时须顺命""年长亦须顺命""乱命不可从""父为子隐，子为父隐"。他强调的"顺命"，正是当时家庭家族革命所反对的，与所要求的发展个人意志、人格独立相违背。蔡元培在谈到家族人际关系时，主张互相关心："穷乏相赈恤，此族戚之本务也。……族戚者，非为一代之关系，而实祖宗以来历代之关系，即不幸而至流离(颠)沛之时，或朋友不及相救，故旧不及相顾，当此之时所能援手者，非族戚而谁？然则平日宜相爱相扶也明矣。"②别人看到家庭、家族分财不利于社会经济的发展和个人创造性的发挥，他这里则有家庭分财的意思。在他的这部著作里，看不到对宗法家族的批评，而在此讲顺命、讲共财之义，可见缺乏批判宗法家族的精神。保持传统家族作风的家族，多半生活在封闭的地区，社会改革的新风传不进去，难以得到改造。

二是民间革新派，顺应社会的变革，对传统家族的宗法性作程度不一的改革，主要是在遵守"国宪"，改变家族管理体制，多少允许族人对族务发表意

---

① 某地《孝思堂刘氏家谱》卷1《序言卷》。

② 《国民修养二种》，上海文艺出版社1999年，第37、51页。

见，部分改变传统族谱的体例与书例，探求新的家庭家族伦理。这种革故鼎新，不仅在本文第二节所说明的那 50 年间进行了，在 20 世纪下半叶的后 20 年更有明显的表现，对此本文第八节将专门论述百年来家族的应变与自变，所以这里不再多说。

三是思想文化上的批判派。第一节、第二节所讲到的对家族主义批判的学人，对待家族主义均持批判态度，只是有激烈和温和的程度差别。他们都将宗法家族与传统社会联系起来，希望通过批判家族主义改造传统社会，把中国变为近代社会的国家。这些批判者之间，只有思想上的共鸣，并不形成什么党派，所以他们的批判主要是在思想文化领域改变人们对家族的认识，并不能触动家族实体。当然，有的人由于反对包办婚姻、限制个人自由离开家庭和家族，这也是一种行动，亦具有社会意义，但构不成群体行为，他们的作用主要还是在思想文化上同宗法家族划清界限。这类人反对家族主义，往往是受到自由主义、无政府主义及社会进化论的影响，那些反对家族家庭最激烈的人，与无政府主义思潮有关。王沪宁将梁漱溟归入改良派，其实，分在思想批判派或许更恰当。梁漱溟在山东、河南的几个县里作乡村建设实验，范围很小，影响更少，而那里都不是家族主义盛行地区，很难说会直接触动家族主义。当然，他是关心家族主义问题的，他到广东对那里流行的家族制有所了解。1935 年阎锡山在山西发布《土地公有案办法大纲》，推行土地村公有制，梁漱溟去调查，特地询问当地家族活动情况，说明他关心农村建设中的家族问题，他本身也是批评家族主义的，不过他对大家庭是持保留态度的，故云："父母在以不分居为宜；但父母须注意培养其子女之创造心理。"①在思想批判派中他亦属于温和型的。

四是改造派，希望用政治、政权力量改造宗法性家族，使之顺应社会发展，由小群体联合成大团体，直至发展为国族，以抵抗列强的侵略。改造派系指孙中山和他领导的国民党，以及后来的南京国民政府。这里边又可区分为两派，一是北伐时期，思想激进的和国民党农民部的一些人，其对家族主义的批评成分多一些，利用农民运动冲击宗法家族；一是蒋介石为代表的，基本保持原来家族状况，但赋予其某些思想内容，企图以此稳定农村，从而稳定其政权。从总体说，孙中山是改造派的典型代表。他的政治目标是清除帝国主义侵

---

① 《梁漱溟全集》第 2 卷，第 118 页。

略势力,建立民主主义国家。他充分认识到家族势力存在的现实,对其小团体作风和械斗造成的社会危害,因此而削弱国家对外抗争的实力,可谓深恶痛绝;他追求建立起全国性的强有力的组织,以便对抗外国侵略者,又从家族的坚强的团结力看到了希望。因此他要改造家族,通过它联合国人,形成国族,即将家族主义改变为国族主义,也即中华民族主义,既可消除小团体主义及其械斗的内耗,又可对外抗争。如此看来,孙中山不是简单地适应家族存在的现实,而是主动地出击:去改造它。适应说把孙中山看得太被动了,也显得软弱了,这恐怕不符合他的思想状况。

五是革命派。以毛泽东为代表的共产党对家族主义实行革命论及其相应的政策,其思想内涵和实践,在第四节已作了说明,这里不再赘述。

五派之中,除了守旧派之外,都批判家族的宗法性,并有共同的内容,这就是:宗法家族是专制主义的基础;以家为本位,违背近代人文精神;小团体主义,造成中国人的一片散沙;家族共财,养成人的依赖性,缺少创造力;拥有大量出租土地的祠堂,实质上是地主;传统家族不适应近代社会的需要,必须改造(革命派则以之为革命对象)。这些共识,反映社会对宗法家族是持批评态度,至少是要改造它;事实上家族也在分解,这种批评应当是促使其分解、变革的因素之一;它的变异,表明家族在前进,中国社会也在前进。

家族作为一种社会群体,具有极其广泛的民众性,研究近现代处于变革中的民众性的家族,就成为实践的学问,可谓为实践之学,而与那种纯学术性的研究有所不同。实践之学,更需要留意民众的意识,民众的行为和动向,因此,本文有意识地观察民众的家族观念,并把它纳入社会各界的家族观之内,作一并的分析,这也是本文为什么要辨别社会各界的家族观是三派还是五派的原因。

七、对家族的取缔及其反弹

共产党对家族主义的政策,取得了下述社会效果:(1)打击了利用家族力量的敌对势力和控制祠堂的土豪劣绅;(2)批判了封建家族的宗法性;(3)促进民众脱离家族,踊跃参军支前,补充壮大了解放军;(4)瓦解了传统政权的一种社会基础;(5)归纳地说,扫除了共产党所领导的革命的一种障碍。何友良在《苏区农村的宗族势力及其消亡》一文,讲到共产党在苏区打击宗族势力的成果和意义,可作参考。他说出三点:首先,"改变了农村几千年迁延不变的社会结构";其次,"解除了农民在宗族内封建人身束缚";再次,"通过对宗族制度的消解和新的社会机制的架建,实现了农民群众与国家政权的高度结合"。①成就是无疑的,但是家族遭到几乎是毁灭性的打击后,却一再复现,这又是什么原因呢? 主导舆论反复重申对它的声讨方针,可是并未收到预期的效果,原因何在呢? 这些不能不令人深思。

1.20 世纪 60 年代初、80 年代以来家族活动再现

三年严重困难时期,出现了家族活动,其状况是:"据当时河南、湖北、湖南三省揭发出来的材料,农村中修祠堂、续家谱的活动相当普遍,光是河南 90个县的统计,就有续家谱的案件一万多宗,偃师县缑氏公社郑窑大队董姓的家谱续成后,还唱戏三天,宰猪四头,全族聚会,敬祭祖宗。个别地方的家族还选举了族长,全族群众,包括干部要向族长跪拜磕头,恢复了过去族戚统治的那一套东西。"②

改革开放以来,家族活动再度活跃起来,它的状况也许可以作这样的概括:祭祖、续谱、修祠堂等家族活动在一些地区有一定程度的流行,而其本身也在变化之中。说得稍微具体一点的话则是:少数建立机构,多数不选负责人,而有"无冕族长",个别家族实行代表大会或理事会制;修坟祭祖,在传统的清明扫墓之外,创行新年团拜祭祖仪式;续修家谱,编写时动员族众参与,修成后举行盛大祭谱典礼,展示家族力量;修葺祠堂,提供祭祖和家族活动场所;制定族规,明确族籍,续定辈字;家族协调族内人际关系,或干预族人生活,或实行互助,或调解纠纷;参与社区公共事务;出现宗族械斗,个别地区频繁发生;家族与地方政府发生关系,大多数遵守法令,少数有不法行为。如果再进一步地说,当前家族活动的地域,以在历史上家族文化传统较浓厚的长江流域及其以南地区比较活跃;在组织上,大多不健全,活动多具临时性特色,有许多只具有家族色彩,严格意义上不是家族组织,但在当今社会实际情况下,也可视作家族;社会层次上,家族多出现在农村的农民中间,但是城里

---

① 文载《江西社会科学》1994 年第 12 期,第 109 页。

② 徐扬杰:《中国家族制度史》,人民出版社 1992 年,第 472 页。引文所说河南宗族活动的情绪,似乎有相当大的夸张成分,领导要讲阶级斗争的严重性,是为宣传进行阶级斗争的必要性,盖其时风气如此。

文化人亦有进行家族活动的。

2.家族复兴的原因

对这个问题,有的学者认为是没有改造好的宗法势力和人的作祟,学者徐扬杰在讲到 60 年代初出现的家族活动, 谓为当时的严重困难,"给那些没有改造好的家族势力和宗法思想严重的人以可乘之机,他们鼓吹宗法思想恢复家族活动,从而出现了建国以后第一个宗法思想观念比较活跃的时期"。[①]有的学者则从生产力发展不足以使家族消亡的程度为立论根据。前一种观点究竟与社会实际有无吻合,笔者持相当的怀疑态度;后一种论点似乎没有落到实处,令人有隔靴搔痒之感。笔者的初步认识是:

(甲)强制摧毁使农民的家族意识潜藏起来,适当的社会环境便会冒出头来。

对家族的革命由于是强制实行的,当革命进行之时,有排山倒海之势,锐不可当,所以似乎阻力不大,行之甚速。同时由于革命的顺利发展,全国胜利来得异常迅捷,对家族土地的政策,本来是讲求策略的,规定没收祠堂土地时要征求民众意见,可是实践中却忽视了,平分土地时一齐进行了。然而家族是具有正负面双重功能及性质的事物,不是简单的革命对象,强力打击的办法可以奏效于一时,而难以维持于久远。比如销毁家谱,土改时、"文化大革命"时都在进行,但是有的农民把被焚烧的家谱从火中抢出来,暗加收藏,有的藏在屋脊处,或者装裹在竹筒内,埋藏在石灰堆里,"文化大革命"后取出来,所以今天民间仍有一些早年的家谱或它的残本。由此一事可知,部分农民对家族载体之一的家谱视若生命,珍爱备至,表明家族观念还相当强烈,并不因强力批判而消失。

对家族强力打击的某些成果难以保持,就在情理之中了。所以有的论文指出,强行消灭的办法必然会造成成果的不稳定性,或者要持续推行强制性政策,否则难以持久。比如前述何友良的文章认为,苏区"宗族势力的消亡不是社会经济发展的结果而是以强制性的变革行动换来的,因而具有不稳定性和不巩固性"。[②]说"不稳定性",是从维护摧毁宗族成果而言,将后来发生的家族复兴视为不正常的异端。与其这样说,不如正视现实,承认这是部分农民的

---

① 《中国家族制度史》,第 472 页。
② 《苏区农村的宗族势力及其消亡》。

家族感情的表现。家族感情存在,就很难不让它表现出来的。血缘家族情结是人类生物性与社会性共同酿成的,是牢固的。费孝通说:"血缘是稳定的力量","血缘所决定的社会地位不容个人选择"。①全慰天在《论"家天下"》一文中说:"家族,一串生物的血统关系,真把全家人连锁成了一个牢不可破的事业团体。"②稳定性力量的血缘关系与家庭家族情结会在家族活动中显示出来,不允许它表现,只会是短暂的,而很难是永久的。

(乙)家族的某些社会功能有合理性,我国当前的社会保障事业尚不能代替它。

有许多传统家族有公共田产,曰祠田、祀田、尝田等,有的还设有义庄,土地多的出租给人耕种,少的则由各房或房下子孙轮流种作,收入归公堂,用作祭祀祖先费用,多余的分给参加祭祖活动的族人,再有余,救济族内穷人,特别是寡妇、老人。凡是设立义庄的,目的就是赈济族人。有的家族设有书田,开办族学,无偿招收子弟进学,甚至供给膏火费,即使未设书田的家族,有的也以公共财产资助子弟读书,赶考时资送盘费、试卷费,凡中秀才、举人、进士都给予花红奖励。这类物质资助,以用途讲可分为两类,即赈恤贫乏、兴学奖学。土改时家族公产,不分是否出租剥削,全部归公平分,家族就不再拥有公共财产,自然不能进行兴学奖学、恤贫互助活动。

家族为维护其产业和家族声誉,往往自动保护生活环境,客观上起到维持生态环境平衡的作用。家族有山林,祖坟也在其间,因此封山育林,对子孙乱砍乱伐,严惩不贷。我们在族谱中不难看到惩办偷盗山中竹木的族规,即使荆棘、茅草也是在规定日子才可以去砍采,而且限制数量,笔者几十年前初读到这类资料时,以为这是家族首领的小题大做,现在则与人们一道认识了这种做法对保护生态环境的客观作用。所以赵华富于1995年撰文,讲到家族的保护山林,以轻松和赞美的笔调写道:"(黟县)叶氏家族在老虎山有数十亩山场,古木参天,粗大合抱。山场立有界碑和禁牌,支丁只准拾枯支,扫落叶烧火,严禁乱砍乱伐。违者,罚以锡箔将砍伐树木烧化。由于对乱砍乱伐者严惩不贷,所以,山场保护良好,一片郁郁葱葱。武水横流,绕南屏村东去。西干桥

---

① 《乡土中国》,生活·读书·新知三联书店1985年,第72页。
② 吴晗等:《皇权与绅权》,天津人民出版社1988年,第108页。

和万松桥立'养生溪'三字石碑,水中游鱼只准垂钓,不准网打。如违,罚以锡箔将鱼烧化。所以,游鱼安乐,悠游水中,沿溪可见。大者一二十斤重。"①

对于过往家族的兴学奖学活动,人们面对农村许多贫困青少年不能上学,同情之际,或生感叹,从前家族有此功能,今日农村遇此情景,只有亲友有可能资助,而无群体的助力。培养子弟读书成才,是中国家庭家族的传统,过去家族之中,常常集体选择资质聪颖子弟,以家族的力量培养其读书进学,又有家族公共财产作物质的保障。人们思谋继承这一优良传统,设立助学基金。比如山东淄川孙氏于近年设立"希望工程奖学金管理委员会",拟有《孙氏希望工程奖学金章程》,规定入谱的孙氏后裔,自 1997 年开始,有权享受奖学金奖励,并具体规定对在高校、中专、初中成绩名列前茅者的奖励办法和金额。但是它的基金来源只有续谱剩余的 2200 元,故章程号召"族众齐心协力,各尽所能,积极资助,把孙氏希望工程奖学金办好"。②笔者阅览这份章程,感觉这是一个表达愿望的文件,因为孙氏家族并无资力实现其初衷,"希望工程"尚处在希望之中。这里绝没有嘲笑孙氏家族之意,而是佩服它的宏愿,企盼它的愿望早日实现;同时还看到没有固定来源的基金会是难以发展的。话说回来,传统家族的赈济贫乏、兴学奖学、保护山林,都是有益之举,是它的社会功能的积极成分,是家族的优良传统,在今日农村社会保障尚不健全的情况下,赈贫互助和兴学奖学都是可以继承的事情。所以有的家族"提出了对宗族祠堂功能的改造设想,力图使修复后的宗祠兼具社会公益性与宗族性两方面的功能"③。

家族间的互助应当是适当的,不能养成依赖性。前述除守旧派之外的社会各界均批判家族共财,养成子弟的依赖思想,不求上进,对家族、社会都没有好处,而有恶劣影响。所以明了家族互助功能的积极意义时,不可忘记它可能出现的消极面。有的农村家族给在城里的族人写信,要求捐助"希望工程"若干元(以千计数),捐者树碑刻名表扬,不捐者刻名于碑阴以示羞辱。如此做法,带有强迫性,是败坏家族名声、制造离心力的行为。

(丙)家谱是家族的历史记录,我国素有重视史学的传统,续修家谱反映

---

① 《黟县南屏叶氏宗族调查报告》,《'95 安徽大学学术活动月论文选粹》,第 118 页。
② 1997 年《山东淄川孙氏族谱》第 8 篇《奖学会》,第 410 页。
③ 《宗族重建的意义》,第 158 页。

了人们重视家史的愿望,也是继承古代优秀文化的传统,而"在族谱的背后埋藏着任何力量都难以抑制的民族生命力"①,意义至巨。

古人编写族谱,总是说"家之有谱,犹国之有史"。今人修谱,则云"国家有史,地方有志,家则有谱"。看来,族谱是家族史,这是古往今来人们的通识,国家要撰写国史,地方要编纂方志,那么家族编辑族乘就没有什么好奇怪的了!自从梁启超说"我国乡乡家家皆有谱,实可谓史界瑰宝"②。家谱在学术界的地位日益为学者所认知、所宝贵,谱牒学亦已成为学术研究的一个领域。没有家谱,何来谱牒学;有谱牒学,会有益于家谱的科学写作。历次运动中毁坏了大量的家谱,甚为可惜。或谓"大量焚毁虽有些可惜,但这却是彻底摧毁家族制度必然要经历的过程"③,将之视为必经的过程,是将家谱与家族制度完全画了等号,这似乎是可以讨论的事情。传统家谱,无疑反映家族主义观念,但它同时记录家族系谱,这本身并没有封建宗法因素,不宜将家谱与家族主义完全看作一回事;况且它既是文化产品,是家史的载体,就有保存的史料价值。

有些学者说农民有历史感,编修家谱就是这种感情的记录和体现。有的农民对国家人口登记的热情不及于修家谱,他以为人口登记放在政府部门,见不到,而能在家谱里看到几百年前祖宗的名字,进而想到续修家谱,以后子孙可以见到自己的名字,就有一种自慰感,至于看到有成就的祖先和族人的名字、事迹,就产生一种自豪感,因而认为修谱有价值,虽然让他交钱,他也乐意。道理很简单,为了历史感的满足,就会兴修谱牒。当然修谱的原因绝不止于此,也是为族内人际关系的相处(如辈分、辈字不要混乱),为与聚落内外族人的联系,等等。

再看今日所编修的家谱,有的仍具有宗法内容,但相当部分已与传统家谱有很大的区别。表现之一是追求新的族谱体例,以表达新时代的内容,如增加村落图,用地图反映家族居处地理位置布局;风云篇、风情篇,记录家族所在地区的政情和民情,以便反映家族生活的环境;家族大事记,用编年体记载家族大事;家族通讯录,以便族人间加强联系;人口统计表、人物代号的序数

---

① 孙达人:《中国农民史的价值和意义——兼论族谱、村志的社会功能》,《社会学研究》1994年第6期,第63页。

②《中国近三百年学术史》,中国书店1985年,第336页。

③《中国家族制度史》,第468页。

表等现代表达方法。表现之二是改变某些传统书例,如在书写上,给妻子与丈夫同等的地位,允许族女上谱,许可养子、女婿上谱,有的家族还让族女的子女上谱。表现之三是极少数家族按照女系编写系谱。表现之四是有的家族提倡秉笔直书,改变过去族谱书善不书恶的曲笔状态,如 1994 年成书的仪征《月塘康氏家谱》讲其家族两个分支发展的不同情况:一衰落,一兴旺,萧索的在于吸食鸦片,不务正业,兴旺的得益于勤劳,因而得出结论:"实践证明,同样的社会,同样的经济基础,家道如何,自尊自重,自立自强,很为重要。"①表现之五是产生新的社会文化价值取向,企求开发家谱的社会功能,加强人际联系,追求建设现代人伦思想,发扬尊祖先爱乡族的传统精神,增强爱国家的观念。看来,如今已经改革谱法的家谱,已在贯彻现代平等思想,创造新体例和书例,较好地反映当代宗亲活动的实况,较成功地保存了家族历史记录。学者孙达人在讲到族谱价值时说:"谁都知道,族谱曾多次在所谓封建主义的罪名下。遭遇好几次带全国性的厄运。在某些地方迄今家藏也还是地下或半地下的;然而,值得注意的是,现今民间收藏的数量竟然如此丰富!这难道不足以证明,在族谱的背后埋藏着任何力量都难以抑制的民族生命力么?"②这应当能够说明农民修家谱和进行家族活动的一种原因。

(丁)家族组织的自治性及其同政府关系中的协调与不协调的两面性,加强协调性,需要多方努力。

在传统社会,家族是带有宗法性、自治性的团体,族长治理族人,处理族内事务,族人的分家、田地房屋的买卖,需有祠堂或尊长的认可,族人内部的纷争,先由祠堂调解,不许径自告官,祠堂可以对族人施行经济的和身体的、人格的处罚——罚款、罚陪酒席、记过、罚站、打板子,甚至处死;族人同外部的纷争,不同家族之间的纠葛,双方祠堂可以自行调处,祠堂有保护族人的责任;祠堂可以代表家族将"不轨"的族人送到官府审理。所以家族具有管理族人及族中事务的自治性。

家族依附于政府,形成族权协助政权控制民众的事实,但是家族也不是政府的任意摆布物,宗族施行家法,就同政府行使完整的司法权有矛盾,强宗大族,为一方之强梁,有碍于地方政府的治理,所以政府有时打击豪宗巨族。

---

① 1994 年仪征《月塘康氏族谱·序言》。
②《中国农民史的价值和意义》,第 63 页。

政府为此不时调整对家族的政策,如清朝政府要不要设立族正,对家族依家法致死族人要不要治罪,政策就有先后的变化,并在官员内部有所讨论。历史事实是历朝政府对家族实行利用、限制的政策,既不是一味支持,更不是一味打击。不管其意识到什么程度,多少懂得利用家族作为政府与民众之间的某种桥梁作用。

对于家族具有某种民间组织自治性的问题,在批判的学者之中早就有所认识,陈独秀在1919年发表的《实行民治的基础》一文中写道:"乡村有宗祠,有神社,有团练;都会有会馆,有各种善堂……像这些各种联合,虽然和我们理想的民治隔得还远,却不能说中国人的民治制度,没有历史上的基础。"①如今亦有学者谈到这个问题,张研在所著《清代族田与基层社会结构》中认为清代的家族、乡族组织,"表现出更多的独立性和自治性的特点,其中盛行于南方的宗族组织最为典型"②。王沪宁讲到传统家族存在的理由时说,"由于自然屏障长期没有突破,各村落家族共同体实际上是一些自治的共同体"③。刘志伟等谈到清末民初广东番禺沙湾的乡治时说:"事实似乎很难使人相信沙湾的乡村自治组织会成为削弱国家权力的力量。"④法国安德列·比尔基埃等人认为中国清代后期,"宗族构成介于国家和人民之间的得天独厚的中继站"⑤。近代以前的家族具有自治组织性质,这些学者似乎有一种共识。

至于当今家族有无自治性,有的学者给予了肯定的回答。钱杭等人反映他所调查的江西泰和人的看法:"他们热衷于宗族活动,主要是因为在目前的社会格局中,宗族几乎是唯一一种可以真正与他们的实际生活结合在一起的自治性团体形式。"⑥杨平认为家族可以与政府合作,能否实现,要看双方是否处理得当,他认为家族"与中国传统文化的主流有着天然的联系,与中国国家政权之间具有较为广阔的合作空间,与现代化的主潮流并不处于截然对立的状态。然而,家族组织又是一柄双刃剑,以它为表现形式的族际冲突,以及由

---

① 《陈独秀文章选编》,第431页。
② 《清代族田与基层社会结构》,中国人民大学出版社1991年,第201页。
③ 《当代中国村落家族文化》,第34页。
④ 《庆祝王钟翰教授85暨韦庆远教授70华诞学术论文合集》,黄山书社1999年,第438页。
⑤ 《家庭史》第2卷《现代化的冲击》第4章《中国家庭的漫长历程》,生活·读书·新知三联书店1998年,第306页。
⑥ 《传统与转型:江西泰和农村宗族形态》,第27页。

于政府处置不当而引发的普遍不满,很可能在家族组织的复兴中成为某种破坏性力量"①。下述两篇文章讲到某些基层干部的不良行为对农民希望通过家族表达某种自治愿望的影响。陈永平等人的论文说:"宗族势力阻碍着乡镇政府的社区管理工作。在农村,基层干部的主要任务就是上传下达,为村民生产和生活提供服务,但实际操作起来并非如此。事实上,基层政府给农民提供的服务十分有限,但农民要上缴的东西不少,由此引起干群关系十分紧张。近年来,以宗族势力面目出现的宗族群体联合起来,成为基层干部开展社区管理工作的一大障碍。"②《江西农村宗族情况考察》一文云:"在一个法制尚不健全的社会,当政治力量不能维持社会的公正,私人自行寻求解决的办法,就不足为怪。这些年我省发生的大量宗族性纠纷械斗,大多数同政府预先的调处不力有关。……宗族的消长实际上也是观照党风政风状况的一面镜子。"③钱杭在谈到当前宗族不健全的原因时说:"原因是多方面的,其中相当重要的一个方面,就是在这类宗族的周围往往缺乏一种良性的重建环境。这里所谓的'良性环境'主要是就宗族与地方政权之间形成的一种默契和谐的互动关系而言。其基本特征,在地方当局,第一是政治上的宽松;第二是观念上的谅解;第三是文化上的兼容;第四是法律上的监督。而在宗族方面,则首先是要强调结构和功能的合法性、适时性和建设性;一旦在公(社会)、私(宗族)之间发生了冲突和矛盾,必须要能主动地对自身的要求进行抑制或调整,以争取尽可能地与公共社会规则相协调。"④

家族有着自治的传统,历来是依附于政府的,今天,如果它能在内部克服宗法性,清除对族人的宗法管理思想和作风,对社区公共事务不作干扰,严格遵守政府法令,主动调整与政府关系中不协调的地方,当能发展到健全的地步,会在某种程度上起到社会中介的作用,沟通民间与基层政府的意愿,协调一致,有利于政策的贯彻和民气的申舒。从政府来说,也同钱杭所云,给予家族活动必要的谅解和引导;陈永平等人所言,政府整肃政风,是避免产生宗族破坏性的不可忽视的因素,家族的某些同地方政府的冲突,有一些不能不从

---

① 《湛江农村家族宗法制度调查》,《战略与管理》1994 年第 1 期,第 85 页。

② 《宗族势力:当前农村社区生活中一股潜在的破坏力量》,《社会学研究》1991 年第 5 期,第 36 页。

③ 《社会学研究》1997 年第 4 期,第 87 页。

④ 《中国当代宗族的重建与重建环境》,第 79 页。

两方面寻找原由,政府中的违法乱纪分子,是政府的蠹虫,甚至是赘瘤,不能因不法家族表现出来的破坏性掩盖不法官员所不能开脱的罪行。事情的主动方面在政府一方,家族处于被动地位,所以关键在于政府对它的引导,使其走在健康的道路上。王笑天等人撰文说:"在法制允许的前提下,乡村组织和干部要注意引导宗族活动,提倡新型的生活观念和生活方式,引导农民树立与市场经济相符合的新观念。制定宗族政策和法规,是为了在约束引导宗族活动时有法可依,同时还要有法必依,执法必严,违反必究。"①强调引导和法制,而这法制不仅是对家族讲的,对政府官员也应当是这样的。

家族复兴的原因,我们结合实际情况,提出上述四个方面,自然并不全面,或许不尽中肯,然笔者之意,尽量避免不合实际的传统思维方法,说些"千部一腔"的套话。

八、家族自身走了一个世纪的变革之路

前已指出,在 20 世纪的一百年中,家族受社会环境的影响,经历了,这样的三部曲:受冲击——基本上销声匿迹——一定程度的复活表明它走的是衰落道路,这是从外部条件讲的,它是被动的,然而从其自身看,它则有着主动适应社会,进行自我改造,也即应变和自变的更新的一面。这种自我变化,在 20 世纪上半叶已经开展,在某些方面变异还比较明显,然而涉及的家族并不太多,50—70 年代处于销声匿迹状态, 基本上不存在自我变革的问题,80 年代以来革新成分大增,具有局部质的变化,而且参与的家族众多。

1.革新的指导观念

家族自身的变革,不论是被迫的,还是主动的,必定有相应的思想认识,有一个观念性的更新原则,纵观百年来实际情况,变革家族的思想似可归纳为以下三点。

首先是遵守国体、政体、法令和政策的思想。前已说过,当清朝预备立宪时,个别家族初步树立"宪政"意识,立即改族长制为族会制。民国建立,一些家族认识到国体、政体的变更,家族活动要作观念性的调整,要将崇奉清朝皇

<hr/>

①《乡村社会重修族谱现象的思考——兼论宗族意识与农村现代化的关系》,《社会科学研究》1996 年第 6 期,第 81 页。

帝和法律的思想，转变到信仰民国及其政令方面，因此将家神牌位的"天地君亲师"改为"天地国亲师"，有的要续修家谱，删削过往的尊君内容，增添爱国内容。如前述萍乡刘氏1931年修谱的准则所言："谱为一家法规，但必与国法互相维系，方能生效。今政体变更，正朔改矣，民法易矣，礼制殊矣，教育新矣，吾前谱所载，动与抵触。《论语》言夏殷之礼在所损益，《乐记》言礼乐异世不相袭沿，此其义也。倘非与时变通，执吾前谱，不惟无以信今传后，而生今反古，且将干国典取戾矣，此准诸法律不能不改者。"①这种观念一直持续到现今，90年代初笔者到湖南农村作田野调查，还见到农民家中的"牌位"位置之处大书"天地国亲师"的字样。《千古一村——流坑历史文化的考察》一书讲到家祭，附有神龛摄影，上面"天地国亲师"的大字非常醒目。②

至于家族活动中、族约、家谱里热爱、拥护共产党的领导和国家法律、歌颂改革开放方针政策的内容更多。如1993年江苏建湖唐氏《告祖文》(祭祖文)写道："斯值盛世，国家承平……万民称幸，天人同庆，世有今日，欢呼！维太平不易之元，改革开放之时，桃李含芳之日，搞翻番奔小康之年，吾宗族人，喜乎！"他们因袭古人的颂圣之词，但不可简单地视作套语，因为它有时代的内容，表达出拥护国家改革开放方针的心愿，渴望小康生活的早日实现。该文又说："我辈承先祖，启后昆，凡吾裔孙，均当爱国，国因家富，家因国足。社会主义解放人民，日久以来，人民升腾，共产党好，导我光明，听从党话，从事建设。"③听党的话，这种带有崇拜色彩的、十几年前的常用语，已不易听到，这里则是堂而皇之地郑重宣讲。

宗族对改革开放政策的讴歌随处可见，江西新建县《方氏宗谱·八修序言》在批评十年浩劫之后写道："经十三届八中全会，邓氏以振兴中华，改革开放，恢复中华之元气。"④《山东淄川孙氏族谱》一篇序言云："1997年举国上下一片欢腾，12亿人民无不欢心喜悦，香港回归，洗雪了百年国耻。伟大的中华民族出现了一个前所未有的极盛时期。国家昌盛，人民安居乐业。"⑤这些是朴

---

① 萍乡《刘氏家谱》卷首《三修家谱序》。
② 《千古一村——流坑历史文化的考察》，江西人民出版社1997年，第272页。
③ 1997年《盐城唐氏宗谱》卷1，第33页。
④ 1993年《赤源方氏宗谱·八修序言》。
⑤ 《山东淄川孙氏族谱》第2篇《新续族谱序》，第23页。

素的爱国感情的流露,更有学者从修谱论到联系海内外华人,共结"中国心"的道理,《西清王氏家谱·序》云:"海外赤子心怀故国,心目中常存中国之山川城郭,尤切于先祖之屋庐故墓,族姓亲朋之故情旧谊。知我非孤立之我,我之来自可上溯百世,我之同气可遍于世界各地之我姓我族,皆中国心之所含。而寻根追源,又莫捷于族谱之纂修。"①进行宗族活动和著作家谱,以"中国心"联结海内外华人,爱国涵义深远。30年的打击家族,至今存在着合不合法的问题,明智的家族特别强调遵守法令,使自身的活动限于合法范围之内。山东临沭马氏举行扫墓祭祖大会,会联写作:"仁义为重守法第一;孝敬当先尊老爱幼。"②建湖唐氏告诫族人:"吾唐氏儿孙,应遵纪守法,维护国家一切法纲,并执行之。"③

其次是破宗法思想,立平等自由观念尤其是男女平等意识。宗法观念是家族最引起非议的地方,有无宗法思想,是家族属性的一个标准,有识之士的家族活动家必将克服宗法思想作为要务,事实上就出现了这样的人。前述萍乡刘氏1931年修谱,其主持人在《凡例》中说:"自治主义,首先家族法约不敢私议,家规自当明订。"④既然讲家族自治,就应当讲求民主,家规族约就不能个人说了算,而需要族人集体讨论制定。如今人权观念已深入人心,许多家族留心于清除宗法统治思想,表示尊重族人权力,实现平等自由。盐城市郊步风镇陈氏文杰门支于1993年议定《家训十条》,第四条是:"要更新观念,废除宗法思想。……遇事公议、公办、公决,废除包办代替,不致贻害他人。"⑤他们要在更新观念的前提下,清除宗法思想和族长专断制,族中事务由族人会议决定和执行。这个家训的第六条写道:"严明教育过程。先家庭,后门支,再政府,一条龙的教育措施。对犯有严重错误者,应抱说服教育为先导,按照国法制裁为依据,保障人权不受侵犯,不私立法庭,不私自惩罚。"宗族要对族人进行强制性教育,只有在宗族有很大权威的地方才有可能实行,在现代社会一般不存在这个问题。这是形式,而其内容,一切以国家法律为依据,家族不能立法,

---

① 1992年《西清王氏族谱》第1卷《西清王氏续修族谱序》,第6页。
② 学友马斗成(今青岛大学教授)提供。
③《盐城唐氏宗谱》卷1《凡例》,第133页。
④ 萍乡《刘氏家谱》卷1《凡例》。
⑤《陈氏家训十条》,油印件。

也不能行使司法职权,它只能进行思想教育,并保证不侵犯人权,尊重被教育者的人格,这就与宗法族长制根本不同了。有没有保障人权的观念,对待寡妇再婚问题的态度可以说是试金石,有些家族做不到,有的思想开通了,如浙江苍南郑氏家族规定:"凡有夫故,妻不愿守节者,或者愿改嫁者,为姑翁者,应顺志,听其自由,不可干涉,以免发生意外。"①这个规范里的用词是可以挑剔的,如"守节",但它的精神则是尊重寡妇的婚姻自由,也即尊重人权,故而谆谆教导为公婆者要思想开明,不要制造悲剧,人道主义的观念流露无遗。

改变男尊女卑观念,给女子上谱的权力,是家族教育平等观念的重要体现。1994年萍乡廖氏家族规定:"男女应平权,与旧有异,自今始,所生女丁,应纳入谱籍;出阁者应注明其年月日和适于某地某某,以便稽查。"②尊重女性,族女上谱,才合于现代家族系谱真正清晰的要求。1994年制作《长乐林氏开蓍公五世后裔宗谱》的上海林老先生给笔者的信中,讲到该家谱兼收男女族人,其"界线是血缘",并解释说:"嫁出去的女有血缘,不是水,不但不泼出去,而且配偶也列谱,其所生子女都有血缘,不论其为 1/8,1/16,多少分之一,都是'之一',就都列入。……可能这个血缘血统观念本身即含有男女平等的意识。"正是克服了男尊女卑的观念,新修家谱对于族女及女子承嗣作出与旧时代不同的规定,1994年萍乡刘氏女子和赘婿承嗣:"因我国现行人口政策与昔时不同,族人中有女无男而入赘者,则以女方为主册人,子孙亦一脉相承也。"③1990年湖南岳阳县张氏有同样的见解:"凡有女无子者,本男女平等赘婿承嗣承产。"④

复次是迎合时代新风,树立主动改革态度。家族和家谱是旧时代产物,又是长期被批判的对象,当今人们在从事家族活动时是心有余悸也好,还是自觉地认识也好,都表示迎合时代潮流,主动创新、改革。如前述1993年建湖唐氏进行修谱活动,谓其宗旨:"迎合时代新(风)气,团结全宗,万众一心,男女平等,发扬先人美德,以育后代裔孙,为新时代做出更大贡献。"⑤这无异于是建设宗族的宣言,表示宗族虽然古老,但绝不抱残守缺,而应配合时代潮流,

---

① 苍南《郑氏生胎公派下历代全谱·族规十条》,转见前揭《宗族·宗教·拳派》文。
② 1994 年萍乡《廖氏四修族谱》卷 1《序》。
③ 1994 年萍乡《刘氏续修家谱·续修凡例》。
④ 1990 年岳阳《清河堂张氏家谱》卷首《六修谱序》。
⑤ 1993 年建湖《盐城唐氏宗谱·凡例》。

继承优良传统,实行团结、平等的原则,建设新家族,对社会做出新贡献。岳阳张氏有同样的认识:"今日时代一大改革,吾等不可冒时政,越轨道,阻挠历史推动巨轮,自应深悟荀子察今之论,明哲指南,如是破旧例,顺时宜。"①1995年河北南宫白氏家族《族规》云:"社会在发展,时代在前进,一个人或一个家族都是社会的一分子,任何时候都应适应时代,适应社会。"②他们深知宗族有旧传统的包袱,故而特别警惕它的影响,力求革新,顺着时代的历史潮流前进,表现出吐故纳新、自强不息的精神。

对宗法思想具有了清醒认识的家族,深知必须革故鼎新,洗刷旧时代的污秽,以新的面貌出现在世人面前,因此产生了自我革新的动力,才出现种种新气象。

2.组织管理的改革

祠堂族长制管理体制是宗法家族的管理制度,是对族人实行宗法家法的组织,家族改革,首先就要革除族长制,开明的家族对此非常敏感,20世纪初出现以族会制取代它的现象,这在本文第二节已经指出来了,不过说得概括,这里拟作必要的补充。上海曹氏家族的族会制定有《谯国族会简章》,对族会的宗旨、成员管理,特别是开会,作出规定。其宗旨为:"联络情谊,清厘公产,保管祖坟,修葺宗谱。"即为管理族中公共事务和联络族人感情,维持家族组织。族会管理人员,由议长、副议长各一人,评议员10人,契券保管员、会计、庶务、文牍各一人,征租二人,共同组成,核心人物是议长和评议员,保管员等都是办事人员。所有的管理成员,"均用投票法公举",任期一年,家族于冬至族人大会时改选,可以连选连任。家族成员16岁以上有选举权,25岁以上有被选举权。家族会议定在冬至、夏至祠祀日举行;每月召开一次常会,由议长定期召集;如果有重要事由,议长斟酌决定召开临时会或临时大会。会所设在宗祠崇孝堂或由主席酌定。凡议决之事,登录议事簿,由主席签字,形成议案。因为是族会,简章对开会、议长、旁听都作了明确的规定,如开会,必须有半数以上议员出席,半数以上通过,决议才算有效;议长不到会,由副议长主持会议,副议长不到,由得票多的议员代替;议员发表意见,当依程序进行;议员意见分歧时,取决于多数票,两者相当时取决于议长;会计等职员亦须到会,以

① 1990年岳阳《清河堂张氏家谱·六修谱序》。
② 1995年《尚书世家》第2编《族规》,第120页。

便质询及报告事务;议决事件,未到会议员共同负责。对议长的权限,也定在章程里:"主席有汇集到会议员意见分付表决之权,惟不得参加己意;如有发表,须请副议长主席,而退就议员位,方得发言。"简章写明族人旁听会议的权力,在议员半数以上同意情况下可以陈述意见,然无议决权。[1]章程表明,曹氏族会与祠堂族长制根本不同,管理体制发生巨大变化,族人有选举权和被选举权,家族首领由选举产生,不再由房支、辈分、年龄等因素决定。被选出的管理人——议员用议会的方式方法进行管理,权力集中于族员大会和议员会议,而不是议长、议员个人,更不是往日独裁的族长。曹氏家族将近代西方国家议会制度移植到家族管理中,不仅是管理体制的近代化,而且运用近代民主思想,克服宗法思想,使族人更多地参与家族事务,改变家族的宗法性,使传统家族起了某种质的转变。

比上海曹氏家族稍晚一点,有的家族没有明确成立族会,但是实际实行的是族会制,或者说依照议会精神进行家族管理。如苏州严氏家族为编修族谱,于1919年、1921年先后在上海《申报》《新闻报》刊登修谱广告,要求各地族人提供本人家世与自身资料,家族修谱在中国最大的都会登广告,就是新鲜事。族谱修成之后,又按照议会的方式,于1933年6月召开会议,讨论《提备严氏修谱永远基金议案》,此会由与会者公推主席和记录人,由与会者严庆祺作出《提要意见书》,意为要设立修谱基金会,以保证以后续修,基金来源是此次族谱出售,族人所交金额;意见书由一人提议,五人附议,提案始得成立;提案经讨论通过,并作出记录。与此相关联的,又有"基金保管案",亦行议决。议决案最后由主席、记录签字。[2]从严氏家族的议案活动,可见议会制成为近代家族改造宗法家族的蓝本,并有一些家族予以实现。民国时期有着大量社会自治团体出现,一些家族不采取族会的形式,或者说不用族会的名称,而使用更为人们所了解的自治会的名义,建设家族团体,如四川长寿县李氏于1928年设立"长寿李氏同宗自治会",宣言"本自治精神,以贯彻初终"。[3]看来这是一个县的家族同盟,而不是一个小家族的组织。家族的族会制、自治会,从形

---

① 1925年《上海曹氏族谱》卷4《族会缘起、谯国族会简章》。

② 1933年《六修江苏洞庭安仁里严氏族谱》卷12《杂录》。

③ 民国《续修长寿县志》卷11;转引自柯昌基《中国古代农村公社史》,中州古籍出版社1989年,第37页。

式上看后来没有得到发展,这是因为社会制度的变化,使它缺乏实践的条件,但是它的民主精神,家族活动中是继承了的,一直持续到现在。

如今的家族管理体制正在发生变革,一方面是具有临时性、松散性的特征,另一方面是只有向宗亲会转变的趋势。我们先从家族的名称来观察。传统社会家族一般称作宗族、家族、房支、祠堂、支祠等,如今亦有沿用的,不过出现了许多新称谓,诸如"族务理事会""族人联络组""宗事辅导组""族老会""老人会""宗亲会""家族代表大会和理事会",这些似乎是有经常活动的家族的组织名称。还有编修家谱时的组织机构,如称为"谱务局""修谱小组""修谱领导小组""宗谱局""宗谱联修处""续谱组委会""理事会"等等,这是临时组织,是一个时期内的家族管理机构。家族的组织名称看来很不规范,但都在一定程度上管理家族事务,起着一定的组织作用。这些名称都是现代化的称谓,在古代没有,在近代也少见,它足以表明这类家族的管理与祠堂族长制是不一样的,无疑具有近现代的气息。苍南华氏家族的管理组织方法,可视为一种典型,其《华氏族内守则(试行稿)》有这样一条规则:"本族的代表大会,是统一部署和解决族内一切事务的最高权力机构。下设理事会,由代表大会选举产生。"①这种组织管理制度与世纪初的曹氏族会相同,但它不是直接继承议会制的思想,而是仿照中华人民共和国的宪法,所谓"最高权力机构"的用语是明显的表现。既然是族人代表大会和理事会来管理,是选举产生办事人员,这应当是民主的管理,同族长制绝不是一回事了。

至于宗亲会更是新名词,当然,这在台湾、香港和海外华人中已使用了几十年,并不新鲜,可是在大陆则是近十来年的事。1994年笔者在江苏访问刘氏家族,获知其群体称作"宗亲会",询问一位老先生起名的缘由,他说有两条,一是源于同姓同宗观念,二是海外已有这种称呼的习惯。这个家族没有固定的族长,主事的叫作"承办人",凡是他给族人发通知,具名前冠以"宗亲会承办人"字样,表明宗亲会的称谓是族人共同认可的。福建世家王氏的宗设组织取名"西清王氏及后裔宗亲会"②,这个家族同台湾及海外的宗人联系密切,取宗亲会的名称就毫不奇怪了。宗亲会的名称不仅单个家族使用,还被用在家族的联合上,如全国大姓陈氏的联合组织,称作"全国陈氏宗亲总会",下设十

① 前揭《宗族·宗教·拳派》文。
② 1992年《西清王氏家谱》,第496页。

几个分会,其中有陈氏四川宗亲会、福建宗亲会、贵州宗亲会、淮东宗亲会、河南柳林宗亲会等。宗亲总会、宗亲分会、宗亲会是不同层级宗亲组织的名称,属于宗亲会称谓系统。称作宗亲会的家族不一定有成文的会章,只有极少数写出来,如陈氏宗亲总会淮东分会的宗旨是:对当地"陈氏的历史、经济、文化进行学术研究,弘扬祖德、启迪子孙、增强凝聚力和认同感。联谊海内外陈氏贤达,为祖国统一、中华振兴而努力"。①

台港和海外华人的宗亲会是按照现代社会的社团组织原则建立的,不过具有宗亲组织的特点:会员资格,以同姓氏为原则,不必同宗,男女均可(族女以独立人格参加),年龄须达到成年人标准;以个人为吸收对象,而不是传统家族以家户为单位家人集体加入;要履行入会手续,即本人申请,经人介绍,理事会批准,方得入会;会员需要交纳会费;管理上实行会员大会和理事会、监事会制,会员大会决定重大事务,理事会综理日常会务,对外代表宗亲会,监事会负责监察;宗亲会设立基金会,设股经营公司,向政府注册时使用公司的名义;宗亲会举行祭祖活动,崇尚亲情、中华伦理和宣扬热爱中华文明的观念;进行互助,设置奖学金,开展宗亲事业性服务;开展文娱活动。上述特点,无疑可以表明,宗亲会是现代社会的社团,并具有俱乐部的性质,同时它以宗亲为组织原则,仍是宗亲团体,而不同于其他社会组织。为简单明了地比较传统家族向宗亲会的发展,说明两者的不同之点,试以下图表示出来:

古代宗族 ⟶ 近代宗族 ⟶ 现代宗族、宗亲会

祠堂族长制 ⟶ 族会暨议长制 ⟶ 会员大会暨理事会、监事会制②

今日大陆以宗亲会为名称的家族组织,基本上还是纯家族性的,注意于血缘关系,宗族联盟的情况还不多。组织原则还不健全,活动内容尚不丰富,基金会没有建立,所以与台港及海外华人的宗亲会有很多不同,但是有向那个方向发展的迹象,前述刘氏家族"宗亲会"名称的由来,就足以说明向大陆以外宗亲会取齐的意向。宗亲会或许会有发展前途,然而若使大陆家族都以

---

① 中国陈氏宗亲总会淮东分会简报《淮东陈氏》第 21 期,1995 年。
② 关于台港及海外华人宗亲会,可参阅《中国宗族社会》第五章第三节"现代社会的宗亲组织"。

宗亲会的面貌出现,大概不是短期内的事情。

3.活动内容的更新,特别是加强伦理建设和文化建设

家族的一项重要活动是祭祖,因为祖先是家族的共同资源。祭祖,主要是在清明扫祖坟,事实上好多家族已经没有老祖坟,有的则系重建。祭祖时,有挂谱的,要在谱前集体行礼。祭祀期间,除了会餐吃酒,有的请戏班演地方戏,或放映电影。修谱时祭谱、祭祖,更是盛大,有如家族节日。有的家族祭祖,宣讲族史,如江苏大丰西团陈氏第八世三房北支、南支先后于 1995 年 12 月、1996 年 3 月举行祭祖活动,各有男女族人 40 余人出席。在此以前,该族发现其先祖陈忠传参加中日甲午之战,得到钦差大臣、两江总督刘坤一表彰的功牌,斯值甲午战争 100 周年纪念,主持人遂以此向宗亲宣讲,会堂贴有"家祭颂先贤;发扬爱国魂"的对联,横批是"毋忘国耻",[①]表现出人们利用家祭举行爱国教育的热情。这些活动基本上是旧形式,也增加了一点新内容。

宗亲举行家族团拜,则是新形式了。盐城陈氏于 1993 年、1994 年相继在元旦举行年会,有 12 项议程,其中有唱《陈氏之歌》,讲陈氏家史,议选贤孝典范,聚餐,推选代表访问老人、探视病人。出席年会的有陈氏在城乡各种职业的成员,还邀请异姓嘉宾,会间展出家族文献,议论兴修族谱事务。全部活动有录像作永久纪念。[②]西清王氏宗亲多生活在各大城市,其居住在京津者,常于春节期间聚会,共叙宗情。满族马佳氏于 1993 年在沈阳举行宗亲联谊会,出席者数十人。

重视读书,是中国家族文化的一个组成部分,今日依然保持着,笔者于 1994 年在大丰市一位农民家里,见墙上《萧氏挂谱》两侧联云:"祖宗虽远后继有人不可不祭;子孙既愚文化科研非学不可。"告诫族人要纪念祖先,要学习科学文化知识。在萍乡泉溪村刘氏总祠,看到许多条联,写着"海子毓孙行正道工农为本;光宗耀祖传家风读书当先"的字样。西清王氏在清代出过状元、名宦,近现代产生过院士,是典型的书香门第,今日他们更表示要传承家风,将重点放在掌握现代科学文化知识方面:"家族中优秀人才的秉赋,都是我们

---

① 《明季苏迁西团陈氏谱讯》第 3 号《25 家陈氏家族结合祭祖宣讲功牌纪实》,1996 年。

② 盐城陈氏宗事辅导筹备组:《盐城陈氏年会喜报》《盐阜陈氏二届谱牒论证年会喜报》(九期谱讯号外)。

子孙后代景慕和学习的榜样，期待我们王氏子孙努力发扬民族优良传统，掌握现代化科学文化知识，为中华民族跻身世界之林，多做贡献。"①这些家族掌握科学文化知识的愿望，向人们展示他们的远大胸怀，他们不仅要本家族的发达，同时瞩意于国家的发展，希望我们在世界民族之林中占居应有的地位。

在新的社会环境里，人应当怎样做人，人们应有怎样的人际关系，家人族人之间的关系如何才是合乎道德的，全社会都在关心这个问题。要想建设新的伦理道德，是非常困难的事情，然而家族则是积极参与的力量，社会应当给予重视、尊重，任何忽视、歧视都是对社会无益的。"老有所养"是古今共有的问题，今天赡养老人方面出现的不如人意之处，有许多家族主动去做工作。盐城陈氏的举贤孝活动，以一位族人上敬父亲、下爱女儿而加以表彰；一个在外地做瓦匠的子弟，1991年只给乃父母6元钱，在家族祭祖时，他的父母想到不孝之子泣不成声，他的两个堂叔事后教导他认错，到1993年祭祖时，他一次给父母2000元赡养费。②以这两个正反典型教育族人赡养老人。

笔者的一位河北籍朋友说，在解放前，他的家乡许多家族有公共财产，扫墓祭祖后会餐，族长讲话，表扬好人好事，同时批评坏人坏事，对做错事的人，批评后，不许吃肉，或不许吃肉和饭，以示惩戒，这时常有族人出来讲情，然后允许他吃食，以求达到教育目的。现在没有族产了，但近门堂兄弟叔伯之间，要在春节前后互相请吃饭，如若某个子弟有了不孝父母或其他错失，在吃饭时，叔伯们就先挑剔他的饭食，然后数落他的过失，以进行教育；如果子弟害怕长辈的教导不请客，堂兄弟就要说他怎么混得一顿饭请不起，因此心怀鬼胎的人不敢不请，故而这一次的长辈教训是免不了的。无论是解放前还是解放后，这种家族教育无疑是一种良好的方式方法。而其出发点则是让人做好人，按伦理的规范去做人。

现在有的家族感到赡养是大问题，要求国家有相应的立法，如山东淄博翟氏于1995年总结该族历史经验，其第四条是"孝是吾族为人之先"，"尊老、敬老、赡养老人，乃吾族之美德"。他们认为国家需要制定一部《赡养法》，"而家族议定相应的'家规'，就是非常必要的"。③这"赡养法"的呼声，反映了民间

---

① 《西清王氏族人通讯录（大陆部分）·家族春秋》。

② 盐城陈氏《陈氏家讯》第11期，1994年；《从清代到现代的宗事活动》（油印稿），1994年。

③ 1995年淄博《新续翟氏五支世谱·序言》。

对家庭伦理建设是多么的关注。至于人与人之间的伦理规范,许多家族将它订在家规中,争取"把人伦关系建立在双方互相尊重的基础上,而不是什么谁服从谁的尊卑关系"。这个精神说得是多么好啊!但是在我们看到的若干篇家规中,对人伦的阐述新意还不多,唯西清王氏说得有些深度:父子关系是"父慈而教,子孝而箴",具体讲是父母"有培养教育子女的责任,不仅应教以学业,还应教以仁义道德";子女"不仅应孝敬父母,还要有诤于父母,防止父母陷于不义"。讲到夫妻关系时认为:"夫妻有别是指夫和而义,妻柔而正。""我们赞赏古人'相敬如宾'的提法,反对'夫为妻纲'和'从一而终'的纲常说教。"说到兄弟关系的"兄爱而友,弟敬而顺",是指"兄须爱其弟,弟也恭其兄,以维护手足之情,告诫兄弟之间,勿因小利而伤骨肉关系"①。讲平等、尊重、互相给予而又互有约束的人伦关系,实在是新时代伦理的某种阐发,不仅不包含封建伦常,倒是表达了人们对新伦理的探索和追求。

现代社会对传统的家庭家族伦理大加破坏,可是适合于时代的伦理道德一时建立不起来,因此引起人们的忧思,尤其处在今日的社会变革阶段,这种人伦建设更为人们所迫切期望。家族如此关心伦理建设,使其可能会成为建设现代伦理的一种社会力量。

4.家族复活中存在的问题

家族恢复活动的同时,传统家族的某些宗法成分以及由家族活动本身引起的问题也出现了。许多家族活动中还有着一些宗法因素,如对族人非刑体罚,限制族人婚姻自由和孀妇再婚;将族长权力凌驾于村党支部、村民委员会、村民小组之上,或干扰基层工作;引导人们关心家族及其利益,而对社区感情淡薄,比如村里的大姓搞家族活动、修家谱,小姓感到了压力,也要想办法开展家族活动,因此原来家族情结不重的地方,倒重了起来,把人们分成小团体,就容易发生纠纷,成为社会不稳定的隐患;至于宗族械斗(真正的宗族械斗,与地方性械斗,此二者宜分清),是历史上的恶劣传统,破坏生产力、社会经济和社会秩序,是家族史上的严重问题,新时期更是必须克服的;重男轻女观念,虽然有某种客观原因,但其本身是落后的东西,对人口的科学生产和计划生育产生恶劣影响,等等。这些是建设新家族的障碍,有待于坚决地大力清除,不如此,就在很大程度上影响家族立足于社会。

---

① 1992 年《西清王氏族谱》,第 491 页。

当代家族的变化,总的情形是传统的宗法性削弱,向近现代社团的方向演变,组织的民主因素增加,未必没有一点前途,但其在传统社会中的重要地位已是不可复得了;如何彻底清除群体的宗法性,特别是建立符合于时代精神的家族思想体系则是艰巨的任务,也是它能否成为新的社会群体的关键所在;从家族发展史全部进程考察,它在不断地变化、革新,颇具变革能力,既有适应性,又有坚韧性,它的更新当有成功的可能,但是否能够实现,当视其主观的努力状况和社会客观条件的允许程度。

九、宗族与现代化的关系

家族组织产生于自然经济社会,有其先天性缺陷,因此被相当多的人认为它同商品经济格格不入,到了现代社会必然灭亡,而且要促使它退出人类社会。传统家族确有宗法性、保守性、封闭性等特征,与现代文明有诸多矛盾,逻辑上、理论上是这样,事实上亦有种种表现,但是我们的问题是:家族与商品经济、与现代化只是绝对的不协调而无任何适应的一面吗? 它只有负面性而毫无正面作用吗? 笔者对这个问题作过极其粗浅的探讨,今天也还停留在这种水平。但是已有一些学者提出相同的问题,并试图加以解决,如郭于华在《农村现代化过程中的传统亲缘关系》一文中问道:"传统社会关系的瓦解是否为现代化过程的必然趋势? 如果宗族、亲属纽带与现代生产与交换关系注定是相互排斥的,那么如何解释中国香港、台湾和东南亚一些国家的企业家族主义和家族企业的快速发展与高度竞争能力?""传统的先赋关系是否依然无可救药地衰落?"[1]至于富有建设性研究成果的有关著述,亦有所问世,如陈其南《家族与社会》[2],唐力行《徽商与宗族社会的历史考察》[3],前揭《千古一村——流坑历史文化的考察》,邵鸿《竹木贸易与明清赣中山区土著宗族社会之变迁——乐安县流坑村的个案研究》[4],等等,1995 年 10 月香港科技大学人文学部主办的"经营文化:中国社会单元之组织与营运"学术研讨会,讨论"家

---

① 《农村现代化过程中的传统亲缘关系》,《社会学研究》1994 年第 6 期,第 52 页。

② 《家族与社会》,台北联经出版事业公司 1990 年。

③ 《徽商与宗族社会的历史考察》,武汉出版社 1998 年。

④ 邵鸿文载《南昌大学学报(社会科学版)》1995 年其 10 月第 26 卷增刊。

族制度与商业活动关系"。①1999 年 3 月在海南举行的"中国传统经济与现代化"研讨会,以"中国近代工业化、宗族企业及其与企业股份制"为主要议题之一。可见家族与社会经济、现代化的关系已经引起学术界深入研究的兴趣。这里,笔者根据自己的研究心得,并综合诸家研究成果,提出讨论性的意见。

1.家族制度产生于农耕社会,然而并不惧怕、且可促进传统社会的商品生产与交换

商人需要家族。前述苏州严氏在上海报纸上登广告修家谱,这个家族不能说是经商世家,但确实有不少商人,而且散布在各地,他们在上海开商号,有公产,所以在上海开家族会议,出版族谱。这个家族的个案,亦多少能透露家族群体与经商、与商业不相冲突的信息。明清时期,中国有所谓十大商邦,为首的徽商、山陕商人都同家族有不可分割的关系。商人经商,离乡背井,按照家族的农耕性、封闭性来讲,他们应当摆脱家族的羁绊,可是事实反而是他们热衷于家族建设,成为家族活动的热心人,这当然不会是无缘无故的。士农工商的"四民"之中,商人地位低下,在人们心目中印象最差,所谓"好利之徒""无商不奸",商人要改变社会地位,需要借重于家族,如果将家族建设好,提高家族在地方社会的名望,而自身有建设家族的义举,名声就可与家族同时并升,由好利之徒变为义士,再有条件,可以捐纳职衔和捐纳出仕,就可能进入绅士的行列了。所以商人为提升社会地位需要利用家族资源,此其一;其二,商人利用家族资源开展商业活动。他需要启动资金,可从家族成员寻找合伙人和借贷资金,可以雇用族人做助手、伙计;同时在外地经营,家属留在祖居地,可以得到家族的照顾,自己可以安心营业。

商人对宗族的建设。体现在对家族实体的营建和对族人的赈恤。家族的基本建设是祠堂、族谱、祠田,这三项是家族的必备之物,是家族的载体,在一定程度上说,它们是家族存在的标志,至于义庄、族学、家庙等,则要视条件而言了。商人以其财力建设家族,主要项目是修葺祠堂,编纂族谱,设置族田,祭扫祖坟。置祠田、建祠、续谱是很费钱财的工程,靠族人一户一丁地凑钱,是难以进行的,只有大官僚和有钱的商人捐献才能顺利完成。建立顾恤同宗的义庄,更非这两种人莫属。商人为回报家族,往往量力进行其中的一项或两项。

---

① 有关信息见华南研究会《华南研究资料中心通讯》第 2 期,1996 年 4 月。

比如清代苏州元和商人丁半帆买田 300 亩，他的儿子锦心等人增购 700 亩，计田 1000 亩，于道光十八年(1838)建成丁氏济阳义庄，此后知县丁士良捐田 300 亩设立族学。[①]同县陶筱经商 20 余年，置田 1000 亩，构成陶氏浔阳义庄土地的主要部分。[②]徽州绩溪胡适家族的祠堂毁于太平天国战争，胡适的祖辈在上海、川沙开茶叶店，胡适的父亲胡传发奋重建宗祠，与族人共同筹集制钱 1300 多吊，历时 11 年于光绪二年(1876)竣工。[③]建祠堂，置族产，使宗族有开展活动的便利，家族就活跃了，就为社区的人们所注目，否则哪有多少社会地位可言。所以家族的基本建设是抬高声望的必备手段，商人建设宗族，就成为族中中坚力量，于族于己是为两利。

祠田、义庄的收入，缴税之外，用作家族公共事务，如祭祀费用，公共房屋的维修，给出席家族祭祀的族人发钱和肉(所谓"胙肉"，不给肉，则举行会餐，所谓"食馂余")，义庄的收入多，主要是用作赈济族中贫乏的人，依口给予米、织布的棉花、衣服、嫁女娶媳、丧葬资送银两，寡妇不论穷富，原则上也在资助的范围之内。[④]商人和富人对家族财产的贡献，一方面是直接的恤贫，另一方面是做其他公共活动，如组织本族(往往也是本村落)的节日文娱活动，家庙的维持费用，等等，而这些花销，不必再向族户摊派，从而减轻了众人尤其是穷人的负担，因而同样具有恤贫的意义，还能减少族人内部的矛盾。

家族对商人经营的支持。前面说商人对建设家族群体的贡献，以及它对家族的需要，事物的另一面是家族对商人经营的维护。家族作为一个群体，本身就是一种社会资源，就能给族中商人以支援。在经商的资本资源方面，商人可以利用同宗关系，寻求资金借贷，寻找合作伙伴，进行家族合资经营；人力资源方面，雇佣族人，如果家族拥有世仆类的小户，使用起来更为方便，因属自家人，任用放心，有互相提携、帮助之意，对经营有利；同宗商人在对外人竞争中，互相关照，提供信息，这大约就是商人希望联宗和兴修族谱的一种原因吧。[⑤]有的家族在舆论上为提高商人的地位作出努力。重农抑末，是中国的传统观念和国策，家族本来也是这种理论的支持者，所以家训中总是说，子弟聪

① 民国《吴县志》卷 31《义庄》。
② 沈德潜：《归愚文钞余集》卷 4《陶氏义庄记》；同治《苏州府志》卷 88《陶筱传》。
③ 《胡适口述自传》，华东师范大学出版社 1993 年，第 12 页。
④ 参阅冯尔康：《论清朝苏南义庄的性质与族权的关系》，《中华文史论丛》1980 年第 3 辑。
⑤ 参阅唐力行：《徽商与宗族历史的考察》。

颖者读书出仕,质鲁者种田,再不行的耍手艺做生意,到了明清以后,特别是清代中叶以后,有的家族改变了态度,赞扬起商人,以经商者为"豪杰""俊秀",为第一等人才,读书应试成了中等人才的事。家谱里对工商也不再看作末业,将之与士农都视为正业,对有成就、有义行的商人多加表彰。如同治年间编修的江苏武进《辋川里姚氏宗谱》所载宗规云:"士农工商,所业虽有不同,皆是本职。"①光绪年间湖南益阳《熊氏续修族谱》家训说:"子孙或读书,或务农,或商贾技艺,诚能奋发有为,则无有读不成的书,粪不肥的田,作不得的生意,学不就的艺术,所谓功崇惟志,业广惟勤,辛苦中自有利益也。"②这两份训诫,都将工商看作正业,毫无贱商之意。一些家族已具有儒和贾都可以给家族带来荣誉的观念。③家族还可以支持子弟作商业垄断,或自行经商。邵鸿在他的论文中就乐安董氏经营竹木业的发展, 依赖于家族势力造成地方性垄断,他写道:"董氏强大的宗族势力,使之可以凭地理之便控扼乌江,拒斥外姓插足其间分取利益。据老人回忆,直到民国时期,外来客商来此购买竹木,均不得进山,而且只能与流坑董姓木商洽购,再由后者组织人手入上游山区买木伐倒,顺水放出。如有不经董姓而擅入山中采买者,其排过流坑时必被强行没收,一竹一木皆不得下。与此同时,流坑董族形成了独占性的竹木贸易组织——纲会。"④商人利用宗族势力进行有组织的垄断贸易,宗族成为商人子弟的后盾。叶显恩等撰《地权、法权与家族主义》一文中说广东宗族:"通过增置族田,通过创置族墟、族店、族窑等发展商业的举措,来加强家族的实力,族内成员对家族的向心力随之增强。"⑤可知家族在直接从事商业经营。

家族与族人经商两相契合,活跃了商业,显然成为商品经济发展的一种社会因素,但是它究竟有多大作用,能将自身演变成为近代经济实体吗?能起到分解封建经济的作用吗?笔者的研究目前还不能作出是与否的答案,不过透过商人与家族互相需要、互相支持的事实,我们至少可以认为,家族虽然产生于自然经济社会,但不惧怕商品经济,传统时代的商品经济不会冲击它,更

① 同治武进《辋川里姚氏宗谱》卷3《宗规》。
② 光绪《熊氏续修族谱》卷首《家训》。
③ 本自然段参阅陈其南:《家族与社会》,"徽商与宗族历史的考察"。
④ 《竹木贸易与明清赣中山区土著宗族社会变迁》,《南昌大学学报》(社会科学版)第26卷增刊,第48页。
⑤ 《庆祝王钟翰教授85暨韦庆远教授70华诞学术论文合集》,黄山书社1999年,第368页。

不能瓦解它。而且传统社会晚期，受到家族支持的商品经济，尽管它是属于自然经济范畴的，支持农业经济，但是现代商业终究中是从古代商业发展出来的，因此在一定意义上说，传统商业也有着某种冲击自然经济的作用。

2.家族在现代工业化社会依然能够存在，并能参与现代化经济活动

在中国台湾、香港和东南亚华人社会的现代企业里，常常是家族和家族式的经营，企业用人不乏亲朋故旧，子承父业(子女学成后在家族企业任职，父兄退休，子女接班，执掌大权)，企业财产的所有人是家族，而不是其中的哪一个人。在每年公布的世界富豪(百人或若干人)排行榜中，总会有不止一位的华人家族进入这种名单，至于进入东亚富人榜的就更多了。这种极其明显的事实，明白无误地表明我们这个小标题的观点是有事实根据的。

中国现在处于现代化事业的初期，开始发展现代化生产和商品经济，在这个时候，家族"起死回生"，难道它会一点不能适应，一点不能促进社会经济的发展？看来不是这样，起码在现代化建设初期不是这样。人们需要利用宗亲关系和家族活动，作为扩大谋生的手段，促进社会经济发展。农民进行农业生产，或者改营工商业，需要资金和合作者，第一个给他援助的人是他的直系亲属，其次是朋友、邻居、姻亲和旁系亲属、同宗，所以出现了许多家庭股份企业，在乡镇企业中有着一定的地位。中国现代商品经济尚不够发展，尤其在广大农村，农民生产主要是为自身消费，产品投入市场有限，在这种情况下，家族成员之间互助，有利于农业生产的提高和提高农产品商品化的程度。人们利用家族关系经营工商企业，成为改变农村单一经济结构、发展乡镇企业的一种力量，可以促进商品生产和交换。因此，家族在农村经济改革的特定环境下，有着辅助生产发展、繁荣经济的新功能，它适应了个体生产、个体经营和私营企业发展的需要。家族活动对于农民个人和部分城市居民，是扩大谋生的手段，成为维持简单再生产和扩大再生产的一种保障。看来在我国现代化的初期，家族能够起到些许的促进作用。

在台湾及东南亚的发展前途如何呢？其理论根据如何？陈其南的研究提出家族有正负两方面的看法，一是家族的积极层面，是使人产生工作动力和工作的责任心，他说：传统家族伦理对近代东亚经济的发展，特别是在工作伦理和成就动机的层面，有积极的作用。因为中国人有为家庭活着、为家族争光的观念，强调家庭成员系谱关系的延续性，故而产生上进心，这种特质就反映在私人企业的结构和所有权的转移过程上。就此他还将日本人的家族观念作

了对比,更显示出中国人血缘观念的强烈。二是家族的消极层面,是成为阻碍现代企业伦理发展的因素,他说台湾企业家因家族观念,公司财产既然是家族的,于是家族产业与公司企业不分,自然人与法人关系混淆不清。①笔者认为,家族共财的观念、传统及制度对社会生产的发展,最终是起负面作用的,这对现代化的长足发展是不利的,对此似乎需要注意。

大陆学者对台港和东南亚华人现代企业的研究和说明,受着客观条件的制约,一时尚难以做到,不过对整个华人家族在现代化过程中的作用,亦有所分析。李成贵讲到家族在经济与社会生活中的有效性,认为农民"保持传统的责任",赡养老人,"宗法关系的存在就成为农村社会和谐稳定的必要保证"②。这里说的家族责任心与陈其南讲的角度不同,都有积极成分则是相同的。郭于华从整个农村家族活动的现实提出他的见解:"整个农村社会变迁的现实显示了传统亲缘关系与现代社会关系的并存,权力关系与象征体系的并存,它预示了传统先赋关系的衰颓,在中国社会将是一个相当长的历史过程,而且亲缘关系并非没有能力成为一定阶段内具有正面意义的利用资源。"③现在学人谈到家族在当代社会的正负面资源,多属于预测性,很难说分析得准确无误,不过只有革新精神的现代家族有积极性的一面,这一说法,或许是可以经得起时间和实践检验的。

以上基本上是从生产关系与生产力发展的关系角度考虑家族与现代化关系问题,我们还应当从家族与社会文化、特别是伦理道德方面进行考察,这一点,此前讲到家族与人伦建设、家族的兴修族谱,已涉及到核心问题,这儿不再重复。

众所周知,研究历史问题,很难依靠某种固定的理论,诸如社会进化论等,因为人类历史文化是多元的,各个国家、各个地区的社会生活是各具个性、丰富多彩、千变万化的,因此历史的研究只能尊重社会历史实际,从实际出发,才能得出应有的结论。用似成定论的理论去硬套,难免曲解历史。最尊重事实的人,可能是最聪明的。家族问题的研究者中不乏这样的人。《湛江农村家族宗法制度调查》一文的作者、记者杨平,在获知家族械斗情况后去作采

---

① 《家族与社会》,第298—302页。
② 《当代中国农村宗族问题研究》,《管理世界》1994年第5期,第186页。
③ 《农村现代化过程中的传统亲缘关系》,第57页。

访,自然对家族有着很不好的印象,但经过具体的了解,"感受殊深",对家族制度"所得印象与初期的采访动机几乎完全冲突",从而改变一些想法,产生了家族有正负两面作用的认识。①传统的家族在本世纪的一百年里,遭受社会的严重冲击,居然在自我变革中生存下来,其生命力、应变力、适应性、坚韧性之强,充分地表现出来,这种事实教育学者去面对现实,去作出合理的说明,以维持学术的科学性和生命力。

(原载张国刚主编《中国社会历史评论》第二卷,天津古籍出版社,2000 年)

---

① 前揭《湛江农村家族宗法制度调查》。

改革开放以来宗亲宗族活动概况

1976 年粉碎"四人帮",中央改变以阶级斗争为纲的方针,实行改革开放的方针政策,在农村实行土地承包责任制。如今改革开放已经四十年,经济、文化、社会诸多领域发生巨大变化,宗亲活动的恢复就是一个方面。民间又有了宗族宗亲活动,不仅是在农村,在城镇亦有表现。是前此 30 年(50—70 年代)受严重冲击处于销声匿迹状态后出现的宗族复活。其原因是 80 年代初农村实行联产承包责任制,农民从事个体生产,为适应生产生活的需要,农民宗亲活动随之迅速恢复。此间的宗族史、宗亲史,有些学者到农村进行专题调查,这里依据他们的成果及笔者的田野调查和研究,作出极其粗疏的绍述,意在明了宗族、宗亲活动的实际状况及其团体的特点。

一、宗亲团体的形成与主要活动

八九十年代宗亲宗族活动表现在:建设群体,祭祖扫墓,续编家谱,修缮祠堂,制订族人守则,续拟辈字,族老调处族内和社区事务,宗族械斗,等等。

(一)宗亲团体

宗族组织的名称,传统的叫作"宗族""家族""房支""祠堂""支祠""清明会""联宗祠堂",改革开放后沿用的不少,但也出现许多新称谓,诸如"族务理事会""族人联络组""宗事辅导组""族老会""老人会""宗亲会""联谊会"等。

有一些家族没有正式组织,但编写族谱,成立相应机构,叫作"谱务局""修谱小组""修谱领导小组""宗谱局""宗谱联修处""续谱组委会""理事会"[1]等,这类局、组、会在一定程度上起着宗族组织的作用。有的可能还是常设机

---

[1] 如江苏某族联合修谱,其机构名为"总谱综合理事会"。江西泰和有"梅冈王氏宗谱局""瓦坞都春堂修谱领导小组",见钱杭、谢维扬:《传统与转型:江西泰和农村宗族形态———一项社会人类学的研究》,上海社会科学出版社 1995 年,第 59、74 页。

构,如 1997 年淄川孙氏修谱,设立委员会,刻有印章,印文曰"新续淄川孙氏族谱委员会"①。刻章表示郑重修谱,是否也表示修谱后仍在从事宗族活动呢?

一些宗族有族长,负责家族事务或部分事务,但更多的家族没有选举族长。河北南宫白氏有族长,具有"教诲"族人的职责。②江苏大丰束氏有"族主""堂主"③的宗族首领,大约忌讳传统的族长名称,所以不去使用。就是有族长的家族中, 族长也未必是主要主事人。江苏建湖大李庄李氏族长李增弼、有德,在家谱成为违禁物年代藏有同治八年(1869)编修的族谱,李容春为编写家谱,"走访族长,寻查老谱",在二位族长家中找到,高兴地说:"二公能珍藏斯谱真可谓用心良苦。"④可知修谱为族中大事,并非族长负责的,族长只是热心人的角色。笔者访问一些人,问族长是谁,回说没有。以后为避免出现这种尴尬局面,不再询问这类问题。所谓没有,可以作两种理解,一是怕有一天会批判宗族,族长将受到打击,为此而预作提防——秘不告人;二是确实没有固定族长。但是不论有无"族长"的名义,实际负责族中事务的人是有的,他们或者因辈分最高、年龄最长、为人正派、颇具识见,在族中有威望,无形中为族人所拥戴;或者其人年辈较高,在乡镇、村组当过干部,有办事经验;或者其人具备一定条件,而子侄在外当干部,也会被族人推举出来。今日的族长,在大多数情况下,可以说是"无冕族长""隐形族长",他们起着部分族长的作用,而无先前族长那种权威。宗族的内部构成,一般的是宗族下面有房分的区别,族有族长,堂、房也都有负责人,分别叫作"堂正""房宗"⑤,更多的宗族把房的头领称为"房长"。

个别宗族不要族长,而实行族人代表大会和理事会制度,如浙江苍南县华氏家族的《族内守则》(试行稿)规定:"本族的代表大会,是统一部署和解决族内一切事务的最高权力机构,下设理事会,由代表大会产生。"⑥

---

① 1997 年淄川《孙氏族谱·后记》,第 499 页。

② 白光华:《尚书世家》第 2 编《族规家训》,第 120 页。

③ 1998 年《束氏联修家谱·龙泉-新联小祭支谱》之《序言》,第 3 页。

④ 1992 年编修建湖《大李庄李氏西门宗谱》卷 1 李容春《序》。

⑤ 王沪宁:《当代中国村落家族文化——对中国社会现代化的一项探索》,上海人民出版社 1991 年,第 70 页。下引该书资料,简单注作:《探索》及页码。

⑥ 转引自刘小京:《宗族·宗教·拳派——传统民间社会组织的恢复与重建》,《中国农民》1994 年第 10 期。

宗亲组织实际上有其办会宗旨,但绝大多数并没有形成文字,只有新式的宗亲会可能写出来。中国陈氏宗亲总会淮东分会明确其宗旨是:对当地"陈氏的历史、经济、文化进行学术研究,弘扬祖德、启迪子孙、增强凝聚力和认同感。联谊海内外陈氏贤达,为祖国统一、中华振兴而努力"①。

有的宗族设有族规、族籍、派字等组织要素。族籍是族人资格的认定,有了族籍才可能成为宗族成员。古来宗族就有一套认定办法,一般是设立新增人口的登记簿——纪年簿。现代宗族仍有沿用的。即宗族备有家谱草谱,每年于族人聚会之时,在草谱上写明死、生、嫁、娶者名字,新生和娶进来的人就算取得了族籍。笔者在江西看到一些草谱,并获知每年"上红丁"的具体情况。新建县某家族,于每年正月初一日举行上红丁仪式,凡有新生儿女家庭到香火堂上谱,上男儿交钱 1.2 元,上女孩交钱 0.6 元,并带去花生、瓜子、米酒之类食物,供族亲食用,以表达同喜的意思。

辈分,表示族人之间的血亲关系,对于宗族讲,分清族人辈分是重要的事情,所以古来就有派字,供族人按辈分取名之用,而且要严格遵守。今人进行家族活动,也有一种理清辈分的需要,所以宗族对派字很认真,要求族人依派字取名。派字已用尽或将用尽的家族,重新订出派语。如前述建湖大李庄李氏修谱过程中,倡修人和德高望重长辈集合商议,新增派字二十字:"邦新泽广泰,贤顺发英华,光瑞立万锦,义和秉吉祥。"并且"希吾族子孙后嗣,遵循沿用,有厚望焉"②。重庆巫峡冯氏也是在编辑族谱时,反复讨论订出新辈字:"联合庆丰旺,周雄宣晋唐,科铭久卓越,诗书益裕广。"③又如临洮水泉村张氏宗族原有派字 20 个,1984 年增加 29 字,差不多够今后一千年使用。④取名寄托人的心愿,非要一律用派字,就抹煞了人的个性,为一些人所不乐意,如湖北安陆郭家河村一对夫妇给孩子不按派字取名,遭到一些族人的非议,他们只好说取的是乳名,辈名以后再取。⑤许多宗族比较通融,允许自行取名,同时要求按辈字取个名字,以便上谱。对于在外地的族人更表现出豁达态度,有点求人取谱名上谱的味道。

① 中国陈氏宗亲总会江苏淮东分会简报《淮东陈氏》第 21 期,1995 年。
② 1992 年建湖《大李庄西门宗谱》卷 1《八门排辈立字叙》。
③ 冯氏历史文化研究会主编:《冯文化》第 5 期(总第 80 期),2014 年 11 月 20 日。
④《探索》第 508 页。
⑤《探索》第 45 页。

过去宗族多有成文的或习惯形成的规约,要求族人遵守,并表示宗族有共同目标。现在也有宗族制定族约,前述华氏家族定有《族内守则》,湖南岳阳县张氏于1990年修谱制定《家训九条》。盐城市郊区步凤镇陈氏家族于1993年春祀时,经族人议定《家训十条》。1994年成书的仪征《月塘康氏家谱》有《家训》八条。这种形成的规约并不多,较普遍的是不成文的习俗,由族人自觉遵守。四川南充一碗水村贾氏没有明确家规,"尊老爱幼,举止端庄,为人诚实和气等仍是族员必须普遍遵循的",否则长辈会训斥其改正。①

总起来说,宗族组织不严密,有的很难说是严格意义上的宗族团体,只是进行具有宗族色彩的活动,不宜以正式在政府部门登记立案的社会组织标准看待它。

(二)祭祖和年会

宗族活动最先恢复的是祭祖活动。祭祖有宗族祭祀与家庭祭祀的区别,这里要说的自然是族祭。族祭又分出不同的类型和相应的日期,大体上是清明、冬至、重阳、岁末和祖宗忌辰举行祭礼,其中清明祭扫较普遍,也较隆重,而有的宗族还有独特的重大祭日。1995年河北南宫白氏修谱,拟定了《族规》,其中有一条是关于祭祖日期、内容的:"每逢岁首春节期间,多合家欢聚,共贺新春,特拟定每年的正月初一为祭祖、拜谱之日。由谱书的保管者会同族长,召集本族在家人众,参拜列位祖宗的神像,宣读族规家训,反省一年所为,恭听族长教诲;阅读谱书,讲解家史,并提出新的要求,为众人所共勉。"②

祭祖有一整套的仪式和活动。仪征刘氏有老祖坟,无祠堂,清明祭祖,也称"出谱",由承办人把谱接回家,在清明前三天进行祭祀,日子不订在清明那天是为届时族人进行家祭,订了祭祖日期,承办人向族人发出请柬,至期将挂谱挂在堂屋侧墙上,上香点烛,放鞭炮,吹手奏乐,承办人先家祭,次后族人来祭,并交纳谱份。因祖坟地小,派代表去扫墓,承办人备两顿饭,午面晚酒,晚上另有娱乐:唱戏,或演电影,或请"玩友"(类似票友)演出助兴。祭祖仪式过后,与祭人协商,下年由谁家出谱,议定后,还有"接谱"仪式,以备接着办下去。这是比较完整的仪式。

1998年4月,笔者到江苏高淳县砖墙镇,正碰上某宗族一个支族的清明

① 《探索》第454页。
② 白光华:《尚书世家》第2编《族规家训》,第120页。

聚会,由老人会主持,中午聚餐,就在挂有老人会牌子的房间里进行,出席者每人交 6 元钱,晚上还有一顿,出席的是男性成年人,多系户主。6 元钱吃两餐大席,显然不够,可能老人会另有经济来源,用作补贴,这倒符合古来祭祖后饮胙的习惯。有的家族祭祀简单一些,如萍乡市刘氏一支开始是族人集体去祖坟拜扫,90 年代是各家自去。有的家族原要大规模进行,如湖南芷江两个乡的曾姓计划于 1992 年 11 月举行 2000 余人的祭祖大会,据说是被当地有关人士劝阻,改为小范围的活动。①到了 21 世纪,大规模的祭祖活动就没有人"劝阻"了。

2017 年正月初四,浙江嵊州下王镇石室村任氏因《石室任氏家谱》《石室村志》修成举行祭祖发谱大会,石室村一派欢乐气氛,村中电线杆被 450 只红灯笼包围,红气球扯着丝带,飞入空中,礼炮声鸣。六代一千余人与会祭祖,村支书任团结首先讲话,最先向祖宗行礼的是村长、村支书和捐助修谱最多的人任伟永,后者是从澳大利亚赶来出席的,上海、杭州、余姚等地宗亲回乡众多,为他们就餐,办了 70 桌酒席。会间,由 4 台无人机、动用 19 位摄影师拍摄了 500 人的"全家福"。国内外众多媒体前往报导。②广东潮州的陆氏宗亲联谊会,因发现宋末三杰之一的陆秀夫墓碑,经各乡代表协商,于 2003 年将墓碑迁至英山村枫塘山重建,扩充为陵园。③

有的宗亲祭祖活动办成全国性的,乃至世界性的,以全国宗亲会的名义来举办。巨姓陈氏源于河南陈州(今淮阳),中国陈氏宗亲总会在淮阳建设始祖陵,第一期工程完工之际,于 1995 年举行全国性并具有世界性的陈氏大祭祖,与会的是宗亲总会及十几个分会的代表,单淮东分会就去了 50 人,此外新加坡陈氏宗亲总会、马来西亚陈氏宗亲总会均有代表与祭。祭祀在热烈气氛中进行,先在宾馆举行开幕式,次后以舞队开赴陵地,军乐、腰鼓伴行,队伍长达 5 里,众至 2 万人。祭礼中,许多外地去的人包了一撮土,带回挂在家中,以之为"根土",表示"万代根基,百世昌隆"的意思。④ 2011 年,世界程姓在徽

---

① 高鑫:《宗族势力对农村基层政权的冲击和影响不容忽视》,《真理的追求》1995 年第 6 期,第 31 页。

② 杨杰:《一张 500 人全家福的农村底片》,《中国青年报》2017 年 3 月 22 日;笔者从网上阅览。

③ 2017 年 7 月 25 日腾讯新闻。

④ 中国陈氏宗亲总会江苏淮东分会简报《淮东陈氏》第 22 期,1995 年。

州篁墩举行祭祖大会。唐代名将郭子仪的后裔,也在陕西举行祭祖活动。

宗亲祭祖出现了新形式,其实刚刚讲的淮阳陈氏之祭就不同往昔,不过下面说的更具代表性。即对传统祭祖仪式进行改革,在新年时举行年会,将祭祖和联欢合在一起进行。盐城陈氏于1993年、1994年相继在元旦举行年会,有12项议程,其中有唱《陈氏之歌》,讲陈氏家史,议选贤孝典范,聚餐,推选代表访老探病。出席年会的有陈氏宗亲在城乡各种职业的成员,还邀请异姓嘉宾,会间展出家族文献,如宗谱、碑文,论证兴修族谱事务。全部活动有录像作为纪念和保存历史资料。①福建闽侯西清王氏宗亲多生活在各大城市,其居住在京津者,常于春节期间集会,共叙宗情。满族马佳氏族人于1993年在沈阳举行宗亲联谊会,出席者数十人。②祭祖的形式还出现了城镇与农村居民的不同。大丰市陈逸尘说城镇宗亲活动以团拜形式为主,农村宗亲活动以祭祖形式为主。③城镇宗族的祭祖,特别是大城市的宗族活动以春节团拜为多。

宗亲祭祖在出现新形式的同时,也有了新内容,就是把对族史研究的新成果运用到祭祀中,向族众作讲解,进行家史和国史的教育。江苏大丰西团陈氏第八世三房北支、南支先后于1995年12月、1996年3月举行祭祖活动,各有男女族人四十余人参加。在此以前,该族发现其先祖陈忠传参加中日甲午之战,受到钦差大臣、两江总督刘坤一表彰的功牌,适值甲午战争一百周年纪念,主持人遂以此向与祭的宗亲宣讲,会堂左右贴有"家祭颂先贤 发扬爱国魂"的对联,横幅是"毋忘国耻"④。表现出人们利用族祭进行爱国教育的热情,同时表明宗族保持爱国精神的传统,也含有显示祭祖集会正当性的意思。

宗亲活动,还有异地联宗祭祖、"寻根祭祖"等形式。北宋参知政事冯京后裔分居湖北咸宁、重庆巫峡,2013年阴历九月十二日是冯京诞辰993年,两地裔孙在咸宁举行祭拜大典。⑤

冯姓以河南荥阳为祖基地,宗亲间或到此间集会、联络亲谊,2016年4月,在荥阳举办第三届中华冯氏文化节暨全国冯氏企业家论坛,出席者来自

---

① 盐城陈氏宗事辅导筹备组:《盐城陈氏年会喜报》《盐阜陈氏二届谱牒论证年会喜报》(九期谱讯号外)。

② 《马佳氏宗谱文献汇编》,1995年。

③ 江苏大丰《明季苏迁西团陈氏谱讯》第4号,1999年12月。

④ 《明季苏迁西团陈氏谱讯》第3号《25家陈氏家族结合祭祖宣讲功牌纪实》,1996年。

⑤ 冯氏历史文化研究会主编:《冯文化》第5期(总第80期),2014年11月20日。

海内外18个代表团共二百余人,论坛表达了寻根、传承、联谊、交流、合作、发展的愿望。这种姓氏宗亲聚会祭祖,有区域性团体活动的基础,如在河南焦作、江苏邳州分别设有冯氏文化联谊会,四川有《冯氏会刊》的印制。①

宗亲的祭祖、年会活动,不仅是为祭祀先人,更成为宗亲联谊和推动宗族活动的举措。

(三)续修族谱与研究家族历史

人们恢复宗族活动,最初的行动是祭祖修坟,其次则是续修家谱。人们出于认祖宗、认同宗、认辈分的需要,在祭祖的时候,自然提出续编族谱的事情,同时还认为,当前社会形势是修谱的好时机。80年代以来,续修家谱形成了一种气候,不少家族热中于此,如果有可能得到成品统计数字的话,相信是会以百以千计数的。但是中国家族繁多,虽说修谱不少,各地发展不平衡,因而不能说具有多大普遍性。不过修谱在有传统的地方较盛行,江西、湖南、江苏、浙江等省比较多,时至21世纪,江苏常州地区,新修家谱不断出现,似乎有方兴未艾之势。新编的家谱在内容和体例上与传统族谱有许多不同,试图以新观念创造新体例,有着强调人权、男女平等的思想倾向。业已续修族谱的家族,有的进而进行家族历史的研讨,使族谱向全面反映族史(与村史、社区史结合)方向发展。中国历史上私家族谱的内容与体例,在其发展过程中,如果以宋代的欧、苏谱出现为一个时代,则元明清为一个阶段,20世纪上半叶和下半叶的后20年,是一个新阶段的起始,很值得深入研究。②

(四)修缮祠堂

修祠堂,比祭祖、修谱更需要投入人力物力,改革开放以来多半是维修老旧宗祠,偶有新建祠宇。

祠堂原本是供祭祀祖先用的建筑物,但明清以来也成为族长施行家政的地方,使它成为祖神与族尊双重权威的体现,也是宗族的代名词。在20世纪上半叶,有的祠堂已被改建为学校,到50年代土改时期,大多被没收为公物,成为居民住宅,或为学校教室,后来有的被生产队用为队部、仓库,也有的被

---

① 史治国等:《冯氏宗亲荥阳寻根》,《郑州日报》2016年4月7日,转引自冯氏历史文化研究会主编:《冯文化》第1期(总第83期),2016年7月25日,及该刊《冯文化收藏馆新入藏书目》。
② 改革开放以来家族编纂家谱史的情况,详见《改革开放以来家族谱牒编修与文化取向》,这里从略。

废毁了。宗族活动复兴之后，祭祖、集会需要场所，产生了重建祠堂的愿望，但若新建，要占用土地和筹备建筑材料，以当时农村的经济条件、政治状况，几乎是不可能做到的，只有对祠堂遗物打主意，并在条件允许的情况下进行维修。据一些资料说明，浙江、江西修缮祠堂比较多。发表于1987年的《没有主旋律的挽歌》一文说，苍南县修建宗族祠堂498处。①隔了7年，于1994年刊出的《宗族·宗教·拳派》一文则说，这个县"新建重建宗祠约2000个，四分之三的族姓建有自己的宗祠"②。如果数字没有讹误的话，苍南民间修建祠堂以300%的速度在增长，其建设之多、速度之快实在惊人。当然这只是极个别地方的情况，其他地区经济力量办不到，如热中于修谱的江西宜春地区，到1990年只有约5%的村庄修建了宗祠。③

宗族修复祠堂，有的是借助于台胞的经济力量。萍乡刘氏一个支祠一度是生产队仓库，1992年维修，一位在台族人捐资2000元，另一位族女捐500元，村人再捐一点儿，就修缮了。该族在萍乡泉溪的大宗祠业已修缮一新，紧挨这个祠堂的另一支祠，其中一部分是小学校舍。有的修缮祠堂则是村民个人力量，2000年，笔者同徽学专家卞利教授到祁门县做家族调查，路经环砂村程氏祠堂门前，见有几十人在施工，原来是修复祠堂，该祠堂建筑高大，院落广阔，出资维修的青年人正在领着众人施工，询问得知，他是在外地打工，回村修缮祠堂，大约要花几千元。据他讲，他并没有富裕钱财，是尽力而为，是回报祖宗和族亲。④同县六都村委会于1998年发出通知，希望在外地的族人捐款，修缮程氏总祠及村中道路，在黄山市文联工作的程虎在收到信件后的第二天就汇款回村，村里的程氏子孙及外姓人也都出资出力，共捐款7269元，遂于2000年修缮竣工。⑤这是合族捐助，而且还有同村外姓居民的支持。

恢复祠堂与农村办学往往发生冲突，金华市高儒乡虞氏祠堂，早在1945年就为小学使用，到了1983年虞氏成员趁学校维修之机，以其为祖祠遂将学

① 《没有主旋律的挽歌》，《中国青年报》1987年11月24日。

② 刘小京：《宗族·宗教·拳派——传统民间社会组织的恢复与重建》，《中国农民》1994年第10期，第11页。

③ 余红等：《对农村宗族械斗的忧思》，《南昌大学学报（社科版）》1993年第3期，第25页。

④ 冯尔康：《搜集徽学研究资料点滴谈》，安徽大学徽学研究中心编：《徽学》2000年卷，安徽大学出版社，2001年。

⑤ 程成贵：《祁门善和程氏仁山门宗谱》程虎《序言》，2000年。

校变为祠堂。①前面说到 1998 年笔者在江苏高淳县砖墙乡目睹当地宗亲活动,2010 年 10 月笔者再次到该地, 正在维修中的周氏宗祠享堂进入眼帘,再看祠堂前面新立的碑文,云该祠堂被县里确定为文物保护单位,故加意修缮。据村民讲原先说维修费由族人分摊,现在不提了,可能是县政府出资兴办。乡间兴修祠堂,纯粹是民间的事情,但政府也介入了,虽说是为保护文物古建,客观上也是认可民间修缮祠堂,这自然是值得注意的动向。

新建祠堂,更有值得研究者留意的事情。广西容县胶弯冯姓于 21 世纪初修葺冯仁斋公祠,举行了重建庆典,西山岭脚五美堂族人仅有 87 位,每人集资 2500 元, 义务出工数千劳动日, 用一年多的时间建成冯应祖公宗祠,于 2014 年 11 月 8 日举行进香庆典。建筑在海南海口市冯村的历史名人冯宝洗夫人文化园(冯氏宗祠),于 2014 年 10 月 1 日举行开光大典,海南省冯宝洗夫人文化研究会会长、海南冯氏宗亲会会长冯川建宣读祭文,泰国宗亲会会长冯裕德讲话,表示数典认祖心愿,新加坡、香港、澳门冯氏宗亲会会长用传统文化礼仪祭拜,18 名冯氏子弟诵读《冯氏祖训》,广州、高州、贵州冯氏宗亲会携带冯氏文物与会。②

二、宗族与外部、政府关系

各个家族由于自身状况、传统以及外部环境的影响,对族人事务和族内人际关系的处理能力,表现出不同的能量和方式;宗族宗亲活动必然与外部发生联系,特别是与政府政策产生协调或不协调的关系,这势必进入研究者视野。

(一)协调或干预族内人际关系

《当代中国村落家族文化》一书的作者, 把宗族长老的作用分成四种类型,一是荣誉型,即族老享有一定的地位和威望,对族内事务可以发表咨询性和参考性意见,而没有实质性权力;二是仲裁型,有一定权势,对族人分家、婚丧及纠纷等事务,可以作出仲裁;三是决策型,即拥有相当实质性权力,对族内重大问题能做出决定;四是主管型,拥有大部分实质性权力,越出宗族内部

① 王宝林:《学校变祠堂是倒退行为》,《光明日报》1983 年 8 月 20 日。
② 冯氏历史文化研究会主编:《冯文化》第 5 期(总第 80 期),2014 年 11 月 20 日。

事务范围,插手公共事务。[1]这种四分法是就族老全部活动讲的,本文这个子目只谈族老对族内事务的处理,也就是前三种类型人物的活动,就其内容讲,可以归纳为四个方面,即帮助和互助、人伦教育、调解纠纷、干预处罚。

(1)帮助互助。在农村施行家庭联产承包责任制政策之后,各个家庭没有以前那样的集体可以依靠了,于是在宗亲之间出现自发的互助和帮助。当有人生活上遇到困难,有时会有宗亲伸出援手,比如淮安市龙潭村一位袁姓农民,房子坏了没钱修,儿子高中毕业在家没事干,袁姓族老出面,招呼几家近亲和邻居,大家出点钱,动手帮那家修了房子,又替那个青年找份事干,被帮助的人摆脱困境后说:"是老大一句话,定了乾坤。"[2]可见宗族在帮助族人上发挥了作用。婚嫁丧葬的红白喜事,族人一般要去贺喜或帮助料理,特别是丧事,五服内亲不能袖手旁观。陕西乾县上陆陌村的北村梁姓,凡老人故世,无论是否在五服之内都要去参加丧葬仪式,带孝七天以上,直到出殡。[3]又如安徽某县岭岗村王、钱两大姓,老人过世,全家族成年人都到灵前磕头,表示哀悼,同时送礼,其中必须有鞭炮和大表纸,出殡时中年人都要出村相送。[4]1994年秋季,笔者在萍乡农村看到一位老人的丧事,孝子所请的执事,大部分是族人,重要的提调、顾问,都是本家,我们的房东去担任"相礼",顾不上协助我们访问了。

(2)人伦教育。主要是指教导族人处理父子、夫妻关系,尤其是就当前社会出现的带有一定普遍性的人伦问题做些工作。山东淄博翟氏于1995年编撰成的《新续翟氏五支世谱》,在序言中总结该族历史经验,计四条,其四为"孝是吾族为人之先",并云"尊老、敬老、赡养老人,乃吾族之美德"。他们认为国家要制定一部《赡养法》,而"家族议定相应的'家规',就是非常必要的"。许多家族就此作了规定,同时更注意实践。盐城陈氏宗亲在年会上进行举贤孝的活动,从正反两方面协调人际关系。1993年选的贤孝陈某某,是乡长,上敬父亲,下爱女儿,他不时为乃父送回喜好的食物,患病时护送医院治疗;女儿中学毕业后要求他帮助找个好工作,他不走后门,说服女儿学开拖拉机为农

---

① 《探索》第 189 页。
② 《探索》第 296 页。
③ 《探索》第 522 页。
④ 《探索》第 479 页。

民犁田,后来女儿发生事故不幸致残,他帮助女儿建住宅、择女婿,安排生活。他的事迹在民众中传为美谈。①陈氏宗亲还批评不能赡养父母的子弟。陈某某在外地作瓦匠,收入较多,但不顾父母,1991年只给6元钱,在宗族祭祖时,其父母想到不孝之子泣不成声,他的两个堂叔事后教导他认错,到1993年祭祖时,他一次交给父母赡养费2000元。②

(3)调解纠纷。宗族内部有房分的区别,房内人际关系密切,互助多,但摩擦因此也多。出了事,族人常常找长老评理调处。父子兄弟分家,要找姻亲和族中长辈参加,有了长辈的签字,分家文书才能生效。广西玉林市卢村蒋氏家族甲家死了小孩,怀疑是乙家夫妇每天下地经过"社主"(社神,村民观念中的"一村之主")时诅咒致死的,两家因此发生争吵,几致动武。族老将两家和有关人员找来,了解事情过程,认为甲家是无端怀疑,乙家为人老实,不会咒人,但为平息事端,让乙家在社主面前设下毒誓,以表明心迹,乙家照办了,两家的冲突也就解决了。③甲家本是迷信产生的怀疑,族老的主意不合科学道理,但两造接受了,矛盾随之化解,调解收到实效。由此可见,在族内纠纷中族老,起着劝导、调解、监督以至裁决的作用。这些事务都属于民事纠纷,有的很细小,大多数宗族只能调解这类事情。解决不了的,两造会找居民小组、村委会、乡镇府及司法部门。

(4)干预处罚。对于族人的私事及生活方式,诸如青年婚配、寡妇再婚,有些家族改变传统做法,听凭事主自择,不予干涉。有的宗族起参谋作用,给青年人出主意,如南充一碗水村贾姓一青年的女友来相亲,按习惯请来族老帮助观察,一位老人发现姑娘相貌人品都不错,只是喘气不匀,怕有疾病,让介绍人了解情况后再议。原来人家有些紧张,故而说话上气不接下气,并非有病,弄明了原委,也就订了婚事,当事人还感谢族老虑事周详。这种族老参与议婚,是考虑家庭健康和兴旺,不无道理。④有的家族习俗,嫁女招婿要通知所有族户,大家要有统一意见,还必须举行订婚仪式,族人送婚礼,派代表把族

① 盐城陈氏谱牒联修处:《陈氏家讯》第11期,1994年。
② 盐城陈氏族人:《从清代到现代的宗事活动》(油印稿),1994年。
③《探索》第419页。
④《探索》第450页。

女送到男家。①这就有可能干涉族人的婚姻自由。事实上有些家族无理干预族人婚事，"同姓不婚"成了他们的重要理由。

周朝人讲同姓不婚，有优生学的合理成分，不过科学地讲应当是近亲不婚，古人识不及此，今人则应以科学精神办事，不能只看同姓，而许多家族不明此理，简单地信守不疑，以至破坏族人婚姻。甘肃临洮张李二姓，原出一门，不过已是几百年前的事了，至今坚持不通婚的祖训，1981年张家一男与李家一女血缘关系已在六代以上，因同学相恋爱，家族不许结婚，两人执着于爱情，遂到回民住区，皈依伊斯兰教，才结了婚。②江西某族一男子外出打工，与一不同宗的同姓女子订婚，却被房亲干预拆散。该族对寡妇改嫁，百般刁难，在25—45岁的21个寡妇中，只有2人获准改嫁，而立意再婚的有13人，这二人可说是幸运者。③有的家族私设公堂，体罚族人，据说有沉塘活埋的，有人根据报刊资料统计，1993年宗族私刑事件百余起，致死人命17条。④如果这些是事实的话，都是违法行为，已经不是宗族内部的事情了。

(二)参与社会公共事务

有些宗族的活动，关涉到社区的公共生活，其中有属于公益范围内的事情。宗族在祭祖、祭谱、年会中往往举行一些娱乐活动，演出地方戏，放映电影，观赏、参与一些传统的及有地方特色的游戏，如湖南人打花鼓、耍龙，湖北人玩灯，江苏人看"玩友"的演出，江西人、甘肃人兴办社火。江西新建石埠乡各村原有祖宗堂(祠堂)和香火堂(神仙堂)，现在两堂不全了，但家族仍有玩社火的习惯。办法是置备几尊安置在神轿上的木雕神像，放在香火堂里。平常过年节及还愿时去烧香磕头，到固定的日子抬着神像出游。日期各村不一，抬轿出游时，人们自愿充当轿夫，抬起来飞跑，围着村子转，累了就有人来接替，有时一玩一个通宵。诸神出游时，人们燃香放炮，有的村还有龙灯在神轿后面起舞。以上叙述是采访时听说的，未曾目睹，不过可以相见人们狂欢的情景和参加者的发泄心态。

有的村在社火的日子，家家请来客人，特别是出嫁女一定要回娘家，于是

---

① 《探索》第492页。

② 《探索》第505页。

③ 《探索》第576页。

④ 徐双喜：《触目惊心的农村宗族现象》，《社会学与社会调查》1993年第3期，第69页。

主人与客人痛痛快快地玩一天,所以社火虽有敬神之意,但实在是民间的自娱和进行社交的一种方式。表面上看社火是家族娱乐,但广请亲友,就使它兼具社区性活动的性质。社火活动各村在80年代进行过几次,后来因电视机进入农村,吸引了人,青年人对社火的兴趣大减,玩得少了。前述临洮水泉村张氏和李家湾李氏原是一家人,他们为不忘本,隔几年举行一次"合户"活动,以社火为主要形式,一方作主,一方为客,轮流交替为宾主。当合户时,主家迎出十里以外,鸣枪放炮,耍龙灯,跑旱船,耍狮子,打太平鼓、腰鼓、踩高跷、扭秧歌,形式多样,丰富多彩。人们互相拜年、贺节,祝愿五谷丰登,仪式结束后,各个主家邀请客人到家作客,以多为荣。值得注意的是,张、李两族邀请村里其他姓氏人员参加,以表示信任和亲近,他姓也以同样的心情来回报,加入到欢乐的队伍中,使这种宗亲活动具有社区性。[①]

农业生产靠水利维持,许多家族重视水利建设。临洮水泉村是洮河流经地,人们靠洮水吃饭,张氏族人在村小学内建了一间砖房,作为张氏家庙,供奉二郎神(传说中治理四川灌江都江堰的李冰之子),门联写着"昔为灌世贤守,今做洮水福神",横联是"威镇灌江"[②]。反映出张氏族人祈求洮水造福的愿望。新建县郭村的郭姓族人集资3800元修家谱,节余的1000元,他们不作吃喝用途,投入村里排水工程,购买材料。

修桥补路,便利交通,这在过去,是宗族常有的举动,如今偶有出现。前述萍乡刘氏一支在台族人捐钱修缮祠堂同时,捐款5000元修了一座桥,又花3000元在村里打了3口井。

过去宗族办义学,或者资助族人进学,并有义田作为保障。如今有个别家族在作这方面的努力,不过不是办学,而是助学,实行奖学金制度,如苍南华氏《守则》规定:考上大专者发给奖金500元,考上中专的发奖100元。[③]淄博翟氏以教育为传家之本,制定《奖学会章程》,建立"希望工程奖学会组委会",并有实施办法,[④]实际上,在1998、1999、2001三年中,每年分别向两名考取高

---

① 《探索》第506页。

② 《探索》第510页。

③ 刘小京:《宗族·宗教·拳派——传统民间社会组织的恢复与重建》,《中国农民》1994年第10期,第11页。

④ 《新续翟氏五支世谱序》,1995年。

等学校的子弟发放奖学金,2000年给予1人,这7人中有1名女生。①广西玉林卢村小学校舍几十年没有维修,随时都有倒塌的危险,政府还没有维修计划。蒋氏家族有鉴于此,先开了族老会,接着召开户主会,决定自筹资金兴建房舍,每户每人出资5元、大米1斤,成立筹备组,分工负责营缮事务,于1987年利用暑期把校舍翻盖一新,一点没有耽误学生上课。②

(三)宗族械斗

不同家族的人,或住在一个自然村、行政村,或聚族而居但与他族隔村相望,这就断不了交往,在相处中会因水利、土地、矿藏资源的利用、坟山的维护、孩子间的玩闹、历史上的不和等原因,在不同家族的人们之间出现不愉快、摩擦、打群架,甚而动用武器,伤人死人,这就是宗族的械斗,应当是深恶痛绝的事。械斗在长江中下游及其以南的一些地方时有爆发,笔者因难以得到有关事实和统计数字,故利用《触目惊心的农村宗族现象》③、《对农村宗族械斗的忧思》④、《农村械斗何时了》⑤等文章所披露的材料,试作描述:

某些地区多发。在江西似乎械斗发生多一些,浙江、安徽、湖北、湖南、广东、福建等省也有出现。

规模大小不一。每一次械斗,少则几十人参与,众则多达几千人。

生命财产损失严重。械斗者使用的武器不仅是农具、刀矛,还有土铳、土炮、土雷、炸药及民兵用枪支,所以有较大杀伤力,极易造成伤亡和对物质财富的破坏。

笔者认为械斗是为争夺生产、生活资源和空间。农民还较贫穷,平均生活资料不多,而械斗频发地区又多是贫困的地方,这就表明械斗与贫穷有一定关系。人们为争取有限的生产、生活资源和空间而互相残杀,这在争夺矿藏中表现最明显。前面提到的《对农村宗族械斗的忧思》一文所揭露的实事可以说明这一点。1989、1990年两年内,铅山县青溪乡、上饶县茶亭乡村民争夺交界处的包公尖金矿开采权,酿成数千人大械斗,死伤十余人。1989年12月6日,

---

① 孙发全主编:《谱牒研究》,2007年3月,第99页。

②《探索》第413页。

③ 徐双喜:《触目惊心的农村宗族现象》,《社会学与社会调查》1993年第3期,第69页。

④ 余红等:《对农村宗族械斗的忧思》,《南昌大学学报》(社科版)1993年第3期,第25页。

⑤ 谭庚炳:《农村械斗何时了》,《理论导报》1992年第3期,第37页。

分宜县建陂村、宜春市陵背村因争夺煤炭资源发生械斗。在古代只为争山、田、水而械斗,现代社会发展工业,产生争矿藏的事。

笔者还认为有些械斗带有宗族性,但又不是纯粹宗族性的。上面说到的各种械斗,有纯粹宗族性的,也有的性质复杂,如争矿藏,就不单是宗族的事。在不同的县、市、省之间的械斗,就带有地方性色彩。当然,地方上往往以宗族为骨干力量,所以说也与宗族有关系。但是地方间的械斗,毕竟不能用宗族械斗来说明,所以对械斗也要作成分的分析,不宜一见械斗就认定是宗族作祟。

此外,笔者对某些文章描述的宗族械斗的严重性有着某种疑问,以及前述宗族私刑多致族人于死地之说,亦非深信不疑。这是因为,几十年的主流意识是批判宗族,以其活动为反动行为,是封建主义复辟,时至八九十年代还有负责人说当前和我们争夺农村社会主义阵地的反动势力是宗族和宗教,所以有的调查者带着宗族活动是非法的观念去调查的,未免以主观的愿望代替事实,歪曲真相。笔者这样说,亦是根据不止一位的调查者、研究者,起先对当代宗族宗亲活动抱持严厉批判态度,而后改变了的事例得出的。

宗族内部的房派械斗。一说宗族械斗,通常理解为不同宗族之间的斗争,其实,有时宗族内部房派斗争也会激化,演变为武斗。笔者在新建听说的陈氏家族械斗大约就属于此类。事情发生在1991年秋天,因为农田用水引起争端,两房在黑夜中撕打,一人死亡,八人逃跑在外数年不归。其实用水的争执还是表象,真正的原因是农村实行计划生育政策造成的。用水争执一方,有人的哥哥是村支书,支书对多生育的家庭,强制没收财产,致使受处罚的人怀恨在心,遂借争水事而报仇。

宗族之间有了纠纷,本应找地方政府处理,可是宗族却撇开政府,私自摆开阵势打斗,造成恶果不说,而且竟然置政府权威于不顾,为什么会是这样?这就涉及到宗族与政府的关系问题。

(四)宗族与政府关系

刚刚说械斗是对政府权威的蔑视,这仅仅是宗族与政府关系的一个小侧面,因为械斗从全国范围来说还不是常见现象,而宗族与政府关系更重要的是表现在对国家,尤其是对基层政权的态度上。

宗族在改革开放的时代,多在努力适应时代的变化,他们颂今爱国,表示遵守法律,建设家乡,自我革除团体内部的宗法性,维护政府的改革政策,基本上遵守政府法令,致力于同政府关系协调。在此,着重说明它与政府不协调的一面。

个别宗族族长控制村族社会。江西三江村宗族，构成为族—堂—房—家—户，它于1982年订族规，明确授权宗族掌管全庄风化和民俗，事实上族长的权力远不止此。族下有三堂，每堂设有党支部和村民委员会，[①]每年正月初一日，族长和三个支部委员、村委、全村有身份人士(在外干部、大学生等)及村民代表举行团拜大会。由族长主持，支书、村主任逐个报告工作及本年设想，经过讨论，族长做总结，向支书、村长提出要求，确定这一年的计划。[②]不难看出，支书、村长只相当于宗族的堂正，他们下面的组长，则相当于房分的房宗，都是族长的下属，在这里宗族的权力实有凌驾于村基层权力之上的味道。类似的情况出现在湖南武冈李氏家族，该族族规明定：党支部和村委会的任务是抓生产，其他大小事务由家族委员会负责。[③]这类宗族大有取代农村基层政权之势。不过，即使在这样的村庄，宗族并没有取得正式的合法的权力，即如1989年三江村出了一个盗窃犯，村委没有征求族长、堂正意见，径直把案子上报县公安局，族老事后表示异议，但也无可奈何。还应指出的是，像三江村之类的宗族是个别现象。

个别宗族干扰政府政策的贯彻，甚至骚扰基层政府。在农村税收、计划生育、民事案件处理等问题上，个别宗族同地方政府发生或明或暗的冲突，偶尔还有较为激烈的行动。农民希望多生男儿，为的是好有劳动人手，到老年有人赡养，也为传宗接代，同时也是壮门户的意思，让本族人、外族人不敢欺负。宗族也希望族人多生，以壮大宗族力量。政府实行生一胎的国策，基层政府贯彻起来，一般难以得到农民的认同，有时就生出事端。广东有个农民生了两个女儿，以传宗接代为名，经族长同意就可以再生一胎，乡镇干部做工作也无济于事。[④]1991年3月，沅江市洞口村黄姓因生二女无男，拒绝绝育措施，当镇政府采取强硬态度时，黄姓200余人出面阻挠，殴打计划生育人员。派出所传讯为首分子，这些人又到派出所吵闹。[⑤]宗族与政府发生冲突在个别地区屡屡出

---

① 村委会是民间自治机构，主任、委员由村民选举，乡政府任命，实际上代表政府，是农村基层政权。

② 《探索》第571页。

③ 徐双喜：《触目惊心的农村宗族现象》，《社会学与社会调查》1993年第3期，第69页。

④ 王学刚：《宗族势力的抬头令人忧虑》，《法制日报》1992年1月28日。

⑤ 高鑫：《宗族势力对农村基层政权的冲击和影响不容忽视》，《真理的追求》1995年第6期，第31页。

现,据说在湖南临湘县的 21 个乡政府中,有 8 个被宗族势力围攻过。全县30个公安派出所、法庭、粮管所、计划生育站被冲击。有一个省公安机关统计,在一年内发生妨碍公务案件2568 起,其中有 279 起系宗族势力所为。[1]

有的宗族影响村组建设。农民在选择村、组长时,表现出不同的心态,有的不分姓氏,不考虑大姓、小姓的关系,唯注意候选人的能力品德,有的也顾及到自然村、组的利益。这种不顾门族的思维方法无疑是合乎情理的,但就在这中间,人们又注意"不选两位同姓中的人,以避嫌"[2]。为什么要"避嫌"?本应"举贤不避亲",避嫌就会使贤能人被压抑了,所以避嫌本身就表明宗族在基层选举中有影响力。即使上述正确对待选举的家族,在第一条选贤能之后,第二条就要考虑到家族利益。[3]可见宗族对基层建设是有影响的,而较为严重的问题,是有的宗族把本族利益放在第一位,以此选举村干部,大族占居要职和多数职位,小族无从问津,或几个大族搞平衡,各自占据村长、支书之职,即使让小族当干部,也是充当配角,如此一来,摒弃了小族能人,而使宗族容易操纵基层政权。吉安大横乡以彭、徐两姓为主,支书只有这两姓的人才能充当,其他姓的人再有本事也不能出任。[4]

上述宗族与基层政权关系中不协调的方面,应当充分地看到,严肃地对待,但是这不是双方关系的主导面,因为大多数宗族是守法的,并教导其成员遵守法令。另外,既然是双方关系,只看宗族一面不可能准确明了事情的原委和真相,特别需要明了政府方面对宗族的基本原则(政策)和执行中的态度。给人的印象似乎是传统的敌意、警惕、宽容和利用的混合体。这里没有条件作出系统说明,仅涉及少许事例。2014 年 12 月,河北省农村换届选举开始,为防止农村黑恶痞霸势力以及地方宗族、宗派、宗教等势力干扰破坏农村换届选举,河北省委组织部、省民政厅、省公安厅联合下发通知,出台"10 条禁令",严禁各种扰乱、破坏换届选举行为。禁令的第四条是"严禁利用宗族、宗派、宗教和黑恶势力干扰、破坏换届选举工作"[5],对宗族活动保持了一定的警惕性。地

---

① 徐双喜:《触目惊心的农村宗族现象》,《社会学与社会调查》1993 年第 3 期,第 69 页。

②《探索》第 305 页。

③《探索》第 400 页。

④ 高鑫:《宗族势力对农村基层政权的冲击和影响不容忽视》,《真理的追求》1995 年第 6 期,第31 页。

⑤ 凯迪社区 2014 年 12 月 14 日文《防止黑恶势力宗族宗教破坏农村选举河北出台 10 条禁令》。

方政府为招商引资,利用姓氏宗亲关系,如江西吉安政府以历史名人文天祥为资源,支持文氏宗亲举办大会招引外资。中国历史上极具盛名的姓氏"太原王",就被山西官方用作对外开放引资的资源。"太原王",被认为是周灵王太子王子乔的后裔,且为天下王姓的始祖。以此为契机,山西省社联于80年代后期成立研究中心,开展学术活动,举办全国性的族谱学研讨会,成立中国家谱学会。由王智编导,出品《太原寻根》电视纪录片,描绘从泰国来的王姓访问者在山西所见王氏的过去和现在。影片追述东汉末年王允(即《三国演义》中吕布戏貂禅故事的导演者)、唐代诗人王维、明代兵部尚书王琼等王氏风光人物史,追踪王氏祖坟和族谱,还介绍了20世纪70年代末以来泰国、缅甸、加拿大以及台湾、香港王氏宗亲到山西投资的情况。海内外王氏宗亲在山西的活动,使得内陆省份的三晋有了一个与海外联系的渠道,从而增进了山西人对谱牒学研究的兴趣,山西的做法表明,某些宗亲活动与落实招商引资方针的紧密联系。

宗族出事的原因也很复杂,与政府政策及基层干部的执行状况大有关系,设若政策需要调正、设若干部作风不正,民间又不可能由正常途径得到解决,于是"乱子"就发生了,所以对事情本身也要作具体分析。比如计划生育只生一胎政策,已于2017年允许生二孩的政策被自我否定了,在那项政策强制执行中民间一方的"负面"行为——对抗行为,需要正确的分析,岂宜一概谴责。中国传统宗族历来守法,过多考虑宗族不当行为,恐将事情颠倒了。

三、宗族宗亲团体的特点

改革开放以来的四十年,开始时是宗族重建,随后有宗亲会的产生,那么它有什么特点,前途又将是怎样的呢?

(一)宗族宗亲团体的三种类型与特点

当今宗族是不是社会团体?用近代社团的概念认识当今宗族、宗亲活动的组织,似乎可以分为三种类型:

一是传统宗族型。在偏僻和较为偏僻的农村,聚族而居的人们,若思想又较比守旧,所进行的宗亲活动,依老例,按年辈默认或推选族长,族长有比较大的权威,对内辖制族人,对外代表宗族。这就构成一种群体,因其具有宗法性,故可视为传统型的,如江西三江村那样的宗族。当然,就是这样的宗族,也和传统社会大有区别,因为毕竟社会环境迥异,它怎么可能一点不变呢!而且这类宗族很少。

二是松散型的宗族。有宗亲活动,缺乏固定性,活动也比较少;有隐形族长在族人中起一定的作用,但权威不大,宗亲活动带有较大自发性;宗亲活动中保存传统宗法性的某种因素远不浓厚,人们是否参加活动,强制性小。这类情况,说它是宗族,不合团体原则;说它不是,又有血亲间的活动,不能说其不存在,因此可以视作组织松散的团体。这类宗族很多,比较普遍。

三是向宗亲会过渡的宗亲组织。大陆以外的宗亲会,是近代社会社团。它以同姓为入会条件;实行入会自愿原则,男女均可;实行会员大会制、理事会与监事会制;以法人财团名义在政府注册。以此来看大陆那些称作"宗亲会"的群体,很难符合上述标准。大陆宗亲会已有实行会员大会制的,选举理事会,但监事多不健全;会员入会介绍与登记工作基本没有做,但参与活动的人多系自愿,不是强迫;活动的状况不一,有的稍多,有的很少;宗亲会多未能向政府登记注册。这类宗亲会用大陆以外宗亲会标准来衡量,差异明显,但又确有相同之处,同样与古代宗族的不同之处也是显著的,从它向民主化发展来分析,它是朝着近代社团方向前进,所以说它是向近代宗亲会过渡的组织。至于说宗亲会没有向政府登记注册,那就不是它主观愿望与否的事情了。

上述三种类型令人产生两点印象:

第一,当今宗亲活动是城乡民众(主要是乡村农民)社会活动的一种形式。它并未具有全国性的普遍性,各个地区的活动也不均衡,但它确实存在着,也是不可忽视的社会现象。如果用一句并不确切的话来概括,则是:宗亲活动和宗族在一些地区存在着,并有着一定程度的流行。

第二,宗族组织处在变动之中,或者可以说是处在它的转型期。

上述三种类型有古代传统宗族宗法因素的,也有淡薄的,更有全新社团式的。要之,古代宗法成分明显在削弱,近代因素在成长,所以宗亲组织在克服传统影响,向近代化发展,这是趋势,并且是不可逆转的。

(二)乡村衰落形势下宗族转型趋向

(1)宗族在农业现代化、农业生产规模化过程中将逐渐消失

在农业现代化、农业生产规模化过程中,农村人口大量减少,农村在城市化过程已衰败不堪,而宗族是以聚族而居、生活在农村为根基的,根基已经动摇到基本消失的程度,这是必然的历史趋势,农村人口还会在实际上越来

越少,在这种情形下宗族真是面临生存问题。且看人们对当下农村状况与家族文化表达形式快速消失的描述与忧思。

出生在陕西商州农村的著名作家贾平凹对《南方周末》记者说:"我到我老家一些地方,一条沟一条沟,基本上没有人了,大家都走了。建设社会主义新农村,想法肯定是好的,一些措施也是好的,关键问题是没有人,谁来建设?"不仅是人走的多了,原来维持农村社会秩序的乡族文化也没有了,所以他又说:"过去的乡村,除了行政领导以外,它有一个宗族维系的办法,有族长或者德高望重的人在这个大家庭里起作用。也有宗教方面的维系。每个村基本上都有一些庙宇。还有就是孔孟的教育。哪怕政府改朝换代了,这个乡村自己有一套运转的东西,一直传下来。""现在对乡村的领导维系,在行政、法律之外,更多是金钱这条线来拉扯。原来的东西没有了,所以就发生了这样那样一些怪事情。"贾平凹到新疆昌吉回族自治州木垒哈萨克自治县菜籽沟村办文化书社,获知这里是有两三百年历史的汉族山村,鼎盛时期有四百多户村民,现在因为外出打工和子女上学,只剩下一百多户。①这里也是他所说的农村没有人了。

既然没有人了,宗族还能有活动吗?还能存在吗?!前述嵊州石室村任氏的聚会,外地赶回的人坐了七十桌,每桌以八人计算,就有五百六十人,可知该村出走人员众多。一辈子都在石室村种地的任朝锦,曾经有几年出去打工,后因年过六十,没有企业敢招用了,就回村了,他说:"三十多年前,劳动力不让外流,一定要在家乡搞建设,现在孩子们都跑远了。""七成人都在县城买了房,不然孩子结不了婚。"②说村民都走了,是形象说法,当然村里还有人,只是剩下老人和留守儿童。城市化是历史发展的必然,农村人口大量减少是自然趋势。至于农村应有的社会秩序的破坏,也是自不待言的。一位春节回乡的人,因获知许多耄耋老人受家人虐待而愤懑,痛心于村里伦理道德的丧尽,撰文写道:"春节期间有各类温馨和怀旧故事,我要写的故乡杂记却显得些许残酷和悲戚,可惜这并非杜撰虚构,而是真实的写照。田园故乡不止是在生病,而是有关于忠孝道义的一切伦理气息彻底死去了。""故乡还在,但村子的魂

---

① 朱又可:《最大的问题是农村没有人了》,《南方周末》2015年10月8日;笔者所见是共识网2015年10月14日帖文。
② 杨杰:《一张500人全家福的农村底片》,《中国青年报》2017年3月22日;笔者从网上阅览。

魄早已死去,宗族家训的血脉早被抽空,只剩下碧水青山难得好景致的一张皮囊。"①

聚族而居是宗族得以形成的先决条件,族人外迁了,聚居的村落拢不住人了,表现出凝聚力的减弱,因此减少了从事宗族建设和活动的动力。像嵊州石室村任氏宗亲那样的祭祖聚会,机缘是族谱和村志的编纂成功,并非是宗族清明节常规的扫墓祭祖。作为宗族活动的场所祠堂,重建需要很多经费,许多宗族做不到,而任氏是具备财力却未进行,该族老祠堂有十六间房子大,柱子有双臂围起来一般粗,而且雕梁画栋,每根柱子配有对联,大梁上有横批,挂有匾额。祠堂供奉着几千个牌位,每有一个人死去,牌位就多一个出来。逢年过节,祠堂也照常做戏。但是祠堂在"文革"中被毁坏,1981年拆掉,后来在那个地基上建了文化礼堂。祠堂虽然没有重建,宗亲活动并未停止,如上所述举行了盛大祭祖仪式。②可是作为宗族一种载体的祠堂缺失,对于宗族而言就不完善了。

农村的凋零,人去室空,使得传统宗族机体很难完善,逐渐失去活力,随着社会现代化、农村城市化进程,尽管传统宗族可以全部清除自身的宗法性,仍然不可避免地走向衰落,乃至消亡。但是这会有个过程,因为传统家族文化深入人心,也为人们现实社会生活需要;再说农民进城成为"农民工",为建设现代化工业、现代化城市做贡献,但是大城市长期不接受他们,他们年过花甲,不能干了,许多人返回家乡,任伟永的父亲——1948年出生的任廷钰就是如此,他说:"什么地方都不如家乡好,随便哪个人,生在哪里就是哪里好。"任伟永修建了村里最好的房子,三层小楼,总共花了150万元,屋里装上了中央空调,65寸的电视,"家具都是从广州运来的"。房子有5间卧室,老两口坚决不住正房卧室,住偏房,原因是"怕死在里面,将来孩子们害怕"③。可知他的意识里还有陈旧因素。荣誉感、归属感等等的需要,使其可能从事宗族活动,所以宗族消失会有个较长的过程。

(2)宗族将因家族文化机缘异化为宗亲会

传统宗族具有文化功能,讲族史,对先人中的名人引以为荣,满足荣誉

---

① 高胜科:《春节返乡见闻:一个病情加重的东北村庄》,原刊《财经》,共识网转帖2016年2月15日。

②③杨杰:《一张500人全家福的农村底片》,《中国青年报》2017年3月22日;笔者从网上阅览。

127

感;在宗族活动中,令人感到生活在群体中,遇事会有群体帮助,于是有一种归属感;编写家谱,个人简历记录在上面,满足留名后世的历史感。

修谱,对那些赞助者,不仅是满足历史感,更重要的获得荣誉,由此提高社会地位。比如嵊州任伟永,因为在修谱中捐款最多,所以在祭祖大会,成为继村长、村支书之后第三位演说者,其时,他西装上衣口袋里插了朵红花,用家乡话站在台上发言。随后唱戏的丑角送他一个元宝,他回了一个大红包。获此殊荣的他,"出身寒苦,凭着勤劳和运气发了财",2017年他40多岁,"21岁,初到上海,做油漆工,熬了8年,东拼西凑了50万元开始做土建工程,自此发迹。开始给村里大大小小的工程捐钱,因此也在家谱中享有登上照片的权利"[1]。他得到家族厚爱,个人照片登在家谱上,实为难得。修谱中捐献多的人,谱上留名是普遍现象,如若翻阅当今常州的谱书,不难发现有捐献人的名字,有的有相片,甚而有全家福,真是风光无限。修谱之外,宗族活动中出钱者也会有留名文献的机会。山东淄川孙氏在1997年续修族谱,到了2007年举行十周年纪念,活动有声有色,该族始祖孙虎、孙豹原碑立于乾隆四十八年,"文革"中被毁,至是重新立碑纪念,为此筹措经费,约有290名族人捐款,自1000元至10元不等,组委会为捐款者制作花名单,以捐款数额为序,多者名字列在前端,最后将名单刊登在淄川谱牒学会刻印的《谱牒研究》上。[2]这样捐款人也流芳后世。

如今修谱者,不只在农村,城镇也颇有热心者,与修谱伴随的是宗亲活动,以此显示出宗族文化功能。透过文化功能,发现热心者是中小企业人士,如任伟永,他们以此换取社会地位,此则为社会功能。

宗亲会同样具有这些文化功能:宗亲会是在认同始祖的基础上成立的,这始祖,必是王侯将相文化名人,会员以杰出历史人物为荣,并以此激励自身上进,更好地立足于社会;为宗亲会捐献财物,也会记录在宗亲会文献上。宗亲聚会,享受亲情。

台港和海外华人的宗亲会是宗族转型的一种模式,那是在相应的政治体制下实现的,大陆的宗族转型为宗亲会,情形不尽相同,是否成为俱乐部式的社会团体,那是要看未来的社会生态环境了。

---

① 杨杰:《一张500人全家福的农村底片》,《中国青年报》2017年3月22日;笔者从网上阅览。
② 孙发全主编:《谱牒研究》,2007年3月。

传统宗族,即使完全清除宗法因素,也因聚族而居前提的不复存在,也会转型而不复为宗族;它的消失,是现代化历史发展的必然结果,是自行消亡,而不是行政强制取缔的结果,或社会某种力量、某种意识愿望的结果,这一点宜清晰分辨。

(写于 2000 年,2019 年 2 月 14 日修订)

当代宗族与现代化关系

20 世纪 70 年代末以来,原已沉寂的宗族又复苏并一定程度地活跃起来,从而引起各方面的关注。学术界有一种意见,认为它是封建落后事物的复归,与中国现代化事业格格不入,并将在现代化进程中消亡。究其理由不外是:(1)它是自然经济产物,植根于小农经济土壤,与商品经济不兼容,阻碍现代经济发展,它本身纵使在商品经济下存在于一时,但从长远看也是要衰亡的;(2)宗族使个人直接向社会负责退化为由家族向社会负责,这就影响个人社会作用的积极发挥,必将使它失去民众的支持;(3)宗族组织对国家具有潜在的危险,破坏社区秩序的安定,为法制所不容。宗族像世界上任何事物一样,总有演变、衰败或异化,乃至消亡的时候,但笔者认为消亡不是近期内所能发生的事情,它在改革开放初期的存在价值最值得研究,它的社会积极作用不宜忽视,当然,宗族异化在急剧发生,同样是最值得关注的。本文将围绕这些问题开展讨论。

一、改革开放初期宗族的正负面作用

20 世纪八九十年代,中国正处在现代化的初期,尤其是在百废待举的70、80 年代之交,开始实行农村体制改革,令农民由集体生产转变为个体生产,他们要生存,要适应这种巨大的社会变革,于是开展传统的宗族活动,作为应变的一种辅助手段,从而使宗族对农村经济乃至全社会经济和社会秩序产生一定的影响,就中有积极的和消极的两方面作用。

(一)积极作用

第一,人们利用宗亲关系和宗族活动,作为扩大谋生手段,起到促进社会经济发展的作用。农村实行农业生产责任制之时,农民进行的是笨重体力劳动的小生产,非常需要一定的社会协作和援助。那么找谁互助合作,向谁求援呢?沉石等主编的《中国农村家庭的变迁》,对农民"经营中遇到困难时先后找谁""经营中所得到帮助的大小来之于谁""选择合伙经营者的次序"等三个问题,在个人与 10 种人关系中作了调查,这 10 种人是直系亲属,旁系亲属、姻亲、同宗、邻居、村民、乡村干部、党组织、经济组织及朋友。该书根据调查所得到的统计数字,对上述三个问题分别作出图表,排列出 10 种人对个人作用的位次。笔者依据该书的资料,制作成《个人经营与 10 种人关系疏密度位次表》于下:

事类项目 关系人类别	直系亲属	旁系亲属	姻亲	同宗	邻居	村民	乡村干部	党组织	经济组织	朋友
经营中遇到困难时找谁的先后次序	1	3	5	6	4	10	9	7	8	2
经营中所得到帮助的大小来之于谁的先后次序	1	4	3	8	7	10	6	9	5	2
选择合伙经营者的先后次序	1	5	4	8	3	6	9	10	7	2

资料来源:《中国农村家庭的变迁》,农村读物出版社 1989 年,第 89—94 页。

从表中可知,农民经济活动中设想的求助对象,第一位是直系亲属,第三位是旁系亲属,第六位是同宗族人。这种设想能否全部实现,取决于他同 10 种人的关系及这些人自身的经济条件和经营兴趣,所以在实践上与农民的愿望稍有出入。上表显示,真正能够提供农民经营援助的,第一位是其所预期的直系亲属,旁系亲属则处于第四位,同宗是第八位。选择经营伙伴的实际情形是,第一位的仍是直系亲属,旁系亲属则降为第五位,同宗依然是第八位。直系和旁系是五服近亲,同宗是出五服的族人,仍有血缘关系。统计数字表明,农民在经营中所想到的和实践的,能够进行帮助和合作的人,血缘亲属占居重要的地位,换句话说,基本上是血亲帮助农民实现家庭经济的经营。还有一些调查资料,继续证明这一事实。周伟等于 1991 年在湖北、山东、河南等 5 省调查 160 家乡镇企业,发现 85% 的企业负责人之间有亲属关系,从父系方面看,67% 的在五服(直系、旁系)以内,因此他们著文说这些企业体现了"一支强大的家族力量"[1]。

90 年代江苏淮安市出现家庭股份企业,有 6000 多个专业户合伙投资办

---

[1] 周伟等:《不可忽视的乡村家族势力》,《光明日报》1993 年 10 月 13 日。

工厂,这些企业大多是家长或兄长牵头,联合家庭成员或亲朋友好合资联办,以家庭股份为核算单位,实行合资入股,民主管理,按股分红。这种家庭股份企业,比之个体、私营企业,生产经营规模大,经济实力强,驾驭市场能力增大,对市场风险的承受能力也提高了,所以投资效率高,作为股东的家庭致富快,有90%的家庭股份当年投资,当年分红。①1998年春节,笔者在沪杭线火车上遇到一位哈尔滨的商人,他是去浙江义乌布匹市场购货,据他讲,他是和妹妹、妹夫合伙经营,年终与他们分配利润。父子兄弟姊妹合作经营工商企业,实在是屡见不鲜的事情。福建古田黄村的黄钟生收购90斤银耳,与堂兄黄承伟合作到广州出售,随后又同堂兄等三人到湖南新化贩卖,又去东北、北京贸易。庄孔韶因而认为:"1978年以后中国农村宗族组织再次获得历史的机会,表现出其特有的认同姓、韧性以及容纳和协调分歧的能力。"②国人到国外经商,仍然离不开宗族。如以向外发展而著名的温州人,到前南斯拉夫贝尔格莱德经商,相当成功,首要的原因是有亲族、乡亲关系可以利用,故云"宗族观念特别强"③。

中国现代商品经济尚不够发展,尤其在广大农村,农民生产主要是为自身消费,产品投入市场有限,在这种情况下,宗族成员之间的互助,有利于农业的发展和提高农产品商品化的程度。人们利用家族关系经营工商企业,成为改变农村单一经济结构、发展乡镇企业的一种力量,有利于商品生产和交换。因此笔者认为,宗族在当前农村经济改革的特定环境下,有着辅助生产发展、繁荣经济的新功能,它适应了农村个体生产、个体经济和私营企业发展的需要。宗族活动对于农民个人以及部分城市居民讲,则为扩大谋生手段,成为维持简单再生产和扩大再生产的一种保障。

第二,人们利用宗族活动,寻找归属感和安全感,有益于社会秩序的稳定。20世纪50至70年代近30年的农民集体生产,骤变为家庭生产,固然可以发挥个人和家庭的生产积极性,但离开集体,由于习惯思维方式,人们顿觉失去了依靠,有事没人管,不免有些恐慌,感到没有社会安全保障,因此要自我保护,要组建群体,好有人管,也好有依靠。如何组织?找谁来管?传统的宗

---

① 《农民日报》1993年10月25日载杨迎春等文,转自《文摘报》1993年10月30日第1版。

② 庄孔韶:《银翅:中国地方社会与文化变迁》第八章《松软的田埂》,生活·读书·新知三联书店2000年,第183、204页。

③ 胡展奋:《"中国温军"的一场闪电战:发货贝尔格莱德》,《大河报》1999年8月4日,转自《作家文摘》1999年8月24日。

族,有现成的群体模式可以利用,会立刻让农民想出来,提出来。正是这种安全感和归属感的需要,使农民拾起古老的宗族组织,投入它的怀抱,从而觉得有了依靠,不再孤单,大大减少恐惧的程度。关于农民的归属感,如果放到历史长河看,传统社会中农民一直有宗族,而那时农民社会地位仅在士人之下,处在工商之上,是高身份,为社会所尊重。近几十年的户口政策,使其作为农村户口成员,农业以外的工作机会几乎完全消失,各种供应水平远远低于城市户口的人。在职业上,农村社员低于国家干部、工人。农民处于社会低层的状况,势必造成心理失衡,这就需要从文化方面来弥补。宗族文化的祖先崇拜,含有英雄崇拜成分。因为大多数家族对自身的祖先,要追寻到圣君贤相哲人那里,以是他们的后裔而自豪,也以此严格要求自己,以便不辱没先人。由历史感、归属感而产生的自豪感,使其调整心理的失衡,积极而健康地生活下去。现今老年人是宗族开展活动的积极因素,究其原因也是在寻求归属感中弥补心理失衡。[①]因为在当今社会大变革中,农村老年人由于体力、精力、经历等原因,大多不可能有多大创造和成就,生活没有多少保障,再加上赡养当中出现的一些不良倾向,使老人更加感到恐慌和内心的不平,于是从宗族活动中寻找慰藉。

人们在心理失衡、恐慌中,找到宗族,寻求保护,不到社会上找麻烦,有利于社会的安定。钱杭在《中国当代宗族的重建和重建环境》一文中认为,"宗族对农村的社会生活起了稳定地方秩序和人心的作用"[②]。这应当是符合事实的见解。既然有益于社会的稳定,也是为现代化建设创造良好的社会环境,无形中起着积极作用。

第三,城里人利用宗族活动达到文化享受目的,有益于文化事业繁荣。人们稍微过得去和有余暇就走亲串友,是一种抒发亲情、友情的享受,就中有着文化意义。城里的文化人在生活稍微安定之后,有人热衷于编写家谱,认为这也是一种归属感的体现,因为"家谱属于过去,也开导着未来。人们都希望自己能留下一点不朽的痕迹,家谱记录正是实现这个愿望的简便而有效的手段"[③]。从事这种活动的人,实现了归属感,达到心理上的平衡和文化上的

---

① 参阅钱杭:《宗族重建的意义》,《二十一世纪》,1993 年 10 月号。
② 钱杭:《中国当代宗族的重建和重建环境》,《中国社会科学季刊》第 1 卷,1994 年 2 月。
③ 福建闽侯《西清王氏族谱》,1992 年,第 491 页。

享受。在发达国家,70年代、80年代出现寻根热,那是物质文化丰富了,人们要追求精神上的满足,于是旅游、集邮、收集文物,寻根不过是其中的一种。人们要了解我是从哪里来的,我的祖先怎么样,这种寻觅中政治、经济的功利不多,是为知识文化上的享受。今日中国城里的文化人修谱寻根,笔者以为就有这个味道,与世界性寻根不谋而合,也可以说融入世界性潮流中,不过中国这种情况尚处于少量的偶发阶段,想来以后可能会随着物质生活水平和文化的提高而发展。其实,即使在今日农民的修谱中也含有文化享受因素。农民上谱要交钱,但是他们乐意。他们看老谱,得知几百年前的祖先谱上有名,后人能知道,想到自己如今上了谱,将来子孙也能查到,也是留名后世。他们对上谱比对国家人口登记要重视,认为登记了也不能让后人知道。这当然是误解,若人口登记材料保存完好的话,归入历史档案馆,后人是可以查到的。撇开农民的误解不说,他们重视自身历史的态度却在这对比中清楚地表现出来。将来他们经济、文化生活水平提高,也会把编写家谱当作是文化享受的事情。

中国有数千年的编写家谱历史,今日保存的族谱之多,以万计数,是任何国家所不能比拟的。它是中国的文化瑰宝,今日续修家谱及其他的宗族、宗亲活动,使人得到精神满足,为国家丰富文化宝藏,所以说当今宗族活动还有着文化建设的功能。

第四,宗族活动是联系台港同胞、海外侨胞的手段之一,有益改革开放政策的贯彻和经济建设。普天之下的华人,都以炎黄为共祖。在台湾、香港、海外的华人没有中断过宗族、宗亲会活动。大陆实行改革开放政策以后,他们纷纷回国寻根问祖,一面宣扬宗族文化,一面出钱出力,赞助续家谱、修祠堂、祭祖坟。今日大陆的宗族活动状况,可以说与台港同胞、海外侨胞的影响有不小的关系。这类事实很多,不必罗列。从政府来讲,为了引进外资,以宗族为一种媒介,开展同台、港、海外华人联系,开办现代化企业,发展对外贸易。如作为内地省份的山西省,利用"太原王"家族文化的影响,与泰国、加拿大等国家和地区华人开展经济合作。又如香港船王包玉刚要在故乡宁波投资,人们就为他找家谱,试图证明他是宋代清官包拯的后裔。文天祥的故里江西吉安政府为利用这位名人提高地方知名度,开发经济,吸引外资,增加地方财政收入,将要召开国际性文天祥纪念会,为此赞助文氏宗族维修祠堂和续修家谱。事实说明,不论是民间自发的还是官方参与的海内外华人的宗族联系,都成为实行改革开放政策的一种渠道,促进经济建设的发展,无疑这也是当前宗族活动的一种积极作用。

(二)消极作用

如今的宗族活动,也有不利于社会前进的一面,传统的限制个性发挥的恶劣作用依然存在。今日家族成员因有血缘关系和聚居,人们参加宗族活动与否几乎没有选择权,即必须参与。而且以家庭为单位,并不征询个人意见,因此个人意愿无从表达。只有居住外地的人,才可以表示愿意与否,不必同家族联系。当然,他们在故乡就会遭到忘祖的谴责。现阶段,加入宗族的客观强制性,标志宗族还不是现代性的民间组织,带有一定程度的古代性质。这种强制性,使人服从宗族具有一定的盲目性,从而限制人的个性发展。如取名问题,有的宗族强迫族人按派字命名,违背族人的自由权利,有的外地族人任由宗族取名,但叫什么并不关心,因为他在外地本来就有通行的名字。宗族只以外地族人有谱名为满足,是对自身不明智做法的嘲弄。

宗族再一项不合时宜的因素是平均主义残余影响的存在,使得某种程度的家族通财观念延续下来。以前许多宗族有祀田、义塾田,收入公用之外,族众人人有份,因而有着族内平均主义观念。又如祖坟,是宗族成员无法瓜分的。因此人们把祖产,如宅基地,即使分家多年,往往也认为自己多少有一点份,所以卖产必须先问宗亲,只有宗亲不要才能卖给外姓。这样卖产人就失去财产权的任意处置权,使其所有权不完整。宗族这种规范是为保证族产不外流,族人所享有的优先购买权,就是变相的平均主义观点,是在祖产第一次平分之后,当祖产转移时,使族人再沾一点平分财产的光。宗族平均主义观念留传到现在,如江西三江村在财产转让方面规定:族人所继承的祖上不动产,如房屋、宅基地等不能拍卖,只可转让,转让顺序先尽近房、后及远房,若有违犯,家族予以没收;族人自置不动产,可以买卖,其顺序同样是宗族内先亲后疏,不得卖给外族人。这是严重干涉财产所有人意愿和利益的规定。在1984年—1989年间,因此而出现41起纠纷案,其中12起经法院调解处置,其余29起均按宗法规定处理。[①]宗族通财观念和平均主义思想妨碍私有权和商品经济的发展,因而不利于社会发展。

---

① 王沪宁:《当代中国村落家族文化——对中国现代化的一项探索》,上海人民出版社1991年,第577页。

当代宗族传承了古代宗族械斗的不良风习,影响发事地区的社会安宁和族人的生命财产安全,也不利于当地经济的发展。

前面说宗族有利于社会安定,而这儿又说破坏社会秩序,似乎矛盾,其实是从不同角度讲的。前者是从安定人心说的,这涉及的地区广、人员多;后者是就宗族械斗而言,发生地域小、影响人员少。从主流看,当今宗族起着稳定社会的作用。

当前宗族具有积极和消极两种作用,如果上面的具体分析不误的话,读者不难明了,它适应我国现代化初期经济、政治、文化发展的要求,促进社会发展,积极作用占主导地位。负面作用从性质上讲是严重的,但其影响面小,起次要作用。

二、宗族与商品经济的关系及家族企业的出现

现代化实质是生产力、社会商品经济的高度发展和人民生活的大幅度提高,以及人民个性化程度的发展和管理的高度民主化。前面说当前宗族的积极面为其社会功能的主导方面,是否忽视了它与生产力、商品经济发展的不协调性的因素呢?对此有着质疑性的看法。郭于华在《农村现代化过程中的传统亲缘关系》一文中问道:"传统社会关系的瓦解是否为现代化过程的必然趋势?如果宗族、亲属纽带与现代生产与交换关系注定是互相排斥的,那么如何解释中国香港、台湾和东南亚一些国家的企业宗族主义和快速发展与高度竞争能力?""传统的先赋关系是否依然无可救药地衰落?"[1]业已现代化的台湾、香港以及东南亚华人的宗族企业经营,并未影响现代化,而是在现代化中得到发展。这种现实同逻辑上的宗族阻碍现代化理论不协调。事实是无可否定的,只有去检讨那种理论。

宗族确实产生于生产力低下的自然经济社会,但是它是不是特别害怕与自然经济对立的商品经济呢?就像雪人见到太阳会融化一样,宗族遇到商品经济就会萎缩、消解?历史事实证明,在商品经济社会乃至高度发展的商品社会,它依然存在,且有新的生机,那就是异化为宗亲会。历史的及当代的事实是:

---

① 郭于华:《农村现代化过程中的传统亲缘关系》,《社会学研究》1994 年第 6 期,第 52 页。

(一)明清和近代商品经济发展,一定程度上刺激宗族活动

在明清时期,尤其是 19 世纪以后,商品经济最发达的地区是长江三角洲,而这里却是宗族活跃的地方。宗族义庄出现最多的地区就在江南的苏州、松江、常州三府,苏州洞庭山严氏家族以商贸著称,恰恰是它在上海报纸上刊登启事,通告族人进行修谱等宗事活动。十里洋场上海的王氏、朱氏、曹氏等家族在 20 世纪初不仅开展活动,还适应形势的变化将祠堂族长制改为族会制,与清朝政府拟议中的立宪会议一致。

徽州商人是明清时期最著名的商邦,势力遍及各省,享有"无徽不成镇"的盛名,然而他们却讲究宗族建设,注意开展宗族活动。见诸于物质方面的是建宗祠、修家谱、济贫,与对族人、乡人均有益的修桥筑路、兴办文教诸事。

歙县江村江氏在扬州江都落户的一支,源于江演与儿子承瑜、承珩的移徙。江演在扬州经营盐业,迅速起家,江承瑜成为一名总商,江承珩步入仕途,官至两浙江南盐驿道,成为亦商亦官的家族,到江承瑜之子诸生江春(1720—1789)接掌两淮八大总商之时,最为兴旺,担任 40 年总商。乾隆帝南巡,江春屡次接驾,报效极多,得到君主欢心,御驾两度过其花园,赐御书"怡性堂"匾,赐内务府奉宸苑卿、加布政使秩衔。江春宗族情怀浓郁,在故乡"建宗祠,整书院,养老周贫"。嗣子振鸿在嘉庆八年(1803)徽州大饥中,捐资赈济。江春堂弟、江承珩之子江昉,"于乡间祠墓,尤多捐助"①。原籍歙县洪桥郑鉴元(1714—1804),祖父郑廙、父为翰在扬州以盐筴起家,"居恒以诚训其子弟,于孝义之事,恒乐为之"。在歙县岩寺修造洪桥郑氏宗祠,上律寺远祖郑海宗祠,置香火田,三次添祭田;修族谱;亲族中无力婚葬者,多予资助。同时在江宁建设祖父宗祠,在扬州住宅建"亲乐堂",与族亲依时祭祀。另外,修京师扬州会馆,捐金数千。②歙县宋良铣为扬州巨商,"睦族敦伦尤恺挚",修缮本族家祠,造村庄水口亭阁,用费一千数百两。③

在扬州盐筴起家的徽州潭渡人黄晟,乾隆四年(1739)返乡扫墓,适有盐商黄以祚返乡改建三元桥,因"遽逝"而停工。黄晟秉命于母亲徐氏,出资数千

---

① 许承尧:《歙事闲谭》,黄山书社 2001 年,第 248、618—619 页。

②《歙事闲谭》,第 883—884 页。

③ 宋德泽辑歙县《宋氏族谱》卷 11,《世德·太学生恩授寿官良铣公传》,康熙五十九年秉德堂刻本;《清代宗族史料选辑》,下册第 1886 页。

两,并请从叔楚兰主持营造,历时四年,于八年(1743)竣工。黄氏族人以铨、景光等人亦出资,共用银一万四千两。①他兄弟四人,以义行被誉为"四大元宝"。老四黄履昊,官刑部、(湖北)汉黄道员,乾隆中,"捐资置田于邑(歙县)之东乡梅渡及西乡莘墟等处,给族中四穷"②。歙县方藩理在湖北襄阳一代经商,命儿子恩贡生方矩(1729—1789)在乡里,代他"缮祠宇,葺社庙",平整山岭道路,选择墓地安葬高曾祖以来没有下葬的浮柩,将族人中久厝未葬者移葬墓园。③歙县汪柳华,在湖阴经商,"率族彦建宗祠,以敦崇其本"④。商人兼诗人叶天赐(1723—？),歙县蓝田村人,在扬州经营盐业,"奉母命修宗谱,并为母请旌建坊"⑤。福建内地虽然商品经济不发达,但开展对外贸易,人口大量出洋,它也是宗族活跃的省区。这些事实表明商品经济与宗族并非水火不容,商人还利用宗族发展他的事业。对于这样的历史事实,已有学者注意到了。陈支平说:"在中国封建社会晚期商品化程度日益提高的情况下,家族制度依然能够以它包含的风度,吸收之,改造之,从而使传统的家族社会得以与近代的商品化比较和睦地相处共存,在某种程度上顺应了社会经济的前进。"⑥郑振满则进了一步,认为福建宗族因适应社会分工协作而得到发展,他写道:"在自然经济与商品经济相互胶着的社会经济形态中……传统家庭结构的周期性裂变,破坏了家庭成员之间固有的分工协作关系,促使人们寻找更为持久和稳定的协作方式,这就势必导致宗族组织的普遍发展。"⑦明清和近代商品经济下宗族存在、发展的不争事实,是宗族不惧怕商品经济的明证。尊重这种历史事实的历史著述具有求实性,令人信服。

(二)宗族接受工商皆本思想,从观念形态上证明它可以与商品经济相融合

明了商品经济下宗族存在与发展的事实,不妨再从观念上分析两者关系。传统的自然经济社会,以农为本,抑制工商,是所谓重农抑末。在长时期

---

① 《歙事闲谭》,第 830 页。
② 《歙事闲谭》,第 831 页。
③ 《歙事闲谭》,第 962—964 页。
④ 戴廷明、程尚宽等撰:《新安名族志》,朱万曙等点校,黄山书社 2007 年,第 193 页。
⑤ 《歙事闲谭》,第 700 页。
⑥ 陈支平:《近 500 年来福建的家族社会与文化》,上海三联书店 1991 年,第 259 页。
⑦ 郑振满:《明清福建家族组织与社会变迁》,湖南教育出版社 1992 年,第 272 页。

内,宗族也是重农抑末论的支持者,宗族规范中族人的职业,以士农为重,轻视工商业者,但不迟于19世纪,有的家族已经改变这一观念,不再对工商业持蔑视态度。19世纪下半叶江南常州姚氏制作的族谱《家训》有"劝本"一条,说"士农工商各有本业"[①],就没有排斥工商的意思,而是要求四业之人正确对待本业。19世纪中叶无锡人郑庭槐务农同时,又善于经商,自云其职业与做人是:"内以正心齐家,外以农商富国。"他认为经营农业和商业可以使国家繁华发达,这样将商业也看作富国之道的观点,被他的族人所接受,把这句话写到他的传记里,并收入族谱。[②]按照宗族与商品经济矛盾说。宗族只能顽固坚持崇本抑末观念,然而并非如此,随着工商业的发展,宗族改变态度,称赞工商业,可见家族与商品经济不是猫鼠不能相见。

中国近期商品经济发展与宗族重建同步开展的事实,证明两者可以并存不悖。十几年来商品经济比以前大为活跃,可是宗族却在这时重建,这是有目共睹的事实。是否可以认为商品经济发展时间不长,工商业发展不充分,还未导致宗族危机,或者说导致宗族危机是复杂历史过程,今天尚未体现出来,所以发展中社会允许宗族存在,而发达社会则没有它的立足之地了。容或是这样,宗族变体的宗亲会却适时地出现了。

在前近代宗族能够同商品经济相协调,改革开放初期也能相适应,那么在比大陆早期实现现代化的台湾、香港和海外华人社会如何呢?下面就了解那里的家族企业状况。

(三)台湾、香港及海外华人社会的现代家族企业及评价

1.家族企业存在的状况

台湾、香港以及海外华人所居住的某些地区,出现不少家族企业。笔者由于掌握的材料太少,只能举出个别事例,说点粗浅的见解。现代工商业的发展,也多少受到家族的影响,有家族资本控制某些工商业资金的运营。其他人种的家族财团不必说了,单在华人圈里,以1995年3月31日为基准日的统计资料表明,十大华人商人中,有谢国民家族、陈有汉家族是以家族财团面貌出现的。[③]2001年9月在南京举行的第五届华商大会,泰国的陈有汉出席会

---

① 同治《辋川里姚氏族谱》卷3。

② 民国《荥阳郑氏大宗统谱》卷8《子卿府君暨孙太夫人行述》。

③ 《全球十大华人富豪》,《南方周末》1995年7月7日。

议,接受电视记者采访,他是家族企业的第二代管理人,留学伦敦,现任盘谷银行董事长,他说该家族企业管理层正在向第三代转移,其子陈智深已出任总裁。1999年亚洲亿万富翁排行榜的前十名中,台湾的蔡万霖家族总资产77亿美元,居于第3位,王永庆家族财富49亿美元,位居第10,此外辜振甫家族名列第53,还有新光企业的吴东进家族名列第13位。新闻报道讲,蔡万霖家族人士"作风却很保守,生活节俭,不喜欢应酬,也不喜欢曝光,不过,霖园集团也积极从事各项回馈社会的活动。目前蔡万霖已将霖园集团的大部分事务交棒给第二代,他的四个儿子与三个女儿也都已成家,并分别接掌旗下企业"①。香港首富李嘉诚由做店员起家,业已逐步将企业交给两个儿子管理,并企盼富有状况能在家族传承下去,故云:"有一句老话说'富不过三代'。我希望我和我的后代能够打破这个迷信。"②大陆有学者说:李嘉诚集团是家族继承,儿子上任,对于职工来说容易接受,自然形成权威。③

　　香港首任特首董建华是董氏家族企业的第二代,80年代初乃父"船王"董浩云撒手尘寰,他接班后使家族企业渡过难关,其弟董建成在1996年出任东方海外国际有限公司副主席,1999年以该集团行政总裁的身份当选香港总商会主席。④经营食品业的香港李锦记企业已有一百多年的历史,经历四代人,90年代末的主席为第三代传人李文达,他的四个儿子皆任集团要职,长子主管食品业务,次子运筹市场经营,三子管理生产,老四主理财务,兼理"商机"。该企业顺应健康食品潮流,1992年开始发展中草药健康食品,利用国内医科大学研究成果,在内地开设500间专门店,并将目光对准世界市场。李文达每年带领员工祭祖,"显示家族生意仍摆脱不了一定的传统"⑤。在东南亚的华人宗族企业很多,可惜笔者确切知道的微乎其微。在印度尼西亚雅加达有一个宗族企业集团,大姐管理银行,有一个现代化制衣工厂,这个厂子"一尘不染,纪律分明,加上高科技缝纫机,成绩当然不差"⑥。

---

① 《蔡万霖王永庆跻身亚洲十富》,新西兰《中文一族》1999年1月29日第9版。
② 罗汉:《真人也露脸——超人李嘉诚:我想"富过三代"》,新西兰《华页》1999年11月11日第8版。
③ 李甬:《什么阻碍中国企业进步?——访张维迎博士和许小年博士》,《南方周末》1999年10月1日第24版。
④ 《董建成接班出掌宗族生意》,澳大利亚《澳洲新报》2000年3月6日第17版。
⑤ 李敏仪:《酱门之后半途出家寻宝记》,香港《东周刊》第354期,第56页,1999年8月5日。
⑥ 赵自珍:《印尼今昔》,北美《世界日报》1998年6月22日第11版。

家族企业有大有小，大企业有名，而小企业更多。许嘉犹对台湾纺织工厂和电子工厂进行调查，发现纺织厂的经营具有浓厚家族色彩，企业规模较小，技术层次也较低，接近次级劳力市场。①表明台湾有不少小型家族企业。

前述那些家族财团拥有的是现代化工商企业，不是古老落后的小农业，可见宗族在现代商品经济中不仅能够生存，而且发挥了积极作用。

台湾、香港地区以及东南亚一些国家的现代化毕竟只有短暂的历史，未来，家族企业将会有什么样的命运，是值得继续观察的问题。

2.学术界对家族企业利弊的评论

正负两面性见解。陈其南的研究，提出现代宗族企业有正负两方面作用的见解。一种是宗族的积极层面，即会使人产生工作动力，他说：传统家族伦理对现代东亚经济的发展，特别是在工作伦理和成就动机的层面，有积极的意义。因为中国人有为家庭活着、为宗族争光的观念，强调家庭成员系谱关系的延续性，故而产生上进心，这种特质就反映在私人企业的结构和所有权的转移过程上。他还就此与日本人的家族观念作了对比，更显示出中国人血缘观念的强烈。另一种是阻碍现代化企业伦理发展的因素，他说台湾企业家因家族观念，公司财产既是家族的，于是家族产业与公司企业不分，自然人与法人关系混淆不清。②

对于家族企业负面作用的批评。日裔美国人弗朗西斯·福山在90年代中期著作《信》一书中，将"信"区分为大小两种，说大信国家发展迅速，小信国家则不能及，他认为中国、法国、意大利等国是讲究亲族间关系的小信之国，而美国、德国、日本则反之。他说小信文化的致富之道，常会重蹈"一代创业，二代守业，三代散业"的覆辙，他以原来的电脑大王王安为例，从拥有22亿美元总资产到宣布破产，原因就是大权独揽，不信专业管理，坚持事业由儿子继承。他还批评李嘉诚、包玉刚家族企业的管理。③也许前述李嘉诚表达的三代以上发展的宏愿心声，就是应对福山的抨击而发的。伊雨铃不一定是人文学科的研究者，带有感情地指责中国人的家族观念和家族企业，他在1999年

---

① 台北"国史馆"：《中华民国史社会志》上册第六章"社会阶层与流动"（张瑞德、卢惠芬撰文），1998年，第420—543页。

② 陈其南：《宗族与社会》，台北联经出版事业公司1990年，第298—302页。

③ 参见陈耀成：《人间有信有蝶集》，见香港《东周刊》第160期，第162页，1995年11月15日。

说:"到新世纪来临时，封建意识还如此令人吃惊地流淌在中国人的血液里。有不少学历高得不能再高,留洋了不下半生的华人,也总在心底里念念不忘光宗耀祖,搞个公司也大都倾向于家天下。据说华人在海外的企业资产并不少,人也很聪明,可事业没有能做得够大,家族意识的毒素使然。"①对家族企业能否持续的问题,有的从事实出发,有的从印象出发,各讲各的道理。

大陆学者对港台及东南亚华人现代家族企业的研究和说明,目前受着客观条件的制约,一时尚难以作好,不过对整个华人家族在现代化过程中的作用,亦有所分析。李成贵讲到家族在经济与社会生活中的有效性,认为农民"保持传统的责任",赡养老人,"宗法关系的存在就成为农村社会和谐稳定的必要保证"②。他所说的家族责任心,与陈其南的角度不同,但认为有积极成分则是相同的。郭于华从全部农村宗族活动的现实提出见解:"整个农村社会变迁的现实显示了传统亲缘关系与现代社会关系的并存,权力关系与象征体系的并存,它预示了传统先赋关系的衰颓在中国社会将是一个相当长的历史过程,而且亲缘关系并非没有能力成为一定阶段内具有正面意义的利用资源。"③

现在学人谈论宗族及家族企业的社会作用,虽然没有事实的依据,更多的是理论性的预测,很难说分析得准确无误,不过检验具有革新精神的当代家族现代企业有积极性一面的说法或许是可以经得起时间和实践检验的。笔者之意,宗族虽然产生于自然经济社会,但同传统社会的商品经济不仅不发生冲突,而且是协调共进的。事实是宗族存在于商品经济社会,商品经济影响宗族的变化,宗族也给商品经济打上烙印,同时商业经营者因拥有财富而提高了宗族及自身的社会地位。到了现代社会,由于它的社会适应性、变革性和韧性,随着现代化而应变、自变,家族成员间在生产、生活中的互助合作,家族性的家庭股份制企业的出现,至少在现代化初期起着发展经济、解决和提高民众生活水平、稳定人心、稳定社会的积极意义,当然家族通财观念、行为对于社会生产的最终发展是会有妨碍的。至于业已现代化的台湾、香港和东南

　　① 伊雨铃:《中国人的意识还要封建多久?》,《2000 年的非常问句》,华文出版社 1999 年,转自《书摘》2000 年第 4 期,第 65 页。
　　② 李成贵:《当代中国农村宗族问题研究》,《管理世界》1994 年第 5 期,第 186 页。
　　③ 郭于华:《农村现代化过程中的传统亲缘关系》,《社会学研究》1994 年第 6 期,第 57 页。

亚华人的家族企业,从一般性的理论上讲,当然会随着企业管理的进一步现代化和社会经济发展的要求而改变家族的管理模式,进一步地社会化,家族企业会让路,然而这将是未来的事情。

还需要看到,家族与现代商品经济的关系,似乎是宗族存在于商品经济社会,商品经济影响宗族的变化,宗族也给商品经济打上它的烙印——家族企业。商品经济的繁荣,使人们之间的业缘关系大发展,且在人际关系中越来越处于重要地位,这无疑将迫使血缘关系从社会主要地位退居次要地位,但血缘关系由于自身性质所决定,至少在一个相当长的时期内不会消失,也就是说不会被业缘关系所完全取代。

三、宗族在现代化初期对社会的某种适应性

中国宗族对社会具有极强的应变力,如果我们再考察现代化时期这一特点的作用,或许更能明了宗族现实存在的合理性。

改革开放以来,中国社会的潮流是朝着现代化的方向前进,在许多社会领域发生相当大的变革,宗族恢复活动和重建是在现代化方针提出和开始实施之后出现的,此后,它适应时代新潮流,主动提出破除传统宗族的宗法性观念,树立新时代的新观念、新风尚。

一些宗族持有自我革新的态度,希望宗族能随着时代前进的步伐,革固鼎新,自我完善,团结教育族人,对国家建设做出贡献,使自身成为促进社会前进的团体。岳阳县张氏家族于 1990 年兴修家谱,在《序》中写道:"今日时代一大改革,吾等不可冒时政,越轨道,阻挠历史推动巨轮,自应深悟荀子察今之论,明哲指南,如是破旧例,顺时宜。"[①]他们深知宗族有旧传统的包袱,故而特别警惕它的影响,力求革新,使其顺着时代的历史车轮前进,因此表现出吐故纳新、自强不息的精神。

一些宗族改变男尊女卑观念,给女子以家族地位。家族以男系血缘关系为组织原则,排斥女性。在古代家谱中,起始族女不上谱,后来比较开明的家族允许族女上谱,而女子不能承嗣。现在中国实行计划生育政策,很多家庭有女无男,今日家族如何对待女性,不仅是历史上遗留的观念问题,也是如何对

---

① 岳阳《清河堂张氏家谱》卷首《六修谱序》。

待政府生育政策的现实问题。许多家族从思想认识到实践都作了较好的处理，在观念上首先强调男女平等。

一些宗族树立遵守法令、建设家乡的观念。20世纪下半叶的前30年宗族被打散了，如今自行恢复，就有合不合法的问题。明智的宗族特别强调遵守法令，使自身的活动限于合法范围之内。苍南《华氏族内守则（试行稿）》写明："本族族友要热爱祖国，热爱共产党，遵纪守法，尊老爱幼，勤劳致富，紧密团结各兄弟族，做一个文明族民。"①遵守法令，与其他宗族成员讲团结，是做文明族民的条件之一，可见宗族重视守法。《盐城唐氏宗谱·璜门支谱》告诫族人："吾唐氏儿孙，应遵纪守法，维护国家一切法纲，并执行之。"②山东临沭马氏家族举行扫墓祭祖大会，会联云："仁义为重守法第一；孝敬当先尊老爱幼。"③这些都表示宗族要在国法允许范围内活动，一定守法、不违法。

宗族一方面讲遵守国法，另一方面又自定家法，这同守法冲突不冲突呢？有的家族注意于此，表示所制定的规约是在国家法律允许范围内的，绝不同国法相抵牾，前述盐城陈氏《家训十条》第六条即是这方面的事例。萍乡廖氏对此也非常明确："其家规家法，按国法为依，稍以加减，视其予民予社会为美德者，当应保存发扬，是今家族教育之基础。"④所谓对国法的增减，是根据当地社会情况，在国法范畴内强调某些内容，也都是在人伦方面。在国家社会讲，这些是属于社会道德规范，而不一定属于法律范畴，宗族对它作出规约，是加强舆论监督作用，使族人的行为有所约束，与国法不仅不抵触，且从社会道德规范角度予以补充。

上述宗族各项革新，基本上是宗族活动家发自内心的愿望，是主动作出来的。但是为什么会主动，其无疑是外部环境造成的，是宗族活动家们认识到时代、社会要求什么，允许什么，不允许什么，那些认识深刻的人，做的时候就自觉一些，主动一些，认识不是很清楚的，主动性中就含有被迫性（迫于形势而主动去做），当今宗族改革中，也存在着后一种情况。由于宗族有受批判的历史，当今权威至少是不鼓励态度，因此一部分宗族活动者心有余悸，其中有

---

① 转见刘小京：《宗族·宗教·拳派——传统民间社会组织的恢复与重建》，《中国农民》1994年第10期，第11页。

②《盐城唐氏宗谱·璜门支谱·凡例》。

③ 学友马斗成提供照片资料，特志谢。

④ 萍乡《廖氏四修族谱·序》。

的人不免多讲一些爱党爱国遵纪守法的话,以免遭到误解。如山东马氏家族举行祭祖扫墓大会。却以纪念烈士为名,以掩盖祭祖活动,避免被指责为搞封建迷信。所以也不宜只看有些家族的言论,以为多么革新,而夸大宗族改革的程度。

总之,当今宗族有其对社会的适应性,能根据社会的变化和需要,改造其组织形式和活动内容。宗族正是有这种适应力,所以能够在变动中的社会生存下去,非但没有被改革的时代所淘汰,还能在消沉后复兴。

当今宗族的适应力,是历史上宗族应变力的延续,或者说中国宗族本身有较强的应变力,今日的创新,是固有的应变力的表现。宗族的变革,从上古发展到今天,已经有四次了,即:宗子制——士族制——祠堂族长制——会员大会暨理事会、监事会制。宗族的变化与时代的变革相一致,它没有被时代抛弃,而一直维持下来,充分表明它具有顺应性和应变力,所以今日宗族的重建和变化绝非偶然,是它历史演化中的一个阶段。

至此,将本文要点归纳如次:

第一,宗族在中国现代化初期进程中,主动适应变革中的社会环境,革故鼎新,努力摒弃传统宗族的宗法性因素,使自身成为随着时代前进的社会团体。

第二,在中国现代化初期,宗族活动有促进和阻碍现代化发展的两种作用,但它适应其时农民扩大谋生手段和城乡人民精神慰藉的需要,以有益于现代化经济、文化建设为其主导方面,因此要理解民众建设宗族的感情,而不应歧视。

第三,宗族能否成为社会中介组织,这取决于宗族民众与政府双方的态度。对民众讲,需要提高政治、文化素质,以便进一步克服宗族的宗法性因素和提高活动质量;对政府讲,如何尊重民众意愿,允许宗族在发挥正面作用同时,克服消极因素。

第四,宗族肯定是要消亡的,但这不会是目前的事,因此当前宗族史的研究,要面对现实,有的放矢,重点放在当前阶段,不必过多地强调它未来的消亡,而忽视它目前存在的合理性。

(原载日本《中国研究》第 1 卷第 10 期,1996 年 1 月号;2019 年 1 月 18 日增订)

20 世纪中国宗族史研究状况评介

20 世纪以来,现代学者对于中国宗族史的研究,笔者以为其发展过程可以分为四个阶段,即上半叶的研究起步,自始就存在学术研究及研究同政治运动配合的双重品格;50 年代至 70 年代中期,基本上是配合政治斗争的需要,批判封建族权;70 年代末至 80 年代,研究向纯学术状态发展,不过研究的理论基础,依然是封建社会形态视野下的宗族;90 年代以来,从研究客体的实际出发,对前一个时期的理论基础有所突破,并另辟蹊径,提出新的理论与实证的解释。在不同的研究阶段,研究的理论基础又有一定的延续性。与宗族史关系极其密切的谱牒学、姓氏学也基本上同步进行。尤其是 80 年代起,谱牒学受到学术界青睐,有研究学会的成立,召开过十余次族谱、亚洲族谱研讨会。宗族史、谱牒学、姓氏学的研究,相辅相成,相互促进。

一、宗族史研究的论著

开列中国宗族史研究专著的部分书目表,而且仅著录中国学者的研究成果,以此亦见学术界研讨的盛况和成绩的显著。

部分中国宗族史专著书目表
(含部分中国家庭史、谱牒学专著书目)

著 者	书 名	出版年份	出版社
吕思勉	中国宗族制度小史	1929	中山书局
杨筠如	九品中正与六朝门第	1930	商务印书馆
孙 曜	春秋时代之世族	1931	中华书局
陶希圣	婚姻与家族	1934	商务印书馆
袁世裕	中国古代氏姓制度研究	1936	商务印书馆
王伊同	五朝门第	1943	成都金陵大学
高达观	中国家族社会之演变	1944	正中书局
林耀华	金翼:中国家族制度的社会学研究	1944、1989	三联书店
潘光旦	明清两代嘉兴的望族	1947	商务印书馆

著 者	书 名	出版年份	出版社
刘 节	中国古代宗族移植史论	1948	正中书局
毛汉光	两晋南北朝士族政治之研究	1966	中国学术著作奖助委员会
徐朝阳	中国亲属法之溯源	1968	台湾商务印书馆
罗香林	中国族谱研究	1971	香港中国学社
何启明	中古门第论集	1978	台湾学生书局
何龄修等	封建贵族大地主的典型——孔府研究	1981	中国社会科学出版社
萧国钧等	族谱学与香港地方史研究	1982	显朝书室
联合报国学文献馆	第一届亚洲族谱学术研讨会会议纪录	1983	联合报国学文献馆
朱 勇	清代宗族法研究	1987	湖南教育出版社
王玉波	中国家长制家庭制度史	1989	天津社会科学出版社
田余庆	东晋门阀政治	1989	北京大学出版社
钱宗范	中国宗法制度研究	1989	广西师范大学出版社
谢维扬	周代家庭形态	1990	中国社会科学出版社
朱凤瀚	商周家族形态研究	1990	天津古籍出版社
陈其南	家族与社会	1990	台湾联经出版事业公司
甘怀真	唐代家庙礼制研究	1991	台湾商务印书馆
张 研	清代族田与基层社会结构	1991	中国人民大学出版社
陈支平	近500年来福建的家族社会与文化	1991	上海三联书店
钱 杭	周代宗法制度史研究	1991	学林出版社
王沪宁	当代村落家族文化——对中国社会现代化的一项探索	1991	上海人民出版社
台湾近代史所	近世家族与政治比较历史论文集	1992	台湾近代史所
郑振满	明清福建家族组织与社会变迁	1992	湖南教育出版社
徐扬杰	中国家族制度史	1992	人民出版社
刘广明	宗法中国	1993	上海三联书店
冯尔康等	中国宗族社会	1994	浙江人民出版社
钱 杭	中国宗族制度新探	1994	香港中华书局
徐扬杰	宋明家族制度史论	1995	中华书局
孔永松等	客家宗族社会	1995	福建教育出版社
钱杭等	传统与转型：江西泰和农村宗族形态——一项社会人类学的研究	1995	上海社会科学出版社
陈支平	福建族谱	1996	福建人民出版社
联合报国学文献馆	第七届亚洲族谱学术研讨会会议纪录	1996	联合报国学文献馆
丁刚等	近世中国经济生活与宗族教育	1996	上海教育出版社
冯尔康	中国古代的宗族和祠堂	1996	商务印书馆

著　者	书　名	出版年份	出版社
冯尔康、阎爱民	中国宗族	1996	广东人民出版社
钱宗范等	广西各民族宗法制度研究	1997	广西师大出版社
吴仁安	明清时期上海地区的著姓望族	1997	上海人民出版社
周銮书等	千年古村——流坑村历史文化的考察	1997	江西人民出版社
杨际平等	5—10世纪敦煌的家庭与家族关系	1997	岳麓书社
唐力行	商人与文化的双重变奏——徽商与宗族社会的历史考察	1997	华中理工大学出版社
王铭铭	社区的历程——溪村汉人家族的个案研究	1997	天津人民出版社
常建华	宗族志	1998	上海人民出版社
费成康等	中国的家法族规	1998	上海社会科学院出版社
唐力行	明清以来徽州区域社会经济研究	1999	安徽大学出版社
赵华富	两驿集	1999	黄山书社
许华安	清代宗族组织研究	1999	中国人民公安大学出版社
陈志华等	楠溪江中游古村落	1999	三联书店
李文治等	中国宗法宗族制和族田义庄	2000	社会科学文献出版社
王善军	宋代宗族和宗族制度研究	2000	河北教育出版社
林耀华	义序的宗族研究	2000	三联书店
庄孔韶	银翅:中国的地方社会与文化变迁	2000	三联书店
钱　杭	血缘与地缘之间——中国历史上的联宗与联宗组织	2001	上海社会科学院出版社
肖唐镖等	村治中的宗族——对九个村的调查与研究	2001	上海书店出版社
肖唐镖等	当代中国农村宗族与乡村治理——跨学科的研究与对话	2002	西北大学出版社
黄树民	林村的故事——1949年后的中国农村变革	2002	三联书店
徐建华	中国的家谱	2002	百花文艺出版社
赵华富	徽州宗族研究	2004	安徽大学出版社
夏　炎	中古世家大族清河崔氏研究	2004	天津古籍出版社
秦燕等	清代以来的陕北宗族与社会变迁	2004	西北工业大学出版社
李　卿	秦汉魏晋南北朝时期家族、宗族关系研究	2005	上海人民出版社
阎爱民	汉晋家族研究	2005	上海人民出版社
常建华	明代宗族研究	2005	上海人民出版社
冯尔康	18世纪以来中国家族的现代转向	2005	上海人民出版社
杨立威等	徽州大姓	2005	安徽大学出版社
张国刚等	中国家庭史	2007	广东人民出版社

　　书目表所列专著之外,还有一部分史著涉猎了大量的宗族史内容,如吕思勉的《先秦史》《秦汉史》《魏晋南北朝史》及《隋唐五代史》,朱瑞熙的《宋代社会研究》(中州书画社1983),叶显恩的《明清徽州农村社会与佃仆制》(安徽

人民出版社 1983)，柯昌基的《中国古代农村公社史》(中州古籍出版社 1988)，毛汉光的《中国中古社会史论》(联经出版公司 1988)，黄宽重、柳立言的《中国社会史》(空中大学 1996)等。宗族史专题论文的数量相当多，比较有代表性的是：丁山的《宗法考源》(《历史语言研究所集刊》第四本，1934)，林耀华的《从人类学的观点考察中国宗族乡村》(《社会学界》第九卷，1937)，左云鹏的《祠堂族长族权的形成及其作用试说》(《历史研究》1964 年第 5-6 期)，傅衣凌的《论乡族势力对于中国封建经济的干涉》(《厦门大学学报》1961 年第 3 期)，李文治的《明代宗族制的体现形式及其基层政权作用——论封建所有制是宗法家族制发展变化的最终根源》(《中国经济史研究》1988 年第 1 期)，(英)科大卫、刘志伟的《宗族与地方社会的国家认同——明清华南地区宗族发展的意识形态基础》(《历史研究》2000 年第 3 期)，等等。

二、宗族史研究的成绩

从上述专著与论文的题目，读者可能对宗族史研究的内容、状态有了初步印象。笔者阅读了其中相当一部分著述，觉得百年来的研究成就，在宗族通史、宗族断代史、宗族专门史、地域宗族史、宗族历史地位和宗族史理论六个方面取得不少成绩。

(1)宗族通史研究

自从吕思勉开创研究宗族通史，至 90 年代出现《中国家族制度史》《中国宗族社会》《宗族志》三部专著以及一些专题论文，学者对宗族史发展线索、分期和变化规律提出一些可供讨论的见解。徐扬杰将宗族史分为四个发展阶段：原始社会末期父家长制家族，殷周时期的宗法式家族，魏晋至唐代的世家大族式家族，宋以后的近代封建家族。本书作者之一的冯尔康在《清代宗族制的特点》一文(《社会科学战线》1990 年第 3 期)和《中国古代的宗族和祠堂》中，从宗族领导权掌握在何种社会身份集团手中、宗族的内部结构及其成员的民众性、宗族社会生活中宗法原则的变化三方面分析，认为先秦是典型宗族制，也即贵族制时代；秦唐间是世族、士族宗族制时代；宋元是大官僚宗族制时代；明清是绅衿富人宗族制和民众化的宗族制时代；近现代宗族变异时代。常建华在《宗族志》中，将宗族制度的演变划分为四个阶段：世族宗族制、士族宗族制、科举制下祠堂族长宗族制、近现代社会巨变中的宗族制度。

(2)宗族的历史定位和现实定性

这实际上是宗族史研究与20世纪政治的关系问题。20世纪以来我国在政治思想领域持续开展对君主专制的批判,学者的研究有意或无意地与这种形势相契合,着重宗族与政治关系的探讨,诸如宗法制与分封制,门阀制度,豪族、世族、士族,祠堂族长制,族权与政权关系,宗族与门第婚姻,谱牒与任官制度等,意图说明宗法观念、孝道对人的思想禁锢,族权统治族人维护封建政权的作用。特别是毛泽东、李维汉几乎同时提出族权说,以之为封建四权之一。这种研究,在80年代以前成为主流方法和意识。另一方面,有少数研究者认识到宗族具有自治性,主张利用它实行地方自治。孙中山甚至希望将宗族发展为国族,成为凝聚国人、建立独立富强国家的手段。两种研究方向,都赋予宗族以政治使命。在一定意义上说宗族史成为政治史研究的一种内容。这种研究在客观上起着某种促进思想解放的作用。如《婚姻与家庭》一书,指出在家族制度下婚媾不顾及当事人青年男女双方意愿,由家长、族长起支配作用,是不合理的。这在该书问世的30年代,"父母之命,媒妁之言"还盛行的时候,无疑起着支持青年男女争取婚姻自由的作用。又如《中国家族社会之演变》分析,家族制度的优缺点,指出它阻止发展工商业等进取精神的培养,造成青年依赖家庭的不良后果。

80年代,尤其是90年代以后,研究者对宗族的定性研究有了较深入的、较接近实际的认识,一改强调宗族政治功能的研究状况,关注宗族的社会功能,探讨宗族与经济的关系,视角也从宗族公产的阶级性定位移至族内经济互助作用方面。宗族制变化的特点是宗法性逐渐削弱、民众化,政治功能减弱、社会功能转强。此外,宗族与信仰、与祭祀生活、与伦理教育、与娱乐、与移民等关系,为研究者瞩目,陈支平《近500年来福建的家族社会与文化》一书,在这方面作了很好的尝试,比如该书研究了民居与家族关系,指出:"福建家族制度的兴盛,使民间的聚落形式和民居建筑富有特色,独具风格。"(第238页)那就是引起海内外人士兴趣的家族土楼。

长期以来宗族被定性为"宗法宗族",即具有宗法性质、封建性质,笔者近年提出"变异型宗法宗族"概念,认为中国上古宗法社会的制度及其观念,在秦汉以降的社会有保留,有变化,令宗族不再是上古的典型宗族,社会不再是典型宗法社会,而进入变异型宗法社会的新阶段。从典型宗法制到变异型宗法制,宗法精神仍在,然而大为消弱,不宜简单地将秦汉以降的社会视为宗法社会。

(3)断代与当代宗族史研究

断代宗族史的研究,以一头一尾最为突出,即周代与清代的研讨成就最多,表现为专著与论文均多,都有几部专著,而且研究的方面较为广泛,如清代宗族史涉猎到宗族法、族正制、族田、祭祀、宗族械斗、宗族移徙、宗族观念、宗族文化、宗族教化、士绅与宗族、商人与宗族、宗族转型、宗族制特点。先秦的宗族研究,讨论殷商有无宗族及氏族组织形态,周代宗统与君统是否合一,宗法制与分封制的关系,庶人有无宗族等方面。两晋南北朝隋唐、宋代、明代宗族史均有所研讨,中古集中在士族制与九品中正制、门阀制关系方面,尤多个案研究,如关于王氏、谢氏、崔氏、杜氏、张氏、裴氏的专文、专著,多有学术质量。

学者对于近当代宗族的兴趣,表现在三个方面,一是人类学家进行跟踪调查,产生林耀华、庄孔韶、黄树民四部著作,揭示20世纪福建农村宗族活动的顽强生命力;二是对当代转型时期宗族活动的描述,华人家族企业的状况与功能;三是对当代海内外华人宗亲会活动的关注,而宗亲会是宗族的变异类型。在对当代宗族研究中有三种倾向性意见,其一是20世纪形成的传统,否定宗族,以其为破坏社会的古代封建传统力量;其二是中性观点,认为宗族有正负两方面作用;其三是宗族有其积极意义,指出"农村人有农村人的活法",城里人不必过多地指手画脚,说三道四。

(4)专题研究

宗族公产的类型、数量、经营和用途;宗族结构的状态与各种类型宗族的社会地位,宗族结构与社会结构的关系;宗法制度与宗族制度关系,涉及宗法制家族形态、宗君合一、宗法思想、宗法与伦理、宗法继承制;同宗联宗、不同宗的联宗、异姓联宗与拟制亲的现象与产生的原因;著姓望族的形成及与婚姻、家族教育、区域环境的关系,其文化特征;客家宗族的形成与发展、结构、功能与裂变;家法族规的演变、制定、范围、奖惩、特性、历史作用和研究意义;少数民族中满、回、壮、瑶、苗、侗、仫佬、毛南、京、彝、仡佬、水诸族的宗法制度;族谱及其修纂,以及与宗族的关系,修谱对祖先的寻觅与塑造、渊源的追溯与合流、异姓的联系与合谱、神明的崇拜与创造;族与乡的关系,乡族、乡族村庄概念,乡族地缘关系和血缘关系结合物对经济的影响,宗族作为地域社会结构的影响,宗族、宗教神庙共治乡村,与近代地方自治传承;宗族的形成与户籍的关系,移民因归入较早入籍移民的户籍之内而取得了户籍,突破土著的禁制;宗族文化与姓氏文化的结合研究;宗法制度与宗族被不少研究者视为中国封建社会长期停滞不前的原因;宗族制与农村公社的关系。

(5)地域研究

在宗族制盛行的地区,尤其是宗族公共经济发达的地区,宗族活动频繁,宗族史文献较多,学人对该地区的宗族研讨也相应地多一些,对广东、福建、江西、安徽、江南的宗族着力尤多。广东的宗族研究,集中在珠江三角洲地区,与社会经济形态研究相结合,沙田的大规模开发为宗族势力的发展创造了有利条件;宗族制与商品经济互相适应,宗族并非是自然经济产物,与商品经济不相违背;研究者有叶显恩、谭棣华、刘志伟、韦庆远、罗一星、陈春声、郑德华等。福建与广东都是宗族械斗多发地区,械斗的基础是宗族拥有大量的公有财产,因为宗族公产多,福建沿海农田水利事业的组织,由官办向民办发展,即由宗族负责进行;福建的里甲户籍,成为家族组织的代名词;宗族组织形式有继承式、依附式、合同式三种类型;福建族谱的真实面貌和独特风格;研究者有傅衣凌、郑振满、陈支平、王日根等。安徽宗族史研究者有叶显恩、赵华富、唐力行、周绍泉、刘淼、栾成显、卞利等,主要是对徽州宗族的研讨:徽州宗法组织、祠堂族长、族权、族田与社会结构及其法律地位;族产的内部结构、来源、经营、管理、收益分配、作用;族长不一定由族中富户担任,中等农户即可,而且不影响他的权威;徽州佃仆制及其性质;商人借助宗族势力,建立地区性或商业性垄断,并促使形成小家庭大宗族的格局;16世纪徽州农村宗族制转型,宗族移徙由从农村到农村,转向由农村到城市;因祭祖等原因,宗族组成族会,意味着宗族生活开始出现分化;宗规家法的制定、执行和特点;徽州文书的遗存与徽州大族的关系。江西学者周銮书、梁洪生、邵洪等发现并研究乐安流坑千年古代宗族村落,其家族组织的整合与乡绅、与商业密不可分;钱杭、谢维扬以江西泰和为例,研讨农村宗族形态的从传统到转型;江西族谱众多,其公藏者的题解已由梁洪生汇集成书。江南宗族的研讨,集中在族田、族学和望族、宗族与社会生活几个方面,研究者有张研、钱杭、范金民、吴仁安、江庆柏等。

(6)研究法的探讨

在宗族史研究中,较长时期是在封建社会形态视野下进行的,并形成宗族农村公社论、族权论、宗法思想论、土地关系制约论四论;20世纪90年代以来,则从研究问题的实际出发,对前一个时期的理论基础有所突破,主要反映在宗族民众化、家族组织与社会变迁的"三化"、国家认同论、宗族乡约化以及对宗族形成原因的综合分析方面。

宗族史研究中,历史学与人类学的结合,提出分房理论及其方法。

(这篇关于 20 世纪宗族史研究评介的文字,写于 2008 年 4 月 2 日,收入我和常建华教授等合著的《中国宗族史》,上海人民出版社,2009 年。鉴于其内容与近现代宗族史相关,今收入本卷。2019 年 1 月 21 日审改)

晚清南洋华侨与中国近代化

晚清,系指同治至宣统,即公元 1862 年至 1911 年的五十年间。这时正是中国半殖民地化时期,出现近代化的问题;这时华人大量移民南洋,因此也是清朝政府逐渐改变华侨政策和华侨祖国意识强化的时期,因而这个题目的研究应当很有意思。

(一)华人大规模移民南洋的状况、原因及与中国近代化的关系

中国人向南洋迁徙,明朝初年业已兴盛,此后络绎不绝,比如,在 1760 年至 1820 年的六十年间,每年进入西加里曼丹的就在三千人以上,到 1820 年在那里居住着十五万华人。①又如 1832 年(道光十二年)在菲律宾有几万名福建人。②19 世纪 60 年代初,清朝政府同英、法等国订约,允许华工出洋,跟着出现华人出国的热潮,及至光绪十九年(1893)清政府宣布废除海禁旧规,出国的人员骤增,纷纷进入美洲、非洲、澳洲,南洋地近中国,更是华人奔赴的处所。光绪十六年(1890),出使英法意比四国大臣薛福成讲,每年到南洋的华工有十余万人,③几年后,即光绪二十一年(1895)出使俄国的王之春说,每年去南洋的华人多达十五六万。④王、薛的不同数字说明南洋的华侨在逐年增多。在印度尼西亚的华人,1860 年为 22.1 万;1870 年增至 26 万,平均每年增加 3900 人;1880 年华侨 34.4 万,自 1870 年以来每年增加 8400 人;1890 年华人 46.l 万,自 1880 年以来年增 17000 人;1900 年华人达 53.7 万人,自 1890 年以来年增 7600 人。⑤华侨的增长在前三十年呈现出直线上升的势态。在缅甸

---

① 温广益等:《印度尼西亚华侨史》,海洋出版社 1985 年,第 110 页。
② 道光《厦门志》卷 8《番市略》。
③ 薛福成:《出使英法意比四国日记》,收入《晚清海外笔记选》,海洋出版社 1983 年。
④ 王之春:《使俄草》,收入《小方壶斋舆地丛钞》再补编第三帙。
⑤ 华侨人数参见沈已尧:《东南亚——海外故乡》,中国友谊出版公司 1985 年,第 94 页。

的华侨,1861 年有 1 万人,1891 年增为 4.3 万,年平均增加 1100 人,1911 年达到 12.4 万人,自 1891 年以来,年增 4050 人,[①]华侨数量迅速上升。华人不断地流入南洋,到 1900 年(光绪二十六年)人口有 300 万,[②]1906 年(光绪三十二年)达到 400 万。[③]19 世纪 60 年代以后的五十年中,华人像潮水一样,汹涌澎湃流入南洋各地,是真正的出国潮。这样使得这个时期的下南洋,人数多,规模大,增长速度快,且有持久性,这就使它与前此任何时期具有了不同的特点。[④]

第二次鸦片战争之后,中国加速了半殖民地化的进程。西方殖民主义者采取"合作政策"在华划分势力范围,派遣驻军,设立租界,拥有领事裁判权,但是共同维系清朝政府,保持中国的"独立"。清朝政府在殖民者的军事、经济、文化侵略面前,被迫接受列强的宰割,逐渐被殖民国家控制,请外国人管理海关,做军事、财政、经济、外交顾问,允许殖民者在华驻扎军队,从而丧失一个独立政府的必备条件。殖民者扩大经济侵略,一面向中国倾销商品(继续进行罪恶的鸦片贸易),为此强迫中国增设通商口岸,由 1842 年的五口增到 1911 年的 82 个;另一方面是实行资本输出,在中国开办银行、工厂,修筑铁路。在列强经济掠夺下,中国资源外流,入超严重,1901—1910 年入超 12 亿 1千多万两,平均每年 1.21 亿两。[⑤]中国君主社会等级的对立,贫富的严重分化,人口的膨胀,迫使广大民众挣扎在饥饿线上,在中国半殖民地化过程中,人民灾难更加深重,无法维生,闽粤沿海人民只好出洋谋求生存,陈达指出:"光绪末,国政日非,民俗日下,携眷而出,势如奔涛,不可复遏。"[⑥]中国半殖民地化加速了华人流向南洋。

---

① 人口数字见 В.Ф.瓦西里耶夫著:《缅甸的华人村社》,转录自《外国学者关于中世纪华侨史的研究》,《中国史研究动态》1988 年第 10 期。

② 薛福成:《通筹南洋各岛添设领事保护华民疏》,见陈翰笙主编《华工出国史料汇编》,中华书局 1985 年第 1 辑第 1 册,第 275 页。

③《杨晟为南洋华人受虐请闽粤两督酌议办法呈外务部文》,见《华工出国史料汇编》第 1 辑第 1 册第 460 页。

④ [英]维克多·珀塞尔著:《东南亚华人》认为,华人移民东南亚,在近六百年中经历三个阶段,一是土著王公统治时期,华人居地小,主要在一些城镇;二是欧洲各国建立殖民时期,华人大批移入;三是 19 世纪最后 25 年开始的欧洲人殖民扩张,华人如潮水般涌到南洋。(姚楠等译,载《中外关系史译丛》第 2 辑,上海译文出版社 1985 年。

⑤ 据徐珂辑《清稗类钞》第 5 册第 2350 页(中华书局 1984 年)资料统计。

⑥ 陈达:《南洋华侨与闽粤社会》,1938 年,第 46 页。

19世纪下半叶南洋土著居民不多,英国、法国、荷兰、西班牙殖民者为实现资本输出,更多地掠夺南洋财富,深感劳动力的匮乏,希望用华人去补充,为此,英、法两国政府于1860年10月,分别强迫清朝政府在中英北京《续增条约》、中法北京《续增条约》中承认它们来华招工的权力。正是在这种情况下,华人大量被招往南洋做苦工。光绪间修撰的《闽县乡土志》写道:"膂力强者,用应洋人之招,为苦工于绝城,彼族以牛马视之。"①民国间编写的福建《永泰县志》讲:"同治初年,英、荷诸国开辟荒岛,乏人垦治,以重资诱往做工,遂有贩卖猪仔之事。"②以上说的都是西方殖民主义者在华招劳工的事实,晚清华人大量移民南洋,正是西方资本输出、扩大在南洋殖民的时期。

中国被迫半殖民化的同时,有识之士也以争取实现近代化为中国寻找出路,并与殖民者抗衡。在经济建设方面,从官僚办洋务开始,到民间资产者兴办机器工业、矿山,进行资本义式的商业经营,建设铁路、航运和邮电;在政治改革方面,出现戊戌变法、废除科举、创办学堂、改革官制、整顿吏治、编练新军,变法失败,人们懂得了改良不行,准备革命,谋图推翻清朝政府,终于爆发了辛亥革命;生活方式方面,受着传统等级制度的制约、崇本抑末方针的限制、纲常伦理观念和迷信思想的束缚,改革很不容易,只有极少数的人采取文明婚姻仪式,改变着装,剪掉辫子。19世纪后半叶,中国要摆脱困境,必须实行近代化方针,进行政治改革经济建设,变革生活方式以促进政治、经济改革,否则只能沿着半殖民地化的道路走下去。所以中国近代化任务的提出,与中国君主社会内部矛盾加深及半殖民地化是因果关系,社会矛盾越严重,实现近代化的任务越迫切。

在中国面临实现近代化任务的时候,华人大量移居南洋的过程,与中国半殖民地化加速进程、与南洋殖民地化加深进程,是同步进行的,这三方面有着内在的联系;华侨流寓南洋,与中国君主社会内部矛盾的加深、中国半殖民地化,也是一种因果关系,后两个因素继续产生南洋移民;华侨身在南洋,与祖国有着千丝万缕的联系,他们植根于中国,出入境虽然不自由,但短期内可以返乡,时间长了也可以偷着回国,家乡有亲眷,有宗亲姻亲,有乡邻,到新居地还要利用这些关系,本身受中华文化薰陶,并把它带到移居地。中国近代化

① 光绪《闽县乡土志》,《版籍略五·实业》。
② 民国《永泰县志》卷4《户口》。

任务的提出,与华侨迁徙南洋产生于同样的社会原因,加之华侨的根在祖国,这就使南洋华侨与中国近代化产生内在联系,华侨必然会关心亲人的、祖国的命运,清朝政府和各种社会力量也会对他们采取一定的政策和态度。

笔者正是考虑到这种联系,才选择 19 世纪最后 40 年、20 世纪最初 10 年的出国热时期,考察南洋华侨与中国近代化的关系问题,特别是华侨怎样才能有助于中国近代化,中国政府又怎样才能利用华侨的帮助实现中国近代化。

(二)南洋华侨对国内的经济援助及与近代化的关系

晚清南洋华侨同国内经济联系密切,渠道甚多,诸如侨汇,举办公益事业,兴办工商企业,向清朝捐饷等。

华侨多系只身出洋,怀念父母妻子,把省吃俭用节余的银钱汇寄回国,赡养亲人。驻德大使杨晟于光绪三十二年(1906)估计,南洋侨民每年寄给亲属的银钱在一千万两以上。[①]1890 年薛福成就新加坡一地而论,说在前此十三年内,华侨携寄回国的钱财不下一二千万两。[②]近年林金枝估算了福建华侨汇款数额,列表如下:[③]

年　度	华侨汇款数额(元)
1871—1884	43,540,000
1885—1898	14,540,000
1899—1904	60,000,000
1905	20,534,000
1906	19,898,000
1907	19,156,000
1908	19,368,000
1909	21,700,000
1910	23,396,000
1911	19,368,000

① 《华工出国史料汇编》第 1 辑第 1 册第 460 页。
② 《华工出国史料汇编》第 1 辑第 1 册第 276 页。
③ 林金枝:《略论近代福建华侨汇款》,《中国社会经济史研究》1988 年第 3 期。

福建的华侨90%以上在南洋，所以侨汇主要来自南洋华侨。从福建一省看，自1885年以来，每年侨汇一千万两以上，甚至二千多万两，数字巨大，杨晟等的估计一点也不过分。

华侨热心于家乡的公益事业，赈灾，修桥，办学，建善堂，乃至于修家庙，建寺宇。福建同安县华侨杜文昪在缅甸经商，于1887年至1908年用三十多万两银子在家乡行善，赈济灾民，修缮双溪书院考棚，又给慈禧太后献玉佛，因此使其父母、祖父母得到二品诰封，李鸿章为他建立"乐善好施"牌坊；同县菲律宾华侨陈谦善，先后捐款赈济山东、顺天、直隶、福建灾荒，清朝给予一品封典；同县华侨柯祖仕，"置祀田为祖祠祭费，设义塾供人来学，每值故乡荒年，购米平粜……捐修庙宇，舍药施茶，刊刻善书，筑桥造路，诸善举悉彰彰在人耳目"，清政府给予道员职衔；同县印度尼西亚华侨黄志信，在本县筑路，平粜，重修凤山庙，赈济直隶河间府，受到清朝中宪大夫的封赠。①广东嘉应州印度尼西亚华侨李步南在家乡修桥，筑路，设茶亭，给松市口育婴堂、梅安书院、李氏私塾经费；②同县贡生陈国宝，于同治六年(1867)往暹罗贸易，同时向该处华侨募捐，回乡重建县育婴堂，收养弃婴百名。③番禺县新加坡华侨胡璇泽赈济山西灾荒，在家乡建宗祠，周济贫乏，助人丧葬，光绪三年(1877)被清政府任命为新加坡总领事④，等等。

少数南洋华侨开办机器工厂和建筑铁路。中国最早的机器缫丝厂即由华侨创设。众所周知，南海县继昌隆缫丝厂是民营的第一家机器缫丝厂，它于同治十一年(1872)由华侨陈启源创办。⑤光绪二十九年(1903)梅县人苏门答腊华侨张煜南出资五十万元，与谢荣光等办潮汕铁路有限公司，1906年铁路筑成，全长四十二公里。⑥潮州籍的暹罗华侨组织华暹公司，购买轮船四艘，从事汕头与曼谷的航运业务，以免这段航运为外国人操纵。⑦不过，华侨办实业不多，所以有人指出：华侨"于祖国之振兴工艺诸端，鲜或措意及之"，因此才有陈子宜

---

① 以上俱见民国《同安县志》卷36《华侨》。
② 光绪《嘉应州志》卷23《人物·李步南》。
③ 光绪《嘉应州志》卷14《育婴堂》。
④ 民国《番禺县续志》卷22《人物·胡璇泽》。
⑤ 宣统《南海县志》卷26《杂录》、卷4《舆地·丝部》。
⑥ 民国《潮州志·交通》。
⑦ 民国《潮州志·实业志·商业·出口商》。

到新加坡游说华侨办工业,不要受人愚弄,爱好虚荣,捐赈捐饷得诰封。①

清朝政府为建设海防和进行一些战争,派人到南洋向华侨募捐,华侨也是慷慨解囊。左宗棠在福州办造船厂,资金不足,福建海澄籍暹罗华侨陈金钟捐银一万两,陈又有捐赈事,所以被清朝授予道员衔,②另一海澄籍的槟榔屿华侨邱忠波亦从事海防捐献,也获得道员虚衔。③前面说过的陈谦善在中日甲午战争中捐银助饷,胡璇泽捐献银两,供给清军镇压太平军余部。

南洋华侨对国内的经济资助,起着重要的作用,首先是解决侨眷的生计问题,帮助侨乡民众安排生活。中国在18、19世纪人口大增,而耕地增加及劳动生产率提高极其有限,加之君主社会制度不合理,使得人民生计问题特别严重,几百万华侨到南洋谋生,解决了自身的衣食问题,就给国内减轻了人口压力。不仅如此,他们还以每年上千万两的银钱赡养亲属,使得相当部分的侨眷得到温饱,如侨乡潮州人仰赖侨汇为生的占到全部人口的40%~50%。④华侨在家乡兴办的公共福利事业,惠及了乡亲,人们得到一些救济,有利于改善生活。光绪二十年(1894)以降,嘉应州接连遇灾,米价腾飞,南洋华侨立即从暹罗、安南、缅甸运回大米,平价出售,遏止了米价的上涨,相比之下,道光十二年(1832)大灾,那时华侨少,无人进行平籴,潮州人吃了苦。⑤这是侨乡人民得益于华侨援助的显例。

其次,促进海外贸易的开展,增加出口,多少弥补了严重的入超。因为南洋华侨,国内的对外贸易经营有了两项业务,一是专为华侨生活服务的营业,一是对其他国家和地区民众的。南洋华侨众多,他们的生活方式基本上还是中华文化方式,因此需要国内物品,侨乡的出口,相当部分是对华侨进行的,潮州出口商,"凡(华侨)潮人日常生活所需,皆以配运出口销售",为进行此种贸易,组织了南商公所等专门机构。⑥福建向南洋输出茶叶,光绪后期每年行销十几万石、二十多万石,获银五百多万两。⑦上海出现南洋庄,专做对南洋华

---

① 徐珂辑:《清稗类钞》第5册第2356页。

② 薛福成:《出使英法意比四国日记》。

③ 力钧等:《槟榔屿志略》,见《晚清海外笔记选》。

④ 民国《潮州志·实业·商业》。

⑤ 光绪《嘉应州志》卷32《丛谈》。

⑥ 民国《潮州志·实业·商业·出口商》。

⑦ 光绪《闽县乡土志·地形·商务·输出货》。

侨的进出口贸易,出口的主要是药材、丝绸、日用百货。①宣统二年(1910),两江总督张人骏出面,组织南洋劝业会,促进对南洋贸易,由于华侨及南洋土著居民的需要,南洋市场充斥着中国货物,如西贡市场到处是中国食品、杂货、绸匹、药材。②1898年(光绪二十四年),在三宝垄佐哈尔市场,有二百四十家商摊,大多是华商,出售碗碟、布匹、杂货、铁器。③菲律宾从中国进口的物品是:丝绸、伞、瓷器、瓮、罐、碗、盘、蛋类、通心粉、粉丝、水果、火腿、茶叶、药材、药品、皮箱等。④侨汇和因华侨而开展的对外贸易,使中国外汇收入增加,多少弥补入超带来的经济损失,薛福成清楚地看到这一点,他说:"中国贸易与各国相衡,亏短甚巨,然尚有周转者,以华民出洋所获之利足资补苴也。"⑤饶宗颐等在《潮州志》中指出:"海外华侨输回之金额,在中国国际收支平衡中占一重要项目。"⑥他们还是仅就侨汇而言,加上海外贸易的收益,华侨对中国经济的贡献就更大了。

光绪间编修的《嘉应州志》写道:"今日则谋生愈艰,所幸海禁已开,倚南洋为外府。"⑦倚南洋为外府不是嘉应一地的事,所有的侨乡皆是如此,它反映了南洋华侨对中国经济的巨大意义:弥补入超,平衡国际收支,赡养侨眷,减少中国的人口压力。南洋华侨出去时大多为"猪仔",等于是国家的弃民,但他们功在祖国,千古不会磨灭。

复次,开办新式工商业的作用。前述继昌隆机器缫丝厂创设后,获利丰厚,反响应时而生,三四年内在南海、顺德两县出现百十家丝厂,⑧其中有机器缫丝厂三四家。机器缫丝厂规模较大,雇佣工人多达八九百人,生产提高,使丝的出口增加,在国际市场与日本丝抗衡。但是这种企业太少,影响微弱。当时少数人有办实业的愿望,广东阳山县人朱学发,在光绪间深感国势衰弱,认为开矿可以救国,打算到南洋矿场当工人,学习经验后回国开办矿业,然因

---

① 参阅李伯祥等:《近代上海南洋庄和南洋贸易》,《中国社会经济史研究》1986年第3期。

② 张荫桓:《三洲日记》,见《晚清海外笔记选》。

③ [印尼]林天知著:《三宝垄历史(1416—1931)》,李学民等译,暨南大学华侨研究所1984年。以下简注为《三宝垄历史》及页码。

④ [菲]欧·马·阿利普著:《华人与马尼剌》,译文载《中外关系史译丛》第一辑,上海译文出版社1984年。以下简注为《华人与马尼剌》及页码。

⑤ 《华工出国史料汇编》第1辑第1册第277页。

⑥ 《潮州志·实业·金融·侨汇》。

⑦⑧ 宣统《南海县志》卷26《杂录》。

已经五十多岁,不能成行,派儿子朱海均前往,海均在洋致富,却没有回国开矿。①当时中国的国情还不允许华侨大规模回国兴办新式工商业。

以上说明了南洋华侨与国内经济的联系,现在考察华侨的政治态度。较长时间内华侨拥护清政府,它的上层人物更以接受清朝的封赠为荣耀;到了20世纪初年,印尼华人官员出行,学着清朝官吏,令人身后打伞,以表示其身份和威严;南洋华侨尊奉清朝正朔,使用清帝纪年,道光二十五年(1845)三宝垄陈峰烟、马荣周重修大觉寺,立碑署"道光乙巳年正月",1908年光绪帝、慈禧太后死去,印尼中华商会设灵堂祭奠,做功德,华人团体成员穿孝服吊唁。②反清的力量也有,如咸丰元年(1851)海澄归侨江源与同安人黄得美等在闽南发动小刀会起义,且影响到上海小刀会运动,但他们只是反清,还不懂得改变国体政体,只有到辛亥革命才提出这个问题。辛亥革命中及其前夕的历次起义,南洋华侨捐款,派人参加,做出不少牺牲,在推翻清朝的革命事业中立有功勋。

权衡南洋华侨与中国经济、政治、公益、工业、交通事业的关系,特别是从中国近代化的角度来看,笔者产生下述观点:

第一,帮助侨属和侨乡人民维持生活,部分解决这些人经济贫困的痛苦。

第二,稳定清朝固有的君主制度,因为华侨的经济援助起着维护社会秩序的作用,使得生活没有着落的人不致于起来造反。诚如杨晟所说,如果闽粤没有华侨的接济,"不难化为沟中之瘠,而内乱且作"③;同时清朝得到的捐饷、捐赈和侨汇的种种实惠,使它的经济得到补充,从而有益于它维持统治。

第三,从经济改革的角度看,华侨所办新式工商业甚少,并没能在中国近代化的经济建设当中起到多大作用。他们办的学校还多是私塾,修桥补路还不是近代交通,如若建立新式学堂,筑铁路,开海洋航运公司就不一样了。

第四,华侨参加辛亥革命是清末短暂时期的事,从长期看,华侨对中国近代化的政治改革所起作用也不大。

第五,归结一句话:晚清华侨的经济援助,对中国主要起着稳定现存秩序的作用,而对中国近代化缺乏贡献,当然这不是抹煞他们在支援当时人民经

---

① 民国《阳山县志》卷11《列传·朱学发》
② 《三宝垄历史》第137、199、224页。
③ 《华工出国史料汇编》第1辑第1册第460页。

济生活方面的积极意义。

（三）中华传统文化限制南洋华侨促进中国近代化

晚清南洋华侨的日常生活、社交、风俗习惯，都同中华文明密切联系在一起。

穿着、饮食、居住。19世纪80年代，新加坡的华人"衣冠语言礼仪风俗，尚守华制"，西贡华侨"衣冠风俗皆守旧"，①直到1920年，印尼网甲华人的"衫裤式样，俱属华装"，用中国产的蓝黄绦条布制作的。②前此更应是这种情形了。华侨的中国式着装，影响着所在地的居民，在西班牙统治菲律宾的时代，黄色服装供贵族专用，蓝色服装为平民所用，"这个风俗习惯起源于中国"，③因为中国历来是以服装的颜色、质地式样区分人的贵贱，华侨把这种衣装习惯带到了菲律宾，可见华侨自身采用中华装束的牢固性。华侨的饮食保持在国内的习惯，1866年西贡醉乡楼饭庄，"所有菜蔬肉食果面皆中华味"，④菲律宾的华人，吃食中国饭菜馄饨、杂碎、烧包、米线、烤乳猪、春饼、白菜、粉条、芹菜、豆豉以及荔枝、蜜饯，所用的炊具也是华式的锅、平锅、钳锅。⑤华侨或者把中国式的建筑移植到南洋，或者使自己的居处具有一定的中国建筑风格，在19世纪末的菲律宾，华侨"屋宇皆华式，店肆皆华款"，⑥华人住宅和在国内一样，雕刻飞龙、彩云、悬挂匾联，穷人家门口也贴对联，富人家花园多有中国江南园林的假山、水池。新加坡槟榔屿华人的花园已多是西式的了，但"楹联匾额所在皆有"，⑦保持一定的华风。发型与服饰联为一体，男性华侨在南洋和国内一样梳辫子，三宝垄华人20世纪初才有人剪掉辫子，辛亥革命后与国内同时出现剪辫子运动。拥有清朝职衔的人，在一定场合还穿起官服，1866年出访西欧的官员斌椿路过新加坡，侨商陈鸿勋因有都司虚衔，"顶帽补服"地

---

① 邹代钧：《西征纪程》，见《小方壶斋舆地丛钞》第11帙，上海著易堂印南清河王氏版。
② 《华工出国史料汇编》第1辑第1册第418页。
③⑤ 《华人与马尼剌》。
④ 张德彝：《航海述奇》，见《小方壶斋舆地丛钞》第11帙第100页上。
⑥ 崔国因：《出使美日秘日记》，见《晚清海外笔记选》。
⑦ 蔡钧：《出洋琐记》，见《小方壶斋舆地丛钞》第11帙第440页下；《槟榔屿志略》。

去拜会他。①

家庭、家族、祭祖。华侨有大家庭观念,凡成家立业者,多组成直系家庭,以代数多为荣。家庭内讲究夫唱妻随、父慈子孝。华侨出洋,往往是同宗族的人互相招来,团聚在一地,虽是这样,宗亲毕竟还是稀少,于是认同宗,凡是同姓,就以为是亲骨肉,互相帮助。②同宗族的人建立家庙,槟榔屿的林、杨、邱、李、谢、黄、王、胡、梁、陈等族都有宗祠。印尼有汾阳世家、高阳公祠、杨氏联谊会。各个家庭、宗族极其重视祭祖,逢年过节必祭,清明扫墓,③娶亲拜家庙。

婚丧。婚姻由父母做主,一部分在国内结婚。侨乡有所谓"填房婚",即男子在外经商或出洋,一时难以回家,就由家人代为迎娶,或者让姊妹拜堂。④有在侨居地华人间联姻的,还有娶土著妇女的。华人间通婚,采用"六礼"的方法,其实在国内亲迎之礼许多地方都不实行,而槟榔屿的华人却信守不惑。⑤华人把中国丧葬方式带到侨居地,守丧时孝子按照古训睡在地上,枕土块。请和尚做功德。烧纸钱。孝子百日以内不得理发、剃胡须。送葬时亲属穿孝服,用锣鼓喇叭吹打,讲究典礼隆重,送葬的人愈多愈好。相信阴阳风水之说,葬期要选定吉日,葬地要风水好的,因为选吉地需要时间,而印尼荷兰殖民当局不许停尸超过一天,华人为时间宽裕,经过强烈要求,获得延期出殡的允准。重视夫妻合葬。墓地立碑,刻字如同国内:"某处诰封某某之墓。"⑥

会馆。前述宗祠是小的社会群体,会馆,依华侨的原籍建设起来,或为一省,或为一府,或为一县,或为所有华侨的组织,是规模较大的群体。它有不同的名称,在会馆之外,或称作公司、公所、公会、同方会。这种组织很普遍,所谓"南洋随地皆有会馆"⑦。西贡有福建会馆、广(州)肇(庆)会馆,堤岸有潮州、嘉应、琼州三会馆,河内有福建会馆,海防有华商会馆,槟榔屿有平章会馆,新加坡有福建会馆,吉隆坡有闽人会馆,仰光有宁阳会馆,巴达维亚有中华会馆、华侨公会、广肇会馆,棉兰有福建公所,三宝垄有洪义顺会馆,印尼还有嘉应州、潮州、惠州、琼州、永春、福州、焦岑、大埔、石扇、中山、漳州、玉融(福清)、

---

① 斌椿:《乘槎笔记》,见《小方壶斋舆地丛钞》第 11 帙第 42 页下。
②《三宝垄历史》第 151—152 页。
③《槟榔屿志略》;《印度尼西亚华侨史》第 438 页。
④ 民国《同安县志》卷 22《礼俗》。
⑤⑦《槟榔屿志略》。
⑥《航海述奇》;《三宝垄历史》。

晋江、安溪、金厦、同安各地会馆,以及江浙公馆、梅县同乡会、永定公会、山东公会,等等。华侨设立会馆,是用群体的力量谋求商业发展;保护自己利益,如由会馆聘请状师(律师),代打官司;进行慈善事业,如设立义冢,办义学,赈济贫病同乡。

教育。华侨在南洋办学,于19、20世纪之交,经过二个阶段的变化,在前期实行私塾教育,完全模仿国内的办法。新加坡有萃英书院,槟榔屿有槟城义学、闽义学、粤义学。义学规定:学生先读《孝经》,次读“四书”,塾师先以“礼仪进退应对”教育学生,每逢朔望,要把圣谕和孝悌忠信的故事讲给学生听,令他们“心体力行”①。这种学习四书五经采用背诵的方法,灌输孔孟之道,与国内没有两样。戊戌变法之后,国内情况有所变化,学堂出现,南洋华侨跟着兴办学堂,取代私塾。这些学校请清朝留学生做教员,采用日本小学教育制度,使用上海商务印书馆出版的新式教科书②,改变了专习儒学的教育状况。

宗教信仰。中国沿海居民多崇信天妃(天后、妈祖),建造祠宇拜祀,南洋华侨也是如此,到处建立天后官,1889年三宝垄华人开始建立妈祖庙,新加坡的福建会馆设立在天后宫内,西贡穗城会馆后殿供奉天妃娘娘,这就是说会馆所祭祀的神灵就是天妃。明清时期中国人特别崇信关羽,在在皆有关帝庙,华侨在西贡、海防设立了关帝庙。土地祠遍及中华各个村庄,印尼的华侨也敬奉土地神,称它为大伯公庙,祈求它的保佑,光绪间,巴厘岛附近的华人村有祠宇,春秋报赛③,在国内,春祈秋赛所敬的就是土地神,这里也不例外。中国人相信各种神灵,传说有保生大帝,能给人治病,印尼华侨从国内定做保生大帝塑像运去供奉,直到19世纪末人们有病还去求它。南洋华侨信佛的甚多,建设寺庙,不断重修,往往从国内运去菩萨塑像。④

文娱。华侨也保持了中国人的习惯,侨民中多广东人,他们爱看粤剧,西贡有粤人剧团,白天黑夜开演,上演的还是三国戏。新加坡的戏剧,也是由广东人演出。⑤华侨爱读中国历史小说、英雄演义。19世纪70年代,印尼出版爪

---

① 《槟榔屿志略》。
② 《三宝垄历史》第336页;《印度尼西亚简史》第437页。
③ 佚名《南洋述过》,见《小方壶斋舆地丛钞》第11帙第440页上。
④ 《槟榔屿志略》;《三宝垄历史》。
⑤ 蔡钧:《出洋琐记》,见《小方壶斋舆地丛钞》第11帙第440页下。

哇文译本《薛仁贵》《杨宗保》《狄青》《贵夫人》，随后印行了马来文译本《乾隆君游江南》。1894 年刘永福黑旗军守台湾，消息传到三宝垄，华人说黑旗是法宝，就像东周列国时代孙膑的旗子一样，只要黑旗一挥，全世界就要变黑，日军不易打败它，显然传说此话的人们知道春秋战国的故事，而这种知识可能来自《东周列国志》。此外，《三国演义》《水浒传》的故事，也在华侨中流传，人们利用它分析事情，作出判断。①由此可知古典小说、传说故事对南洋华侨影响深远。

华侨中不少人沾染上赌博、吸食鸦片的恶习，有的华侨上层人物以包卖鸦片，开设赌场作为增加财富的渠道。

节庆日。南洋华侨与国内一样，重视元旦、端午节、中秋节以及清明节、中元节，家庆的生日和忌日。元旦守岁，贴对联、拜天地；元宵节提灯夜游；端午节划船；八月节晚上赏月。娶亲、做生日搭喜棚，摆设象征吉祥的物件。

此外，华侨大多使用汉语，沿袭汉人称谓，读书人喜作诗文，送往迎来也多保留中国人的习俗。

上述晚清南洋华侨社会生活的方方面面，无不体现中国民族特点：中国文化精神，这就是：(1)乡族观念。认同乡，认同宗，崇拜祖先，不忘故乡家族，迷信各种神灵，信仰各种神话传说中的善神，所以建设祠宇种类多，但缺少宗教哲学；(2)纲常伦理观念。尊崇君主，追求封赠、顶带、职衔，男尊女卑，家长统治，严格等级区别，讲求衣着、仪仗形式；(3)历史意识强烈。谈古论今，以古为鉴，崇拜古人，这是中国历史悠久在人的意识中的反映。从华侨的生活现象，到它所反映的人们的思想意识，使我们认识到：华侨的群体生活、生活方式和接受的教育，基本上是中国式的，是中华文明的体现，是把中国人社会生活的主体和精神移植到海外。当时的清朝官员、学人及西方人士都有此看法。写于光绪间的《游历笔记》谈到新加坡的中华街："大小店铺、庙宇、会馆、戏园、酒楼、茶店，盛备其间"②，这与在中国基本上没有什么两样了。1893 年薛福成说：南洋华侨"虽居外洋已百余年，正朔服色，仍守华风，婚姻宾祭，亦沿旧俗"③，从服饰、婚姻这些主要文化特征，指出华侨生活仍保留中国人的固有文

---

① 《三宝垄历史》。

② 《游历笔记》，《小方壶斋舆地丛钞》第 11 帙第 573 页下。

③ 《华工出国史料汇编》第 1 辑第 1 册第 293 页。

明。1921 年出版的《荷印百科全书》,关于爪哇华人写道:"土生华人,从他们的祖先算起,已是中国人和土著居民的混血种了,但他们仍然持久不变地保留着中国人的风俗习惯。他们虽然同土著居民杂居,但并没有同化。……在荷属印度的华人中,祭祀祖先的风俗习惯是最牢固的。他们的家庭生活仍然像在中国国内的一样。"①在荷兰人的眼里,华侨依然是中国人的生活方式。

晚清南洋华侨社会生活基本上体现了中华文化,而不是全部都是中华文明,它毕竟与中国本土的人们生活环境有许多不同。华侨在运用中国传统文化时对它有所改变,如宗族观念,崇拜祖先是相同的,但国内还强调族长的治理权,华侨做不到,国内乱认同宗是被耻笑的事,华侨则把同姓即同宗视为当然,这是难以遇到真正同宗而又要广交朋友需要的产物。华侨对于中国文明的态度,在 19 世纪末叶有个变化,一方面是祖国意识加强,他们过去同故乡联系多,这时由于清朝政府有意识加强同华侨的联系,华侨又从长期受殖民地统治者的压迫中,深深感到中国政府保护的重要,因此加强了祖国的观念;另一方面是一部分华侨看到清政府的腐败,又接触了西方文明,因而逐渐放弃中华意识,改变生活方式和宗教信仰,接受西方教育。因此,华侨社会有其本身的特点,不完全是中华社会的翻版。弗理德曼在《新加坡华人的家庭与婚姻》中说:"新加坡华人社会的文化虽直接源出中国东南几省",但"不能认为新加坡华人的社会组织只不过是中国社会的一个分支"②。我与此有相同的看法。

群体结构、生活方式、教育性质,反映人们的物质文明与精神文明的水平,反映人们的生活理想、目标、情趣,反映人们的文化水平和素质。晚清南洋华侨多半是苦力出身,多数从事小商贩、雇工职业,社会地位不仅低于西方殖民国家公民,甚至不如土著居民,自身缺少文化知识,尤其是近代科学知识,只顾争取眼前利益,缺乏远大抱负,只注意经济利益和家庭利益,忽视政治地位的提高和社会整体利益,这种职业、身份、素质、意识,决定了南洋华侨基本上根据中国文明处理自己生活,决定社会生活模式。

中国传统文明,对于华侨起着两种作用,首先是华侨争取生存的助力。华侨到新的地方,要站住脚,取得发展,要靠自身的勤劳勇敢,互相帮助,要同所

---

① 转引自《三宝垄历史》第 202—203 页。
② 转见维克多·珀赛尔:《东南亚华人》。

在地民族的文明相斗争、相适应,这就需要群体意识、生产知识和技能、商业知识和技能,我国丰富的古代文明给华侨以生存知识的哺育,勤劳勇敢精神的武装,基本相同的生活方式的群体意识,帮助华侨在新的环境里奋斗,扎下根。华侨还以中华文化影响土著民族,传播了中华文明。所以中华文化对于华侨的谋生起着促进作用、保障作用。由此可见,中华传统文化仍有它积极意义的一面,有着民族凝聚力的作用,但是如果一味遵循传统文化法则,就难以随着世界潮流前进,就会落后而遭受凌辱,这就是笔者所讲的中华文明对南洋华侨的第二种作用,即中华文明限制华侨事业的长足发展,对西方殖民势力也缺乏竞争力。

中华传统文明基本上是君主专制制度文明,守旧,进取精神不足,很难适应时代的发展,在18、19世纪它敌不过新起的西方文明,故有鸦片战争以后一系列的失败。南洋华侨除了与土著居民发生关系,重要的是与西方殖民主义者打交道。华人去南洋虽早,但不是建立殖民地,大量的移居是应西方殖民者的招募,已如前述。他们从到达起就受殖民者的统治,稍加反抗即遭到迫害、屠杀。华侨经济在所在地占有重要地位,随着西方近代生产方式在南洋的传播,华侨经济逐渐受到排挤,在经济比重中地位下降,华侨自身如果不采取近代工商业经营方式,就难以找到出路。可是在中国他们没有可能接受近代教育,在南洋出生的华人也是受父辈的中华文化影响最大,也缺少近代文明知识和技能,很难不受西方殖民主义者的欺凌。

晚清南洋华侨自身缺乏近代化因素,不会强烈要求国内人民进行社会变革,改变社会结构,变革生活方式,移风易俗,建设新的近代社会。所以晚清南洋华侨自身因素决定了他们只能在金钱上援助国内,而不能促进祖国的近代化。稍有近代意识的驻法参赞严璩,于1903年到越南,看到华侨的情况,颇为感慨。他在海防见华侨建设的关帝、天后及其他神像,说:"旅洋华民其智识之未开亦复如此",在堤岸参加广肇义冢落成典礼,见道士打醮,说:"足见华人流寓南洋,此等习俗仍不能改。"①时值近代,华侨的中华传统意识和生活方式与时代的发展难相适应,使他们不能负担起帮助祖国近代化的任务,当然也不应该以此要求他们。

---

① 严璩:《越南游历记》,收入《晚清海外笔记选》。

（四）清朝政府的政策和国内传统势力阻碍华侨在近代化过程中发挥作用

只从南洋华侨本身找原因,指责他们对中国近代化缺少积极作用,是不准确的,也是不公允的,其实清朝政府对华侨的政策和国内君主社会势力对华侨的迫害,更加迫使华侨不能在近代化过程中发挥作用。这个结论是如何得出的,申述于下。

清朝政府对于华侨的政策, 前面提到可以分为两个阶段,1893年以前为禁止出洋时期,1893年的正式开禁开始了另一阶段。前一时期,清朝政府禁止民人出洋,若违禁,比照谋叛以刑律处斩枭示;凡被允许出洋贸易的,必须一年内回归(后改为三年期限),到限未归,保人连坐;逾期不归者,被视为化外之民,在外受他国人欺凌,概不过问,对逾期归来者,严加惩处和管束。清朝的这项政策,在乾隆间发生的几个事件上鲜明地表现出来。

福建尤溪籍人陈怡老于乾隆元年(1736)去巴达维亚贸易,娶土著妇女,生育子女, 并充任荷兰殖民政府辖下管理华人事务的甲必丹, 乾隆十四年(1749)回国,清政府以他交结外国,发配边远充军,妻子儿女也遭发遣,财产入官。①本来是心怀祖国的人,落得如此下场。广东澄海人李集,被安南政府封为开国公,晚年思乡心切,携财回归,乾隆五十一年(1786),两广总督李侍尧为谋夺他的财产,奏他交通外夷,李集遂遭籍没的命运。②咸丰十年(1860)中英、中法条约,同治二年(1863)中荷条约,清朝允许西方殖民者在华招工出洋,是在事实上准许人民外迁了,但是旧的禁令并没有取消,这就使得它仍在起作用。同治十一年(1872)英国下议院讨论贩卖华工问题,清朝恭亲王奕䜣表示不赞成华工出洋,理由是中国没有力量保护他们。③这与过去害怕华侨勾结外国的心理有所区别,而禁止态度则一。1893年,经过出使英法意比四国大臣薛福成奏请,以及庆亲王奕劻和军机大臣的支持,光绪帝批准取消海禁旧例,听

---

① 《清高宗实录》卷364,乾隆十五年五月乙巳条。
② 民国《潮州志·丛谈·事部》。
③ 上海《申报》同治壬申四月初八日,第11号。

民出国,在海外不论居住久暂,概许回国。①政策一改变,出洋的人增多了,华侨回归再没有发生乾隆年间那样重大的事件,但是归侨仍受程度不等的迫害,所以它依然是值得注意的事情。

晚清南洋华侨归国常常遇到种种勒索:(1)官吏把归侨指为逋逃人员,诬赖有欠税,或有罪潜逃,以此敲诈勒索;(2)诬指归侨投靠外番,回国充当奸细;(3)指称归侨勾结海盗,给其运送军火;(4)诬陷归侨是人口贩子,把"猪仔"卖到外洋;(5)地方无赖伪造文契,编造归侨祖先欠债的谎言,强索财物;(6)不许归侨回乡居住,拆其房屋,或不容许建造居室;(7)流氓群起掳夺归侨财物,进行瓜分。无论官吏、宗党、邻里流氓,都是看着归侨的钱财眼红,巧取豪夺,进行政治陷害,也是为占有其财产。这种情形,旁观者看得清楚,1883 年英人 S.韦尔斯·威廉斯在《中华王国》一书中说:华侨携资回国,"就会受到穷亲戚、骗子和警察的纠缠勒索"②。不要以为这只是 1893 年废除海禁令以前的事,1908 年,驻荷兰大使钱恂在南洋获知,华侨"以内地地方官欺勒归侨的往事,谈虎变色,不敢言归"③。这并非华侨心有余悸,而是确实存在那样的事实。到了民国年间,"华侨归国",犹"掳勒时闻"④。回归的人遭到厄运,华侨哪里还敢轻易回国。1906 年驻新加坡代理总领事孙士鼎说南洋华侨,"富而不忘祖国,辇载东归者,千不得一"⑤。不是华侨没有故国乡情,实在是官吏、地痞、穷亲戚的勒索害得他们不敢返里。华侨不回或少回国,就很难进一步向国内投资,建设新式工商业。1904 年,广东大埔籍人、南洋华侨广东总会会长张振勋计划建设广厦铁路,并获得农工商部批准,"然招股不易,未经开办,张即撤销原意"⑥。张振勋是有心人,没人响应他,反映华侨无法向国内大规模投资。因此,只能认为官府和社会黑暗势力的行为阻碍了华侨帮助祖国实现近代化的热忱。

华侨在国内所进行的新式工商业的投资,也因恶势力的破坏得不到发展。前述华侨陈启源开设继昌隆机器缫丝厂,该厂同其他机器缫丝厂用丝量

---

① 《清史稿》卷 23《德宗纪》,中华书局 1976 年,第 4 册第 904 页。
② 转引自维克多·珀赛尔:《东南亚华人》。
③ 《华工出国史料汇编》第 1 辑第 1 册第 288 页。
④ 民国《同安县志》卷 18《实业·序》。
⑤ 《华工出国史料汇编》第 1 辑第 1 册第 301 页。
⑥ 民国《潮州志·交通》。

大，使得手工缫丝业者收不到原料而停业，1881年南海县手工业行会"绵纶行"组织几千名同业到机器缫丝厂捣毁机器，南海知县以机器厂应由官府操办、民间不得私自开设为由，查封缫丝机器。继昌隆被迫迁徙澳门，改称复和隆丝厂，三年后得到清政府允许，迁回南海原址。①仅此一例，便知在中国办实业的艰难。本来，华侨受西方文明影响，办实业的愿望比国内居民强一点。民国间编著的《同安县志》说："究之邑人士，侨居海外，美雨欧风，涵濡有素，国体变更而后，侨民多欲汇资以整理祖国，使政府能广招来，实力而保护之，则同邑僻处海疆，以之振兴实业，指顾间耳。"②同时期修纂的《金门县志》也说："往南洋谋生，得资较厚，故（县人）弃难而趋易，近年颇有提倡实业者。"③华侨想办实业，比清朝政府较注意于此的民国政府，尚不能向华侨提供适宜的社会条件，清朝就更谈不上了。两广总督李鸿章询问张振勋，如何在地方上兴利，张回云洋钉利用量大，现时市场是香港货，不妨办机器厂生产。李让他来主办，他却拒绝，原因是官办厂，先设庞大机构，用人多，效率低，一个钉子生产不出来，资本已耗去大半，加上官吏回扣冒领等弊端，哪里能够获利。④张振勋把官办企业的积弊看透了，深知不会有好结果。事情的表象似乎是张振勋出尔反尔，其实他是反对官办企业，希望由民间来办。可是清朝政府又不支持民间办厂。华侨少办实业，根本原因还在清朝政策和制度上。

　　1893年清政府改变华侨政策，有两个目的，一是为吸收华侨的钱财。1876年清朝派福州船厂提督蔡国祥率领扬武火轮炮船巡视南洋，次年在新加坡设立领事馆，此后两广总督张之洞委派王荣和等到南洋考察华侨事务，海军提督丁汝昌主管巡洋事宜，清政府与西班牙交涉在菲律宾设立领事馆。清朝这些行动的目的，参与其事的张之洞说是："不外保民、集捐二事，而以保民为首要。诚能为民兴利除害，则民情爱戴，自无不急公慕义，踊跃输将。"⑤保民虽重要，但对清朝政府讲，还是在于达到"集捐"的目的上。事实上，随着蔡国祥的巡洋，左宗棠派人到南洋推销海防捐。以后清朝中央和地方政府派员去南洋

---

① 宣统《南海县志》卷26《杂录》。
② 民国《同安县志》卷18《实业·序》。
③ 民国《金门县志》卷13《礼俗·耕渔》。
④ 徐珂辑：《清稗类钞》第5册第2379页。
⑤ 《华工出国史料汇编》第1辑第1册第268页。

募捐的事频频发生,1907年农工商部侍郎杨士奇为钦差巡视南洋, 向华侨集资,宣统中陈宝箴又为办漳厦铁路到爪哇招股筹资。华侨是海外孤儿,见有中国官员访问,高兴异常,增强对祖国的向心力,"捐集巨款,踊跃乐输"①。对华侨的捐饷捐赈,清政府给予"封衔领顶,以志荣幸"②。这就是说,清政府以忠君报国思想和虚衔荣誉引诱华侨捐献,华侨勤于施办国内公益事业,盖源于此。

另一个目的是保护侨民,与西方殖民者争利。华侨在南洋遭到西方殖民政府的迫害, 谋生与生活方式的选择受到种种限制, 到了19世纪八九十年代,西班牙殖民当局还不许菲律宾华人行医卖药,荷印政府不准华人穿西装,以免华人冒充其他族人, 不易识别;法国殖民当局向安南华侨征收进口、出口、招牌、地基、房屋、身口等六种捐税,却不向日本侨民征收。菲律宾、印尼华侨被屠杀的事件屡次发生,清朝政府以其是化外之民、孽由自取,不向荷、西殖民者采取报复行动。到了薛福成提出取消海禁旧例的建议时,认识不一样了,他在奏疏中说,荷、英等国招募华人开辟荒岛,是"借资于我",而我政府不联络华侨,是"不能借资于彼",如今应当改图更张,不以化外之人视侨民,联络之,以"收桑榆之效"——从西方英、荷诸国取利。③这样,在对华侨政策中,含有了保护华侨的内容,同时有了与西方殖民者争利的竞争意识,这是对华侨政策的一大转变,具有进步意义,可惜的是清朝认识太晚了,加之国力虚弱,那里能同列强竞争,因此也就无从保护华侨。南洋华侨性命财产得不到清朝保护,怎么能希望华侨为国出力,回国办实业,促进祖国近代化呢?设若有此要求,未免太不近情理,那只能是大皇帝子遇万民的思想。

综而论之,晚清南洋华侨以金钱维护国内旧秩序,鲜能促进近代化事业,有其自身的原因, 但更重要的是清政府的华侨政策和社会黑暗势力的迫害,致使华侨不能兴办有利于近代化的实业,而华侨的那些不利于近代化的思想意识,也是受中国传统文化的教育和清政府宣扬所导致的。

---

① 《华工出国史料汇编》第1辑第1册第283页。
② 《华工出国史料汇编》第1辑第1册第293页。
③ 《华工出国史料汇编》第1辑第1册第294页。

(五)结束语

考察晚清南洋华侨与中国近代化的关系,与清朝政府的关系,与国内的联系,令人想到下述问题。

中国政府怎样利用华侨援助实现近代化?政府要考虑祖国与华侨双方的利益,要能够保护侨民在所在国的正当权益,要保证华侨归国投资不受干扰,要允许他们谋取合理的利益,不如此,就不能激发华侨帮助国内实现近代化的兴趣和吸引他们的投资。

华侨怎样帮祖国实现近代化?他们本身应有近代化的意识和素质,才可能以近代化的思想,到中国办近代化的事业。否则向国内投资,也不会产生积极效果,不过给某些人提供挥霍浪费、贪赃枉法的机会和物质条件。

晚清中国近代化进程缓慢的原因何在?君主专制制度势力强大,传统意识浓厚,不突破它的束缚,谈不到实现近代化,戊戌变法的失败就是显例。要用近代化的思想来改造中国,中国才可能走上近代化的道路。

华侨与中国国势的关系如何?薛福成主张保护华侨时说:"强回势以尊体统"①,意即华侨同国内往来,关系着政府的威信。华侨总有水源木本之思,自然地倾向同国内的联系,但是能否实现,不在于他们,当国家强盛又对侨胞采取正确政策时,他们必与祖国频繁往来;反之,国家衰弱并执行错误的华侨政策时,他们对祖国只好"敬"而远之。华侨与祖国关系的疏密,是国势盛衰的标志,是华侨政策正确与否的反映。看来,重视华侨事务,制定正确的华侨政策,是国家大事,万万忽视不得。

(1989年2月下旬写于顾真斋,载林天蔚编《亚太地方文献研究论文集》,香港大学,1991年)

---

① 《华工出国史料汇编》第1辑第1册第293页。

当代海外华人述略

　　本文所说的海外华人,系指中华同胞长期居住在国外,同时取得外国国籍或永久居留权,或者虽无这两种身分,但长期居留在外者,即通常所说的华侨、华裔、海外侨胞。

　　据某些报道,今日海外华人有 3000 万,其中 85%生活在东南亚,在北美有 200 余万,其中加拿大有 80 多万,占该国人口的近 3%。而在澳大利亚的总人口中华人占有近 2%的比例。近二十年来, 至少有 200 万中国公民移居海外,主要走向北美洲和大洋洲,有 60 万人定居于北美。香港移民加拿大者之多,一度高居加拿大移民来源地的首位,台湾和大陆来此的移民也相继增加,1995 年大陆有 13000 多人到达,1997 年增至 18000 多人,中国作为加拿大移民来源地的排名从第四位上升为第三位。无疑,近二三十年是中国历史上一个新的移民高潮时期。本文所要叙述的就是这个时期海外华人的现实状况,试图简单分析他们的发展途径,他们与祖国与中华文化的关系。由于近期移民多在北美和大洋洲,所以将重点放在这里,而忽视移民最多的东南亚的华人情况。

　　笔者对华侨史有过尝试性的探讨,留心于海外华人现状与命运,颇有写作的愿望,然因学识谫陋,见闻甚寡,所能写出的仅仅是一些感想,因而文中也不像正规论文那样引述时贤的高论和作出注释。在写作中时有盲人摸象之感,才力如此,只好写出什么就是什么了。

一、当今海外华人构成及其特征

(一)从来源看构成成分

　　如果我们将 20 世纪上半叶及其以前的海外移民视为老移民,以后的为新移民,但在讲到海外华人构成的时候,不能把老移民排除在外,因此现在的海外华人,由下述五类人员组成:

土著化的老移民:19 世纪 60 年代,英、法、荷、美等国强迫清朝政府分别签订条约,允许殖民主义者招收华人出洋,充当劳工,自此大批华人以被"卖猪仔"的方式移往南洋、美洲和大洋洲,1893 年清朝政府正式取消海禁旧例,承认民人出洋为合法的行为,到 19 世纪末 20 世纪初,移民多达数百万,形成近代以来的第一次出国浪潮。那时各国移民法极不合理,不准许携带家属,他们只好回国娶亲(或与当地女子结婚),后来有的家属克服重重困难陆续到达移居地,于是子孙繁衍下来,至今已达数代,至少也有两三代人了。时至今日,他们基本上融入主流社会,主流社会也基本上接纳了他们,所以当今主流社会在谈到移民问题时,主要不是指这类人,而是新移民。融入主流社会,其实就是土著化。第一、二代移民使用母语,以后就难以保持,到 20 世纪下半叶出生的人有一些已不会讲华语,或仅能听而不能说了,同时由于移民的祖籍多半是广东或福建,他们也只能听、说粤语或闽南话,而对普通话(或国语)已听不懂。至于中文,早期的移民本身就不认识,即使粗通文字,也没有能力教给子孙,同时移民中懂华文的人太少,很难有人能担任教员来教育华人子弟学中文,所以能够阅读华文的就更少了。后来一些地方出现华文学校,有些华人重新掌握了中文。与此同时学会了当地语文。在姓名方面,老移民多保留固有的姓氏,而名字则是吸收当地文化的产物,与中国人的起名方法不同,即使用了"洋名",或者虽有中文名字,但不通用。早期移民对中国和中华文化感情深厚,几代以后的人,对于中华文化了解渐少,甚至很少。

自豪与可怜的香港移民:香港回归祖国之前,港人向外迁徙较多,80 年代末尤为显著,而 1997 年前后出现回流,有的人返回香港,移出的人也减少,以移往加拿大的为例,从前述的占移民来源地的首位,降到第六位。他们多以投资移民身分出现,在新居地置有产业,开设小商店。港人大多讲粤语,一个时期,在海外的华人社会,几乎是粤语的天下,华文电台是粤语播音,在中餐馆和出售国货的杂货店听到的也大多是广东话,这当然与早期移民及广东新移民也有关系,不过港人似乎是粤语使用者的主体。西方文化和中国传统因素在港人文化中均占重要地位,因而移民海外,适应性强,较有生存能力。据说有学者对华人移民的海外适应能力作过某种调查,发现马来西亚华人和新加坡华人居首位,香港人紧跟其后,然后是台湾人,大陆人最差,而且后两者的得分比前三者少得多。调查表明港人生存能力较强,他们经营小商业居多,但香港大公司在海外所设立的分公司亦能发现。在华人移民中,商业经营的现代化,或者说敬业精神、经营素质方面,香港人是比较高的,办事讲求效率,勤劳奋勉,契约精神强,服务比较周到,货物质量相对有保证,当然,这仅是就华人社会而言,比起西方的主流社会,许多方面显然不足了。

华人社会往往有中文报纸、华语电台,或者还能转播中国大陆以及港台的电视节目,中文报纸不少是自由索取的,报纸与电台的经费来源于商家的广告,港人开商店打广告,无意中服务了华人社会。港人的素质和业绩确有令人佩服之处,他们亦颇为自豪,事实上,作为中国人应当以有香港同胞而高兴,想一想弹丸之地的香港,竟然成为世界金融贸易中心之一,能不自豪吗?事情总有正负两个方面。在港人中据说产生"大香港主义"思想,这是一位香港移民海外的学者在规谏港人于移居地如何自处的文章中说出的名词,据说港人移民看不上移居国的服装店,说那里的衣服土气,买了送给大陆的亲戚,他们也会嫌弃不要。看不起移居国,同时蔑视大陆人。亚洲金融危机一来,香港经济跟着萧条,港人受不了了,有点怨天尤人,于是海外不断出现批评港人的文字,诸如为什么炒楼热中没有冷静者,为什么遇到困难心理承受能力不强,远不如新加坡人,并且分析香港发达的原因,除港人努力之外,实因处于大陆对外联系的渠道位置,因改革开放捡了便宜,并非港人的能力真有那么大。香港移民确实面临许多挑战,比如说语言能力,港人移民的英语水准很难让人恭维,普通话更不要说了。但是港人毕竟是港人,一旦发现需要使用国语,立刻学说普通话,特别是在这方面加强对子女的教育投资。港人移民,或者卖了香港的生意到移居国另行开张,或者将家属留在国外,而自身回香港做生意,于是乎在香港与移居地两边跑,成了"太空人",破财、费力气,甚而因分居异地,家庭出现不协调。1996年至1998年的三年里回流28万人,1998年为9万人,其中男性6万,女性只及男性的一半,80%是25岁至54岁的成年人,14岁以下儿童非常少。可见回流基本上是从业者回归香港,而将家属留在国外。不得不成为"太空人",岂是人生的幸事?!这样的移徙本身就含有可悲的成分。

团结、传统与略嫌粗俗的台湾移民:台湾在历史上就是移民地区,不断地有人迁移进去,仅在20世纪40年代末就有200万大陆民众移入。移民地区的人再迁徙他方,从观念上是容易被接受的,因此常有人迁出。而两岸关系、岛内的政治斗争,促成居民持续外迁,北美和大洋洲就成为他们的首选之地。他们中有从事工商业的,也有为寻觅安静之地养老的。他们所经营的商业,与香港移民一样也多是小规模的。他们中有人经营农场,这大约同台湾工业化时间不久而农业发达有关系。还有人办教育,进行文化事业活动,出版报纸,开设学校。台湾宗教事业兴盛,佛教、道教、天主教、基督教、天理教、一贯教等13个宗教团体拥有1182万信徒,两个居民中即有一个人信教,这种情形亦随着移民的增多而在海外出现,佛教的佛光山遍布移民区。台湾的移民开展宗教活动盛于其他地区的人。在华人社会出现华语天主教堂,这是台湾或香港移民活动的产物。佛教、道教是中国传统宗教,天理教、理教、天帝教、一贯教等教,在中国传统社会是秘密宗教和秘密结社,俗称会道门,有着久远的历史。从宗教信仰和其他文化活动中不难发现,台湾移民保存较多的中国传统文化。台湾移民不仅有宗教团体,其他类型的社团也比较多。一般地说移民的社团不带政治色彩,与原居地的政府没有什么政治倾向性的联系,而台湾移民中的个别社团具有某种政治倾向。社团是人们之间发生联系的工具,社团多,表示人们有联络的愿望和某种实践,并以团体作为向心力、凝聚力的表征。由社团之多,使我们产生台湾移民有团结力的印象。移民初到新居地,会有许多不适应的地方,有前途迷茫感、成就失落感,难免出现心灵空虚的现象,而宗教给人不少慰藉,颇有助于在新居地的稳定。中国传统讲究信义,所谓"重然诺",台湾移民常常轻于承诺,似是重仁义,而言行难以一致。规范化的商业社会,人与人之间情感少了,而诡伪也相对减少,想保持传统的信义,又做不到,在这两难之间,倒显得粗俗,不合现代化的潮流。台湾移民也因事业发展和生活习惯的问题时而出现回流的现象,但不像香港移民那样的不稳定。

卑微与奋发的大陆移民:20世纪下半叶的前30年,大陆可谓无海外移民,近20年则已有了一定的规模,在海外多少成了气候。虽然只有短短的20年,似乎也可以分为两个移徙阶段,大致上说,80年代出洋的都是留学生,其中的多数没有回国。他们出去之前,真是经过一番拼搏,凭借"托福"的成绩,靠领取奖学金和打工完成学业。他们初出国门时下了飞机,怀里揣的不过几百美元,甚或更少,打杂工,住地下室,其压力之大,其艰苦程度是可想而知的。这期间,也还有极其个别的人因亲属关系而移居海外。到90年代,特别是近几年,技术移民出现,而且日益增多,以致近日有的文章说"中国大陆的移民大都为技术移民"。同时,属于投资移民类型的人亦不乏其例,这是大陆移民初期所见不到的现象。原来的海外华人社会,如前所述,几乎是粤语天下,现在已经改观,操北京话和上海话者逐渐增多,有的移民区,如澳大利亚悉尼,中餐馆有名曰"老上海""新上海""三六九上海""一点香上海菜馆"等,显然这些餐馆主要是为上海来的食客所开设的,悉尼还有"京满楼""京华楼""烤鸭店""泰丰京菜馆""山东饭馆"等,打出北京或北方地区的招牌,招徕北方食客。由这些饭馆的名称,不难了解北京、上海地区移民的众多,大大改变大陆移民的构成面貌。这期间,因为亲人留居国外,配偶的一方,或子女、或父母前往依靠,这种"依亲"现象可能会有发展。

大陆的移民,文化层次比较其他地区的华人相对高一点,加之缺乏经济条件,力求融入主流社会,因而步伐迈得快一点、大一点。大陆移民人数不算少,而社团少得可怜,这大约因组织团体需要一点经费,还没有人有这种富裕钱来赞助。其实要说没有钱,也不是绝对的,大陆在海外的富有者中,有人因为其财富的来源之故而不愿意显山露水,不乐于参与华人社会的活动,得不到财力的支持,社团无从建立。大陆的移民,如果用"良莠不齐"来形容可能有些过分,但优秀者之外,有的人有某种不良行为,主要是对社会公德注意不够,耍小聪明,贪占小便宜,如到出卖旧物人家,借口与妻子商量买货而借用电话,结果打到中国家中,让人家白赔几百元。此事在报纸披露后,舆论哗然,产生对华人的不良印象。但是大陆移民做这类惹人厌恶的事,却不像台湾个别移民在信用卡上捣鬼,一搞就是大量的钱,而这是主流社会常见的现象,却不像那样引人厌恶。说到大陆新移民,还有一种情形需要看到,就是移民难,受的限制多,被拒绝率高,如1997年加拿大对北京地区申请人的拒签率高达76%,而在东京、新德里地区拒签率为零,对台北、香港、汉城地区的拒签率分别是1%、5%、16%,可见在中国大陆申请之难。美国每年对移民的限额,大陆和台湾是一样多,而两岸人口多寡悬殊,自然大陆人要进美国是相当不容易的。

游动中的华人移民:有的华人从一个移居国迁徙到另外一个国家,甚或再次迁移,这就是我们所说的移动中的华人。这种迁移有着多种因素造成的复杂情况,有的是逃难,比如:六七十年代越南战争和中南半岛的动乱,在越南、老挝、柬埔寨的一些华人逃难到其他国度;90年代南非政权变动之时,也有华人离开南非到新的国家;1998年5月印尼排华事件,几千名华人逃亡澳洲要求避难。当一个国家政府实行强制华人选择国籍的政策时,人们在海峡两岸政权中无法抉择,如若又不愿意选取该国国籍,只好移居第三国,这就是在韩国曾经出现过的事情。有的华人为另谋生路而到另一国去发展,如新加坡、马来西亚的一些华人到北美和大洋洲谋生。有的人到移居国之后,发现谋生不易,觉得另外一个国家好,遂设法进入该国,乃至有人明知某国不是理想国度,但容易入境,于是先进去再说,以便凭其国籍转入他国,从新西兰转赴澳大利亚的就可能有这种情形,从太平洋岛国移民澳洲、北美,从西欧迁居北美,从加拿大转入美国者均有可能增加。移动中的华人,老移民比较多,新移民还没有生根,再次移动实非易事,故而在海外华人中数量不多。游动中的人,不论其原来是否已经成为土著,进入新国度就是新移民。

海外华人的构成,上面是从形成的历史和出发地区作的分类,即早期出国的已成土著的华人,近期分别从大陆及港台出来的人,共成四类,游动的华人,如果作一分析的话,也可以归入这四类。以大陆及港台的地域来划分,是因为三个地方社会制度不同,外出的人们自然具有地区文化和经济状况的特点,并带到新国度和华人社区,在相当大的程度上影响着他们的生活及华人社会的面貌。

(二)移民途径与年龄结构

移民途径,因每人的具体情况而有别,归纳起来有如下的几种门路:

留学:这是青年人出国的主要门径,无论是自费的,还是拿奖学金的,学成之后,相当多的留在国外,近几年,由于台湾和大陆经济的发展,陆续有学成者回国服务的,但留在外面的仍属多数。以留学为出国途径者,大陆人为多,尤其是在80年代,舍此别无他途。出国留学,经过磨砺成才,立足于社会。他们在学习的同时或学成之后,成家生子,而早期的大陆留学生,不少的人年龄偏大,往往已经结婚,或生有子女。

投资:是多少有些资产者的移民手段,凭着到外国置办产业,开设公司,经营商店,取得移民的资格,并可拖家携口,举家迁徙。走此路径者,香港人和台湾人不少,近几年大陆也出了这样的移民。投资者中有的人取得国籍后,就将资金抽走,引起所在国的警惕,作出限制。

技术:在国内受过高等教育,有了某方面的专长和专业工作的经验,打分符合于移民条件,进入新国家。作为技术移民,从大陆出来的多,但在移民中这种类型的人是很少的。中国的教育与西方教育多有不同,重理论轻实践,在高科技方面所能教的知识很难是先进的,所以学生到发达国家,有一个再学习的问题,不过中国人聪明勤奋,能够很快地掌握,从而自立和服务于社会。

依亲:夫妻中的一方,或子女、或父母,在亲人出国站稳脚跟之后,前往投靠,即配偶的一方寻亲对方,或父母投靠子女,或子女投靠父母,在一处生活。

西方人将这种现象叫作"家庭团聚",往往允许符合条件者入境。未成年的子女出国投靠父母是正常现象,老年父母出去与成年子女团聚,大陆人和台湾人较多,尤其是大陆人。大陆的许多传统被破坏了,而家庭观念依旧强烈,同情苦累了一辈子的父母,或者还需要他们帮助抚育婴幼儿,于是将父母接到国外。

偷渡:因不符合入境条件,花钱找"蛇头"偷渡出入境,是非法移居,只能打黑工,时刻担心被发现驱逐出境,他们是真正处于社会最底层,所期待的是所在国大赦,成为合法居留者。这部分人当不在少数,以大陆人为多。

留学、投资、技术、依亲,是华人的四种移民途径,以前两种居多,至于非法偷渡,虽然也是实现移民的一种方法,但实在不可取。

由出国途径可知,移民的年龄结构不会是人口的自然状况。留学生是青年人,定居下来,也还是青年人或中年人;技术移民也多是青壮年;投资移民群里中年人不少;偷渡者更是非年轻人不可为;依亲者当然以老和少为主体。移民的途径表明,当今华人移民的年龄构成,中青年是主要成分,老人和少年儿童较少,但是中青年正在生育期,一旦生活稍微安定,就会生儿育女。事实上,80年代初期出国的人,有的子女已经是小青年,要上大学了,这就预示海外华人中的儿童少年将会日益增多,人口结构将趋于合理。当然,土著华人年龄构成早就是正常的了。

(三)移徙的原因

具有安土重迁传统观念的中国人,出国可不是那么简单的事情。究其原因,同个人的性格、兴趣有关,社会生活环境更是不可忽视的重要因素,细分起来,也许可以理出四个头绪:

其一,时局不稳定,是移民特别是香港人和台湾人迁移的重要原因。

海外的中文报纸,时或刊登"逃难"的文章,从历史说到现在,说中国人在历史上就养成了逃跑的习惯,形成了"逃"文化,如今有些地方的人一看形势不妙,拔腿就跑。一位台湾人讲述移民美国的原因:"若不是国家多难,时局动荡,我们这群老人,又何至于必须到星条旗下讨生活。"所谓"国家多难"和"时局动荡",是包含两件事情,时局是说现时的政治局面的状况,而国家多难,就不仅仅是指目前的事了,而是讲的20世纪以来中国社会的动荡不安,这对大陆及港台,都是可以这么来认识的。对于香港人来说,自从中英两国政府达成1997年香港回归中国协议之后,一些港人视"九七"为"大限",于是移徙他方。

及至 80 年代末,出走的加多。这时正是在香港赚钱的最好时机,放过去了,而新居地的生意需要一个开拓的时间,不仅难以盈利,甚而要赔本,因而造成经济损失,后来有的又不得不返回香港做生意,这个"逃难"本身,岂不成了一种灾难。香港的回归,大陆及港台的原有政治局面要改变,这又牵动了台湾人的心,同时两岸关系的稍大变动,更对人心的稳定起着刺激的作用,更重要的是岛内政党政治变化,国民党分化,民进党势力上升,这诸种因素的结合促使人们离岛而去,以求安居乐业之地。大陆社会处于转型阶段,出现严重的无序状态,有的人正常地赚了一些钱,为求安稳,迁居国外。总之,近代以来,中国多灾多难,迫使一些人离开故国家园,投奔外国,"反认他乡是故乡",不过其中不得已之情,是需要局外人体察的。至于金钱来路不明的人,到国外隐居,显然不属于这逃难者的范围里了。

其二,为寻求好生活而移民,这在大陆人和台湾人中较多。

为取得立足于社会的高质量的本领,年轻人出国留学,以便深造,也好进入白领阶层,而西方的许多国家就业机会多,待遇优厚,所以吸引留学生学成后在当地就业,这就是台湾和大陆的青年留学不归的原因吧?前些年台湾留学生因台湾工资高,就有一些人回归了,近几年亦有大陆留学生回国发展的,不过多数留居国外,已成专业人士,或谋求成为专业人士,以享受较好的生活。技术移民,就是看到国外发展机会多,生活水平比较高,因此才外出的。为谋生而移民,大陆及港台的人都不少,不过大陆移民的这一目的尤其明显。有的人倒不是为了谋职,而是找个好的生活环境。中国人对拥挤不堪多有体会,晚年想找地广人稀而又经济发达的生活环境,因此看上美国、加拿大、澳大利亚、新西兰。比如新西兰,经济不算发达,但面积比台湾大七倍多,而人口只及台湾的六分之一,世人说这里是世界上没有被污染的最后一块净土,所以不少台湾人移民于此,以享天年。为谋生、为理想的生活环境,是华人移居国外的另一种重要因素。在这种追求中,有少数年轻移民对世界各国了解不多,以为有些国家遍地黄金,可以唾手而得,到了之后,一时找不到工作,自然会悲观失望,甚至怨天尤人。这种情形,发生在大陆移民中。

其三,投资海外,开拓事业,这是少数人移民的原因。

投资移民中的富有者,不满足于原来的投资天地,将资本的一部分或大部分投向海外,希图在更广阔的空间和适宜的环境中得到发展。这类移民极少,如果这部分人增多,配合以华人的兴趣从经济领域走向全面发展,华人移民就会大大改变现在的面貌和社会处境。

其四,随潮流走,是大陆某些人移民的原因。

大陆改革开放以来,社会上形成一种思潮,许多有为的青年希望迈出国门,并纷纷出走,形成考托福热、出国热。有的人同学、同事、亲戚、邻居走了,认识的人走了,本来不想走也坐不住了,也投入出国或争取出国的行列。近几年大陆经济发展,出国风稍有减弱,然而潮流已经形成,随风潮而动者,仍有其人。

看来,最近二三十年的华人移民,被迫的成分与主动的成分参半,被迫出走,毫无疑问,经历了痛苦的历程;移民追求美好生活,有所得,来之不易,而多数人正走在奋斗的道路上;两岸三地的移民状况不同,消除地域观念,才有利于海外华人的团结和发展。

二、加速融入主流社会的步伐

移民要想在新居地生存下去,不管意识到与否,是自觉还是不自觉,都要融入主流社会,才能受到欢迎,生活得好一点儿。因此主动地融入,要比被迫好得多。早期的"卖猪仔"移民限于文化知识水平以及绝对的崇奉中华文明,他们做苦工,很难与当地人沟通,在生活上逐渐形成华人区,出现所谓"唐城""唐人街"它给移民提供生活上的方便、精神上的某种安全感,还有某种就业机会,在华人移民初期,它的出现有其必要性和必然性,为初来乍到的华人立足当地社会起过正面作用,但是它也如同一个"城"一样,在客观上将华人限制在一定的活动范围里,不易作开拓性的发展和联络主流社会人群。因此我们在论说移民融入主流社会问题时,需要考察的是移民的职业、居住区和观念、群体等方面的事情。

让我们先了解一下主流社会上层人物的一些看法,然后进行具体的分析。1999 年春节之际,属于英联邦系统国家的总督说:华人社区正在成为社会的一个日益重要的部分,一如既往,以其多姿多彩为本国社会做出贡献。文化部长认为:华人社区的成员自从早期移民以来,一直在本国占有可贵的一席之地。又说华人以努力工作的生活态度和照顾家庭著称,提供了一个很好的社会成员之典范。政党领袖则表示珍视与加强同华人社会联系的愿望。地方官员普遍地承认华人社区对当地社会做出很大贡献,大大丰富了社会与文化生活,为当地生活文化增添了色彩。一个党魁从三方面肯定华人:关心家庭,从事小商业服务于社会,以勤劳取得社会的回报。应当说这是把握了华人社会的三个特点,给予肯定也是公允的。主流社会或多或少地存在着种族歧视的问题,一般地说也在努力克服,强调社会的多元文化就是一种标志。澳大利亚曾经是"白澳"政策的国度,如今又出了"一族党",排斥亚裔,但是这个国家承认多元文化,政府里设有"移民和多元文化部"。60 年代加拿大特鲁多政府提倡多元文化,并将之写进宪法,确保每个在加拿大居住的民族有权保留本民族的传统文化与语言。一个国家实行多元文化政策,这是历史发展的趋势,是任何社会力量都难以改变的。最近一位英国人拍摄《自豪的中国人》,认为中国人在海外的发展是成功的,据参加摄制组的唯一的一位华人女士说,摄制者是真诚的,就是那样认识的。英国传媒报道,有人经过调查获知,在英国的华人的收入,在所有的居民中高居第一位。如何看待这个影片及这份调查,我们以后还有机会说到,这里仅须指出,海外华人得到主流社会某些人士相当不坏的评价。海外华人融入主流社会,是在自身因素与社会条件两方面结合下进行的,对此,我们看到:

(一)职业的多样化与专业人士的较多涌现

早期华人打苦工的时代,如今已基本结束了。打苦工的华人依然不少,但是它仅仅是华人诸种谋生手段中的一种,不再是主导的了。现在华人职业主要是:

小商业经营主:关于各种人种的职业,西欧社会流传这样的说法:黑人扫马路,中国人开餐馆,印度人开水果店,犹太人开赌场(开银行)。西欧如此,其他地方也一样,不过是以原住民取代黑人而已,华人确有不少开餐馆的。开餐馆是小本经营,而干的活又脏又累,早早地进货,很晚才打烊。餐馆小老板不是华人的代名词,但是华人确实是经营小商业的多,如开设文具店、书店、音像出租店、杂货店、理发店、食品店、鱼肉店、旅行社、中医诊所、厨房用品店、汽车旅馆、汽车修理行,以及各种维修商店,等等。这种状况,前述主流社会人士也是这样认识的。

下层工人:清洁工、餐馆侍应生、商店售货员、出租司机等。

大量出现的专业人士:土著化的华人中,早就产生律师、会计师、医生等自由职业者和高级职员,只是较为罕见,如今不同了,专业人士迅速增加。许多华人进入闻名于世的美国硅谷,标志着华人掌握高科技,他们不愁找不到较理想的工作,特别是电脑从业人员;接二连三的美籍华人获得诺贝尔奖,表明华人在美国科技界、高等教育界占有一席之地。华人专业人士大多聪明勤奋,有一技之长,颇具竞争力,不难立足社会。专业人士薪酬高,有社会身份,与前两种人地位不同。

稍具规模的企业主:此类人士在整个社会都很少,华人中当然更少,但应给予应有的关注。美国计算机行业中,原来以王安为霸主,现在的第三大软件公司的东主,即为第二代华人移民。著名的英特网公司雅虎创始人系台湾移民,该公司的股票已在华尔街享有盛名,该人士也成为美国青年的一个榜样。有的房地产经营者已颇具资产,脱离小商人的行列。

职业的多样化,尤其是专业人士和实业人士的增加,多少改变了华人就业的面貌,而与主流社会人士的就业状况相接近,是融入社会的一种标志。

(二)从唐城走向高尚住宅区

前面业已说到唐人街对于华人有正负两方面的作用,因此移民离不开它,它也不会消失,起码在一个时期之内是如此。移民初到,有华人区自然生活上方便得多,所以愿意住进去。专业人士和企业人士就不愿"扎堆",而是分散居住到主流社会人士的住宅区,经济条件许可,就进入郊区高尚住宅区。处在主流社会人士之中,生活方式和习惯,就不是完全中国式的,而会追求西方的生活方式,比如时不时地举行聚会,吃烧烤,院中有游泳池,室内有按摩浴,还要学习修整家庭花园。这些人士一般还不老,兴趣较广泛,不靠搓麻将消遣,不像有的华人打麻将到深夜,开门高声送客,而客人的汽车再一发动,轰鸣声起,惹得主流社会人士的邻居皱眉头,发生不愉快。现代社会在法律上绝不是等级社会,但在社会生活的某些领域,在思想方面,还有着等级的痕迹,住宅区就是它的一个表现。社会上区分贫民区、一般住宅区、高尚住宅区,就含有某种等级划分的意识。华人进入高尚住宅区,令人刮目相看,如果这样的华人多了,人们就不仅把它看作是个别华人的事情,而会看作是一种现象,并改变对华人的看法,所以我们以此作为华人融入主流社会的又一项标志。

专业人士和企业家还不多,能进入高尚住宅区的人更少,因此离开移民区只是一种趋向,真正实现是长远的事情。

(三)反对种族歧视

融入主流社会,并不是一切主流社会化,完全放弃中国文化,而是应当有所保留,移民所追求的是多元文化社会,反对单一文化的强求。可是当今主要的移民国家是白人社会,在历史上出现过白种人优越论,它至今阴魂未散,以时隐时显或强或弱的形式存在着,加之白人为主体的社会里有色人种族裔的人口不断增加,所占人口的比例明显上升,引起某些主流社会人士的忧虑,所以海外华人面临着遭受种族歧视、民族歧视迫害的问题,反抗是不可避免的,形势就是如此。

种族歧视表现在许多方面:招工上,在同等条件的情形下,华人不如白人好找工作,所以就业难,常常无工可打;白人指责包括华人在内的亚裔占便宜,享受现成的公共设施,即对教育、公交及文化设施,都没有作过投资;指责亚裔影响社会秩序,犯罪案件增多;不愿意与亚裔做邻居,迁出亚裔聚居区,甚至因移民区住宅之间间隔小、花园小,认为移民破坏了社区建筑格局,成为反对移民的冠冕堂皇的理由;隐形的歧视,是看不见的,然而有时能体会出来,华人感到难以同白人交朋友,这有客观存在的文化背景差异的原因,不是任何一方的事,但是主流民族占居主动地位,承担的责任无疑是要多一些;骚扰移民,偶尔发生无知青年见到亚裔而胡乱叫喊之类的令人不愉快的事情;出现反对移民的政党,如澳大利亚的"一族党"。种族隔阂,破坏多元文化的建设,对社会不利,对主要民族和少数民族双方都没有好处。

对于种族歧视,早期华人移民是默默忍受,随着世界性的反种族歧视斗争的开展,华人亦逐渐觉醒,有所行动,主要表现在于参加选举和某些政治活动,争取发表政见,反映华人利益。华人过去只知道做生意,赚钱维持生活和发财,不懂得参与政治,同时也由于人少势弱,难以过问政治。现在世界形势与自身的状况,都使华人觉悟到参与政治的必要。华人还从印尼事件之类的事情中深切地体会到,只有自身团结奋争,没有人、也没有政府能帮助自己。西方政治是政党政治,要参政,就要参加投票,甚而要参加政党,组织政党,投入竞选行列。在美国,凡华裔选民比例超过百分之五的选区,各地投票站墙上都张贴着中英文对照的选票样本,便利华人参与选举。大多数老华人在白天去投票,新移民则于晚间下班之后蜂拥而至,参与选举者增多。1998年澳大利亚"一族党"的大肆活动,唤醒了华人,他们积极投身选举活动,效果虽不理想,但开了好头,或者用大陆流行的话说是"重在参与",投票总比不投票好。同时,成立了以华人为主体的少数民族的"团结党"参与政争。如今它尚处襁褓之中,未必不可以发展。即使这个党由于自身的问题得不到成长,其他的能够较多地反映华人心声的党派也必然会出现。有些移民参加议员和地方行政长官的竞选，即使在民族相对单纯的日本，亦有华人参加国会议席的角逐。在一些国家，有了华人国会议员和地方议员，加拿大国会山庄有三名华裔成员，其中两人分别是香港和台湾的第一代移民，有一位已连续在两任内阁中出任主管亚太事务的副部长，还有华裔担任行省总督的。1998年美国国会中期换届，一位龙的传人昂然迈入议会大门，也有个别的华人出任地方行政官员，如担任州长。

华人参与政治活动，对于华人社会来讲是了不得的大事。它开始改变了华人只管经营不问政治的不正常的状况，是华人在政治上的觉醒，其必然会改善自身的处境，是值得庆幸的大事，是华人移民史上的重要一章，同时也是对建立多元文化国家的贡献，所以不只是华人的事情。华人参政，执政党和在野党开始看重华人选票的作用，都要到华人社区拉选票，因而要调节对少数民族的政策，以多元文化为共识、为努力目标，有的党还设立华人社区事务委员会，专门作联络华人的工作，甚至在加拿大的卑诗省，执政党和反对党的所有议员都起了中文名字，以引起华人的好感。这都表明，华人参政业已起到一定的政治制衡作用。当然，华人参与政治刚刚开始，有待于日后的发展。华人参政，也是参加主流社会多方面生活的一项内容，应视为融入主流社会的一种表现。

对于种族歧视，作为少数民族的华人必须进行抗争，以捍卫自身的利益。有的人怕事，以为反抗会带来更多的迫害，不如忍气吞声。这种态度不可取，但从另一个角度提醒移民，在争取自身权利时，要做得合情合理，斗争要有节制。对"一族党"之类，充分地展开批评，但无需在中文报刊上进行谩骂，以为这样才能解气，其实这是呕气，不是抗争的应有风度。

对于某些与种族歧视有联系而又并非一事的事情，也要进行分析，不能完全看成是种族排斥。比如谋职，移民要承认本身的不足之处，如语言表达的准确程度，风俗人情的了解，社会知识的掌握，很难比当地人高明，公司用人自然要选择强者，华人的竞争力有时弱一些，就业难，不都是种族歧视在作怪。试想，在中国，乡下人比城里人难找工，又作何解释呢？有的移民时不时地冒出"二等公民""三等公民"之说，感到低人一等，但是原先做"'一等公民'又怎么样呢？说得清吗？多年来，不少中国人有崇洋的观念，但是传统的不把洋人当作人看的意识是否荡然无存了呢？未见得！"洋人只知道钱，那里懂得中国的仁义。"这种对西方文明的片面认识,有的出自海外华人之口,说明某些海外华人并没有因为生活在西方而能对它有更多深入的了解,仍以传统观念支配自己,所以华人也需要反思,这样才有利于反对种族歧视和融入主流社会。对此,已有华人的文字说明,实乃高明之见。

移民要有好生活,声讨种族歧视是必要的,但关键还在于提高自身的素质,尽快地融入主流社会,庶几始能收事半功倍之效。

三、移民与祖国和中华文化的关系

祖国是移民的根源,所谓生我养我之地。世界上没有无根的生物和动物,人,更不会忘记自己的根,所以海外华人都心系着祖国,盼望国家富强,好有坚强的后盾,同时也心向祖国,蕴藏着回报的愿望,以促进中国真正能以伟大的强国立足于世界,心愿能否实践,能践履到什么程度,要视个人与祖国双方努力状况来定。早期的海外华人都有"海外孤儿"的悲痛感受,二战以后这种情绪有了不小的改变,而且在继续变化,人们对于祖国的观念似乎在淡化,要求与回馈都同过往有了差异,过去重视同国家的关系,力争回国报效,现在虽然没有忽视这一点,但是开始提出服务于大中华的论点,大中华经济圈的论点,强调光大中华文化,不过有一点应当明确,即"我的中国心"还是很强烈的。下面笔者主要从海外华人的角度观察他们与祖国的联系,兼带述及中国社会与政府对待海外华人的事务。

(一)海外华人重视家庭和子女文化教育几乎是有口皆碑的,这是中华文化移植海外的集中体现

华人子女在学校的表现,有许多共同的地方:学业成绩较好,甚至名列前茅,或者是校内外学科比赛的冠军得主;体育一般比较差,不会娱乐;初到时英文不好,不要多久就能赶上。子女学得好,同家庭培养有极大的关系。"万般皆下品,唯有读书高"的中华传统观念,可以说深入国人的骨髓,对于其等级社会的解释,今人自然会与古人不同,而重视读书则是一致的。海外华人更寄期望于子女的读书,因为移民的社会地位本来就不高,希望以子女读书作为改换门庭的一个途径,所以当子女因学业有成进入主流社会之时,那是相当自豪的。

华人培养子女,采取了许多办法,做出了一些牺牲。为子女进入好学校,

宁可花钱购买昂贵房屋，以便就近入学；为子女请家庭教师，或上各种补习学校，增加课外学习；注意于中华文化的学习，少年儿童融入当地文化快，如果不留心于母语的学习，就容易丧失中华文化，家长有鉴于此，让他们进中文补习学校，巩固与提高中国文化水平，香港移民更为子女请老师教授国语；积极参加学校要求的家长团体活动。华人基本上以中华思想教育子女，要求过严，与孩子在当地学校所受的教育不同，于是家长与子女之间发生某种冲突。因此，如何将中华教育思想运用到移民社会，怎样同当地学校教育、社会影响结合起来，这是一个值得海外华人家长深思的问题。

华人关心家庭，除体现在抚育子女之外，还有赡养老人。有的移民区住宅设计，卧室多达五六间，或者还要多，这是为三代同堂的大家庭建造的。家庭、家族观念的强烈，华人在世界上可能要数第一。华人移徙，有的是举家行动，有的是主要成员先行；先行者总忘不了家人，在条件稍微许可时就会把他们移民出来，实现家人团聚。西方人的观念，孩子成年了，理所当然分出去居住，换句话说，子女自立了，另立门户，及至父母年老，也不将他们接过去。海外华人对于老人的态度与此大异，保留了不少中国传统，有能力的时候要照顾老人。大陆和台湾的留学生移民，条件稍微具备，多将老父母接出去团圆，特别是大陆人，当条件不充分时，或者将父母接去暂时居住，待到充足时，有的就定居在一起了。人间的天伦之乐，于此得到充分的显现。这种家庭团聚，有时要付出不少代价，造成夫妻不和。对于异民族的婚姻双方，为此更易出现不理解的情况，如男方的美国人认为华人妻子过于偏袒娘家，给父母家寄钱。这种家庭团聚，对于大陆的移民来说实属不易。

古代社会儿子实行孝道的原因和条件，用一位在美国大学担任副校长的华人的话来说，是由于"父业子承"。这是问题的关键所在，可谓一语中的。然而今天的情形与古代迥然不同，如今的子女多系自谋职业，特别是留洋在外，更是靠的自身努力，父母如若将思想留在古代，奢望子女的更多照顾，是极不现实的。有的人要取得居留权和国籍，须留在移居国不能动，此被戏称为"坐洋牢"。对于大陆来的老人来讲，就不仅是等待的问题，由于生活的困难，受儿子之命进学校学语言，好领取学生津贴，或获取贷款，花甲古稀之人为此而学ABC，有人写出《白奶奶上学》之类的文章加以讽刺，这其实是令华人心酸的事情。父母到国外侍候儿女，更要照管孙子辈，操劳不辍，无有止日，台湾和香港的移民认为这是虐待老人。有人开玩笑地说，这是"孝子贤孙"新解：老人成了儿子孙子的孝子贤孙,而不是子孝孙贤。何其悲矣!不过,话说回来,父母子孙家庭团聚的本身,就包含着人生的乐趣,是中华文明的实践,也是一种体现,移民在艰难困顿之中把它移植到海外,亦有难能可贵之处。对此闲话太多,就有点不近人情了。而人情味浓,总应当视为人类的宝贵感情。

华人的饮食生活,基本上保持传统习惯,最能体现中华文明。吃中餐,喜食猪肉和海鲜,北方人爱吃馒头面条,南方人喜吃大米。广东人香港人吃早茶的习惯,由于它可口、适合于进食者的交游方式和价格适当,为多数华人所接受。所饮用的茶叶,多是绿茶、乌龙茶,回国探亲归来,带回茶叶馈赠亲友。喝酒者,不乏喜好烧酒的,以喝北京二锅头为一种享受。对于西方的汉堡包、三明治之类虽能接受,天天吃,就有些受不了。在医疗养生方面,普遍信任西医,但对中医并不排斥,近年相信气功、针灸的增多,中医诊所和中华武术院相继在移民城市出现,它们不仅服务于华人,还将中华医术推向主流社会,如果从业人员能够不断提高艺能,"最好能自律,不能沿用各种陋规","减少中医的神秘色彩",相信效果会较为理想。

文化休闲方面,华人自然喜好阅读中文,看中文的报纸、杂志、图书,欣赏汉语电影电视,收听中文广播,练习中国书法和绘画。在华人较多的地方,出现许多中文报刊,有的出售,有的自由索取。在澳大利亚的悉尼,至少能见到五六种中文报纸,如《星岛日报》《东华商报》《自立快报》《澳洲新报》《澳洲日报》,还有《人民日报》海外版悉尼印版。在布里斯班,能看到自由索取的《昆士兰华商周报》《多元文化时报》《世界周报》《广告天地》等报,在加拿大的多伦多、温哥华,每天有《明报》《星岛日报》《世界日报》呈献给读者,在美国华文报纸更多。在移民众多的城市,如新西兰奥克兰出现 24 小时播送的华语电台,用普通话和粤语两种语音播讲。租赁中文影视和音乐的商店,在街头很容易找到。这些报纸、电台、音响制品商店,为华人观赏中国文化提供了条件,使得华人能够比较方便地得到中华文化的享受。打麻将,这是华人娱乐的独特的民族方式,在海外华人中也有一定程度的流行。赌博,也为某些海外华人所喜好。从"卖猪仔"时代起,赌博就成为部分海外华人的一种嗜好,随着丰富多采的文化娱乐增多,今人应当使之更加减少才好。

重视家庭和子女教育,基本保持中华饮食文化和文化娱乐方式,表明海外华人传承中华文明,并将其带到世界各地。海外华人在逐渐融入当地社会的同时,没有忘掉中华文化,也不会完全忘掉,他们在传承中华文化,这是可以肯定的。

(二)海外华人对于祖国的政治不忘关心,但不强烈

华人天然希望祖国政治清明,国力强大,好在世界各国人士面前脸上有光。关心能否起到作用,不是单方面的事情,因而多少影响到华人的情绪和热忱。香港移民做生意占据了主要精力,没有多少兴趣关心国家的事情,有一点也难以表现出来。台湾移民中的少数人有政治情趣,将以某某主义为宗旨的团体在移居地建立起来,有些人还反映岛内的政党斗争的观念,或多或少地具有政治倾向性。大陆人有关心国事传统,因为政策将影响自身的生活,但是移民不同,普遍表现出不感兴趣的状态,但对半个世纪的历史和当前的世风人情不乏关注,回国探亲归来,或交谈,或撰文,于亲情的温馨之外,无不感叹风俗的变异,或生活环境的不能接受。对于那些已成历史的政治运动,时或口诛笔伐,仿佛不吐不快。这些人心地善良,无有异志,唯希望社会前进,同胞生活幸福;即使说些俏皮话,无非以此为表达方式,因为似乎也没有别的正常渠道可以表达。海外华人的社团,比较有点规模的,常常同两岸政府的派出机构有所联系,使领馆官员时或出席华人社会或某个社团的活动,这对政府与移民均是有益的。

今日之海外华人对祖国关心的程度,比起其前辈,可谓弱得多。当年孙中山嘉许"华侨是革命之母",其时华侨对祖国期望甚高,那是当时世界环境下的产物,今天整个世界形势变化了,殖民主义解体,地球村的观念出现,多元文化的观念在发展,这是客观情况的一个方面;另一方面,华人因无人保护感到某种失望,如一位原越南侨民悲伤地回忆中南半岛政局巨变时的情景:"南越政权垮台后,各国撤侨,最穷的印度侨民,在银行看门的护卫、每天送鲜奶的工人高兴地向我辞别,他们被撤回国,印度人有福了。"美国侨民的猫和狗,都跟着主人撤走了,而百万华人则无人关怀。一位身在美国加州的华人医生,因全家十几口人在柬埔寨遇难,悲愤地在诊所挂上"宁为西洋狗,不做中国人"。如果说他不爱中国,他还不会写出这样的文字。事情是太让他失望了,才会爆发出这样的情绪。中华儿女爱中国,是天然的事情,问题是各方面如何创造条件让她能表达和发挥出来。

华人对于中国的关注,观念上正在发生着变化。1998年在美国马里兰大学举行的"中国改革开放与留学二十周年国际研讨会"上,有学者认为,新华人在完成从留学生到专业人士角色转变后,应将自己的历史使命从"回国服

务""为国服务",调整为"为华服务"。所谓为华服务,就是在海外光大中华文化,也包括回馈中国,但更重要的是争取美国华人权益。这就不由得不令人认为,这可能是华人观念变化的信号:新移民要充当新角色,要在文化上光大大中华,而不仅是回国服务。也是在1998年,由某作家编剧的电视连续剧《绿卡族》,讴歌放弃优厚待遇的留学生回国报效,或住地下室,或不能发挥所长,或做试验中毒身亡,而其队伍仍在壮大。显然,上述两种看法反映了两种不同的观点,而现实的情形似乎不支持后者,学者可能道出了正在变化的实况和意识:改变回国服务的单一思想,而将争取自身权益放在人生的第一个位置上。人们都现实了,理念置于其次。这是人生道路的选择,似乎不需要去厚非。其实回国不回国,主要不决定于当事者个人,而要看两边国家的状况和政府的政策,如若回去能发挥所长,待遇也相当,各种环境良好,又能置身于祖国母亲的怀抱,何乐而不为?一切以环境为转移,话不必说死。不过,由"为国"到"为华"的观念转变,是应当留意到的。

海外华人可以为中华民族做很多事情,有钱的可以回国投资,发展祖国经济;有条件的可以做中介人,为引进外资做联络工作;开展中外文化学术交流,把中华文明介绍给世界各国,也将世界文化推荐给中国,或者进行合作研究;还有侨汇,帮助了亲人,对国家也是一种支援。这都是为光大中华做贡献。有的学者认为,中国历届政府都实行靠侨吃侨的政策,都希望得到海外华人的赞助。其实普遍百姓也有这种心态。国家和人民不富裕,难免对海外华人有过分的期望,亦情有可原。不过既然是处理双方关系,就应当对双方都有益,而不能克损于一方。所以无论是谁,都需要调整心态,做对双方有利的事情。

海外华人有其自身的文化,既不完全同于中华文化,又不等同于所在国文化,应当尊重其文化,尊重其人格、感情、心态,比如讲爱国,他会爱中华,同样爱其新国家,别人怎么能要求他不爱哪一个方面呢!把他们视为"假洋鬼子",就有伤感情了。"衣锦还乡"是中国传统文化,地方官员和国人不要助长侨人去实践它,远接高迎,造成亲情是那样浓厚与高雅的错觉,以骗取他们的钞票,也不要笑话他们的"贫穷",否则他们怎敢回国探亲哩!

至于保护海外华人的正当权益,政府在这方面能做些什么,似乎要以考虑双方利益为原则。在国际事务中稍一缺乏敏锐,稍一迟钝,稍微为己多想一点,就会丧失弥补的机会。看来,人们需要调整心态,要为海外华人做点服务,才会有利于双方关系的发展。

四、前瞻海外华人

回顾海外华人所走过的历程,从屈辱到大有希望,从"海外孤儿"到自立自强,从困顿走向富裕,从畏葸变为有所自信。说到海外华人,不是讲个人,而是这一人群,总使人有某种可怜之感。并不是离乡背井的可怜,没有金钱贫穷的可怜,而是寄人篱下、得不到保护的可悲,是不被人尊重的可怜,是被人愚弄、侮辱的可怜。这种可悲的处境,应当说,今天已经基本结束了。华人以其社会结构的改变,社会高层次人员的增多,以政治上的初步觉醒和开始参与政治,以加速融入主流社会和被接受,而改变了社会形象,如果我们再注意到华人的聪明勤劳素质,完全可以预言,华人的处境将会比较迅速地变得越来越好。

是否华人已成功地达到可以自豪的境地呢?如前面讲到的那位英国导演所展示的呢?我们也相信他是真诚的,但是他说的和英国人所调查的数据,未必符合华人的实际情况。被调查的华人多系专业人士,有成就者,不能代表所有华人;那些英语不熟谙者、打苦工者、打黑工者未进入统计之内,而他们是低收入阶层。华人能成为最高收入者?如果真是这样,阿弥陀佛,谢天谢地,岂不额首称庆,欢呼雀跃,但是哪有这样的好事可以庆贺哩!举得高,会跌得重。海外华人还是要从天上回到人间,勤勤恳恳做人,老老实实做人,一步一步往前走。否则可能遭到嫉妒,反倒不利于融入主流社会,妨碍向前发展。

至于如何前行,如何越来越好,要视主客观条件的适合状况,客观因素难以把握,主观条件则要看努力程度及其效果了。那么在哪些方面下功夫呢?又如何下功夫呢?

其一,发扬中华传统美德,克勤克俭,辛勤劳作,量入为出。

中国人出国,基本上没有钱财,凭什么立足于社会?靠的就是勤劳,别人学习有钟点,我则到晚间;别人五天工作,我则少歇节假日;别人打一份工,我则打双份;别人按部就班,我则创造发明。这样不是傻吗?不合潮流吗?不会生活吗?不懂高消费吗?是有一点儿。但是新华人、创业者,一切从头做起,不在一个时期内作出一些牺牲,付出一定代价,有可能事业有成吗?答案显然是否定的。中华文化,是不是过时了?不适用于现代社会,还提它作什么?诚然,中华文化里的一些成分,确实不适时宜了,如重农抑末,如三纲五常,如夷夏之防,等等,但是勤俭是美德,仁义是美德,"仁"者,二人也,就是讲究如何处理好人际关系,"仁者爱人","老吾老以及人之老,幼吾幼以及人之幼",这是现代社会中最应当讲求的大事情、大学问。中华文化的精华不可丢,一个人如果失去民族的根源、民族的精华,实际上难以得到大的发展,难以立足于世。任何时候都不要忘记自己是华人。当然,运用中华传统文化中的精华,也是用其精神,而非刻板照搬老一套,如讲究亲情,家庭团聚,几代同堂。因为海外社会环境与中国古代大不相同,人们的工作、生活是快节奏的,子女与老人生活方式多不一样,生活在一起,常有照顾不到的地方,而社会保障比较周到,所以有髦耄年纪的华人自愿进入养老院,进住老年公寓,心情愉快,并且说这在台湾做不到,因为那样的话,自己会被人歧视是孤寡无儿女的人,子女则会被舆论责骂为不孝之子,可是在海外人们对此习以为常,没有这种精神负担。所以生活教育了人,任何观念都不会一成不变,要根据实际情形办事。

其二,搞好华人内部的团结,形成自我保护力量,以便立足于社会。

华人以一盘散沙为世人诟病,何时能作根本性或较大的改变呢?现在是时候了,而且已有一定的基础,这就是华人团体大量出现。华人在各国建立的社团,少则几十,多则数百,可以用"林立"来形容了。所组织的团体,有多种多样的形式与内容,大致上说有地域的、行业的、性别的、年龄的、宗亲的、信仰的、福利的、文化娱乐的。以地域组建的最多,其中又可分为两大类,一是以原籍或原居地,如以省区、以市区、甚至以县为单位,或者以台湾、香港为界限,以新加坡、越南等国华人为范围,分别设立团体,可视为同乡会;二是以移民地区为范围建立侨团,内有较大的省市型的,亦有小规模的分区组织的。行业的多系商人组织的商会,以跨行业的为多。性别团体如系女性的,是为妇女联合会。随着社会的老龄化,老年人增多,出现了老年社群,同时亦有青年团体。血缘的、拟制亲的宗亲会。信仰的团体很多,佛教、基督教、天主教、中国传统的民间宗教和结社都有。福利组织,有相济会之类,有互助、资助性。文化娱乐团体类型多,有象棋、钓鱼、高尔夫球、中国书画、中华武术、华人学者、华文作家等。华人团体,对于华人事业的发展和生活的丰富,起着积极的作用。人们用以交换商业的、职业的信息,交流移民生活的经验,交换中文报刊书籍及影视制品,介绍国内情况,这都是事业、生活所不可或缺的事情。

侨团还有某种政治功能,即同地方官员和政党联系的不正规的"渠道"或可谓表达政见的前奏组织。这些团体并没有政治色彩,但是华人如果参加投

192

票,可以在这里酝酿人选,以便发表意见;如若参加竞选,社团无疑是一种支持力量。现在的社团多有不如人意的地方,多而分散,缺少统一性的组织。中国传统的地域观念、小团体意识被移民部分地保留着,诸如香港人、台湾人看不起大陆人,大陆内部北京人、上海人似乎又高过小地方人。山头林立,有时互相掣肘,不能形成华人的统一意志,不利于保护自己。华人已意识到分散的弱点,如赞美日本人在国外团结一致,遗憾于华人做不到。有人借用犹太人的事例作比较,事情是美国某地三K党申请集会,犹太人反对,政府以申请合法程序而拒绝,犹太人遂决定从各地召集一万人聚会,政府因而取消三K党的聚会,这个事情如果发生在华人身上,能够征集得到人吗?答案恐怕难以肯定。所以华人必须克服自身的弱点,加强团结,在现有社团基础上,再前进一步,建立统一性组织,而且绝不可到此止步,还要进一步清除只管经济不问政治的倾向,须知过往与政治隔绝,除自身原因之外,更因时代的客观条件的限制,而今主客观条件皆发生变化,充分意识到这一点,决心走上政坛,成立政党,或参加主流社会政党,能够参政,从高层次上维护自身利益。如此创造条件,从种族歧视中摆脱出来。

其三,继续主动融入主流社会。

华人在保留中华传统文化的同时,以积极的态度融入主流社会,只有融入才可以提高社会地位,有的文章说得好:"由于融入当地的社会,便提升了他们的社会、经济,乃至政治的地位。"融进主流社会,既要有强烈的愿望,还应有相应的条件,要能处理好个人与社会的关系。这种个人条件,工作的能力很重要,符合于当地社会的品德同样重要,应当讲究公德,维护公益,要按规定纳税,做响当当的纳税人;遇到天灾人祸,有条件的人需要参与救助,不宜不闻不问;对待社会福利,要有实事求是的态度;公共卫生,尽量维持;等等。以公益而言,有正反两方面的经验,加拿大华人发起为社会筹募公益金的慈善活动,扩大了华人影响,原卑诗省华人省督以薪金捐建花园,轰动全国,又捐助教育、慈善事业,兴起乐善好施之风。有学者指出,印尼的排华事件,"根源是印尼的大环境,与华人的小疏忽"。"印尼华人虽然经济上有优势,但从未着意于帮助印尼人,去改变目前的大环境。"印尼排华事件及其暴徒应当遭到强烈谴责,华人是受害者,这个是非一定要分清。但从总结历史经验考虑,避免再发生类似事件,富裕的华人,应该对社会作出回报,多做些社会福利事业,改善与土著关系。撇开有种族偏见的人不说,令当地人对移民产生好感,大家就能相安无事地生活在一起了。

总起来说,海外华人行走在荆棘丛生的移民道路上,路是越走越宽,处境越来越好,但是仍需奋斗,尤其是新移民。移民一面要融入主流社会,一面又要保持中华文化,而这两者要同时共存,无疑是矛盾的,难以把握的,移民处理好这组矛盾,就会前进,就会生活美满。期待着这个目标早日实现。

（写于 1999 年 3 月,载《南开学报》1999 年第 5 期,2019 年 1 月 19 日复阅,改动个别文字,保留原意）

20 世纪下半叶以来台湾、香港和海外华人的宗亲会

20 世纪 50—70 年代大陆宗族活动沉寂之时,台湾、香港和海外华人社会的宗族异化为宗亲会,一度有所活跃,时至 21 世纪的 10 年代末仍然活动不辍。

一、20 世纪 60 年代以前宗族团体在各地区发展不平衡

19 世纪晚期华人大量移民南洋,散布马来西亚、印度尼西亚、菲律宾等国家和地区。

台湾自康熙间设立行政治理以后,福建、广东居民陆续迁徙而来,到 20 世纪 40 年代末涌入 200 万人。香港,同样是大陆居民不断移居的地方。移民为生存下去,需要有人帮助,特别是团体的扶持。在大陆传统社会就出现的宗族、同乡会、帮会,很自然地被移植过来。不过必须经历至少数十年时间才可能实现。比如移民要开展家族活动,需要一个定居繁衍的时间,所以 20 世纪上半叶的新移民难以进行家族活动,而 19 世纪的老移民,也即逐渐成为土著居民的人开始从事家族组织活动,如广东东莞袁氏迁居香港的族人,于 1913 年至 1914 年间,聚集十几人,组成"汝南别墅",系俱乐部式宗亲团体,向港英当局申请立案,而港方以无批准此种宗族先例为由,拖延数年后方才允准。及至 1925 年省港大罢工,成员纷纷离港,会务停顿,其后重新恢复会务,改称"袁汝南别墅恳亲会",30 年代后期,由于缺乏经费,恳亲会日趋颓废,濒于解体,后有热心者组织互惠互助会,得以渡过难关。但太平洋战争爆发,1941 年日本侵占香港,"人多离港,会务松弛"。光复以后,1947 年重振会务,改名"袁汝南别墅宗亲总会",采取理事会制,会员日增,1957 年改为有限公司注册,同时易名"袁汝南堂宗亲总会",1962 年宗亲分会在梅窝成立。这个宗族团体历经周折坚持下来,反映了 20 世纪 60 年代以前,华人建立宗亲团体的执著精

神和艰难,同时表明华人中有宗族组织,但又由于成立困难,这类组织不会太多。马来西亚槟城梅氏家族于 1909 年建成家庙,二战以后因原来的简陋,重新筹建,并向美洲同姓募捐,于 1974 年完工,举行庆祝大会,并成立梅氏奖助学金保管委员会。①居于马六甲的颜氏宗亲于 1947 年组织旅甲桃场鲁国家族委员会,设主任,1949 年改组,实行族长制。1965 年应马来西亚各地颜姓"开放门户"的要求,广泛吸收会员,改名马来西亚颜氏公会。②在美国的梅氏宗亲组织,首先是芝加哥的梅氏于 1916 年建立梅氏公所,1927 年举行恳亲大会。在华盛顿的梅氏于 1954 年成立公所,两年后纽约也有了梅氏公所,1977 年旧金山梅氏公所成立。③60 年代,台湾学者尹建中与美国人类学家瑞德等在台北调查宗亲组织,当时台北市宗亲团体不多,只有十个姓有家庙或祠堂,隶属的会员亦有减少的趋势,外省籍的成员极少,或根本没有。光复后成立以同姓为主要联系基础的宗亲组织为数极少。④台北市林氏约于 1925 年设立林氏宗亲联谊会,1958 年改为宗亲会,有会员二百人,次年大发展,达两千二百人。⑤但是截至 60 年代,台湾宗亲组织先遭日本破坏,后受战争影响,发展缓慢,乃至宗族意识衰减。美国人巴博于 1964 年至 1965 年在台湾南部村落调查后认为宗亲"衰微",随后在闽人村落调查,结论是:"今天,在这三十年中,宗族势力的削弱是非常明显的,需要花一番努力来加以解释。"⑥

20 世纪的前 60 年,宗族组织在南洋的一些地方得到发展,而在台湾地区受到阻碍,所以在大陆以外的华人社会,宗亲组织仍是常见的社会团体,但它在各地发展不平衡。

二、70 年代以来宗亲会的发展和活动

七八十年代台湾宗族组织和世界华人宗亲会得到较快发展,曾据调查而认为 60 年代台北宗族组织不多的尹建中, 在 15 年后又说:"以台北市而言,

---

① 《谱系与宗亲组织》,台湾宗亲谱系学会 1985 年编印,第 1 册第 576—577 页。
② 《谱系与宗亲组织》,第 1 册第 684—685 页。
③ 《谱系与宗亲组织》,第 1 册第 575 页。
④ 《谱系与宗亲组织》,第 1 册第 231 页。
⑤ 《谱系与宗亲组织》,第 2 册第 1163 页。
⑥ 转引自陈其南:《家族与社会》,台湾联经出版事业公司 1990 年,第 85 页。

宗亲组织的发展,表现出蓬勃而富朝气的趋势,至少在数量上远比 15 年前为多。此外许多老的家庙重新翻修整建,有的则迁往市郊山清水秀之处扩建,更有许多新设立的宗族组织,将其办公室供奉先祖的神位,设置在公寓式建筑内,或店铺的顶楼。此外还有一些宗亲组织热切地讨论兴建祠堂或祖庙,这都是近年来所发生的现象。"①1985 年,尹章义说台湾出现了"寻根、制谱的热潮"②。两位尹氏是就台湾而言,说明宗族活动在台湾较前有所活跃。台湾组织宗亲会,不限于该地区,还以台湾为中心,联络世界各地华人,分别组建各姓氏的世界宗亲会,所以引起世界范围内华人宗族一定程度的发展。在亚洲、美洲、欧洲、澳洲及非洲许多国家和地区,在原有华人宗族组织基础上,出现一些新组织。笔者根据 1985 年出版的《谱系与宗亲组织》一书所提供的资料制作了"世界性宗亲总会简况表",以见各姓氏世界宗亲总会的建立和分支机构状况。

世界性宗亲总会简况表

姓氏与名称	成立时间	总会地点	散布区域
世界丘氏宗亲总会	1978 年	台北	印度尼西亚、马来西亚、大溪地、越南、菲律宾、泰国、日本、美国及中国香港、台湾地区
世界李氏宗亲总会	1971 年		美国、加拿大、墨西哥、印度尼西亚、泰国、马来西亚、新加坡、菲律宾、日本、缅甸、印度、欧洲及中国香港、台湾地区
世界吕氏宗亲总会	1977 年	台北	菲律宾、泰国、新加坡、马来西亚、美国、法国、丹麦、哥斯达黎加及中国香港、台湾地区
世界林氏宗亲总会	1981 年	台北	美国、菲律宾、泰国、马来西亚、新加坡、加拿大、日本及中国香港、台湾地区
世界陈氏宗亲总会			香港、菲律宾、新加坡及中国台湾地区
世界马氏宗亲总会	1980 年	台北	美国、泰国、新加坡、日本、菲律宾、加拿大、马来西亚、法国、德国及中国香港、台湾地区

---

① 《谱系与宗亲组织》,台湾宗亲谱系学会 1985 年编印,第 1 册第 231 页。
② 《第三届亚洲族谱学术研讨会会议纪录》,台北,1985 年,第 507 页。

姓氏与名称	成立时间	总会地点	散布区域
世界梅氏宗亲总会	1975 年	台北	美国、新加坡、委内瑞拉、马来西亚及中国香港、台湾地区
世界许氏宗亲总会		台北	新加坡、菲律宾、泰国、美国、马来西亚及中国香港、台湾地区
全球梁氏宗亲总会	1970 年		美国、加拿大、墨西哥、古巴、菲律宾、泰国、越南、南非、韩国、马来西亚、新加坡、缅甸及中国香港、台湾地区
世界童氏宗亲总会	1982 年	台北	印度尼西亚及中国台湾地区
世界郑氏宗亲总会	1974 年	台北	菲律宾、泰国、新加坡、马来西亚、越南、老挝、韩国、日本、美国、印度尼西亚及中国香港、台湾地区
世界邓氏宗亲总会	1974 年	台北	新加坡、马来西亚、菲律宾、泰国、印度尼西亚、美国及中国香港、台湾地区
世界潘氏宗亲总会		台北	美国、菲律宾、印度尼西亚、日本、新加坡、韩国及中国香港、台湾地区
世界颜氏宗亲总会			新加坡、马来西亚、菲律宾、美国、日本及中国香港、台湾地区
世界至德宗亲总会（含吴、洪、翁、龚、方、汪、苏、周、连、辛、柯、蔡、曹、江14姓）			日本、泰国、菲律宾、美国、加拿大、马来西亚、委内瑞拉、缅甸、韩国、古巴及中国香港、台湾地区
世界至孝笃亲舜裔总会（含陈、姚、虞、胡、袁、田、王、陆、夏、车10姓）	1984 年	台北	美国、加拿大、墨西哥、英国、日本、新加坡、印度尼西亚、马来西亚、关岛、哥斯达黎加、哥伦比亚、泰国、菲律宾及中国香港、台湾地区
世界济阳柯蔡宗亲总会			美国、日本、菲律宾、新加坡、泰国、缅甸及中国香港、台湾地区
世界龙岗亲义总会（含刘、关、张、赵4姓）	1960 年	香港	泰国、日本、新加坡、美国、加拿大、墨西哥、古巴、秘鲁、澳大利亚、韩国、马来西亚、南非、欧洲及中国香港地区
世界伍氏宗亲总会	1980 年	香港	美国、加拿大、马来西亚、菲律宾、缅甸及中国香港、台湾地区

上表所列是世界范围的宗亲总会,每一姓总会多有下属机构。依据《谱系和宗亲组织》的资料,获知台湾省级宗亲团体 6 个,台北市多达 106 个,高雄市 26 个。其他地区性的宗亲组织,有的比台湾多,如马来西亚有 4000 个以上的华人宗祠、祠堂、会馆,菲律宾有 110 多个宗亲会,新加坡有 200 个宗亲公会。①

宗亲会的成立本身就是宗亲活动的结果,建成之后依据会章开展一些活动。如在 1985 年 4 月 19 日,美籍华人王赣骏是第一位乘坐宇宙飞船在太空进行科学考察的华人,事前台北王氏宗亲会要求他携带该会标识"三槐堂"锦旗遨游宇宙,他照办了。事后他回台北,把那面锦旗回赠王氏宗亲会,该会破例为他打开祠堂中堂,接受锦旗,款待他,王赣骏因而在他的回忆录《我能,你也能》中说:"这是身为王氏子孙极有面子的事。"②可以说王赣骏也给华人增了光彩,但是他携带的华人标志物,不是别样东西,却是王氏家族旗帜。由此可知,在当代华人社会生活中有着宗亲意识、团体和活动,同时它还与人类最先进的科学事业联系在一起了。香港袁氏宗亲会在举办祭祖和文化娱乐活动的同时,也参与学术活动。其于 1989 年出资,礼请香港中文大学历史系主办"明末清初华南地区历史人物功业研讨会",笔者应邀出席,得知袁氏宗人缅怀其先人袁崇焕的热诚心情。21 世纪以来,宗亲会依然从事活动。多半在中华传统节日期间进行,内容主要是联谊、助学敬老互助、政治性表态等三个方面。

美国旧金山李氏敦宗总公所为庆祝太始祖宝诞暨春节,于 2006 年 3 月 11 日(农历二月十二日)举行联欢庆会,在公所大礼堂举行祀祖典礼,在酒家开春节联欢晚宴,"以崇祖德,共叙宗谊,同庆新春佳节"③。同地谭家公所于 2006 年 3 月 26 日(农历二月二十七日)举行春宴庆会,行祭祖礼,颁发奖学金,欢聚会餐,"藉敦宗谊,共贺新禧"。该公所设奖助学金、敬老金:"为鼓励谭姓子弟勤奋向学,敦品励行,力求深造,设置奖学金、助学金,以资鼓励,同时并设置敬老金,以示对耆英之崇敬。"奖学金,凡 2008 年度升大学或就读于高中、初中、小学学年成绩平均在三点以上,家长为会员二年以上,就读于中文

① 《谱系与宗亲组织》,台湾宗亲谱系学会 1985 年编印,第 1 册第 352、359、360 页。
② 《我能,你也能》,台北联经出版事业公司 1986 年,第 73—75 页。
③ 北美《星岛日报》2006 年 3 月 5 日 C2。

学校,可申请;敬老金,年满 65 岁,入会 10 年以上,向尽义务,可申请。①波士顿至孝笃亲公所有 1500 会员,2008 年 9 月 12 日举行中秋参会,600 人参加,每人捐款 10 元,作为奖学金,奖励 12 名学子;2009 年 2 月 7 日晚举办"春宴敬老联欢会暨会员年会",陈、胡、袁三姓(均以虞舜为共祖)宗亲 1100 人与会,国术队醒狮贺岁、武术表演,为 4 名大学生发奖学金,每人 1000 元;增设电脑班;为 105 岁陈梁葵好颁发敬老利是。

北美《星岛日报》2008 年 10 月 1 日 B9 版刊登整版广告《热烈祝贺神舟七号载人飞船成功发射并凯旋返航》,署名中有如下一些宗亲会:全美昭伦总公所、美国马氏宗亲总会、全美溯源总堂、原宗公所、旧金山冯翊堂、旅美伍胥山总公所、余风采总堂、美洲朱沛国总堂、美西梅氏公所、叶家公所、美洲至孝笃亲总公所、旧金山至孝笃亲公所、陈颖川总堂、邓高密总公所、中山刘族福建宗亲会等。同年 10 月 10 日,北美《世界日报》刊出庆祝"民国"九十七年"双十节"整版广告,贺者亦颇有一些宗亲会:全美黄氏宗亲总会、美国李氏敦宗总公所、美国至德三德总公所、旧金山至德三德总公所、陈颖川总堂、美洲龙冈亲义总公所、美国龙冈亲义总公所、旧金山龙冈亲义公所、屋仑龙冈亲义公所、屋仑黄氏宗亲会、屋仑至孝笃亲公所、林西河总堂、美国李圣颐堂、美国李凤颐堂、梁至孝总公所、刘家公所、关家公所、张家公所、赵家公所等。宗亲会庆祝载人飞船上天和"双十节",无疑有参与政治活动的意味。在澳洲布里斯班的蒋中元,于 1980 年发起成立华人宗亲会,崇宗敬祖,支持中文学校,筹办幼儿园、兴建安老院、华人墓园联合宗祠,回应者多系越南华人。1993 年 8 月20 日,世界第一届彭氏宗亲联谊大会在马来西亚云顶召开,接着于 10 月 6 日在江苏徐州举办彭城文化节,"海内外彭祖的后裔闻风而动,纷纷组团前往,欢聚一堂"②。这就不仅是宗亲在海外聚会,还与大陆宗亲团聚。

宗亲会持续活动,在举办恳亲大会、理事会换届中表现出来。1970 年在台北成立的梁氏宗亲总会,两年举行一次恳亲大会,首次盛会于 2006 年 9 月在西安举行,世界各地 42 个国家和地区的宗亲 680 多人与会,2008 年第二届恳亲会在澳门召开,2012 年在厦门举办了第四届恳亲会,2016 年的恳亲会由香港梁氏宗亲会主办。在宗亲总会推动下,有的国家或地区成立宗亲会。如梁氏

① 北美《星岛日报》2008 年 10 月 1 日 B8。
② 彭会贤:《饮酒》,《光明日报》1995 年 10 月 22 日。

宗亲总会举行第二届恳亲大会,正在酝酿组建宗亲会的梁国英、梁国霖等数人与会,会后赴南雄珠玑巷祭祖,回到澳洲后正式建成梁氏宗亲联谊会,向政府注册。澳洲梁氏宗亲联谊会,按规章活动,于2015年选出第四届理事会,并于中国年(春节)期间举行第四届理事会就职典礼暨新春晚宴。[①]2014年,在海南海口市冯村,历史名人冯宝洗夫人文化园(冯氏宗祠)建成,于10月1日举行开光大典,邀请海内外冯氏宗亲会代表出席,海南省冯宝洗夫人文化研究会会长、海南冯氏宗亲会会长冯川建宣读祭文,泰国宗亲会会长冯裕德讲话,表示数典认祖心愿,新加坡、香港、澳门冯氏宗亲会会长用传统文化礼仪祭拜。[②]泰国、新加坡代表的参加使得该会具有某种恳亲大会的性质。

北美各姓依章程换届。旧金山谭、许、谢诸姓的昭伦公所,于2014年12月28日在公所举行新旧职员交接典礼,公所新旧负责人发表感言:"贯彻昭伦明理的精神,为宗亲创造更多的福祉。"新任领导班子成员年轻,因此祝愿他们"推动会务迈步向前",为昭伦公所"带出一片崭新的天地"[③]。同地朱沛国总堂在前几天的28日,进行了新旧职员的交接,新职员将主持2015年会务。[④]林西河总堂的2015年新职员,定于2015年1月1日在堂所举行祭祖及履新仪式,3月7日在新亚洲大酒楼举办新年春宴。[⑤]全美黄氏宗亲总会于2015年2月8日选出正副主席,订于15日在总堂礼堂进行年度新旧职员交接典礼。[⑥]

宗亲会给予元老以荣誉,李氏宗亲总会设有李圣颐堂元老荣誉名号,获得者挂相片于堂内,李树邦荣获殊荣,2015年1月18日为其荣升和挂像举行仪式,首先祭祖,不忘慎终追远,感恩前贤。[⑦]

总之,宗亲会仍有不少活动,至21世纪10年代持续进行,他们希望在联谊、助学、敬老助老等方面有助于宗亲的生活。

---

① 梁国霖:《澳洲梁氏宗亲联谊会的由来》,《澳洲梁氏宗亲联谊会第四届就职典礼暨新春晚宴》,墨尔本基督教会《同路人》第419期,2015年3月13日。

② 冯氏历史文化研究会主编:《冯文化》第5期(总第80期),2014年11月20日。

③《旧金山昭伦公所新旧职员交接》,《星岛日报》2014年12月31日 B8。

④⑤《星岛日报》2014年12月31日 B8。

⑥《世界日报》2015年2月10日 B10。

⑦《世界日报》2015年1月24日 B5。

三、宗亲活动开展的原因和不足

　　宗亲会在世界许多地区得到一定发展,有其客观原因,大约有四方面:一是台湾方面的提倡。尹章义说寻根、制谱热潮的产生有多种因素,内有"政治方面有意无意的鼓励、推动"①。综观世界各姓宗亲总会的主要负责人,有些是台湾社会要人,很可以表明有某种政治力量在推进宗亲组织活动,至于一些宗亲总会的宗旨,更具有鲜明政治色彩。二是宗亲团体为适应社会环境的变化,对组织原则作了若干改变,扩大吸收成员,多少改变宗亲组织沉寂的情况。如尹建中所说宗族组织经过调整而逐渐转换为合乎现代社会发展的组织,所表现出的是一种再发扬、再发展的新局面。②三是有社会团体推动。台北宗亲谱系学会于 1977 年成立,举行一系列活动,1978 年举行宗亲谱系资料展览,1980 年开办中华民族伟人传记资料展览,随后组织中国宗亲组织现状及功能讲座、中国族谱研究与制作讲座,召开亚太地区华人宗亲谱系研讨会,次年筹拍 52 集电视剧《香火》,随后制成播映,另有影片《台湾与大陆的血缘》播出,内容就是反映台湾人群与大陆人群同胞共祖的血缘关系,也有寻根问祖的事。该会还办有年刊。《联合报》致力于族谱的研究和制作,举办族谱讲习班,训练纂谱人才。四是一些新移民参加宗亲活动,因为新移民到台湾,遇到老乡,风俗习惯与语言有许多相同之处,所以有的人能较快投入宗亲活动,关心宗亲事务,整理族志。

　　宗亲会的活动,直到 80 年代上半期,虽是有所活跃,有了不少团体,进行了一些活动,但对全社会的家族来讲,参与的人究竟是少数,多数人漠不关心,而且有许多姓氏还没有宗亲组织。1984 年申庆璧说:"国人虽然重视宗族,但宗族团体的组织,既不普遍亦不充实。"③李亦园在《寻根究底——中华文化中心的设立并向宗亲组织进一言》文中指出:"近年来因社会的工业化,宗族、宗亲会的观念已逐渐衰退。"又说宗族、宗亲会组织,"大都掌握在年长一辈的

---

① 《第三届亚洲族谱学术研讨会会议纪录》,台北,1985 年,第 507 页。
② 《谱系与宗亲组织》,台湾宗亲谱系学会 1985 年编印,第 1 册第 232 页。
③ 《谱系与宗亲组织》,台湾宗亲谱系学会 1985 年编印,第 1 册第 139 页。

手中,跟年轻一辈几乎是毫不相关"①。两位学者一致认为宗亲组织在数量上、质量上都存在问题,影响了它的发展。

四、宗亲会的成员与管理体制

(一)宗族团体的名称与类型

现代港台地区及世界各地华人社会的宗族、宗亲组织,要比古代、近代中国大陆的宗族组织复杂,并富有新意,它有各种各样的名称,从性质上讲有不同的类型。

前述香港袁氏宗族团体,名称不断变化,有汝南别墅、恳亲会、宗亲会、宗亲总会等多种,成为现代宗族名称的一种典型。世界李氏宗亲总会所属各地分会的名称也变化多端,在美国的多称敦宗公所、敬修别墅、敦宗通讯处;在加拿大、墨西哥的称公所、总公所;在印度尼西亚、泰国、日本及中国香港地区的名为宗亲会;在马来西亚的叫作联宗会、陇西公所、宗祠;在新加坡的为陇西公会;菲律宾的名为宗亲总会、李陇西堂;在印度的称作自治会;在缅甸的叫陇西堂;在欧洲的名为李氏宗亲会联络中心;在台湾地区的称作宗亲会、宗祠董事会、亲睦会、宗祠、宗庙、文献会等,②名目繁多。比较而言,称作宗亲会的最多,称谓宗祠、联宗会、公所的也不少。

这些名称多少反映出这些宗族团体具有不同的类型,或者说有些性质上的差别。李亦园根据宗族形态分出三种类型:(甲)宗族,以公厅(祖厝)为中心的单位,成员有血缘关系,地位平等。(乙)氏族,以祠堂(宗庙)为中心,在族谱中大半可以找到关系,或相信来自同一宗派,组织较大成员登记、交费。(丙)宗亲会,因同姓、联宗或传说而集结,组织最大。③在现代社会,以宗祠和宗亲会为多。宗祠带有较多的传统性,此不赘叙,而宗亲会则是现代台湾地区和海外华人团体的新形式和主要形式,因此予以较多的阐述。

(二)宗亲会的结构

某姓和某几姓的宗亲会,其内部还有不同的层次。世界性的宗亲总会,下

---

① 《谱系与宗亲组织》,台湾宗亲谱系学会 1985 年编印,第 1 册第 148 页。

② 《谱系与宗亲组织》,台湾宗亲谱系学会 1985 年编印,第 1 册第 453—459 页。

③ 《谱系与宗亲组织》,台湾宗亲谱系学会 1985 年编印,第 1 册第 403 页。

有许多分会,其会员分团体会员与个人会员两种,这是跨国别和地区的组织。国家和地区性的宗亲会,有时亦称宗亲总会,但相对世界宗亲总会讲,它就是分会了,而其下属又有宗亲支会(分会)。有的宗亲会下设一些实体性机构,经理某项事业,如台北鉴湖张氏宗亲会内设张士箱后裔联谊会、张士箱家族拓展史研纂委员会、张方大纪念堂管理委员会、财团法人台北县私立张方大慈善基金会、张方大基金会附设士箱幼稚园等。①这些企事业随事而设,事毕撤销。宗亲会的内部结构以图表示为:

(某姓)世界宗亲总会——宗亲会——宗亲分会(支会)——宗亲企事业

(三)成员的性别、姓别和联宗

传统的宗族组织成员,强调同姓同宗,即宗族接受有血缘关系的男性家庭,拒绝女性及无血缘关系的人。宗亲会与此大不相同,在接纳成员上,它对性别、姓氏、血缘关系的规定,可从下述宗亲会章程中窥见。

1959 年通过的香港袁汝南堂宗亲总会章程关于会员条件的规定是:"凡属宗亲,不论籍贯、性别及男会员之直属亲属(即母、妻),均可申请入会,但须填具志愿书,并由会员一人介绍,经理事会审查通过为有效。"②

世界许氏宗亲总会章程关于个人会员的规则是:"世界各地凡属许姓裔孙,年满 20 岁,不分性别,愿遵守本会章程及决议者,得申请加入为个人会员。"③

世界至德宗亲总会章程的个人会员条件是:"凡宗亲年满 20 岁以上之吴、洪、江、汪、翁、方、龚、苏、周、连、辛、曹等 12 姓宗亲",即可申请入会。④

世界龙岗亲义总会高雄支会章程中的会员条件是:在高雄居住或工作,年满 20 岁之刘、关、张、赵四姓宗亲。⑤

这些宗亲会接受会员的条件中,有许多共同之点:

(甲)要求姓氏相同,或异姓而有特殊原因,遂不同时要求同姓同宗。章程里强调同姓,或者虽说是"宗亲",但其含义也只是同姓,并非古代的有血缘关

① 尹章义:《〈台湾鉴湖张氏族谱〉写作的构想与经过》,载《第三届亚洲族谱学术研讨会会议记录》,台北,1985 年。
②《袁汝南堂宗亲总会有限公司注册章程》。
③《谱系与宗亲组织》,台湾宗亲谱系学会 1985 年编印,第 1 册第 582 页。
④《谱系与宗亲组织》,台湾宗亲谱系学会 1985 年编印,第 1 册第 702 页。
⑤《谱系与宗亲组织》,台湾宗亲谱系学会 1985 年编印,第 2 册第 1640 页。

系的同宗概念。古代同宗,基本上是聚族而居,血缘也才可能相近。这些宗亲会不论籍贯,在世界各地的同姓人都可以认作宗亲,并不在意近亲血缘关系。合数姓为一的宗亲会,认同其祖先是一姓一人,后来才衍化为数姓,如陈、姚、虞、胡、袁、田、王等姓,认为都是舜的后人,故而组成"世界至孝笃亲舜裔总会"。这种宗亲会,无论单姓、异姓,追求的是远年共祖,自认为几百年前,甚至几千年前是一家就行,与古代宗族大不相同。至于龙岗亲义会,合刘、关、张、赵四姓为一体,是凭借拟血缘关系,因《三国演义》有刘备、关羽、张飞桃园结义之说,而赵云也是讲义气的人,所以这四姓人结成宗亲团体,更表明宗亲会不太重视血缘因素。

(乙)不分性别,男女皆可。女子可以加入本姓氏的宗亲会,男性成员的母亲、妻子也可以入会,改变了传统宗族纯男子参与的状况,表明女子在宗亲社会地位的提高。

(丙)年龄的规定,即要求是成年人,基本上与公民条件相吻合,表示一个人成熟了,能够对自己的行为负责任,也才能参加民众团体。

(丁)要履行入会手续,即本人提出申请,经人介绍,理事会批准,方得为正式会员。

年龄限制和申请入会手续,均表示宗亲会实行现代化团体的原则;有介绍人、经过申请被批准才能成为会员,不像宗族族人即为当然成员;是以人为单位入会,以此不同于宗族的以户为单位;接受女性,是对传统宗族规范的突破;异姓联宗或同姓不同宗之联宗,虽古代也有此现象,但这种只认姓氏、不计血缘关系的做法,是对传统宗族的较大改变。

(四)会费、基金会与公司

传统宗族的活动经费,有祖宗遗产和宗人捐献田房银钱,或向成员摊派,族人参与宗族祭祀,常常可以食馂余,或领胙肉。宗亲会会员入会则需要交纳入会费、常年会费、特别捐款,还有荣誉会员费等。台北兰氏宗亲会会员交入会费新台币 100 元,常年费每年 200 元,名誉会员赞助会费每年 200 元。[1]世界林氏宗亲总会章程会员义务中,有"交纳各项例费及临时性之公益乐捐"[2]。宗亲会会员入会费、常年会费都很有限,宗亲会经费主要靠会员特别捐助和

---

[1]《谱系与宗亲组织》,台湾宗亲谱系学会 1985 年编印,第 2 册第 1521 页。
[2]《谱系与宗亲组织》,台湾宗亲谱系学会 1985 年编印,第 1 册第 503 页。

经营企业。

宗亲会有基金会,设股经营公司,获取利润,在向当地政府注册时以公司的名义出现。如香港袁氏宗亲会以有限公司注册,故其会章名为《袁汝南堂宗亲总会有限公司注册章程》,在施行某些建设时,另行组建公司,如1984年建成的袁氏大宗祠,由"袁汝南堂置业有限公司"经管,共得股东捐款港币409464元。①又如设在台北的全台林姓宗亲会,于1962年成立财团法人全台林姓祖庙,1963年建立全台林姓祖庙兴建委员会,次年改名林姓实业股份有限公司,该公司向宗亲借贷,兴建林氏实业大楼,与林姓宗庙订立合同:大楼第十层为林姓宗庙,第八、九层为林姓宗庙财产,1981年大楼竣工。②由此可知,宗亲会的经费与祠堂不同,不是靠族人捐献田产钱财,而是由会员缴纳会费和捐助款项进行公司性经营,提供宗亲团体经费开支。

(五)会员大会和理事会、监事会

祠堂的管理是实行族长制,宗亲会实行的是会员大会和理事会、监事会制。如台北朱氏宗亲会,设理事会,由理事25人、候补理事二人组成,理事是由会员大会无记名投票选出,理事会选出常务理事,并从中选出理事长。理事会职能,"综理日常会务,对外代表"朱氏宗亲会,其职权是:执行会员大会决议,召集会员大会,执行法令及宗亲会章程所规定之任务。理事会下设办事机构,总干事一人,协助理事长处理会务,其聘任、免除均由理事长提名,理事会通过,秘书一人,掌理文书印信;分设资料、联络、财务、总务、福利五组,各置组长一人,必需时增设理事若干人,均由理事长聘免。朱氏宗亲会监事会由监事七人、候补监事三人组成,监事亦系会员大会无记名投票选出,并由监事会选出常务监事一人。监事会的职权是监察理事会执行会员大会决议情形,审查理事会处理之事务,稽核理事会之财务收支。全美黄氏宗亲总会选举主席非常郑重,如2015年的主席之产生,先是进行候选人提名,次后初选,由十名候选人中选出是人,然后复选,举出正副主席。③宗亲总会下设多种办事组和职员,美国林西河总堂,在顾问、主席之外,设有中文书记、西文书记、财政、核数、交际、总干事、楼业组、慈善组、康乐组,此外有出席中华总会馆、出席宁阳

---

① 《袁汝南堂宗亲总会68周年暨袁崇焕公400周年诞辰纪念特刊》。
② 《谱系与宗亲组织》,台湾宗亲谱系学会1985年编印,第2册第1179页。
③ 《世界日报》2015年2月10日B10。

总会馆成员。①

宗亲会会员大会的规则是:每年举行一次,由理事会召集。理事会认为必要或经会员三分之一以上联署,或监事会请求,可以召开临时会议。会员大会要有全体会员半数以上出席始得开会,决议案要有出席会员半数以上通过始得有效,而修改会章、会员处分、理监事之解职、财产之管理及处分,需要出席会员三分之二以上同意才能生效。

理事会、监事会、会员大会三者的关系,在朱氏宗亲会章程中有明确规定:"本会以会员大会为最高权力机关,休会时由理事会代行其职权。"②即会员大会为朱氏宗亲会最高权力机构,由其议决宗亲会的重大事务,交理事会执行,而监事会则是监察理事会执行决议的情形。这一制度是为了保障会员大会和会员的权力,与传统宗族的族长制不同,也与民国初年上海曹氏族会有所区别,族会制下议长、议员权大,宗族大会职权还不像宗亲会的会员大会那样明确,因此会员大会是宗族会议的发展。纵观宗族权力的变化可以下图表示:

古代宗族——近代宗族——现代宗亲会

族长制——宗族议会暨议长制——会员大会暨理、监事会制

宗族发展到宗亲会时代,族长权力逐渐消失,会员权力上升,团体的管理方式实现现代化,也即完全民主化,传统宗族的宗法性因素完全消失。

从组织原则来看,现代的宗亲会与传统的宗族团体有明显的区别,即(甲)以会员大会和理事会、监事会制取代祠堂族长制;(乙)以公司经理宗亲会财产取代祠堂的田产管理;(丙)以不分性别的同姓男女个人志愿入会,代替血缘关系密切的以家庭为单位参加活动。前两点变化,标志着宗亲组织管理的现代化,使其具有现代社会团体的特征;后者的变化,说明观念形态的演变,反映团体的民主平等性质。

世界性宗亲团体,必然推尊本姓氏的受姓始祖,追至古代,特别是上古名人和传说中的人物,这种宗亲旗帜,与近代台湾宗族所祭奉的"唐山祖"有相同之处,不过不是简单的重复,而是继承和发展。这时宗亲组织普遍地探讨族源,考察本姓氏的由来、同姓氏的历史名人,再确认始祖。同时宗亲会是世界

---

① 《星岛日报》2014 年 12 月 31 日 B8。
② 《谱系与宗亲组织》,台湾宗亲谱系学会 1985 年编印,第 2 册第 1099—1100 页。

范围内的民众组织，其散布世界各国各地区的分会要联宗，也只能认同一个大家可以接受的祖先，哪怕是传说中的人物，所以宗亲会所认先祖的时代更远古。尽管如此，这种认祖仍表示宗亲会不放弃血缘原则，仍然是具有宗族某种特性的组织。确认始祖的做法扩大了成员范围，有益于宗亲组织的发展。

五、工业社会下宗亲会的功能及宗亲会社会属性

前面着重叙述了现代宗亲会的内部结构，这里将明了宗亲会与其他社会结构成分的关系及其社会功能，进一步揭示其社会性质。

现代华人宗亲会分布区域的社会经济发展不平衡，一部分地区工业发达甚早，有的地区接近实现工业化，也有少数地区经济较落后。工业化社会，与先前的农业社会不同，必然给宗亲团体以深刻影响。宗亲社团要面对社会现实，要适应社会以求得生存，所以现代能够开展活动的宗亲团体大多做了这方面的努力。它们在保持原有社会功能之外，又用新的活动，创造新的社会功能。关于这种变化，可从宗亲会的宗旨谈起。

1980 年在台北成立的水姓宗亲会，其章程第一章第二条写道："本会为弘扬祖德，敦亲睦族，联络海内外宗亲，增进福利，发挥团结互助精神为宗旨。"[1]

世界许氏宗亲会章程第二条云："本会以阐扬祖德，敦亲睦族，团结互助，增进福利，并发扬中华文化为宗旨。"[2]

香港袁汝南堂宗亲会章程第三条宗旨包括："设立不谋利义学及举办奖学金"；"设立医务所，办理医药福利事务"；"办理体育事业，促进会员健康"；"招待过往海外宗亲，尽力指导及协助其所需要者"；"介绍失业会员职业"；"调解宗亲间纠纷，并救济贫苦宗亲及其家属"；"设立阅书楼，以增进会员之知识"；"得赞助及捐助本港其他慈善事业及公益，捐赠外界人士或外界团体"；"禁止一切政治活动"等。[3]

吕姓宗亲会："以联络世界崇尚自由之吕姓宗族，发扬传统孝悌精神，团

---

① 《谱系与宗亲组织》，台湾宗亲谱系学会 1985 年编印，第 2 册第 997 页。
② 《谱系与宗亲组织》，台湾宗亲谱系学会 1985 年编印，第 1 册第 582 页。
③ 《袁汝南堂宗亲总会有限公司注册章程》。

结合作,共谋国内外文化交流与经济发展,尊重当地政府法令,服务社会人群,奖助继起人才为宗旨。"①

在这些宗亲会的办会宗旨中,有的叙述得概括简约,有的将宗旨主要事项开列出来因而较具体,有的主张办会脱离政治,有的则相反,虽有这些不同,无碍于我们认识宗亲会的宗旨,无非是在弘扬中国传统文化、举办互助福利事业及与政治关系等几个方面。

(一)传承和弘扬中华文化和爱国思想

每个宗亲会有个崇拜的祖先,每年定期举行隆重的祭祀仪式,祭仪之后往往利用到会人多的机会召开大会或联欢会。菲律宾马尼拉西河林氏宗亲总会,会址在二战前为三层楼,战争中被焚毁,战后在繁华区改建成五层楼,上层安放先祖比干画像,每年举行春秋二祭,典礼极为隆重,祭奠时要诵读祝文。②1982年香港袁氏宗祠揭幕典礼,宣读告祖祝文,首先歌颂祖先的圣德:"鼻祖涛公,自立耕田。仁厚处世,创立家园。枝繁叶茂,无限子孙。文昭武穆,代出忠贤。"次述族人散布寰宇:"士农工商,遍及坤乾。迄今香海,瓜瓞绵绵。"复次祈祷祖先佑护:"翘企我祖,保佑儿孙。康宁福寿,百事美全。"最后希望宗亲团结:"期我兄弟,翕和襟连,精忠爱国,继承祖先。克勤克俭,同底于善。"③祭祀及祭祖词之意,概括地说,就是感谢先人创业,进而要求宗亲团结互助。也就是说以祭祖为出发点,落实在宗亲互助上。

中国传统孝道有生养、死葬与祭祀三项内容,宗亲会的祭祖体现了孝道精神,表示重视伦常。因祭祖而宗亲间增进感情,讲究亲情,也是传承中华伦理。

在宗亲会的祭祖活动中,宗人都表示要学习祖先优良品德,将其作为中华传统文化传承下来。在工业化社会,西方文化被越来越多的人接受,社会、宗族、家庭人际关系发生重大变化,传统人伦被忽视,并被部分地摒弃,宗亲会以尊祖为旗帜,希望以其活动维持中华传统伦理。1984年香港袁氏宗亲会云:"际此道德沦亡,文化破产,世道人心皆以趋向邪恶之途,正宜发扬我远祖大舜公至孝之精神,唤起族人向孝之心,冀挽狂澜于未倒,或可稍风(抑)末

---

① 《谱系与宗亲组织》,台湾宗亲谱系学会1985年编印,第1册第483页。
② 《谱系与宗亲组织》,台湾宗亲谱系学会1985年编印,第1册第519页。
③ 《袁汝南堂宗亲总会68周年暨袁崇焕公400周年诞辰纪念特刊》,第41页。

俗。"又表示:"愿与全体宗亲发扬祖先良好德行,教育下一代,不盲目崇洋,自贬自贱,数典忘祖,做个堂堂正正有中国传统文化的中华民族儿女。"[1]1983年台湾宜兰杨氏修辑族谱,以"卫道"为宗旨,云:"卫道之士,力疾呼吁:曰寻根,曰图源,曰敦宗,曰睦族,臻于大同世界云。"又说修谱"亦为训育子孙,教之处世之道,俾能挽颓振废"[2]。

从事宗亲会活动的一些人,特别是某些会务负责人,往往抱有一种理想,就是通过宗亲会,保存中国传统伦理道德的优良成分,处理好人际关系,治理好家庭,同时也是热爱国家,维护中华民族和中华文化。爱民族、爱国家、爱民族文化之忱,见诸言论和行动。中国传统的孝道、伦理,有精华也有糟粕,像尊老爱幼,关心亲人,对人讲信义,和平友善,应当是千古不移的道德准绳和人际关系准则,而家长、族长的专制统治,不尊重晚辈人格等,也为传统伦理组成部分,这在今日尤应摒弃,所以宗亲会活动在传承中华传统文化和伦理的时候,是有鉴别的。

(二)互助互济和为宗亲谋求生存发展

宗亲会对成员的谋生,普遍表示关注,并采取多种帮助措施。

设置奖学金。宗亲会希望会员及其家庭出人才,因此设立学校和奖学金、助学金。像前述台北鉴湖张氏宗亲会设有士箱幼稚园,但是办学需要经常的、较多的经费,不是宗亲会一时能筹集到的。一些宗亲会从实际出发,设立奖学金,如世界梅氏宗亲会"为鼓励梅氏宗亲子弟就读,设置奖学金、作育人才案"[3]。台北水姓宗亲会设有奖学金,鼓励宗亲子弟敦品力学,凡会员子弟,在读公私立大专院校以上、高中高职(包括夜间部)或中小学肄业,其学业及操行成绩在一定标准者均可申请奖学金。为评定奖学金,宗亲会特设教育委员会,以主持此项工作。奖学金章程规定,申请者学业成绩总平均80分以上、操行成绩在甲等以上始可,其奖金名额、款额是研究生5名,每名每学期新台币5000元,大专学生10名,每名4000元,高中高职生20名,每名3000元,初中生20名,每名2000元,小学生20名,每名1000元。对于提供奖学金

---

① 《袁汝南堂宗亲总会68周年暨袁崇焕公400周年诞辰纪念特刊》,第27、53页。
② 《福成杨氏族谱》卷首杨塘海《序》、唐羽《序》。
③ 《谱系与宗亲组织》,台湾宗亲谱系学会1985年编印,第1册第573页。

的捐款人,达到了一定的金额,由宗亲会提名申请政府叙奖。①马来西亚槟城长林社,是祖籍海南省的林氏宗亲团体,其于1971年创设社员子女奖学金,至1983年已奖励289人。②世界郑氏宗亲总会对留学国外的大学生亦给予奖学金。③1974年槟城梅氏宗亲会举行家庙重修庆祝大会,席间有人倡议设立奖学金,当场得到支持,获得捐款3万余元,成立奖学金保管委员会,将款存储银行生息,作颁发奖学金之用。④17世纪中叶山东临朐人冯三仕到韩国汉城,其后裔于1959年组织冯氏花树会,1964年成立宗会,1966年设置临朐冯氏奖学金,置有产业,立有"规程",并争取在有余财时设立图书馆,供宗亲阅览。⑤

帛金。为会友致送丧礼,帮助发丧。马来西亚颜氏宗祠于1965年组织福利组,参加者100多人,凡有仙逝,组员各送帛金2元。⑥槟城长林社下设乐助部,凡部员逝世,部友须乐助帛金1元,以表示互助。⑦与互助相关的,有的宗亲会进行救灾活动,甚至赞助社会救灾。

宗亲事业性服务。宗亲会为会员事业上的发展提供服务,如世界童氏宗亲总会根据宗人的特长,开设法律指导、企业管理、会计、报关指导服务,每项服务都有专长会员负责,均系免费咨询,如果有业务委托办理,也以最理想的优待惠予会员。⑧台北朱氏宗亲会把"介绍工作,资助争难"作为一项义务⑨,即帮助会员谋求职业,若与他人有争执时协助排解,希望能起到职业介绍所与律师事务所的双重作用。而调解宗亲间的纠纷更是宗亲会的任务。会员间发生纠葛,可以据理向宗亲会申请调解,如台北林氏宗亲会就把"宗亲间纠纷之调解事项"列为"本会任务"。⑩

互助互济,奖励学子,调解宗内纠纷,是宗亲组织的传统功能。介绍职业,对于移民社会的成员来讲非常重要。这在近代的宗亲团体中已有此功能,至

---

① 《谱系与宗亲组织》,台湾宗亲谱系学会1985年编印,第2册第1001页。
②⑦ 《谱系与宗亲组织》,台湾宗亲谱系学会1985年编印,第1册第524页。
③ 《谱系与宗亲组织》,台湾宗亲谱系学会1985年编印,第1册第627页。
④ 《谱系与宗亲组织》,台湾宗亲谱系学会1985年编印,第1册第577页。
⑤ [韩]冯荣燮编:《临朐冯氏族谱》,1989年,第287—305页。
⑥ 《谱系与宗亲组织》,台湾宗亲谱系学会1985年编印,第1册第684页。
⑧ 《谱系与宗亲组织》,台湾宗亲谱系学会1985年编印,第1册第602页。
⑨ 《谱系与宗亲组织》,台湾宗亲谱系学会1985年编印,第2册第1101页。
⑩ 《谱系与宗亲组织》,台湾宗亲谱系学会1985年编印,第1册第1165页。

现代社会仍有保留,是现实生活的需要。会员求职,或要调换工作,参加宗亲会的活动可以认识许多同姓氏的人,通过接触,增进感情,因而会得到同情,帮助代找工作或提供信息,所以现代宗亲会适应会员求职需要,在这方面继续发挥作用。近现代是工业社会,人们的事业发展也在工商企业方面,像童氏基金会那样提供企业管理、报关、会计等方面的指导服务,是现代化的服务事业,有益于会员的经济发展,能吸引宗亲人士入会,参加活动。宗亲会只有关注会员的经济生活,使之得到实惠,才能团结成员,有凝聚力。今日宗亲会能存在,大约得力于其互助互利功能的发挥。

(三)开展娱乐活动

传统宗族注意品德教育和文化教育,对成员的娱乐生活不甚经意,还认为有些活动会使子弟轻佻浮躁,因而加以反对,所以宗祠中没有娱乐活动内容。宗亲会突破传统,主张组织游乐活动。老年人传统伦理观念较深,对国家、民族、文化有深厚感情,故乐于参加宗亲会活动,而年轻人接受西方文化影响,对民族、国家与传统文化缺乏了解和感情,因而认为宗亲会与本身没有关系,不乐意参加其活动。宗亲会为后继有人,对于青年要多方吸引,为此根据青年人特点,如活泼好动、对新鲜事物敏感、爱好旅游等开展一些活动。台北林氏宗亲会把"康乐"作为一项任务。[1]旧金山林西河总堂每年在酷暑夏日组织郊游,午餐、饮料、交通工具全部由总堂免费提供,同时组织摸彩、唱歌、舞蹈及国技表演等游艺活动,以便尽兴。每年还举行春宴及庆祝会,春节期间举行团拜,把盏话旧,促膝交谈,同时设置宴席,出席人常达百余席,可见规模之大。每逢母亲节、父亲节及圣诞节也举行庆祝会。[2]在这方面做得相当出色的是香港袁氏宗亲会。1984年该会认为:"处于一个新旧时代的交替期,老一辈的宗亲大多从乡间来港生活几十年,即使甚少返乡亦具有浓厚的传统中华文化思想,但近年工商业迅速发展,西方文化之进入,青年一辈对中国文化之认识较为淡薄,对中国文化中之民族伦理意识认识不足,故青年一辈加入宗亲会的不多。因而我们宗亲会若要继往开来,就必须将会务活动结合青年的需要。"因此在建设袁氏宗祠的时候,就筹划在宗祠周围设立青年康乐场地,包

---

① 《谱系与宗亲组织》,台湾宗亲谱系学会1985年编印,第2册第1165页。
② 《谱系与宗亲组织》,台湾宗亲谱系学会1985年编印,第1册第520页。

括建设球场、游泳池、烧烤场地等。1982 年宗祠建成,康乐场因经费等原因未能设立,但是举办了许多游乐活动,如每年举行春节庆灯联欢会,开展竞投胜灯娱乐,春祭之后游览愉景湾;每年夏历四月二十八日纪念历史名人袁崇焕诞日之后,举行联欢会;1983 年组织 50 名会员回到广东东莞祖籍访问。同年南洋广肇胡氏宗亲会举办银禧大典,其派团前往祝贺,并在吉隆坡参观名胜古迹。①

(四)关涉政治的活动

一些宗亲组织与所在地区和国家的政治有着或多或少的联系。

海外华人宗亲组织与当地社会既游离又融入。近代华人为争取移民的合法权利,保持自身文化特点,建立团体,如会馆、宗祠,以保护切身利益,与地方势力作斗争。李亦园于 60 年代在马来西亚观察到,"海外的华人社会中,宗亲组织特别重要,它可以用来团结华侨,以发生作用"。这作用就是"要靠亲缘关系来对抗外人"②。为了竞争,立足于社会,靠宗亲组织作为凝聚力,这样就要在宗亲团体中保存浓厚的中华文化因素,争取与当地文化和外来文化共存。但是南洋各国家、地区工业化发展,浓重的中华文化色彩使华人难以融入当地社会,于谋生、竞争反而不利,因此在一定程度上保持中华文化的同时,需要吸收现代文明,融会多种文化,使自身扎根于当地社会之中,更便于生存发展,所以南洋宗亲团体有个适应新情况进行改造的问题。如 1965 年新加坡独立之后,要求国民放弃帮派观念和族人观念,建立新加坡意识,青年人受英语教育,对老的社会组织不感兴趣。③有的宗亲组织已认识到这个问题,希望改变观念与做法,1977 年成立的菲律宾林氏宗亲总会,展望未来,对成员提出两方面的要求:既保持中华文化,又投入菲律宾经济建设,真正置身当地社会,故云:"海外华侨子弟须不断接受祖国文化熏陶,培养其敦亲睦族、爱护国家之传统精神,作为侨社接班人,继往开来,则在菲虽称少数族之侨青,能知追远报本,为宗族社会服务,并致力于菲国经济建设,因为惟有菲国经济繁荣,侨民才能安居乐业,惟有生活安定,也才能同心协力,为国家民族尽一份

---

① 《袁汝南堂宗亲总会 68 周年暨袁崇焕公 400 周年诞辰纪念特刊》,第 27—29 页。
② 《谱系与宗亲组织》,台湾宗亲谱系学会 1985 年编印,第 1 册第 395 页。
③ 《谱系与宗亲组织》,台湾宗亲谱系学会 1985 年编印,第 1 册第 361 页。

天职。"①在当代,海外华人要融于所在国家和地区的社会,还要借助宗亲组织去适应社会的变化。

从反对殖民主义到反对种族主义。近代海外宗族组织普遍进行过反对殖民主义活动,并遭受殖民主义者的野蛮屠杀。有的国家白人种族主义严重,排斥有色人种和华人。澳洲的一些华人,认为那里实行"白澳政策",于1988年著文说,其时"歧视我亚洲移民的言论甚嚣尘上"。他们要求华人团结起来反对种族歧视,其办法就是组织宗亲活动,具体说是:"一、加入华裔社团;二、支持多元文化政策,送子女学中文;三、编写一本中英文合版的家谱。"②认为制作家谱可以焕发华人民族意识,认清华人利益一致,团结起来反对白人种族歧视。他们为此进行了工作,研究谱学、氏姓学,编写族谱,为了获得资料,到中国访根问祖,并请专家协助搜集材料。笔者见到一部《马氏家乘》③。用中英两种文字书写,谱主系广东中山籍移居澳洲者,谱中有马氏世系、马氏姓氏考证,《史记》《唐书》等中国史籍对马姓的记载。作者意在说明澳洲马姓移民与中国的渊源关系,以谋求同姓人的凝聚力,反对白澳政策。

综观现代宗亲会的社会功能,有传统社会功能的保留,更有新的社会功能产生,即使传统因素中也赋予了新的内容。古代宗族最基本的功能,如祭祖、互济、助学,在宗亲会里得到保留。而宗亲会开办娱乐活动、谋求生存互助、寻根溯源文化意识、反对所在国白人种族歧视,是宗亲会的新功能,适应了当代社会的华人要求。

(五)宗亲会社会属性课题的讨论

宗亲会出现于现代社会,所开展的一些活动,内容、方式新颖,具有了新的社会功能,与传统宗族有着多方面的不同,令人产生它是否还是宗族,还是宗亲性质的疑问。有人认为它采取个人会员制,与一般社会团体相同,只有以家庭会员制,"家家入会,协作共享,才合亲亲之谊"④。宗亲会是否失去了它的宗亲属性呢?也有肯定的看法,如有人认为它对传统宗族的"追远、联系、互助

---

① 《谱系与宗亲组织》,台湾宗亲谱系学会1985年编印,第1册第21页。
② 马纪行:《赵氏马氏赢姓十四氏及族谱感言》,载《谱牒学研究》第1辑,书目文献出版社1989年。
③ 承马纪行先生邮赠,书此致谢。
④ 《谱系与宗亲组织》,台湾宗亲谱系学会1985年编印,第1册第139页。

等基本精神并未改变"①。笔者以为,宗亲会与宗族虽有渊源关系,却是现代社会的类似俱乐部的社会团体,或许可以说它是宗族的异化物,既不要把它简单地视作宗族,也不忽视它脱胎于宗族,与宗族有着千丝万缕的联系。为什么这样认识?原因是:

第一,宗亲会是现代社会真正完全的民主管理社团。宗亲会的会员大会和理事会监事会管理制度、不限男女的成年人申请入会制度,体现了它是现代社会团体;立会要以法人财团的名义向现代社会国家管理机关申请,批准后才成为合法社团。这种自身条件与现代国家政府依法批准两方面因素的结合,令宗亲会具有现代社会团体的性质,与传统宗族性质迥异,是民国初年族会的发展,真正成为现代社会团体。

第二,血缘观念使得宗亲会与中华传统家族文化保持联系。宗亲会是以姓氏为单位的组织,以共祖的血缘关系为旗帜吸收会员,可是有许多姓氏的产生是多元的,祖宗并非来自一个血系,也即并非一个人,所以同姓氏的人不见得出自一个祖先,也即没有丝毫的血缘关系,至于刘关张赵的宗义会更没有血缘关系可言。姓氏宗亲会强调共祖关系,是中华传统文化的认同,是对宗亲观念的认同,也是对传统社会合姓祠堂与联宗修谱、民国间联宗会的发展与质的超越。似乎可以认为港台及海外华人社会的宗亲会,是中外两种文化的化合物,源自于中国的家族文化、移民文化和中国各地现代化的进程,并受到西方民主和民间兴趣性俱乐部的影响,是宗族"异化"物,不再是真正意义上的血缘群体。

第三,血缘观念造成宗亲会以具有中华家族文化因素而与俱乐部有着些微的差异。许烺光著作《宗族·种姓·俱乐部》②,比较中国、印度、美国文化特征,用宗族、种姓、俱乐部为代表,而中国宗族变异为宗亲会,成为实质上的俱乐部,不过仍有所不同,即宗亲会在思想观念上仍保留传统的血缘关系成分。

第四,宗亲会将有怎样的未来值得关注。台港和海外华人宗亲会在20世纪最后二三十年较为活跃,21世纪仍有活动,似不如前。宗亲会在活跃时期,那些热心者深知青年人对此不感兴趣,在活动项目方面致力于吸引青年,效

---

① 《谱系与宗亲组织》,台湾宗亲谱系学会1985年编印,第1册第234页。

② 许烺光:Clan,Caste,and Club,薛刚译,书名《宗族·种姓·俱乐部》,华夏出版社1990年;另有黄光国译本,译名《宗族、种姓与社团》,台湾南天书局2002年,收入《许烺光著作集》(5)。

215

果可能并不理想。笔者在海外所知,新移民热衷于地缘关系的建立,各省市的企业家团体相继出现,而宗亲团体似无增加,唯原有宗亲团体仍在坚持活动。

　　(原载《中国宗族史》,上海人民出版社,2009 年;2019 年 2 月 18 日进行了较大增改)

20世纪90年代初期新西兰华人社团述略

20世纪90年代前期,新西兰华人社团相继问世,大有方兴未艾之势,就中,在华人汇聚的大奥克兰市,新社团的诞生,犹如雨后春笋。基于这种事实,以及笔者囿于掌握资料的条件,故而在这篇文章里主要叙述近期奥克兰地区华人社团的历史。

一、社团蓬勃发展的社会背景

华人社团的建立,取决于华人的数量、质量和经济文化状况,尤其是华人主观成分,也受新西兰社会环境的影响。这些就是笔者所思考的社会背景因素。

近几年华人从四面八方移居新西兰,数量骤增,为前所未有;素质普遍良好,为前所不能比拟。华人已成为新西兰最大的少数民族,引起社会的某种关注。这大约可以说是华人社会的基本情况,也是建设社团的社会前提。

1991年,新西兰有华人44793人,此时全国居民337.4万人,华人占总人口的1.33%。华人自19世纪60年代到达新西兰,直到20世纪上半叶,人数甚少,不及5000人,移民的骤增,始于80年代后期,来自不同的国家,如中国、马来西亚、新加坡、印度尼西亚,仅从中国(香港、台湾、大陆)近年移民来看,可知增加的状况:

时间	香港	台湾	大陆	合计
1987.3.31	185	25	175	385
1988.3.31	512	95	256	863
1989.3.31	1016	1640	686	3342
1990.3.31	2640	2555	692	5887
1991.3.31	3319	1648	1077	6044
总计	7672	5963	2886	16521

1991年以后的情况，笔者没有见到像上表所列的年份统计数字，但仍然可以获知一些，如1993年7月至1994年2月的8个月中，来自台湾的移民有1401人，香港有1201人，大陆有500多人。数字显示，八九十年代之交，移民激增，至笔者写作时的1994年4月仍然如此。这一状况预计在短期内不会改变。大奥克兰市的曼纽考市市长于1994年2月给华人祝贺春节的信中，说他的辖区有8000名华人，到2000年这个数字将大大增加，这是可以相信的。

　　新近移民，许多是以投资、技术条件进入的，他们有资金、技术、文化，可以对新西兰社会作出较大贡献。此点与老移民不同，先驱者创业维艰，多从事采矿、种菜等重体力劳动，只是他们的后裔才慢慢地成为专业人士。而新移民中的许多人一开始就以专业人士的面貌出现于社会。这是新移民素质优良的表现。

　　华人只占新西兰总人口的1.33%，但社会地位却日益重要。新西兰居民以英裔最多，占73.8%，毛利人是土著居民，与英国订立威当义条约，承认英皇为君主，但保留土地所有权，所以不是少数民族，而是土著民族，有其相应的权利。华人作为一个少数民族，有显著的特点，即具有聪睿、勤劳、忍耐、坚韧的特性，从而有极强的社会适应力，能够在新居地谋生，境况也日趋好转，如从事专业的华人占新西兰13.8%，就业率高于其他民族。华人活动范围广阔，开设商店，经营房地产和林业，涉足餐饮业、旅游业。新移民与早先华人移民形象迥然不同。

　　新移民立足未稳，生路尚未完全打开，对白人为主体的国家生活方式还没有充足的时间来适应，在这种情形下，有的人还要回到原先居地的香港、台湾做生意，做"太空人"，奔波于新旧居地之间，自然困难重重。至于从大陆来的，更需要靠出卖脑力、体力为生。在新环境中面临站稳脚跟、谋求生存与发展的重大问题，要解决这一问题诚非易事。

　　华人新移民来自许多国家和地区，除上面说到的，还有越南、柬埔寨、南非等国，也就是说他们的经济、文化、政治背景有着很多差异，谋生手段和生活方式、思想方法不尽相同，甚而大相径庭，新西兰的华人有较强烈的传统地域观念，因而在华人之间容易出现此疆彼界的分别，不相往还，乃至互有芥蒂。

　　新移民潮水般涌来，使得老移民、土生华人成为少数，不再是华人社会的主体，不免有失落感。原来他们人数少，已相当程度主流化，得到社会承认，华人新移民的到来,使得他们被不分新旧地视为华人,从而有被社会排斥的可能,故在 1989 年土生华人就警觉地发出"新西兰华人的形象与危机时刻"的呼声。这是影响新老华人移民团结无间的不利因素。

　　总起来说,华人移民,特别是新移民,要在新西兰立足生根、发展壮大,面临着许多问题:如何谋生、养生、育生?如何解除华人内部、新旧移民的界域之分?如何应对社会对华人生存发展不利因素?这些问题的完善解决,要靠每一位华人的努力,去塑造良好的形象,但仅靠这些绝对不够。个人的奋勉只是一种前提、一种基础,完善的解决办法,大约是要靠华人群体的力量,要组建社团,为自身的利益、为他人的理解去做工作。看来,华人需要有适当数量的团体为生存服务。移民人数多、素质高,拥有一定的经济力量,又为社团的产生提供了必要的条件。再者,新西兰是实行民主制度的国家,允许公民建立各种团体,华人组团没有人为的障碍。一句话,骤增的众多的华人移民,产生了建设社团的需要与可能,华人社团的涌现,乃是华人社会状况的必然产物。

二、社团的大量出现、类型及其内部结构

　　华人社团的建立,略晚于移居的时间,早在 19 世纪 60、70 年代之交,就出现番花同乡会(笔者按:广东番禺、花县即今花都)、忠信堂等团体。20 世纪上半叶华侨总会及各地分会比较活跃,而五六十年代则有新西兰华侨联合会、中国文化社、反共同盟会的活动。80 年代以后社团大增,说得保守一点,数以十计,其类型多样,名目繁多。《纽西兰中国商业年鉴》(1994/1995 年)、《警察、社区与你》(1993 年)两书有华人社团的专门介绍,其他中文报刊亦时有记录,笔者据有关资料制作《华人社团一览表》,挂一漏万,聊表其一端。

华人社团一览表

中文名称	英文名称	会所	备注
屋仑华侨会所	ALK Chinese Community Centre Inc	奥克兰	A,B
新西兰屋仑华侨协会		NZ	
……		奥克兰	A,B
奥克兰柬埔寨华裔康乐互助会		奥克兰	A,B
奥克兰马来西亚协会		奥克兰	A,B
新加坡奥克兰协会		奥克兰	A,B

中文名称	英文名称	会所	备注
奥克兰华人饮食业商会		奥克兰	A,B
新西兰华人蔬果协会		奥克兰	A,B
中华医协会(屋仑)		奥克兰	A,B
新西兰华人医生协会		奥克兰	A,B
屋仑东增同乡会		奥克兰	A,B
屋仑中山同乡会		奥克兰	A,B
华人生命线		奥克兰	A,B
中文生命线		奥克兰	A,B
华文学会		奥克兰	A,B
中华电台		奥克兰	A,B,1991 年
华声电台		奥克兰	A,B
新西兰华侨农业总会		奥克兰	A,B
龙飞人文科学协会		奥克兰	A,B
金鹰高尔夫球俱乐部		奥克兰	A
香港新西兰商业协会		奥克兰	A,B
新西兰香港华人协会		奥克兰	A,B
中国国民党屋仑直属支部		奥克兰	A,B
中国国民党惠灵顿直属支部		惠灵顿	
奥克兰东区家长会		奥克兰	A,B,1992 年
奥克兰 Epson 女中华人家长会		奥克兰	
新西兰华夏协会		奥克兰	A,B,C,1991 年
新中友好协会			
纽中经济促进会		惠灵顿	A,B
国际中国健康协会		奥克兰	A,B
奥克兰华人狮子会		奥克兰	A,B
新西兰华青学会		奥克兰	A,B,1990 年
纽华体育会		奥克兰	A,B
中华钓鱼会		奥克兰	1993 年
新西兰中华联合会		奥克兰	A,B,1993 年
新西兰台湾同乡会		奥克兰	A
屋仑溯源堂		奥克兰	A,B
新西兰华侨联合会屋仑支会华联会		奥克兰	A,B

中文名称	英文名称	会所	备注
奥克兰中医药科学联合会		奥克兰	A,B,1992 年
北京中医药大学海外校友会		奥克兰	
中国留学生联合会		奥克兰	1993 年
纽西兰民阵联络处		惠灵顿	
奥克兰 Unin 中国学生会		奥克兰	
东方文化联合会		奥克兰	
惠灵顿东增会馆		惠灵顿	
基督教华语教会		奥克兰	A,B
奥克兰华人基督教会		奥克兰	A,B
奥克兰华人浸信会(市中心)		奥克兰	A,B
屋仑华人浸信会		奥克兰	A,B
新西兰华人基督教会		奥克兰	1994 年
奥克兰台湾基督教长老会		奥克兰	A,B
基督教宣道会中信堂		奥克兰	A,B
浸信会北岸华人团契		奥克兰	A,B
新西兰华人圣乐促进会		奥克兰	
新西兰华人基督教会		奥克兰	A,B
新西兰福音教会		奥克兰	A,B
新西兰基督教华人服务中心		奥克兰	
屋仑华人浸信会(柏古兰嘉堂)		奥克兰	A,B
基督城华人教会服务中心		基督城	A,B
新西兰华侨联合会但尼丁支会		但尼丁	
国际佛光会新西兰北岛协会		奥克兰	A,B
国际佛光会新西兰南岛协会		基督城	A
慈明寺		奥克兰	A,B
屋仑冈州会馆		奥克兰	
屋仑华农会		奥克兰	
屋仑华人医学会		奥克兰	
新西兰禅修学会		奥克兰	
奥克兰东区华人浸信会		奥克兰	
广州郊区侨联会		奥克兰	
新西兰中华文化中心		奥克兰	

注:(1)表中备注栏中注有 A 符号者,表示该社团著录于《纽西兰中国商业年鉴》,B 表示著录于《警察、社区与你》,有 AB 标识者,表示为公认的社团,当然,无标识的社团并非就是非公认的,只不过未著录于此两种书而已。有 C 符号者,表示笔者所知该社团活动较多。表中年代,系该团体建立时间。社团绝大多数有与中文对应的英文名称,本表仅写出一则,其他从略。

从表中所列社团的名称, 读者可能已对华人社团的分类有了初步印象。这些团体,大致可以区分为下述几种类型:

行业型。或者可以说是专业型、职业型、事业型。参加者因从事共同的行业、专业,具有同样的职业,或者对某一事业有兴趣而联合起来,建立团体,如奥克兰华人饮食业商会、新西兰华人医生协会、龙飞人文科学协会、奥克兰东区家长会、中华钓鱼会、中国留学生联合会、屋仑华农会、屋仑华人医学会等。

地区和国别型。成员以来自同一国家或地区而聚合在一起,如屋仑东增(广东东莞、增城)同乡会、奥克兰柬埔寨华裔康乐互助会、新加坡奥克兰协会、新西兰香港华人协会、新西兰台湾同乡会等。

综合型。以新西兰为范围,或以新西兰的一个大城市为范围,意图把来自各个地方、从事各种职业的人组织起来,形成一个团体,以此使其成员具有广泛性。如新西兰屋仑华侨协会、新西兰华夏协会、新中友好协会、新西兰中华联合会等。

国际组织分会。有的华人社团是国际上同类社团的下属机构,如奥克兰华人狮子会是国际狮子会新西兰分会的支会,设于奥克兰的国际中国健康协会亦是国际性团体的分支。

宗教信仰型。在这方面,新西兰华人团体主要属于基督教,其次是佛教。其社团如基督教华语教会、基督城华人教会服务中心、慈明寺、国际佛光会新西兰南岛协会等。

社会服务型。为社会公益、慈善服务,以造福人群为宗旨的群体,如华人生命线、中文生命线、前述的狮子会亦属于这一类型。

年龄型。同龄人容易接近,且因兴趣关系,多有共同语言,因而结成团体,如奥克兰 Unin 中国学生会,中华电台、华声电台虽然不是青年团体,却是青年人乐于参与活动的社团。

带有某种政治性的团体。团体建立,具有某种政治观念,或政治倾向,如自由中国协会奥克兰分会、中国国民党惠灵顿直属支部、纽西兰民阵联络处等。

以上社团类型的分类,是需要讨论的事情,因为一些社团的属性不是单一的,分属在不同的类别皆可以,如奥克兰狮子会。笔者的分类,只是选取社团主要属性一面,不排除作另外的分类。就以本文的八个分类类型而言,新西兰的华人社团多姿多彩。它将各种职业、年龄、信仰、志向、兴趣和不同原籍、国籍的华人包容进来,个人的愿望,无论是事业的、家庭的、乐趣的、信念的,都通过社团表达出来。

华人社团数量繁多,类型多样,呈现出一派兴旺景象。从新团体的纷纷出现来看,这还只是社团发展史上的一个阶段,一个新的蓬勃发展期的到来是可以预期的,因为:(1)许多协会是建立在90年代,这种建设不会戛然而止;(2)有一些筹建中的群体,必然会经过一定时间的努力而正式诞生,如筹备中的新西兰华文作家协会、新西兰华裔美术家协会,从华人美术作品展览会接连举办的活跃情形来看,这种美术家、文艺家团体的出现只是时间问题而已;(3)从现有社团观察,娱乐性的社团尚少,来自不同国别、地区的团体发展不平衡,有的地区多一些,有的则甚少,而缺略的社团将会应运而生。

华人社团大多以民主精神作为组织原则,建立管理机构;管理者则须以公正开明作风开展会务。一般实行理事会暨监事会管理制度,理事、监事由会员大会选举产生;实行换届制,每届任期年限,各社团规则不一,有的一年一换届,且理事长不得连任;理事会下设常务办事机构,大的社团事务殷繁,又作内部分工,设立各专门事务组。大社团还建有支会,支会可以进行独立活动。设于奥克兰的华夏协会,下有六个区分会,其理事会的成员,由六个分会的代表组成。在总会内,设有九个委员会,分别是财务、教育、行政、公关、投资、音乐、服务、特别、文宣,办有两个刊物:《华夏月刊》和《华夏之音》。刚成立一年的中华钓鱼会,成员不太多,同样有个组织机构,内设正副会长、秘书,下分活动小组。健全的组织、民主的精神、公正的管理,是社团健康开展活动的有力保障。

华人社团的纷纷面世和内部建设的较为完善,业已显示:随着新移民逐渐站稳脚跟和陆续前来的移民增多,华人社团的数量将会继续增多,活动质量必然会有较大程度的提高。

三、社团的活动

新西兰各个社团本着自身的特点开展活动,综观其活动内容,涉及到社会经济、文化、娱乐、风俗、民情、社交以至政府政策多方面,几乎反映人们社会生活的全貌。

(1)组织中华传统节日、纪念日活动

华人入乡随俗,过起主流社会的节日,如圣诞节,同时也保有华人的节日风俗。社团顺应华人的风俗,组织中华传统节日和纪念日的活动,最大规模的是农历新年(春节)的庆祝仪式和各项活动。1994 年的春节,奥克兰的 20 多家华人社团、商号联合举办"狗年迎春花市同乐日",于 2 月 5 日进行,会址设于华侨会所,入口处中文大字春联云:"奥市好风光白鸟鸣春似锦 华侨多俊杰千骑竞发气如虹"。表达出华人热爱新居地和意气风发的气概。聚会开始,鞭炮齐鸣,醒狮欢舞,演出具有中华文化特色的文艺节目,场内设有游艺摊、家乡年货摊、中文书籍摊,有出售,有赠送。与会者络绎不绝,据云盛况前所未有。此外,各社团分别举办春节团拜聚餐会,如奥克兰柬埔寨华裔康乐互助会举行庆祝春节联欢聚餐会,出席者 700 余人,会间表演太极拳。新春过后是元宵节,中华电台与一家商号协会合办"上元佳节抬轿大赛"。清明节惠灵顿的东增会馆为故友纪念碑献花扫墓,缅怀新西兰华人前辈。"三·二九起义(黄花岗七十二烈士殉难日)"83 周年奥克兰华人各界和社团举行纪念会。此外,十一国庆节等节日,亦有一些社团举行庆祝活动。有的节日华人单独过,而纪念日则不然,社团出面组织,就能满足华人的愿望,同时由于华人群体过节,较为成功地展示华人的风俗习惯和中华传统文化,为他人所了解、理解乃至接受,所以奥克兰的上元节抬轿赛,有许多白人参加,他们着华人衣饰,"洋相"百出,大大增加了竞赛情趣。或如奥克兰市长 Les Mills 所说:"中国新年的庆祝活动现在已成为习以为常的同欢共乐,充满趣味和兴奋。"

(2)举办开发事业的活动

移民,特别是初来者,颇具雄心壮志,希图发展新事业。如台湾移民创办"朝代公司",认为移居到新天地,如同改朝换代,要做一番事业,树立新形象,故要以"朝代"为名以反映这种愿望。个人的事业要靠自身努力来实现,但社团的帮助是非常有益的,不可少的。一些社团考虑到成员的业务需要,开展相关的活动。华夏协会东区分会与国际佛光会新西兰北岛协会,于 1993 年 12 月联合举办投资理财专题讲座,邀请大学教授介绍新西兰股票市场致胜秘诀,希望帮助华人投资股票市场。奥克兰中医药科学联合会举办中医讲座,讲授中药、推拿、针灸学说与技能,并同以白人为主体的新西兰注册针灸学会合办,以吸引白人,提高该会及中医从业人员的职业地位。北京中医药大学海外校友会连续召开两届中医学学术研讨会,以提高中医学水平。华文学会主办翻译公开讲座,帮助中西文翻译者提高技巧。

(3)开展传播中华文化及中文的活动

为了中华优秀文明、中国语文在华人及其子女中流传,华人社团举行多种活动。1993 年华侨协会与台湾经济文化办事处合办"台湾精品展",以中华名贵文物展示世人。华文学会于 1994 年 2 月举办"'94 新西兰华裔美术家联展",将来自中国大陆、台湾、香港的新西兰籍华人艺术家的作品,以新面貌展现,传播华夏文化。华文学会于 1993 年举办"全纽征文比赛",鼓励用中文写作。该学会为推动华人阅读中文书籍,每月推荐中国大陆、台湾、香港出版的图书 10 种,并取得奥克兰四大公共图书馆的支持,订购有关书籍,以方便中文读者。屋仑华人浸信会附设圣光学校,内设中文班、数学班,定时授课。龙飞人文科学协会接受中国禅密气功协会委托,在新西兰招收学员,并用新西兰风土人情、中国成语故事、百家姓来源教授英语、粤语、华语会话。奥克兰东区家长会向会员子女会考成绩优异者颁发奖学金,鼓励子女学习向上。奥克兰 Epson 女中华人家长会于 1994 年 2 月举办农历年游艺晚会,筹款开办电脑教室,协助学校进行现代科学教育。中华电台和华声电台的编辑、播音人员,在作义务服务的同时,巩固和提高了中国语文水平,可谓受益匪浅。所以有人建议年轻人不妨加入中文电台做有益的事情。

(4)组织娱乐活动

社团开展各种文艺体育娱乐活动,丰富社员生活,并在可能条件下,使华人欣赏到中华文艺形式和内容。华文学会、华声电台于 1994 年 3 月 12 日合办"节奏动感 150 分"的文娱晚会,400 多名青少年与会,自编自演,用华语、粤语演出,节目有现代舞、中国舞、民歌、流行歌曲、话剧,真是丰富多彩。华文学会还组织学生演艺组,经常开展活动。1993 年基督城华人教会服务中心主办基督城华人音乐会,该中心附设的儿童合唱团参加义演。1993 年圣诞节期间,新西兰华人圣乐促进会圣咏团在购物中心演唱圣诗,并到华人教会演出,奥克兰 Unin 中国学生会不时播放中国电影,如《中国知青部落》,中华电台经常播出京剧、粤剧、相声。基督城华人教会服务中心组建青年篮球队及桌球队。中华钓鱼会举办了两届钓鱼大赛,数十人参加,发放多种奖品。

(5)与华文传媒开展联系

传媒与社团需要互相了解,互相支持,势必加强联络。新西兰的中文媒体,仅以文字表达形式来讲,就有日报、周报、月刊、年刊、特刊多种,日报有《星岛日报》;周报有《华页》《亚洲新闻》《亚洲经济周报》《亚洲时报》;《中文一族》则为双周刊;月刊类的有《侨居指南》《精打细算》《选择》;年刊有前述的《中华商业年鉴》和《华人手册》;特刊是《警察、社区与你》,专著有《新西兰移民记》。只有《星岛日报》是出售的,其他报刊都是免费的。《华页》出版早,也只是 1991 年,《亚洲时报》1994 年 1 月才问世,可见中文媒体呈现发展的态势。

媒体报道社团活动以及社团负责人的业绩,社团意识到支持媒体的重要性,报刊开业或有大的活动,社团负责人出席祝贺,《亚洲时报》开业式上,新西兰华夏协会理事长致贺词,表示会尽最大的力量协助该报解决困难,而且认为那是"我们的荣幸"。可以说反映了社团愿意与媒体大力合作的心声。

社团用财力支持媒体出版物的问世。中文报刊基本上免费索取,出版者除获得商业广告收益,还需要团体与个人的赞助,社团也为此慷慨解囊。如《警察、社区与你》的出版,获得华夏协会和一些侨领的捐助。

(6)开展社区公益活动

许多社团为社区公益事务出力,前面说到的一些演出属于义演,收入捐给慈善机构。华夏协会参加奥克兰献血活动,会员捐献血液 139 袋(每袋 430cc),另捐款十几万元,供给血站采购捐血车。奥克兰东区家长会向图书馆捐助 6000 元购书款。

(7)开展种族联谊活动

华人社团为取得白人、毛利人的理解,处理好种族关系,有意识地开展了联谊活动,并对某些种族歧视行为表示严正态度。华人社团重视与毛利人的联系,前述"狗年迎春花市同乐日"开幕仪式,特请毛利艺术家在会场入口处歌舞迎宾。1994 年 3 月,华人各社团负责人、代表数十人往访毛利族奥拉基会堂,与毛利族领袖会面,期望达成新共识,毛利族董事局接待,会长 Ngati Whatn 会见代表,毛利人讲解威当义条约和毛利族历史。会后,与会者认为这是华人与毛利人关系突破的盛会,增进了理解与友情。社团主动去做这类有益事情,是社团本身成熟的表现。

华人社团对可能引起种族纠纷的事情高度关注,及时表达态度和采取对应办法。1994 年 1 月电视台播出新西兰奥林匹克委员会的一个广告,画面是一个华人用粤语说新西兰是小国,体育运动绝对不行。制片人的用意是要激发新西兰人去重视体育运动,争取好成绩。华人看了之后大为反感,认为制作者的意图,西方人的思维方式理解不了,这不是幽默,反而会产生误解,以为华人对新西兰人有种族歧视,容易挑起种族纠纷,华人社团和中文报刊纷纷表态,要求停止播放这则广告,奥委会接受意见,停止了播放,体育与旅游业部长班克斯并在国会开会中表示歉意。

1993 年 4 月,奥克兰的《郊区报》发表题为《亚洲人入侵》的文章,说亚裔胡乱开车,炫耀财富,赚钱无度。时值新西兰总理 Tlm Bolger 访问亚洲前夕,因而是有针对性发表的文章。所谓亚裔,主要是华人,所以文章刊出,引发华人社会强烈不满,华人社团召开联席会,负责人联名登报发表声明,指责《郊区报》对亚裔的误解和攻击。后来该报公开道歉,华人团体表示满意,事态结束。有些华人在社区内受气,往往采取息事宁人的态度,忍让了之;社团常常也是如此,不向社区议员反映,这就是所谓的"低姿态"。但华人和社团如果反应强烈了,又会被认为不安分,担心是否会引起进一步的种族纠纷,这是值得深思的问题,也是社团活动中需要继续解决的大事情。

(8)加强与政府沟通

社团作为华人社区代表,成为沟通华人与政府的一种渠道,政府与社团逐渐认识到这一点,社团主动提出与华人有关的事务,政府也同社团商讨,征求意见,当前述华人社团代表与毛利人聚会时,新西兰政府种族调解委员会将一个有关移民政策的报告草案交给社团代表讨论。奥克兰市拟议建设中国花园,1992 年初经由许多团体、华人会商,成立"实施中国式花园事宜工作委员会",次年委员会选择了花园地址,并拟定设计蓝图,交市政局参考,1994 年 4 月市长与工作委员会邀请各社团领袖、社会贤达共商有关事宜。他日中国花园的建成,华人社会应有一份劳绩。中国留学生联合会为大陆学生的居留权问题,会见新西兰政府副总理麦金伦、移民部长及一些议员,反映他们的要求,并递交有关人员的资料。一些侨社,由于多年的业绩,被社会和政府肯定。申请移民者,有社团担保人一项,有的华人社团,如屋仑华侨会所,取得政府承认,可以为申请人做担保。

四、社团的积极作用

笔者通过社团的具体活动,稍作宏观考察,不难发现它对华人社会的重要以及对新西兰社会的意义。就认识所及,谈三个方面。

第一,促进华人在新西兰生根发展和推动新西兰经济开发。

新西兰地处南太平洋,是亚洲地理的延伸,但是作为以白人居民为主体的国家,多年来与欧洲经济、政治、外交联系密切。它的经济结构中,农业占第一位,工业居第二位,服务业处于第三位,农业产品主要向欧洲出口,可是近年欧洲共同体经济的发展,不再需要新西兰的农产品。这就迫使新西兰在内部要进行经济结构的调整,在外部要面向正在经济快速发展的亚洲。这样,也同它的地理位置相适应。事实上,新西兰正在转变中,与亚洲贸易占进出口总数的三分之一,在十个最大出口国中,亚洲占了六个。新西兰政府业已意识到发展与亚洲关系的重要性,其表现之一是重视亚洲语言教育,着眼于面向21世纪的世界竞争,培养外交、外贸、旅游人才,就中也加强了华语教育。1993年在11所学校中有795人学习华语,远远不能满足社会需求,新西兰政府与中国教育委员会商妥,由后者帮助,将于1995年把中文教育正式列入课程。新西兰人口少,据专家预测,要保持经济持续增长,到2010年应有500万人口,因此需要吸收相当数量的移民。所以目前新西兰的形势是:面向亚洲,需要与亚洲有联系的移民、资金和人才。

华人有充分的条件适应新西兰的要求,在这块新天地里施展才能,成就一番事业。华人投资移民,给新西兰发展经济增添资金。华人了解亚洲市场,有在亚洲经商的经验和社会关系,来新西兰后,若从事亚洲贸易,正是人尽其才,必能给新西兰带来巨大利益。新西兰每年接受100多万旅游者,1994年2月就接待了14万人,其中相当一部分来自亚洲。华人在旅游业、服务业中的发展,可以招徕更多的华人旅客。在新西兰的文化教育中,华人的先天条件,自可发挥重要作用。新西兰移民与商业发展部部长罗杰·麦克威尔向《华侨指南》的读者说,亚洲移民"打开了本来需要数十年才打得开的大门,他们带来的关系网,有助于加快与亚洲的贸易"。华人若能适应新西兰经济发展的需要,抓住经济转型的时机,利用自身的优势,在需要而又适合的部门、行业开展活动,必能获益,实现在新西兰大展宏图。

社团进行的各种活动,尤其是本身业务的事情,无疑,对会员事业发展有推进作用。所以说社团协助华人在新西兰生根发展,同时适应新西兰经济转型的要求,又起到推动新西兰经济开发的作用。

第二,为传播中华文化和建设新西兰多元文化献力。

社团组织的中国传统节日、纪念日活动,举办的中华文物、美术展览和中国电影戏剧欣赏,展示了中华文化,与华人社会诸种活动一起,逐渐使得当地其他族人明了中华文化,多少知道一些华人的伦理道德观念、风俗习惯、饮食文化、中医学和养生学,多少懂得它的价值,从而一定程度地理解和接受,使得新西兰社会在多民族文化中,有着中华文化成分,共同组成多元文化。现今接受中医针灸、气功的白人、毛利人在增多,有的白人喜食中餐的某种食品、菜肴,中餐馆不乏白人食客。因为商机关系,有的洋商号利用华人节日做生意,既体现尊重华人习俗,又能获取商业利润。很多白人、毛利人认为华人埋头苦干,省吃俭用,不惹是生非,家庭观念浓厚,华裔学生努力学习,数学及科技知识学得好,表明他们对华人有所了解。一些政府官员肯定华人对社会的贡献,奥克兰市市长 Les Mills 说:"华人社会对本市的重大贡献,丰富了我们的文化、社会和经济。"华人融入新西兰社会,同时展示自身的传统文化,得力于每一位华人、华人商店、公司,也在于华人社团有组织地推动。

第三,提升华人社会地位。

当华人在社团协助下,在社会经济、文化中取得应有地位,为社会、政府和其他民族成员所知晓和接受,并得到应有的尊重,华人的社会地位就上升了。这对于华人立足与发展事业,当然是极为重要的事情。华人社团的活动,归根到底是促进华人社会地位的提高。

总而言之,华人社团是在沟通华人与新西兰政府、华人与社区两个方面作出努力,反映了成员的愿望和要求,促进社会理解华人、容纳华人,协助政府制定适宜的政策,使华人能够在较好的环境中发挥作用,在促进新西兰经济繁荣中贡献一份力量,让双方受益。社团的功能岂不大哉!

五、余言

全面思考新西兰华人社团的经验与不足,笔者认识到三点:

其一,负责人的公正至关重要。负责人办事,为群体,对社员负责,遇事态度鲜明,不骑墙、不偏倚,作风民主,乐采众议。切忌谋私利,耍小聪明,为人诟议。确有此类负责人,已被报道批评。

其二,加强社团之间的合作,令华人社团形成更多的共识,增强华人社团总体活动能量。

其三,把握华人参政时机。海外华人传统上大多不过问政治,新西兰华人也不例外。1993年大选,华人投票率平均不及20%,许多人没有办理选民登记,因此有人说华人是政治白痴,只懂赚钱,但是也有白人议员说:"我相信华人直接参政的时机已经成熟,以便有机会向政府表示一些意见。"华人需要参政,应当参政,应当改变只谋求眼前利益、忽视社会整体利益的处事态度,社会也要为华人参政创造条件,这样的事情,华人社团责无旁贷,需要筹划其事,帮助华人走上政治舞台。时至今日,海外华人正在觉醒,懂得参与政治的必要,希望能够改变旧日远离政治的状态,做一个完整意义的公民。

本文并非学术论文,只是时事随笔,故而没有注明引文出处。不过笔者是严肃对待写作的,阅览过文章提到的中文报刊杂志,因此是言必有据的。

(写于1994年4月5日,2019年5月12日录成文档)

当代海外华人的丧葬礼仪对中华文化的传承与反哺

笔者见到一些海外华人刊登在澳洲、美国、新加坡华文报纸的华人丧礼讣告,显现出西方文化的成分,而更多的却是中华传统文化的韵味,诸如以服制规范丧礼行为(逝者亲属的行为准则),风水观念的流衍,中华纪元文化的尊奉,落叶归根观念及其演变。给人的印象甚为深刻,乃至可以说不小的刺激,促使笔者进行关于中华传统文化命运的一些思考。下面录出近年刊登在华文报纸的几则讣告,并就相关事情略述感想。

一、丧礼事例

澳洲《星岛日报》2005 年 11 月 16 日第 6 版的一则讣告云:

先室洪门萧氏慕珍夫人(原籍中国广东省中山县大涌乡)恸于公历二〇〇五年十一月八日农历乙酉年十月初七日逝于布里斯班市雅丽珊郡主医院,享年八十有三。谨定于公历十一月十九日农历十月十八日(星期六)上午九时在(某某,英文名称,未录)殡仪馆举殡,并于中午十二时安葬于(某某,英文名称,未录)墓地。哀此讣闻。
　　杖期夫　洪添寿率
　　弟　萧瑞洪
　　孝男　龙根
　　媳　赛娟……(其他孝男、媳,孝女、婿,孙、孙媳,孙女、孙女婿及外曾孙,不具录)同泣叩。

同一份报纸的 2006 年 8 月 3 日的一则讣告云:

先室(先)慈孙门毛氏丽萍夫人,原籍珠海市香洲区里神前村人。溯生于公元一九五七年六月四日,恸于公元二○○六年七月三十日安详辞世,享寿积闰五十有二。不孝子等随侍在侧,亲视含殓,遵礼成服。……哀此讣闻。

  杖期夫 孙德甫

   孝男 文干

       文度

  第一则讣告的逝者是女性萧慕珍,为其出具讣闻的是其丈夫洪添寿、娘家弟弟萧瑞洪等。在讣文中称萧慕珍是"洪门萧氏慕珍",第二则讣告逝者也是女性,是"孙门毛氏丽萍",共同地将死者定位为"某门某氏",这同中华传统社会谓已婚女性为"某门某氏"完全相同,只是她生活在 20 世纪,又在澳洲,有自己的名字。这种对女性"某门某氏"的称谓,在中国大陆可以说已绝迹多年,而在海外华人社会和香港、台湾则有其遗存,那就是在女士姓名前面冠其夫姓,如时至今日香港及海外华人媒体称香港立法会主席徐丽泰为"范徐丽泰",或径称作"范太",称前政务司司长方安生为"陈方安生"。这二位是名人。此外,在澳洲悉尼有个叫樱桃小溪华人协会,其会长朱瑞贞,被媒体称为"刘朱瑞贞"(《澳洲日报》2006 年 4 月 1 日)。新加坡大同白鹤健身社副财政周锦松的母亲病故,他的同人为其母在《新明日报》刊登挽词,云"周锦松先生令堂陈氏庆兰太夫人灵右慈竹常青"(2003 年 2 月 2 日)。所说"陈氏"云云,是"周门陈氏"的简洁写法。雪梨中华佛学会明月居士林第十五届理监事暨法事组为其同人陈裕均之母丧送的挽词云:"本会中文副秘书兼法事推广组组长陈裕均先生之令慈陈府杨氏秀霞太夫人驾返瑶池"云云(澳洲《星岛日报》2006 年 8 月 2 日),也是按照"某门某氏"的传统规范书写的。

  回到讣文方面,其发布者,即萧慕珍的丈夫洪添寿具名上端有"杖期夫"字样,毛丽萍的丈夫孙德甫名字前面亦冠著"杖期夫"名目。这"杖期夫"是什么意思?可能大多数国人是茫然不解的。原来古代丧礼制度,服制分为五等,儿子及"在室女"对父母、妻对夫为三年守丧期的斩衰服,父母对儿子、夫对妻为守丧一年的齐衰服,齐衰服又分杖期与不杖期,父母在,夫为亡妻服不杖期服,父母故,则为妻持杖期服。洪添寿的"杖期夫",显然是其老人故世,故为"杖期"之夫(杖,守丧之杖;期,期年,一年)。这里附带说明,五服另三服为大功、小功和缌麻。讣文讲逝者卒年,使用公历、农历双纪年,自民国纪元以来,中国历届政府均废农历,共和国政府更直接采用国际通用的公历,而洪氏犹不忘中国传统纪年的农历。在新加坡,黄礼康故世四周年冥辰之时,其妻和子女孙辈在《新明日报》刊出纪念启事,略谓:"亲爱的夫君 父亲 祖父 家翁 岳父 外祖父黄礼康逝世四周年纪念,终于 1999 年 2 月 17 日 农历己卯年正月初二,你永远活在我们心中……"(2003 年 2 月 2 日)。这是现代化的追思词,可是没有忘记署明农历。

2005 年 11 月 14 日第 7 版澳洲《星岛日报》一则讣告云:

> 先慈王门舒氏阃号侃夫人,祖籍江苏南京市人,恸于公元二〇〇五年十一月七日,岁次乙酉年十月初六,寿终正寝于(某某医院)。溯生于公元一九一三年十月十日,农历癸丑年九月初九重阳节,享年九十有二。不孝男伟与不孝女玲玲携眷随侍在侧,亲视含殓,即时遵礼成服,于公元二〇〇五年十一月十六日移枢(某某华语教堂),于上午十时至十时半供瞻仰遗容,进行追思仪式,其后移灵至(某某墓地)。哀此讣闻。
>
> 不孝男伟、媳……不孝女玲玲、女婿……侄舒传鼎、侄媳、侄女舒毓英、婿……外甥厉以鲁、媳、外甥女厉以楚、婿……义子丁利明、媳(孙、孙媳、孙女、孙婿、曾孙、曾孙女、侄孙、侄孙女、侄孙女婿、外孙、外孙女诸人姓名,不具录)。同泣叩。
>
> 花圈花篮恳辞,捐款移作防癌研究基金。

澳洲《星岛日报》2006 年 7 月 27 日 11 版的郭氏讣告:

> 先慈郭门雷氏翠卿夫人,广东省中山市渡头村人,溯生于一九二零年十月二十三日,寿终二〇〇六年七月二十三日于周藻泮疗养院,享年积闰八十有八高龄。不孝眷随侍在侧,亲视含殓,即日成殓,遵礼成服。并谨定于二〇〇六年七月二十九日(星期六)中午十二时十五分,假(某某礼堂)举行告别仪式,即日火化。哀此讣闻。
>
> 孝长子创基 次子创斌 三子创兴 四子创文
>
> 孝长女长华 次女幼华 三女绮华
>
> 暨众家属同泣启

这两个讣文称谓的使用"某门某氏",以及王氏家族的生卒年的公元、农历并用,同于前述洪萧氏之例,不必复述其中华文化涵义。另外,王氏讣文有"寿终正寝"文字,表示舒侃是正常死亡,这也是强调死者得到善终,此乃中华传统的表达方法。两份讣文均云"孝子、孝女随侍在侧,亲视含殓,即时遵礼成服"。遵什么礼、成什么服?造词遣字已经表明是遵循中华丧葬古礼。王氏列名中的侄,从姓名可知是死者娘家之侄,而非夫家之侄,内侄而未书明,这是以女性为主体,而不是以夫家为主体的表述,所以在运用中华传统文化中又是以现代人的理念来解读的;同样,在传统丧礼文化中,侄女夫妇、外甥夫妇、外甥女夫妇、义子夫妇皆不能作为孝子的,此处的列名也是一种变通,将男女亲属、拟制亲都一样看待,乃是时代的观念,倒是古人所说的"礼以义起",并非泥古不化。

2004年7月22日澳洲《星岛日报》孝子苏锦源为乃父发出的讣告:

> 先严苏瀚芬,又名(亚尖),原籍广东省高要市回龙镇黎槎村人,溯生于公元一九二〇年二月五日,不幸恸于二〇〇四年七月十八日于(某某)医院安详去世,享寿积闰八十有九岁,谨涓于公元二〇〇四年七月二十六日,星期一下午一时三十分在(某某)教堂举行安息礼,随即举殡往乐活六福华人坟场安葬。哀此讣闻。
>
> 孤哀子苏锦源 钟丽英 孙男、孙女……谊女周惠莲谊女婿黄怀汉谊外孙女婿何冠贤 外孙男、外孙女、外孙婿 四弟苏瑞芬弟妇夏倩英、六弟妇戴妙妆、七弟苏镛芬弟妇余彩英、妹苏爱芳婿朱锦佳同泣叩。

具名中的"四弟""七弟",是从主持丧礼的苏锦源身份而言,按说应该以死者为主体,孤哀子苏锦源可能是长子(或存世年龄最长之子),苏瑞芬、苏镛芬应分别书写为"四子""七子"。不过这不合古礼之中仍有古礼的成分,即嫡长制遗意——长子为重,既然由他率领诸弟妹办理丧事,将其他孝子具名诸弟也就不足为怪了。逝者灵柩被安置在教堂举行告别礼,倒不一定是信仰基督教的,可能因为社区没有殡仪馆,借用教堂礼堂进行告别仪式,犹如今日大陆的一些农村,人们在祠堂举办丧事。但是这份讣文说在教堂"举行安息礼",死者应是接受过洗礼的教徒,应当说受西方文化影响较大,即使如此,仍然安葬在华人墓地。讣文中另有一事引人注意,那就是享年的"积闰"说。古人用虚龄,现代人多用实足年龄(实龄)。苏瀚芬生卒年是 1920 年到 2004 年,虚龄85 岁,实龄 84 岁,积闰则是 89 岁,比我们通常所说的享年增加了四五岁。所谓"积闰",词出《晋书·律历志》,是谓一年 360 天之外还有余时,若干年积成闰日、闰月,此为积闰。然而将一个人生存时期的所有闰月加在一起,换算成若干年,计算到享年中,此事始于何时、何地、何人,而后怎样成为习俗的,笔者试图考察明白,但未能如愿。笔者亦读过学者的专题研究论文,获知积闰享年之说可能是国人受佛教文化的影响。不过源起问题并未解决,是始于古人耶,抑或海外华人依据中华传统文化创造耶?

澳洲《星岛日报》2004 年 7 月 22 日还刊有范家的讣告:

> 先慈范门柯氏宝珍太夫人,原籍中国广东省潮阳县和平市人氏,恸于农历甲申年五月二十七日巳时于(某某)医院寿终正寝,溯生于农历丙辰年十月初三日寅时,积闰享寿九十有二岁。不孝男范如、振强暨媳、孙等,随侍在侧,亲视含殓,遵礼成服,兹停灵于富士贵殡仪馆设灵治丧。谨涓于公元二〇〇四年七月廿三日(农历甲申年六月初七日)星期五下午六时至晚上九时, 恭请维省佛学崇善居士林法事组莅临襄理法事功德,礼颂真经宝忏,并举行家奠,诸亲友致祭。翌日,公元二〇〇四年七月廿四日(农历甲申年六月初八日)星期六中午十二时公祭,下午一时举殡奉枢前往史宾威墓场安葬。哀此讣闻。
>
> 孤哀子　范勋
>
> 孤哀子　范如(美国)
>
> 孝媳　邓润金
>
> (以下孝子、孝孙及孝媳、孝孙媳不具录)同泣启。

逝者死于澳大利亚维多利亚省,其子范如从美国来探视,乃得随侍在侧,使得逝者临去而母子团聚,生者得以尽孝,各自无憾,实乃中华孝道精神的体现。范勋已先于其母逝去,被其弟范如等列名于孤哀子之中,表示太夫人有这么个儿子,同时也是范如、范振强的不忘兄长的手足之情。

2005 年、2006 年笔者见北美、澳洲《星岛日报》华人讣告,署名有"降服女""未亡人"者,亦有"积闰"享寿若干年之说。兹将北美《星岛日报》二〇〇五年四月三十日黄姓讣文照录于次:

黄公焯华,广东省中山市张家边上巷村人氏,生于一九二〇年一月一日,主怀安息于二〇〇五年四月二十六日,在(某)市疗养院逝世,积闰享寿八十八岁。谨择五月一日(星期日)下午六时至七时在长青殡仪馆举行家奠礼,翌日五月二日(星期一)上午十时举行出殡礼,安葬于(某某)坟场。悉属宗亲戚友世乡谊,哀此讣闻。

未亡人　黄欧阳四妹

孝子　　黄秉廉　媳　彭国妹

　　　　黄秉衡　媳　欧阳玉冰

降服女　黄素霞　婿　陈和忠

　　　　黄素云　婿　郑锡华

……(男孙、女孙、男外孙及孙媳、女外孙及外孙婿、外曾男孙、外曾女孙、胞妹及妹夫,姓名不俱录)同泣告。(4月30日)

澳洲《星岛日报》二〇〇七月二十九日—三十日黄氏讣告:

先夫(先)严黄公鉴宽,原籍广东省番禺县人……(生卒 1924.10.16—2006.7.24)谨定于七月三十日晚上六时半至八时半举行家奠及法事功德,翌日七月三十一日上午九时正诵经礼佛及亲友致祭仪式,随即出殡,奉柩安葬于龙宝山永远陵园。哀此讣闻。

未亡人黄袁凤英

孝长男智贤(下列媳、次男、媳、女、女性、孙男女、外孙女不具录)

前一讣文所说的"降服女",是对着"在室女"而言。前述"在室女"是指未嫁女和虽出嫁而离异、丧夫无子仍回到娘家者,她们对父母行三年斩衰丧服之礼,是按本宗五服九族丧礼规定进行的,也是丧礼中最高的服制。降服女是嫁女(嫁出去的女儿),成为夫家的人,对夫的父母及夫行斩衰礼,她已不是娘家的人,服丧就应降等。所谓"凡女适人者,为其私亲皆降一等",即由三年斩衰服,降为期年齐衰服,故称"降服女"。此外,尚可注意者是两个讣告中丧夫之妇自称"未亡人"的称谓。古人的意思是说,丈夫死去,妻子应当殉夫自尽,追随夫君于地下,不殉夫而活着,故称"未亡人"。北美华人将积闰计算到享寿之中,结婚女性名字前冠以夫姓,都与澳洲华人是一样的,表明华人不论在什么地方,中华文化的传承则是相同的。

二、中华文化传承及反思

事例就不再列举了,现在要说说笔者的两点感受:

一是海外华人传承中华文化。

这些殡葬实例,让我们看到中华传统丧葬礼诸多遗迹,通过它以及其他现象,更让我们了解到中华文化在海外华人社会的广泛传承,以及它的影响力之巨大、之深远。

海外华人的丧葬,尊古礼,尽孝道;讲风水,利子孙;讲形式,重体面。所谓"遵礼成服",就是遵守中华古礼——丧服五服礼,妻、子为夫、父持三年斩衰服,夫为妻服期年齐衰服,出嫁女对父母降服,行期年齐衰礼,这是丧礼的最基本的,也是最主要的内容,海外华人在坚持着。至于行斩衰礼的,是否一定穿着至粗麻布制作的不缝下摆的丧服,行齐衰礼的穿着稍粗麻布制作的缝下摆的孝衣,资料未作交代,笔者未经目睹,不敢杜撰。真正穿怎样的孝服,是否完全合于古制,倒不是最关键的因素,要之,是在报纸上登启事(广告)——讣告,表示遵礼成服,行为本身及讣告内容已是遵守丧礼服制的精神了。所以笔者认为中华传统的丧礼在部分海外华人中流传着,至少是丧礼精神在部分海外华人中得到尊崇和实践。

丧中孝子的遵礼成服,乃孝道精神的体现。古人讲孝,包含三个方面的内容,即父母在世尽力赡养,父母亡故依礼安葬,葬后则是按时祭祀,都做到了,才尽了孝道。遵礼成服,就是符合死后安葬的标准要求,而且是高标准的。海外华人的葬亲实乃中华孝道文化在域外的实践和流传。

葬礼中坟地的选择,多受中华风水学的影响。华人坟场,是华人因中华文化认同,而自发形成族群坟茔,显示死者及其家属共同的中华文化背景。墓地、殡仪馆、石碑是为完成丧葬礼全过程的配套实施,在海外华人社区是应有尽有。

北美《星岛日报》2005年4月30日的广告显示,旧金山地区有米慎殡仪馆、天寿殡仪馆,松柏园墓园暨殡仪馆,金山华人石碑公司,它们的广告打出专攻中华传统文化的旗帜,所谓"专精中国传统葬仪"。所谓"松柏园位于旧金山旁的古马市,新建华人风水福地,靠山傍水,气势天成,五湖伴福,山青湖秀。是金山湾区唯一园林式百年风水福地,价钱持平,有土葬,火葬,骨灰神龛,灵庙及花园式家族墓园,并办理海外骨灰迁葬"。《星岛日报》2006 年 3 月 5 日广告:长青殡仪馆,专业人员,通国语、粤语,"传统礼仪"。华生殡仪馆,"服务华人社区四十余载,将一如既往,继续为华人服务"。陈氏墓碑公司,设计墓碑和墓碑上的雕刻,"为华人服务多年"。美国加州《侨报》2006 年 5 月 18 日广告:天福园,位于山岗,背山面海,"天赐佳园利先祖,福荫绵延利后人"。安乐园,"风水福地,藏风聚气"。丽安殡仪馆,"全球接运服务"。

在澳洲悉尼,华人的佛教庙宇南山寺,附近有华人墓园,为华人丧葬做福事成为该寺的一项重要活动。该地的中华墓碑公司,广告声称:"由华人经营主理墓碑之专业公司,诚心为客户策划预建风水福地,精心设计墓碑图案、书法碑文。"(悉尼《澳洲日报》2006 年 4 月 29—30 日《社区新闻》)其墓碑设计,不仅是单纯的碑石,而是包括墓拱、供桌、刻碑在内的坟墓外形建构,体现墓葬、祭奠、纪念多种内容。悉尼还有一家综合性丧葬服务企业——宝福山咨询中心,其广告云:主理"各式福地",尺码"旷然宽大";陵园墓地是"天然本土,地质干爽,并无污染,亦非填土",坐落在天然流水之中,配置优美亭园;陵园设备齐全,有礼堂,适合任何宗教仪式,并可守灵,另有会客厅、咖啡室及鲜花店;店家还声称"提供全面性由始至终关怀服务,协助选购各式材木、骨灰瓶及墓碑。代发讣告,代聘法师、神父或牧师"(澳洲《新快报》,2006 年 5 月 13—14 日)。澳洲《星岛周刊》第 259 期 2006 年 6 月 24 日刊登长城墓碑有限公司广告:"澳洲首家华人主理的陵墓专业公司","注重华人风水风俗,博知古今书法碑文"。龙宝山咨询中心,广告云:"'龙宝山'华人永远陵园","雪梨得天独厚,人间天堂的风水宝地","海外华侨同胞外流祖先最佳安息之所"。风水师张汉于 1995 年 "在龙宝山华人永远陵园现址找到最合风水学上所谓左青龙右白虎,前朱雀后玄武的墓穴场,墓地前有大湖,湖中有一小岛,正合'水龙寻脉歌'的说法:'坟墓前有湖池,儿孙富贵穿绯衣',现在第三期落成后,更形成蝴蝶局,风水说学谓:'峦头成格局,福荫儿孙富贵永无休'"。

与殡葬相关的各种产业,目标当然是为营销赚钱,然而有卖方必有买方,它是适应了华人殡葬亲人的要求。殡葬事业是华人丧葬文化的载体,有这种从殡仪、墓园到石碑的服务,有这种体现风水学和家族式园林式观念的实施服务,海外华人的中华丧葬习俗和意识遂得以实现。

古代丧礼规范,只是中华传统文化的一个组成部分,海外华人的丧礼不仅体现出丧礼文化,更有广泛的文化内涵。比如纪年的使用,讣文对死者生卒年的记录,除世人通用的公元之外,还普遍地配书农历。农历,是中华传统纪年方法,而纪年,在中华文化中可不是简单地表示时间年代的符号,它是国家政权行施、臣民对政府态度的标志,故而皇帝每年颁皇历,臣民遵守,是奉正朔的表现。每当改朝换代之时,终于前朝的孤臣孽子,仍奉前朝正朔,不用新朝国号、纪年,显示其气节,往往因此形成文字狱。话说远了,笔者在此无非是说纪年在中国人观念中的重要地位。作为政治态度标志基本上已成为过去的事情了,虽然在海峡两岸的国人难免仍受这种文化因素的影响,然而海外华人将中国农历与公元并用,表示祖籍在中国,不忘根基的意思,是纯粹的文化因素。中国传统文化之植根华人心中,可谓深矣。积闰与农历相一致,只有用农历,计算闰月,一个人的一生才能增加几年,若用公历,计算闰日,一人一生,最多多算一个月或多一点。享年积闰,可能是中国文化计年所特有的现象。从讣告的文字看,逝者的生平、告别仪式、落葬、家属的孝心,丧事的全过程作出清晰的表达,尤其是丧葬中的专有名词,如孤哀子、杖期夫、降服女、夫君、先慈、先严、先室的运用,甚合古意,以及"随侍在侧,亲视含殓,遵礼成服"简洁准确地描述临终、丧事过程,无不显现出其撰写者的汉文以及古代汉语的根底较深,实即具备中华传统文化写作技能。

二是尊重海外华人的文化传承,还需要探讨能从那里汲取一些什么成分,以利于传统文化的弘扬。

海外华人的丧礼尽管浓重地展示了中华文化,却不完全是单一的文化,而是掺和了西方文化,就是古礼与现代礼仪的结合,融进了某些现代观念,尤其是平等意识。如出嫁女列名孝子之中,显示她们不只是夫家的人,同时仍是娘家的人;又如义子、谊女同亲生子女一样参与丧事,列入孝子名单,这在传统文化中是不允许的,海外华人就此作出改进。本来义父母、干爹娘与义子女、干子女之间有如同骨肉亲人的深厚感情,义子、谊女同死者亲生子女一同理丧,是在人格上得到尊重。讣告表示谢却花篮花圈,仪金则捐作防癌研究基金,完全是现代慈善观念的运用。

前面说过,依时祭祖是尽孝。笔者行文之际恰值清明,是传统的祭祖大节,在大陆的民间,农村培土上坟,市民则去公墓祭奠。在台湾,于是日放假,生活在台北的人纷纷南下祭祖。在澳洲悉尼,笔者获知香港移民返港,乃为扫墓祭奠亲人。在台湾祭祖还出现新鲜事,就是在外地工作的人,赶不回家乡祭祀,由商人"代客扫墓"。商人从清洁墓地到捻香送花,整套包办,还对着墓碑说:"今天你的子女都很忙,不能来为你们扫墓,他们特地让我们来扫墓,以表达他们对你的怀念之情。"对这种倩人代为扫墓的做法有人反对,认为陌生人替代扫墓,和不扫墓没有区别。尽管如此,它也是解决了某些人不能亲自扫墓而又要表达对先人怀念感情的问题。(北美《世界日报》2006年4月2日)在美国加州清明节期间商人组织有关的纪念活动,松柏园举办清明思亲法会,邀请侨胞前来拜祭亲人,特设荐坛列名超度。活伦纪念陵园举行清明节施食法会,请至善佛道社长老诵经,"为各家先人超度,后人添财寿",并请风水师现场免费解答风水问题。

为方便祭祀先人,在海外华人的葬事中出现新鲜事。前述松柏园的业务有"办理海外骨灰迁葬"项目,这是怎么回事呢?适见万维读者网2006年4月4日文章,谓据北美《星岛日报》报道,"为方便扫墓尽孝道,近年来许多美国华人把先人的遗骨迁往美国"。我们知道,国人有着浓厚的叶落归根的观念,古人客死异地,子孙千方百计移棺归乡。华侨也是如此,千辛万苦也要设法将骨灰捎回家乡与亲人"睡在一起"。现今不然,将家乡的先人骨殖运来美国,这真是连骨灰也"移民"了。他们这样做,是因为在母国"祖坟欠缺照顾,不希望亲人的坟墓被迁去人迹罕至、无人管理的地方,所以索性迁来美国"。也便于"一家人聚在一起去扫墓,在坟头与先人说说话,烧烧纸钱。教导在这里出生的孩子们,什么叫做中国人的'慎终追远'",藉以向后人传播中华文化,不失为一举两得。报道说"中国的清明节也已经扎实地'稼接'来了美国,并且根据这里的环境,展现出独有的生命力"。(《美国华人为先人骨灰办"移民"》)诚然,海外华人如此传承中华文化,又生出一桩生动的事例。

海外华人丧葬中孝子女的尽孝,是令人感动的,孝道的文化内涵,虽然有个时期被人猛烈批判过,但终究是批不倒的。杖期夫、未亡人之说,在古人那里体现出男女不平等,而今人的沿用,似有男女不平等的嫌疑,自然不足为训。对于海外华人葬礼的选择,不论其合不合理,都应当尊重和理解,无须说三道四,更应该看到其中积极的、有益的因素,把它"引进"回来。

笔者在阅读前述那些讣告时,孔子说的"礼失求诸野",总在脑际萦怀,挥之不去,总在拿海外华人的中华文化传承与大陆的传统文化地位作比较。

或许可以说20世纪基本上是文化批判的时代，几乎将传统文化当作垃圾而清除，尤以"文革"十年内乱中的"破四旧"为剧烈，到了世纪晚期，人们清醒了，于是乎弘扬民族文化成为某种主流声音，传统文化的某些方面悄悄恢复其应有的地位，而俗文化在民间恢复得尤快尤多，以丧葬而言，孝子女披麻戴孝，殡葬路上撒纸钱，系传统做法，宜于尊重，而焚奠物有纸制的现代家用电器(如冰箱、彩电等)模型，则令人有不庄重的葬礼之感。扩大范围看，社会伦理道德失范，诚信难觅，也许是对不尊重传统文化的惩罚(当然不仅仅是文化问题，且文化问题也不占主导地位)。如何弥补这种缺失，到传统文化中寻求，不失为一个方面(自然不是主要方面)。那么"礼失求诸野"，也许能够给人们一点启示。"野"，对着中心而言，是郊野，边野，乡村，俗话说的穷乡僻壤，是边鄙。放大范围来说，是有传统文化联系的邻国，是有华人的国度。礼的某些内容在中心地带消失，鄙野可能保留着，邻国可能残存着，海外华人中可能流传着。中心地带失去的礼，有的已经不适合于现代社会，理所应当地让它消失，毫不足惜；有的则未必，或一时消退，而后又被人们认识它的价值，重新拾回来。现在我们就是要认识哪些是需要拣回来的东西，让它在人们社会生活中发挥作用。

　　以孝道而言，赡养老人的孝道，在非常缺乏社会保障的社会，尤显其重要，适合社会需要的"孝道"要提倡，要给予其尊严。这样说不是忽视社会保障，不是苛求子女尽孝，而是说子女有其尽孝的人生责任，至少在中国国情的情况下，一个时期内需要如此。如今有人认为："中国人通常把养孩子看成是一种投资。孝行只适应一个独特的时期，现在它不再适用了。"因为"孩子是一个独立的个体，其自身权利应受到尊重"。这是现代人生观和伦理观，应当受到尊重，无可厚非。事情的另一面是中国的老人，基本上应列入弱势群体之内，据报章透露，农村仅有约6%的人有养老金。城市工薪人员多得多，拥有养老金的比例一定不小，但是六七十岁以上的人，多半没有不动产，退休金不多，最怕的是生病，不能自保者亦不在少数。他们靠社会保障，难。惟有靠子女。在这种情况下被主流方面看中了，强调子女尽孝。方法之一是舆论宣传：赞扬孝子孝女，羞辱不孝子女，是以山东济南于2006年1月5日举行"'中信银行'杯山东当代十大孝子颁奖典礼"；上海某社区在布告栏公布三个月没有看望过父母的子女名单。另一个方法是罚款，也由社区主持，对春节期间不探望父母的子女处以罚款。政府对不履行赡养义务的子女，则会使用法律手段，强制执行,以至监禁。从批判孝道到维护孝道,孝道应当是长存的;在今日社会现实状况下,尤其应尽赡养义务,退一万步来说,也不能看着父母生活窘迫而袖手旁观吧!

做人尽孝,是人生伦理的一个方面,其他的人伦内容还很多,需要社会去关注。比如古代有冠礼,即成年礼,是勉励刚刚步入青年行列的人,增强其社会责任感,也是尊重其成长的人格。此礼在明清时代已难于实行,笔者年逾古稀,亦未经历、目睹、耳闻此事。前几年在台湾,忽然读到某中学举行成人礼的报道,当时精神为之一振,此礼未闻久矣!人生享受此礼,何其幸哉!可惜当时没有保存这份资料。近亦偶然,见到2006年4月1日香港《大公报》消息,"81台商子弟受成年礼",并配有典礼照片,报道说:"东莞台商子弟学校三十日举行成年礼大典,八十一位年满十六岁的学生身穿明代儒生长袍接受加冠仪式,正式迈入成年。"这是该校第二次举行。至于成年礼的涵义,报道讲解:"成年礼是依据古代周礼中士冠礼、士相见礼、与乡饮酒礼之精神而设。在传统社会,成年礼一般由主持仪式者为男子戴三次帽子,称为'三加',象征冠者从此有了治人的权利,服兵役的义务和参加祭祀活动的资格。"照片图面显示,受冠生在向家长行跪拜礼,这个仪式是2006年改变的:受冠学生向家长行跪拜礼,家长赠送贺卡,贵宾致赠成年礼礼品,和校董为受冠生配冠。亲历成年礼的青年,一般来讲会得到教益,既为成年而自得,又为成年而自励,于未来的发展兴许不无裨益。至少这种经历也丰富了人生旅途,增添了色彩。像这类的传统文化内涵,今日是否有价值,人们不妨严肃地思考一番,若有益,何不在有条件的地方、人群中实行起来,哪怕极小范围内实践,也应是有益无害的吧?

笔者在网上看到一些"礼失求诸野"的文章,有的说"我们是应该多考虑向周边国家学习文化反哺";有的讲"到草根处找回社会重建根基"。这类民间声音倒值得主流文化关注。社会基层文化,常常具有文化反哺价值。传承优秀的传统文化,可能是社会正常、持续发展的需要吧!

(2006年4月9日草拟,10月5日增补定稿,载卞利、胡中生主编《民间文献与地域中国研究》,黄山书社,2010年)

当代海外华人丧礼文化与中华家族文化的海外生根

中华丧礼文化,由其特定内容可知是一种宗族、宗亲文化,是中华民族特征的一种标志,它同语言、饮食、衣着、婚礼、节庆生活共同构成民族文化,即为民族文化要素之一种,所以研究丧礼文化,实际上是研究中华民族文化,研究中华文化重要内容宗族文化有其特殊价值。正因此,笔者才将海外华人传承中华丧礼文化同中华民族文化的海外生根联系起来共同考察。

笔者于 2006 年、2009 年 5 月先后撰写随笔之文《当代海外华人的丧葬礼仪对中华文化的传承与反哺》①《当今美澳华人佛教道教传播与文化反哺》②,列举数则当代海外华人丧礼讣告,讲述其传承中华传统丧礼文化,以及文化反哺的意义,现因许多新资料未用,重新写作这篇论文,仍拟先罗列若干讣告、哀谢,然后比较系统论述它所记录的丧礼与中华传统丧礼的关系,此种丧礼所具有的家族文化内涵,产生此种丧礼文化的所在国家、地区的社会文化背景,以及当代海外华人丧礼与多元文化的关系。

一、丧事讣告、哀谢举隅

"讣告"是亡者家属报告亲友家庭出现丧事及如何料理,"哀谢"是答谢亲友的参与丧事,同时说明丧事业已妥善进行,是以讣告、哀谢梗概地记录了丧事全过程,据此,可以了解丧家对丧事的态度、礼仪及人际关系。大量的讣告、哀谢,能够反映人们办理丧事的某些共同点,从而体现出丧礼文化的内涵。考虑及此,用之作为研究海外华人丧礼文化的第一手资料。鉴于海外华人的讣告、哀谢,国内学者很难见到,甚至于陌生,故而原文照录,以便读者有个印象,而迻录多至 22 则,不惮其烦,为的是读者能够加深印象,也利于后文展开

---

① 《当代海外华人的丧葬礼仪对中华文化的传承与反哺》,《史学家茶座》2006 年第 3 辑。
② 《当今美澳华人佛教道教传播》,《天津师范大学学报》2009 年第 5 期。

说明。所录之讣告、哀谢,均系 21 世纪以来刊登在澳洲、美国和新加坡华文报纸上的,故系当代之事。

例一,澳洲《星岛日报》2004 年 7 月 22 日第 29 版刊有范家的讣告:先慈范门柯氏宝珍太夫人,原籍中国广东省潮阳县和平市人氏,恸于农历甲申年五月二十七日巳时于 Sunshine 医院寿终正寝,溯生于农历丙辰年十月初三日寅时,积闰享寿九十有二岁。不孝男范如、振强暨媳、孙等,随侍在侧,亲视含殓,遵礼成服,兹停灵于富士贵 Zelson Bros 殡仪馆设灵治丧。谨涓于公元二〇〇四年七月廿三日(农历甲申年六月初七日)星期五下午六时至晚上九时,恭请维省佛学崇善居士林法事组莅临襄理法事功德,礼颂真经宝忏,并举行家奠,诸亲友致祭。翌日,公元二〇〇四年七月廿四日(农历甲申年六月初八日)星期六中午十二时公祭,下午一时举殡奉柩前往史宾威墓场安葬。哀此讣闻。孤哀子范勋(殁);孤哀子范如(美国)、孝媳邓润金、孝孙男文锋、孝孙女秀慧、秀萍;孤哀子振强、孝媳张春梅,孝孙男志坚、孝孙女碧仪、碧芝、碧玉、碧霞、碧庄、孝孙婿黄庆顺同泣启(家族繁衍,恕未尽录)。①

例二,澳洲《星岛日报》2004 年 7 月 22 日第 29 版同时刊登孝子苏锦源为乃父发出的讣告:先严苏瀚芬,又名(亚尖),原籍广东省高要市回龙镇黎槎村人,溯生于公元一九二〇年二月五日,不幸恸于二〇〇四年七月十八日于(某某)医院安详去世,享寿积闰八十有九岁,谨涓于公元二〇〇四年七月二十六日,星期一下午一时三十分在 Trinity Uniting Church 教堂举行安息礼,随即举殡往乐活六福华人坟场安葬。哀此讣闻。孤哀子苏锦源、媳钟丽英,孙男苏顺发、苏兴发,孙女苏少玲、苏少萍、苏惠文、苏惠芳、苏惠珠、苏惠明;谊女周惠莲、谊女婿黄怀汉、谊外孙黄冠东、黄冠通;女婿何冠贤、外孙男何裕华、何世华,外孙女何美仪、外孙婿罗有成、外孙女何丽仪;四弟苏瑞芬、弟妇夏倩英,六弟妇戴妙妆、七弟苏镛芬、弟妇余彩英,妹苏爱芳、婿朱锦佳同泣叩。(家属繁衍,恕未尽录)②

例三,北美《星岛日报》2005 年 4 月 30 日 D11 黄姓讣闻:黄公焯华,广东省中山市张家边上巷村人氏,生于一九二〇年一月一日,主怀安息于二〇〇五年四月二十六日,在 Alimeda 市疗养院逝世,积闰享寿八十八岁。谨择五月

---

①② 澳洲《星岛日报》2004 年 7 月 22 日 29 版。

一日(星期日)下午六时至七时在长青殡仪馆举行家奠礼,翌日五月二日(星期一)上午十时举行出殡礼,安葬于 Greenlawn Memorial Park 坟场。恕属宗亲戚友世乡谊,哀此讣闻。未亡人黄欧阳四妹;孝子黄秉廉(殁)、媳彭国妹,黄秉衡、媳欧阳玉冰,降服女黄素霞、婿陈和忠,黄素云、婿郑锡华,黄素霜、婿吴玉江,黄素霏、婿黄健兴,黄素雯(殁);男孙黄振宁、黄启智,女孙黄燕碧、黄燕仪;男外孙及孙媳、女外孙及外孙婿、外曾男孙、外曾女孙(姓名,笔者未录);胞妹黄淑卿、妹夫陈锦云同泣告。(亲属众多,恕不尽录)①

例四,澳洲《星岛日报》2005 年 11 月 6 日第 6 版的洪姓讣告:先室洪门萧氏慕珍夫人(原籍中国广东省中山县大涌乡),恸于公历二〇〇五年十一月八日农历乙酉年十月初七日逝于布里斯班市雅丽珊郡主医院,享年八十有三。谨定于公历十一月十九日农历十月十八日 (星期六) 上午九时在 George Hartnett Funeral Home 举殡,并于中午十二时安葬于 Gravatt Cemetery。哀此讣闻。杖期夫洪添寿率弟萧瑞洪;孝男龙根、媳赛娟,孙国贤、孙媳虹惠,孙女小梅、孙女婿海军,外曾孙俊霖,孙女小莲、孙女婿卓凡;孝男宣球、媳少玲,孙国禧、孙媳熊井明子,孙国浩;……(其他孝男、媳、孝女、婿不具录)同泣叩。②

例五,2005 年 11 月 14 日第 7 版澳洲《星岛日报》刊登王氏讣告:先慈王门舒氏阃号侃夫人,祖籍江苏南京市人,恸于公元二〇〇五年十一月七日,岁次乙酉年十月初六寿终正寝于 Wolper Jesish Priavte Hospital 。溯生于公元一九一三年十月十日,农历癸丑年九月初九重阳节,享年九十有二。不孝男伟与不孝女玲玲携眷随侍在侧,亲视含殓,即时遵礼成服,于公元二〇〇五年十一月十六日移枢 Chinese Presyterian Church,于上午十时至十时半供瞻仰遗容,进行追思仪式,其后移灵至 Northern Supurbs Crematorium。哀此讣闻。不孝男伟、媳、孙、孙媳、孙女、孙婿、曾孙、曾孙女(姓名不具录);不孝女玲玲、女婿 Glenn Martin;侄舒传鼎、侄媳、侄孙女,侄舒传益、侄媳、侄孙女,侄舒传贞、侄媳、侄孙、侄孙女,侄舒传豫、侄媳、侄孙,侄女舒毓英、婿陈上全(殁)、侄孙女(以上姓名未尽录)……外甥厉以鲁、媳、外孙,外甥厉以俊、媳、外孙女,外甥女厉以楚、婿、外孙、外孙女,外甥女、婿、外孙,外甥女凌颂芬、吴汉英,外甥吴志畴、媳外孙女(以上姓名未尽录);义子丁利明、媳李萍萍。同泣叩。花圈花篮

① 北美《星岛日报》2005 年 4 月 30 日 D11。
② 澳洲《星岛日报》2005 年 11 月 6 日第 6 版。

恳辞,捐款移作防癌研究基金。①

例六,澳洲《星岛日报》2006年7月20日10版陈姓讣告:先夫先严陈泮林字孟前,原籍中国广东台山斗山金塘村人,恸于公元二〇〇六年七月十五日(农历六月二十日)午夜寿终正寝,溯生于公元一九二八年农历三月廿八日,积闰享年八十有一,棘人伍翠爱率不孝男女、孙男、孙女、媳、婿等随侍在侧,亲视含殓,遵礼成服。……哀此闻。未亡人伍翠爱,孝男锦尧、孝媳麦越英,孝女秀珍、孝婿、孝女、孝孙男、孝孙女、孝外孙男(姓名不俱录)同泣叩。②

例七,澳洲《星岛日报》2006年7月27日11版的郭氏讣告:先慈郭门雷氏翠卿夫人,广东省中山市渡头村人,溯生于一九二零年十月二十三日,寿终二〇〇六年七月二十三日于周藻泮疗养院,享年积闰八十有八高龄。不孝眷随侍在侧,亲视含殓,即日成殓,遵礼成服。并谨定于二〇〇六年七月二十九日(星期六)中午十二时十五分,假 Eastern Suburb Crematorium, Sonth 举行告别仪式,即日火化。哀此讣闻。孝长子创基、次子创斌、三子创兴、四子创文、孝长女长华、次女幼华、三女绮华暨众家属同泣启。③

例八,澳洲《星岛日报》2006年7月29日及30日第19版黄氏讣告:先夫(先)严黄公鉴宽,原籍广东省番禺县人,溯生于公元一九二四年十二月十六日,恸于公元二〇〇六年七月二十四日下午七时十五分寿终正寝,积闰享寿八十有五,不孝子女等偕孝眷随侍在侧,亲视含殓。遗体奉移 J&CHARDY 殡仪馆治丧。谨定于七月三十日晚上六时半至八时半举行家奠及法事功德,翌日七月三十一日上午九时正诵经礼佛及亲友致祭仪式,随即出殡,奉柩安葬于龙宝山永远陵园。哀此讣闻。未亡人黄袁凤英、孝长男智贤(下列媳、次男、媳、女、女婿、孙男女、外孙女不俱录)同泣叩。④

例九,澳洲《星岛日报》2006年8月3日10版的一则讣告云:先室(先)慈孙门毛氏丽萍夫人,原籍珠海市香洲区里神前村人。溯生于公元一九五七年六月四日,恸于公元二〇〇六年七月三十日安详辞世,享寿积闰五十有二。不孝子等随侍在侧,亲视含殓,遵礼成服。……哀此讣闻。杖期夫孙德甫,孝男文

① 澳洲《星岛日报》2005年11月14日7版。
② 澳洲《星岛日报》2006年7月20日10版。
③ 澳洲《星岛日报》2006年7月27日11版。
④ 澳洲《星岛日报》2006年7月29日—30日19版。

干、文度同泣告。①

例十，澳洲《星岛日报》2008年5月17日24版《泣谢启事》先夫（先）严陈勤府君之丧，经于公历二〇〇八年五月十四日举行火葬仪式，承蒙各界贤朋戚友，莅临致祭，并惠赐赙仪，泣领之下，永志铭感，高谊隆情，殁存均感，谨籍报端。现秉承先夫（先）严遗愿，将惠赐赙仪，全数分捐赠澳华疗养院基金及四川省赈灾。谨此敬致谢忱。未亡人吴萍、孝子陈锦波（孝媳、孝女、孝婿，不俱录）暨内外男女孙等同泣谢。②

例十一，澳洲《星岛日报》2008年7月26日75版《讣告》：先慈许门陈氏华太夫人，原籍中国广东省文昌县人，殁于公元二〇〇八年七月二十二日岁次戊子年六月廿日酉时往生。溯生于公元一九二一年吉时，享寿积闰九十有一岁。不孝等随侍在侧，亲视含殓，遵礼成服，当即移灵至费菲市长安殡仪馆安灵治丧，恭请福慧寺法事组主事功德三天。泪涓于公元二〇〇八年七月二十六日（星期六）中午一时至九时、七月二十八日（星期一）上午八时至十时半假殡仪馆举行家奠，法事组诵真经，亲友瞻仰遗容，十一时扶柩发引宝福山墓园火葬。哀此讣闻。先孝许声吟（殁），孤哀女许玉英婿胡锦雄，内孙许寰来（其他媳、女婿、孙、孙媳、外孙、曾孙、玄孙姓名从略）同泣告。③

例十二，澳洲《星岛日报》2008年8月2日16版《讣告》：先夫（先）严刘公日原医生，原籍广东省中山市小榄镇人，殁于公元二〇〇八年七月三十一日于雪梨北岸皇家医院蒙主宠召。未亡人刘张肖梅率孝眷随侍在侧，亲视含殓，遵礼成服。谨择于公元二〇〇八年八月六日（星期三）上午十时三十分举行安息弥撒，随即出殡安葬……谨此讣闻。未亡人刘张肖梅，孝子颂扬、孝女颂盈、婿陈子骏、外孙女陈希妍、弟日东、弟妇黎爱卿、弟日洪、弟妇蔡艳芳、姊妙龄、妹京龄、妹夫钟国强团泣告。④

例十三，北美《世界日报》2008年9月17日金姓《讣闻》：亲爱的丈夫金陵先生，湖北沔阳人，生于一九三四年十二月四日，于二〇〇八年九月十三日下午十一时五十九分蒙主恩召，安息主怀，家属随侍在侧，享寿七十五岁。谨订

---

① 澳洲《星岛日报》2006年8月3日10版。
② 澳洲《星岛日报》2008年5月17日24版。
③ 澳洲《星岛日报》2008年7月26日75版。
④ 澳洲《星岛日报》2008年8月2日16版。

于二〇〇八年九月二十日(星期六)上午十时正,在 Saint Clare's Church 举行告别仪式。谨此敬告诸亲友闻 爱妻雷美琳、孝男金幼陵、孝媳曹乐智、孝男金少陵、孝女金晓文、孝婿 Jacek Rosick 、孝孙金效震、孝孙女 Birna Chin、孝外孙 Elton Rosicki、孝外孙女 Zoe Rosicki 同泣告。①

例十四,北美《星岛日报》2008 年 10 月 1 日 C10《讣告》:翁公威,广东省台山县边乡聚龙村人,生于一九二八年五月二十一日,终于二〇〇八年九月二十四日在家中,儿女媳婿孙伴床侧,积闰享寿八十四岁,将于二〇〇八年十月三日(星期五)下午六时至七时在丽安殡仪馆,举行家奠礼,翌日十月四日(星期六)早上十点举行出殡礼,安葬于台山宁阳新坟场。忝属宗亲戚友世乡谊,哀此讣闻。未亡人翁雷素娟、孝子立仁媳叶绮玲、孝子立贤、降服女婉仪婿陈焯雄、降服女雅仪婿杨子健、降服女翠仪、婿 Travis Tani、男孙翁俊文、外男孙陈文彦、杨俊杰、外女孙杨咏珊、胞弟公安、公实景富、公宇、胞妹珍珍、惠珍、小珍(弟妇、妹丈之名,笔者未录)同泣告。(内外子侄数十人,亲属众多,恕不尽录)②

例十五,北美《世界日报》2008 年 12 月 15 日 A11《讣告》:先室罗张璐茜因心脏病殁于中华民国九十七年十二月四日,寿终内寝,距生于民国二十四年十二月十四日,享寿七十四岁,杖期夫率二女等孝眷随侍在侧,亲视含殓,遵礼成服,停枢殡仪馆……杖期夫罗金陵、孤女美玲、美珍悲同泣启。③

例十六,北美《世界日报》2008 年 12 月 27 日 B5《讣闻》:先夫熊正中公,恸于民国九十七年十二月十七日逝世于美国加州圣荷西市 Good Samaritan 医院,距生于民国二十二年九月二十二日,享寿七十六岁,有妻尹佩美率孤子孤女等随侍在侧,即日移灵 Chapel of the Hills 殡仪馆,仅择于民国九十七年十二月三十日星期二上午九时,假该馆举行公祭大殓后,随即引发火化灵骨返台,另择吉日安奉,叨在哀此讣闻。护丧妻尹佩美、孝男凌云、孝女蕙雯、孝婿黄则元、孝媳梁子航、孝孙女之瑜泣启。④

例十七,北美《世界日报》2008 年 12 月 27 日 A11《哀谢》:显考李公祖寿,

---

① 北美《世界日报》2008 年 9 月 17 日。
② 北美《星岛日报》2008 年 10 月 1 日 C10。
③ 北美《世界日报》2008 年 12 月 15 日 A11。
④ 北美《世界日报》2008 年 12 月 27 日 B5。

字彭龄,江苏高邮人,一生致力于推广教育,作育英才,二○○八年十二月十八日凌晨十二时五十二分蒙主宠召,安息主怀,距生于一九一四年,积闰享寿九十有七,家属随侍在侧,亲视含殓,遵礼成服。告别式已于二○○八年十二月廿四日十一时在加州圣马刁慈安殡仪馆举行,随即发引安葬于加州圣马刁百龄园,举殡之日,辱蒙至亲友好亲临悼念,或致送鲜花、赙仪,或护送灵柩入土安息,高谊隆情,殁荣存感,谨此哀谢。元配台性哲(殁)、未亡人吴海林、长子竞雄、媳廖芝兰、长孙建民、孙女欣然、长女竞生、婿陈高林、外孙陈逸人、陈逸豪,次女竞芬、婿袁丕仁、外孙袁郁东、袁郁森、三女陆珈、婿松井邦夫同叩启。①

例十八,北美《星岛日报》2009 年 1 月 25 日 D11 曾氏《哀谢》:曾门陈氏逢娣太夫人,广东省台山市斗山镇后村人氏,生于一九二二年农历十月初七日,痛于二○○九年一月十六日晚在疗养院逝世,积闰享寿八十有九岁,已于一月廿三日(星期五)下午在丽安殡仪馆举行家奠,翌日一月廿四日(星期六)中午十二时举行出殡礼,安葬宁阳坟场。叩蒙宗亲戚友世乡谊惠赐鲜花、赙仪,并亲临执绋,素车随行,高谊隆情,殁荣存感,哀此鸣谢。孝子振强、振康、振良、振豪,降服女慕珍、素珍、美珍,(媳、婿、男孙、女孙、外男孙、外女孙、外孙婿姓名从略)侄曾立明同叩谢。(亲属众多,恕不尽录)②

例十九,北美《星岛日报》2009 年 1 月 25 日 D2 李氏《哀谢》:李门伍氏玉蓉太夫人,广东省台山县东坑筋竹岗龙安村人氏,生于一九二四年十二月六日,恸于二○○九年一月十五日下午十一时三十五分在 Seton Medical Center 逝世,积闰享寿八十八岁,二十三日(星期五)下午六时至七时在长青殡仪馆举行祭奠礼,翌日二十四日(星期六)上午十一时开始举行出殡礼,安葬于金山陵园坟场。叩蒙宗亲戚友世乡谊惠赐鲜花、赙仪,并亲临执绋,素车随行,高谊隆情,殁荣存感,哀此鸣谢。孤哀子铭甫(殁)、仲强媳陈金满、仲伟媳刘少玲、仲源媳张美英、仲文媳秀惠,男孙国谦、智恒、锦鸿、锦衡、锦龙,女孙嘉文、敏仪,胞兄伍尚臻(殁)嫂黄瑞金(殁)、伍尚清嫂李愿新(殁)、伍福照(殁),胞弟伍福璇弟妇谭新春,胞姐伍勤仲(殁),胞妹伍玉环(殁)妹夫刘有焯(殁)、伍玉珠妹夫李巨圣同叩谢。(亲属众多,恕不尽录)③

---

① 北美《世界日报》2008 年 12 月 27 日 A11。

② 北美《星岛日报》2009 年 1 月 25 日 D11。

③ 北美《星岛日报》2009 年 1 月 25 日 D2。

例二十，《澳洲新报》2009 年 2 月 28 日《谢唁》:敬启者，先母黄娣之丧，承蒙纽省越棉寮华人联谊会所属高龄福利互助金组织，依章拨发先会员应享福利金玖千玖佰贰拾贰元正。复蒙该组会友亲临祭奠，信义隆情，存殁均感，谨此叩谢诸位垂鉴。孝男黄运祥叩谢，二〇〇九年二月二十八日。代邮:本会福利互助金组织，今共有 541 位先逝组员，尚未缴付各次互助金者请依章前往本会缴付为荷。福利互助金组启。①

例二十一，悉尼唐姓讣告:先室(先)慈唐门林氏佩瑗夫人，祖籍广东省中山市石歧大车村人氏，生于公元一九二五年一月三十日，恸于二〇〇九年三月二日于 NERINGH HOSPITAL WAHROONGA 医院安详辞世。享寿积闰八十有七岁高龄。不孝子女内外孙的(等)随侍在侧，亲视含殓，遵礼成服。谨定于公元二〇〇九年二(三)月六日(星期五)上午十时十五分假麦觉理墓园内 PALM 礼堂举行安息告别礼。随即辞灵，即日举殡，安葬于麦觉理墓园天主教墓区，入土为安。闻。丈(杖)期夫唐世安;孝长女小玲、婿李炳培、外孙男李晓东、李晓欣;次女小慧;孝谊男程国贤、媳 VENESSA、谊孙男 ELAXANDRA、谊孙女 ANTHONY 同泣启。(家族繁衍，未能尽录)②

例二十二，悉尼魏姓讣告:先夫(先)严魏公讳基成府君，原籍广东省揭阳县，恸于公元二〇一八年八月四日星期六，岁次戊戌年六月二十三日安详辞世，享寿积闰七十有七。不孝兆祺、丽珍、依玲等偕孝眷随侍在侧，亲视含殓，遵礼成服，遗体当即移于雪梨费菲市世界中华殡仪馆，安灵治丧。恭请澳洲雪梨中华佛学会明月居士林法事组莅临殡仪馆，布置灵坛，礼颂真经宝忏，虔敬法事功德三天。谨涓公元二〇一八年八月十日、十一日(星期五，星期六)早上恭请佛光寺法事组诵经，下午恭请澳洲雪梨中华佛学会明月居士林法事组开坛举行家奠，五至八时请亲友致祭及自由宣读祭文。翌日，公元二〇一八年八月十二日星期日，上午七时半恭请澳洲雪梨中华佛学会明月居士林诵经至八时半，九时举殡扶柩发引赴力民亭墓场举行土葬。哀此讣闻，族世亲姻谊。谨遵家训，赙仪恳辞。未亡人李玉女、孝长男魏兆祺媳徐腾、孝长女魏丽珍婿萧福来、孝次女魏依玲婿谢丁文(孙男媳孙女外孙男女名单从略)。③

---

① 澳洲《澳洲新报》2009 年 2 月 28 日 60 版。
② 澳洲《星岛日报》2009 年 3 月 4 日 10 版。
③ 澳洲《澳洲日报》周末赠报《1688》,2018 年 8 月 9 日 4 版。

上录各例均照讣告、讣闻、哀谢原文迻录;格式,为省篇幅,未照原式,将孝子、孝女并列,孝孙男女并列,抄录时将系父子的孝子及其妻、孝孙及其妻汇集为一组,另一孝子及其妻、子、媳为一组;如具名人已故,原文加方框,迻录时为方便去掉方框改作"(殁)";如具名的数孝子,首见者其妻署名前有"妻",而后因并列书写,则无需冠"妻"字样,然而迻录时不依其格式,故增写"妻"字。

二、中华传统丧礼文化的传承

在这些讣告、哀谢之中,常见"寿终正寝""孝眷随侍在侧,亲视含殓,遵礼成服",举行家祭礼、亲友致祭、送葬、亲友执绋的字样,笔者感觉非常熟悉,简直与中国传统丧礼相一致,但是究竟如何,怎样理解呢?不妨从丧礼的礼仪形式及其观念的角度作一点考察,方法则是拿它同近古的清代丧礼作出比较,两者的关系便不说自明了。

清王朝制定的丧服制,确定五服关系者的丧服。为斩衰三年服,系子、在室女为父母,承重孙为祖父母及曾、高祖父母,妻为夫持此服;孝服用生麻布制作,不缝衽及下摆,麻冠、麻绖,菅履,竹杖。齐衰一年服,夫为妻,侄为伯叔父母及在室姑,为亲兄弟,为亲兄弟之子及在室女;孝服用熟麻布,缝衽及下摆,麻冠、麻绖,草履,桐杖。大功服九月,祖为众孙、在室孙女,父母为众子妇,伯叔父母为侄妇,为己之同堂兄弟及未嫁同堂姊妹;服用粗白布,冠、绖如之,茧布缘履。小功五月服,为(祖父亲兄弟的)伯叔祖父母、(父亲堂兄弟的)堂伯叔父母、再从兄弟及在室姊妹、同堂兄弟之子及女在室者、兄弟之孙及女在室者;服用稍细白布,冠、履同。缌麻三月服,为(曾祖之兄弟及其妻的)曾伯叔祖父母,为(父再从兄弟及其妻的)族伯叔父母,为同高祖兄弟的族兄弟及在室姊妹,兄弟之曾孙及曾孙女在室者,再从兄弟之子及女在室者,兄弟孙之妻,为同堂兄弟之妻,为同堂兄弟子之妻;服用细白布,绖带同,素履无饰。出了五服关系的,凡同五世祖者,皆为袒免亲,遇丧葬则素服尺布缠头。[1]

清朝政府对各色人等的丧葬礼仪作出规定,其中品官葬礼的主要内容

---

① 清官修《清朝通典》卷六十二《礼·凶二·品官丧,庶士庶人附》,浙江古籍出版社,1988年,典2482。

为:疾革迁正寝,立丧主、主妇,发讣告,设灵堂,小敛,大殓,族人各按服制穿着丧服,发引,出殡。①士庶人丧礼,略仿品官制,规格降低。②

朝廷的丧葬制度和法令,民间宗族通常作出积极的回应,关注的焦点是遵守丧服制法令,惧怕族人不懂礼法而不能守孝,并导致犯法。丧礼标志性的制度是五服制,宗族对此特加留意,考虑到族人不一定懂得什么是五服关系,因而不知道如何服丧,许多宗族为此在族谱上刊载服制图,并对难以理解的内容予以阐释,好让族人对照遵守。四川泸州王氏族谱转载服制图,对人们不容易明了的地方作出注解。如在《本宗九族五服之图》讲明五服宗亲的各自丧服,甚为明晰,以"己身"而言,"兄弟不杖期,(其)妻,期年;姊妹,在室期年,出嫁大功;从兄弟,大功,妻,缌麻;从姊妹,在室大功,嫁小功;再从兄弟,小功,妻,无;再从姊妹,在室小功,嫁缌麻;三从兄弟,亦谓之族兄弟,缌麻,妻无;三从姊妹,亦谓之族姊妹,在室缌麻,嫁无"③。对自身与亲属、族人的服属关系表达得非常明确,宗族维护朝廷丧礼,态度极其鲜明。

在宗族丧礼规范中,湖南长沙涧湖塘王氏的丧礼仪规相当完整,④兹以其族规并结合其他宗族的相关丧礼,叙述家族丧礼的大致情形:

初终。疾革迁居正寝,将要断气,家属赶快为他换上早已预备好的寿衣,否则以为亡者将会光身去见阎王,是子孙的不孝。⑤既绝,家属乃哭,易服。

立丧主,即死者长子,无则长孙承重。立护丧腥礼,以子弟知礼有才干者二人为之。

治棺,沐浴,饭含。

入殓。小殓,俗谓装束;大殓,又加衾。入殓实际上有着对正常死亡认可的作用。在河南开封,丧主请来三党亲属,由与死者关系最密切的公亲询问病史和死因,认可后始行入殓。其询问者,若死的是男性家长,由族长主问;若死者

① 清官修《清朝通典》卷六十二《礼·凶二·品官丧,庶士庶人附》,浙江古籍出版社,1988年,典2482—2483。《清史稿》卷九十三《礼志十二·品官丧礼》,中华书局,1976年,第10册2722—2725页。

② 清官修《清朝通典》卷六十二《礼·凶二·品官丧,庶士庶人附》,浙江古籍出版社,1988年,典2482—2483;《清史稿》卷九十三《礼志十二·士庶人丧礼》,中华书局,1978年,第10册2725页。

③ 王家浚等编泸州《王氏族谱》卷一《服制图(旧载)》,民国二十二年石印本。

④ 长沙《长沙涧湖塘王氏六修族谱》卷首二,《四礼·丧礼》,民国三十八年听槐堂铅印本。

⑤ 参阅徐珂辑:《清稗类钞》,中华书局,1986年,第10册4691页。

系主妇,由母党公亲主问;若死者是媳妇,则由妻党公亲发问。如果未得允许,先行入殓,公亲必然群起反对。淮河流域也有这种风俗,若是出嫁女亡故,娘家母亲必然率领众亲属去女婿家干预丧事,婿家不等岳家人到齐,不敢殡殓,而娘家人必定多方挑剔,似乎女儿是被谋害身亡,以此要求丧事办得丰厚风光。①

讣告于亲戚僚友。丧事出来,丧家应及时报丧,否则不仅失礼,若三党长亲不到,丧事也办不成。报丧,或孝子亲行,或托人代行。仕宦之家孝子还以讣文和哀启来通达。讣告文、哀启有固定程式,清代前后期还有变化。

举棺,设奠案。孝子寝苫枕块于棺侧,乃馈粥。设布帷,置柩前,蔽外内。设魂帛,置灵座。立铭旌,三品以上九尺,五品以下八尺,六品以下七尺,士庶人三尺,以红绸为之。

成服,五服之人各服其服,五服之中唯斩衰最重,齐衰、大功、小功、缌麻以次递降。成服之日设奠加盛,孝子以下各就哭尽哀。族人服丧,有按服制穿着的,有违背的,广东乳源余氏针对族人不能按照丧服制穿着孝服的现象,特地定出族人必须戴孝帽的丧礼训规:“孝服用麻布。凡遇族之丧,当头戴一小白帽,身穿一素孝衣。近来俱已违之,忍心何在?厥后凡遇族中老少丧,服不问斩衰、齐衰,务要头戴一小白帽,身穿一素孝衣,以至二三月,庶不失宗祖之伦纪。”对不遵条例的人,“众族责罚,以示戒惩”②。四川南溪人家葬礼,皆给宗族姻娅白布服,谓为“孝衣”③。穿戴白色孝服,是通行习俗,五服之外的袒免亲,仅以白棉布裹额。

哭奠礼。孝子在丧中行哭奠礼,朝夕行香奠酒。安徽池州仙源杜氏要求新丧中,孝子哭奠,当用一司祝及执事一二人。司祝并不读祭文,每次哭奠之先,代孝子盥洗行香以降神,因孝子不栉沐,手不净,不能行香灌地;执事代进酒肴,每日二次。④守灵期间丧家焚烧冥钱,式样很多,多系依据阳世货币形式制作,有纸钱、纸锭、纸元宝,嘉道时期还出现纸洋钱。⑤

吊唁、送赙金。休宁茗州吴氏家规:族人有丧,众当哭临,在头七,至戚七

① 参阅《清稗类钞》,第 8 册第 3547 页。
② 乳源《乳源余氏族谱》,《余襄公训规十四条》,嘉庆刻本。
③ 1937 年《南溪县志》卷 4《礼俗篇·风俗》,巴蜀书社,1992 年,第 622 页。
④ 池州《仙源杜氏宗谱》卷首,《家礼四条·丧礼》,光绪刻本。
⑤ 钱泳:《履园丛话》,中华书局,1979 年,第 1 册第 85 页。

日七次,其次二日一次,疏属三日一次;若死者是尊长,致礼四拜,平辈再拜,卑幼揖之。①南溪三党吊唁者,咸赍羊豕酒脯烛帛挽联明器等物,以为奠仪。②吊唁,本在丧家或寺院进行,到光绪时有的人家改为开追悼会,③反映丧葬活动中近代因素的出现与人际关系的某些变化。

治葬。选定墓地,确定葬期,具书告于宾友。

发引及祖奠礼。先一日孝子奉魂帛朝于祖,日晡设祖奠,灵车至墓,司祝奉魂帛就幄座主椟,置帛后遂设奠。

开茔域。

志石,用石二片,一书某公之墓,一书生卒年月日时、葬地、山向、配氏子女,以防异日墓崩之患。

作神主、题主与进主。神主书名、号、生卒年月、所葬山向。神主在下葬后放置于家堂,脱孝移放于祠堂,为进主。

虞祭、再虞、三虞,安亡者之魂气之意。未葬之时,奠而不祭,犹以人道事之,孝子不忍死其亲之意,是为奠礼,此后才行祭礼。

忌日,即周年之祭,自此丧礼由凶礼转入吉礼。

在丧礼过程中,宗族从多方面规定族人参与丧事:协助料理宗人丧事;吊孝与致送赙金;宗族和个人资助无力发丧者;设立宗族义冢。即墨杨氏《家法》对于族人丧事,处理原则是"群聚而谋",具体做法是多方面的:一是吊孝与陪吊,凡门内有丧,七日以内,朝夕往临;七日以外,逢七临;不仅自身吊唁,还要"候吊",即以主人身份感谢族外吊客,陪礼,直到没有吊客才离去。二是分工负责丧事,能书者主理束帖,凡丧中文书之事,皆由其书写;选择有干才者主理丧事,众人听其支派,料理坟茔棚场之类,不得辞劳;门内家人佃户,尽拨执事。三是出殡、下葬众人上手,将灵柩送进车舆;将葬,群扶而纳之穴。四是饭食,凡执事人役,门内计数而分饭之,不得有所缺。五是财力帮助,凡有棺殓力不能办者,公众设法帮助。④如此,族人助丧,出钱出力,参与整个丧事过程,如同自家之事,绝不可袖手旁观。

---

① 吴青羽:《茗洲吴氏家典》卷一《家规》,雍正十三年刊本。
②《南溪县志》卷四《礼俗篇·风俗》,第622页。
③《清稗类钞》,第8册第3544页。
④ 即墨《杨氏家乘·家法》,道光间刻本。

朝廷的法规、家族的规范及人们的实践，表明清朝人的丧葬礼仪，不仅是丧家的事，同时是宗族的事。

再看当今海外华人葬礼讣告所说的寿终正寝、随侍在侧、亲视含殓、遵礼成服、祭奠礼、出殡礼等，将清朝人的丧礼作一对照，便会发现两种丧礼大体上的一致。华人的丧礼仪节包括：

初终。例一范氏夫人讣告的"寿终正寝"，例五王氏夫人、例六陈泮林、例八黄鉴宽的讣告均出现这一成语。"寿终正寝"之说，表示遵照古礼，在病人临终之前移到正寝，就像清朝品官那样病危迁正寝，官员居室多，有日常起居室，正寝容或空置，死前移至正寝。海外华人说的正寝，应系起居室，说寿终正寝，一则是从古礼，二则说明死者是正常亡故。与此相近的是例十四的翁威"终于家中"，例二苏瀚芬"安详去世"，例九孙氏夫人、例二十一唐氏夫人"安详辞世"，均谓正常死亡，不是被害的不得好死，而是死得安详尊严。所谓"随侍在侧"，是说死者的亲属侍奉左右，视其瞑目，表明其子孙遵守孝道，亲情浓厚。例一死者柯宝珍逝于澳大利亚维多利亚省，其子范如从美国来探视，乃得随侍在侧，于是逝者临去而母子团聚，生者得以尽孝，各自无憾，实乃孝道精神的体现。例十六熊正中的讣告由"护丧妻尹佩美、孝男凌云"等发出，护丧妻、孝男之说，给我们提供一个信息：朝廷丧礼和家族习俗的立丧主、主妇在这里的实现，即由死者家属主丧，亲友协理丧事。

入殓。清朝人区分大殓、小殓，例一、五、六、七、八、九、十一、十二、十五、十七、二十一、二十二众口一词的"亲视含殓"，即亲人亲自或参与为死者装裹入殓，完成入殓之礼。

成服。例五云"即时遵礼成服"，例一、六、七、九、十一、十二、十五、十七、二十一、二十二各云"遵礼成服"。遵什么礼？成什么服？遵的是中华传统的丧服礼，成服就是按照丧服制穿孝服，即各自按着与亡者的五服名分来穿孝服，是为服孝。具体的成服，从讣告具名前的身份显示出来。例四，萧慕珍的丈夫洪添寿具名上端有"杖期夫"字样，例九毛丽萍的丈夫孙德甫名字前面亦冠著"杖期夫"名目，例十五亡者张璐茜的丈夫罗金陵名字前亦然。例二十一有"丈期夫唐世安"署名，"丈"，实即"杖"字之误。这屡见的"杖期夫"，就是前述清朝服制五等服的第二种，丈夫对妻子服丧一年的齐衰服，齐衰服又分杖期与不杖期，丧妻之夫若父母在世，夫为亡妻服不杖期服，父母故，则为妻持杖期服。萧慕珍享年八十三，其夫洪添寿年龄当相近，耄耋之人的父母显然亡故，故其应为持杖服丧之夫。四例的"杖期夫",表明海外华人遵循传统丧礼服制,不是个别现象,应当具有某种普遍性。讣告具名中不乏"降服女"称谓,如例三"降服女黄素霞",例十四"降服女翠仪婿陈焯雄、降服女雅仪婿杨子健、降服女翠仪婿Travis Tani",例十八"降服女慕珍、素珍、美珍"。讣文所说的"降服女",是对着"在室女"而言。前述清朝制度,"在室女"是指未嫁女和虽出嫁而离异、丧夫无子仍回到娘家者,她们对父母行三年斩衰丧服之礼,是按本宗五服九族丧礼规定进行的,也是丧礼中最高的服制。降服女是嫁女(嫁出去的女儿),成为夫家的人,对夫的父母及夫行斩衰礼,她已不是娘家的人,服丧就应降等。所谓"凡女适人者,为其私亲皆降一等",即由三年斩衰服,降为期年齐衰服,故称"降服女"。例一"孤哀子范勋"、例二"孤哀子苏锦源"、例二十"孤哀子铭甫",这"孤哀子"是丧服中持斩衰三年服的。至于讣告中更为多见的"孝子",均是服斩衰服的。具名"未亡人"的有八例,为例三、六、八、十、十二、十四、十七、二十二。讣告中丧夫之妇自称"未亡人"。古人的意思是说,丈夫死去,妻子应当殉夫自尽,不殉夫而活着,故称"未亡人"。而这未亡人,对丈夫持斩衰服礼。在例六的"未亡人"伍翠爱的名字前还出现"棘人"一词,即"棘人伍翠爱率不孝男女、孙男、孙女、媳、婿等随侍在侧"。"棘人"源出《诗经·国风·素冠》:"庶见素冠兮,棘人栾栾兮。"郑玄笺注为"急于哀戚之人,形貌棘棘然,廋瘠也"[①]。后人一般用作孝子居父母丧自称,想不到伍翠爱以此自称,表示她遵行三年丧礼。看来,讣告具名充分表达出海外华人遵照五服制服丧。

讣告。如前所述,在清代是丧家亲自口述或递送讣告通知亲友,而海外华人常常在新闻纸公开发布,以便亲友知晓,也表示丧礼的隆重。

家祭礼、公祭礼。遗体无论放置在殡仪馆、教堂,皆举行告别仪式。如例一所说的"举行家奠,诸亲友致祭;翌日……公祭",即为家奠礼和公祭礼两项丧事内容。例三、十四、十八、十九的举行"家奠礼及出殡礼",例五"瞻仰遗容,进行追思仪式",例十一"殡仪馆举行家奠",例十六"举行公祭大殓"。事例说明,这些仪式是家庭和亲友表达对逝者哀悼之情,并兼具亲友吊唁的性质。

法事。亡者或其家属信仰佛教或道教,请僧侣做法事,间有请道士者,以此为逝者超度荐福。如例一"恭请维省佛学崇善居士林法事组莅临襄理法事功德,礼颂真经宝忏",例八"举行家奠及法事功德,翌日七月三十一日上午九

---

① 《十三经注疏》,中华书局,1983年影印本,上册第382页。

256

时正诵经礼佛及亲友致祭仪式,随即出殡",例十一"恭请福慧寺法事组主事功德三天"。

送葬与墓地。例一"举殡奉柩前往史宾威墓场安葬",例二"举殡往乐活六福华人坟场安葬",例八"奉柩安葬于龙宝山永远陵园",例十一"扶柩发引宝福山墓园火葬",例十四"安葬于台山宁阳新坟场",例十七"发引安葬于加州圣马刁百龄园",例十八"安葬宁阳坟场"。例二明确交待葬地是华人坟场,或台山宁阳新旧坟场。清代广东省属有新宁县,宁阳是其别称,民国时期改新宁县名为台山,所以台山宁阳墓地,是广东新宁(台山)移民的墓园,有新旧之别,是原先的坟场已不够用,另设新坟场,这种事实表明华人选择华人墓园,乃至同乡的陵园安葬。此种华人坟场,是华人因中华文化认同自发形成族群坟园,显示死者及其家属的共同的中华文化背景。讣文只道及墓园,未及墓园、墓穴的选择,因为那样文字将会太多,不合讣文体例,故而略去,其实墓园、墓穴的选定,极其讲究,盖因中华传统的风水文化还在相当程度上影响一些海外华人,这在许多墓园的广告中透露出来。

美国旧金山地区的松柏园墓园殡仪馆,其广告云:"新建华人风水福地,靠山傍水,气势天成,五湖伴福,山清水秀,藏风聚气,是金山湾区唯一园林式百年风水福地。"①及至十年后的 2018 年 11 月 11 日广告新词:"松柏长青风水地园林美景艳阳天。松柏园又一全新开发区,风水、风景绝佳。"②同地天福园的广告词:"位于山岗,背山面海","天赐佳园利先祖,福荫绵延利后人"。安乐园,"风水福地,藏风聚气"③。活伦纪念陵园广告:"福地福人居,华人福地的首选。""全新风水福地。"④其旗下的"全新福兆园,隆重推出。环境清幽,名师精选之风水宝地"⑤。宝莲山墓园广告:位于屋仑和皮特蒙特幽静山麓之间的山景墓园,"静谧安宁、风景独特、风水绝佳的墓园为您提供了建立家族墓地或墓地产的良机。背倚高山,形如扶椅,宝莲山风景宜人,旧金山湾区、金门大桥和半岛一览无遗。午后暖阳下,海湾微风吹拂,荷塘静默,宝莲山熠熠生辉,是

① 北美《世界日报》2008 年 10 月 11 日 C11;2009 年 1 月 31 日 F7。北美《星岛日报》2005 年 4 月 30 日 D11。北美《侨报》2008 年 10 月 5 日 B9。

② 北美《世界日报》2018 年 11 月 11 日 D1。

③ 加州《侨报》2006 年 5 月 18 日广告。

④ 北美《世界日报》2009 年 1 月 18 日 E8;2008 年 9 月 5 日 A17。

⑤ 北美《世界日报》2008 年 10 月 11 日 C11。北美《侨报》2008 年 11 月 2 日 B7。

您敬奉祖先的最佳场所"①。利福集团的百龄园、百恩园、百祥园广告:"名风水大师黄鹰首选福地","自主理想居所,延续今生精彩……四大安葬福地,福泽延传后人"。该集团的永生园,"是由香港著名的风水大师黄鹰指导规划,风水绝佳,福荫子孙。""跨越人生计划,利福为您安排。葬仪标志着一个人生命历程的终结,跨人生阶段之开始,是表达厚爱和孝道的重要机会。""永久居所,福山宝地,未雨绸缪,福泽子孙。""环境优雅,背山面海,河流环绕,居高临下,福荫后人。""慎终追远,福荫后人。"②费利蒙殡仪馆声称"唯一华语服务殡仪馆",其雪松纪念陵园"背山面水,风水宝地,福气延及子孙"③。澳洲悉尼的宝福山华人永远陵园广告云:"得天独厚,人间天堂的风水宝地","海外华侨同胞外流祖先最佳安息之所";风水师张汉于 1995 年"在龙宝山华人永远陵园现址找到最合风水学上所谓左青龙右白虎,前朱雀后玄武的墓穴场,墓地前有大湖,湖中有一小岛,正合'水龙寻脉歌'的说法:'坟墓前有湖池,儿孙富贵穿绯衣',现在第三期落成后,更形成蝴蝶局,风水说学谓:'峦头成格局,福荫儿孙富贵永无休'"④。另一则广告:该陵园为"罕有福地——无与伦比,信心保证;风水吉地——先人息劳于此,荫泽后人"⑤。还有一则广告:"除了优美自然环境外,宝福山更是天然本土,地质干爽,并无污染,亦非填土。风水名家,赞扬福地:曾到过宝福山之风水名师都赞同此福地能庇护世世代代后人。"⑥同地龙宝山华人永远陵园谓其陵园"乘风气,福泽绵"⑦。中华墓碑公司广告声称:"诚心为客户策划预建风水福地。"⑧长城墓碑有限公司广告:"注重华人风水风俗,博知古今书法碑文。"⑨这些陵园商人口

　　① 北美《世界日报》2008 年 9 月 5 日 A12。
　　② 北美《世界日报》2006 年 5 月 2 日 B10;2008 年 10 月 5 日 C7;2008 年 12 月 13 日 E4;2018 年 11 月 11 日 D3。
　　③ 北美《世界日报》2018 年 11 月 11 日 D2。
　　④ 澳洲《星岛周刊》第 259 期 2006 年 6 月 24 日。
　　⑤ 澳洲《星岛周刊》第 393 期 2008 年 5 月 10 日第 68 页,第 394 期,第 405,第 406 期 2008 年 8 月 9 68 页。
　　⑥ 悉尼《新快报》2006 年 5 月 13 日 2 版。
　　⑦ 澳洲《澳洲新报》周刊 1066 期,2009 年 2 月 28 日第 59 页。
　　⑧ 悉尼《澳洲日报》2006 年 4 月 29—30 日《社区新闻》。
　　⑨ 澳洲《星岛周刊》第 334 期 2007 年 3 月 24 日第 34 页,第 393 期 2008 年 5 月 10 日第 68 页,第 394 期,第 406 期 2008 年 8 月 9 日第 69 页,第 434 期 2009 年 2 月 21 日第 68 页。

口声声他们提供的墓园是藏风聚气、形如扶椅的风水宝地，是经过风水大师勘测和认定的，采用这种宝地，是实现孝道的重要机会，而且会收到福泽绵延、荫及后人的效果。他们深知华人有"注重风水风俗"，掌握这种心理，并以此为推销词，充分反映海外华人丧葬文化中的风水意识。正是由于丧家讲求坟墓的风水，所以商家投其所好，推出所谓的风水宝地。华人传承风水观念，讲究墓园的选择，以为是尽孝道、保子孙之举，并求得丧失亲人后心灵的安慰。

对照了海外华人与中华传统的丧礼仪式，从初终到下葬的全过程，基本上的一致，应当说前者基本上继承了后者的形式和观念。众所周知，清朝人的丧礼是中华传统文化一个方面的载体，海外华人丧礼同样是中华传统丧礼文化的传承。

三、海外华人丧礼蕴涵的家族文化观念

家族、宗族是中国最古老的、罕见的合法群体，是具有某种生命力的社会群体，如前所述它在很大程度上过问、关怀宗族成员的丧葬事务，全力帮助丧家办理丧事，在体现亲情中产生凝聚力。家族、宗族的做法，基于尊祖敬宗收族的理念，具体化为实行孝悌之道、妇道及和睦宗族。孝道讲子孙对父祖，在世时赡养，去世安葬，然后是按时祭祀；妇道是从夫，相夫育子，姓氏亦从夫；悌道讲求兄友弟恭；孝道扩大为睦族，族人需要有无相恤，不可互相视为"路人"，漠不关心。海外华人丧礼透露出中华传统家族文化，孝道、妇道、睦族的内涵随处可见，在子孙使用辈字命名、族人参与葬礼、家族成员扩大等方面表达出来。

（一）女性名字前冠以夫姓，是妇道和孝道结合的产物。例一逝者柯宝珍的讣文称其为"范门柯氏宝珍"，例四逝者萧慕珍作"洪门萧氏慕珍"，例五"王门舒氏闺号侃"，例七"郭门雷氏翠卿"，例九"孙门毛氏丽萍"，例十一"许门陈氏华"，例十九"李门伍氏玉蓉"，例二十一"唐门林氏佩瑗"。共同地将死者定位为"某门某氏"，或不带"门"字，而在名字前面加书丈夫姓氏，如例十四"未亡人翁雷素娟"、例十五"罗张璐茜"。这些同中华传统社会称谓已婚女性为"某门某氏"完全相同，只是她生活在20、21世纪，又在澳洲、美国，有自己的名字。这种对女性"某门某氏"的称谓，在海外华人社会和香港、台湾仍有遗

存,此种常识,毋庸赘述。此外,澳洲悉尼的中华佛学会明月居士林第十五届理监事暨法事组,为其同人陈裕均之母丧送的挽词云:"本会中文副秘书兼法事推广组组长陈裕均先生之令慈陈府杨氏秀霞太夫人驾返瑶池"①云云,是按照"某门某氏"的传统规范书写的。新加坡大同白鹤健身社副财政周锦松的母亲病故,他的同人为其母在《新明日报》刊登挽词,云"周锦松先生令堂陈氏庆兰太夫人灵右慈竹常青"②。所说"陈氏"云云,也是"周门陈氏"的简洁写法。可知不仅丧家讲女性的"某门某氏",华人社会亦然。冠夫姓,是妇道的表现,与孝道虽为二事,实是相通的。女子出嫁,不再是娘家的人,成为夫家的人,经过"三月庙见礼",被夫氏家族正式接纳为成员,对丈夫的父母和丈夫形成五服的斩衰服关系,而在娘家成为降服女。妇人名字前面的夫姓,是妇道,也是孝道的体现,是家族观念的产物及其具体化。

(二)辈字命名法,是家族制度和观念的落实,反映家族实体的存在。在古代,宗族建设的一项重要内容是确定辈字,为族人起名之用。辈字,人们按排行起名,表示辈分,辈字、辈分成为二而一的事情,因辈分而起辈名,确定其人在家族中的尊卑位置,不会乱了辈分,造成族内人际关系的混乱。依辈字起名是宗族的一种要求,族人需要自觉遵守。我们在前录讣告、哀谢的具名中,发现以辈字命名的比比皆是,而且可以区分为四种情形,即有共用的辈字;累世用辈字;先辈用后辈不用;先无辈字而后产生。为着明了,不妨回顾前面迻录的那些事实:

用辈字。例七逝者雷翠卿,长子创基、次子创斌、三子创兴、四子创文,共用"创"字,长女长华、次女幼华、三女绮华,共用"华"字。例十三金陵之子金幼陵、金少陵,女金晓文,男用辈字"陵",女不用。例十五张璐茜之女名美玲、美珍,共用"美"字。例十八具名的孝子振强、振康、振良、振豪,降服女慕珍、素珍、美珍,男从"振"字,女作"珍"字。

累世依辈分命名者。例二逝者苏瀚芬,其四弟苏瑞芬、七弟苏镛芬,兄弟以"芬"字为辈字;其子苏锦源一人,无所谓辈字;其孙男苏顺发、苏兴发,孙女苏少玲、苏少萍、苏惠文、苏惠芳、苏惠珠、苏惠明,男子命名从"发"字,女子从"少"字、"惠"字,男女不同,但各有辈字;女婿何冠贤,外孙男何裕华、何世华,

① 澳洲《星岛日报》2006 年 8 月 2 日。
② 新加坡《新明日报》2003 年 2 月 2 日。

外孙女何美仪、何丽仪,外孙男女各有辈字。苏氏家族祖孙皆有辈字,看来有使用的传统。例十二死者刘日原、弟日东、日洪、姊妙龄、妹京龄,男辈字"日",女共用"龄"字;子颂扬、女颂盈,均以"颂"为辈字。例二十一唐世安和林佩瑷的长女小玲、次女小慧,以"小"命名,小玲与婿李炳培之子,李晓东、李晓欣,则共同用"晓"字。

先辈用辈字,而后辈不用者。例三,孝子黄秉廉、黄秉衡,从"秉"字;孝女黄素霞、黄素云、黄素霜、黄素霏、黄素雯,从"素"字;男孙黄振宁、黄启智,无辈字,而女孙黄燕碧、黄燕仪,从"燕"字。

起先不用辈字,次后使用者。例一,孝子范勋、范如、范振强,孝孙男文锋、志坚均没有辈字,而范如的女儿秀慧,秀萍以"秀"字为辈分,范振强的女儿碧仪、碧芝、碧玉、碧霞、碧庄取"碧"字为排行。例四死者萧慕珍夫妇的儿子龙根、宣球不讲究辈字,可是龙根之子名曰国贤,宣球子叫国禧、国浩,即第三代孙男讲辈分,孙女小梅、小莲也注意到了。

(三)女儿、女婿及其子女被视为家族成员,娘家人亦然,表明家族概念变化,成员扩大化。例十四为翁公威讣告具名的有:未亡人翁雷素娟,孝子立仁、媳叶绮玲,孝子立贤,降服女婉仪、婿陈焯雄,降服女雅仪、婿杨子健,降服女翠仪、婿 Travis Tani,男孙翁俊文,外男孙陈文彦、杨俊杰,外女孙杨咏珊,胞弟公安、公实景富、公宇,胞妹珍珍、惠珍、小珍。此外,其弟妇、妹丈名字,系笔者未录。除了妻、子、女,还有女儿的家属(丈夫及子女),兄弟姐妹及其家人。例十七关于李祖寿的哀谢,署名"元配台性哲(殁)、未亡人吴海林,长子竞雄、媳廖芝兰、长孙建民、孙女欣然,长女竞生、婿陈高林、外孙陈逸人、陈逸豪,次女竞芬、婿袁丕仁,外孙袁郁东、袁郁森,三女陆珈、婿松井邦夫。"包括三个女儿的家人。例十八曾氏《哀谢》具名者,在孝子振强、振康、振良、振豪,降服女慕珍、素珍、美珍之外,有媳、婿、男孙、女孙、外男孙、外女孙、外孙婿姓名,还有侄曾立明。将本家侄子涵括进来,这在传统社会是正常的,而在现代小家庭社会往往不这样做。例十九李姓之家的伍玉蓉丧事《哀谢》具名人为:子铭甫(殁),仲强、媳陈金满,仲伟、媳刘少玲,仲源、媳张美英,仲文、媳秀惠,男孙国谦、智恒、锦鸿、锦衡、锦龙,女孙嘉文、敏仪,胞兄伍尚臻(殁)、嫂黄瑞金(殁),伍尚清、嫂李愿新(殁),伍福照(殁),胞弟伍福璇、弟妇谭新春,胞姐伍勤仲(殁),胞妹伍玉环(殁)、妹夫刘有焯(殁),伍玉珠、妹夫李巨圣。娘家兄弟姐妹及其家属并在名单之上。例二十一林佩瑷之丧,发讣告者为夫唐世安；长女小玲、婿李炳培、外孙男李晓东、李晓欣；次女小慧。内含女儿女婿外孙。例四死者萧慕珍夫之弟萧瑞洪列名讣告。例五舒侃的娘家侄儿舒传鼎、舒传益、舒传贞、舒传豫，侄女舒毓英及各侄媳、侄孙男、侄孙女、侄孙女婿，皆在讣告上有名。在传统丧礼文化中，女儿女婿、侄女夫妇、外孙夫妇、外孙女夫妇都不能作为孝子顺孙列名讣告。出嫁女已然是婆家的人，娘家的丧事由娘家的男性为丧主，如今连同她的夫婿、儿女都成了为父母主办丧事的成员，具有"以客为主"的味道，这是现代社会女性地位提高后人们已经把女儿家庭视作家族成员的缘故。老年女性亡故，娘家兄弟、侄儿侄女也成为操办丧事成员，是以女性死者为主体，而不单以其夫家为主体，这又是在运用中华传统文化中以现代人的理念来解读家族关系。所以我们从讣告具名看出家族观念有了新的内涵，反映家族凝聚力仍然存在。

（四）重视族谊及族人的参与葬礼，流露浓厚的家族观念。讣告、哀谢列名之后，常常见到"家族繁衍，恕未尽录"字样，如例一、二、三、十九、二十一，或例十八的"亲属众多，恕不尽录"，例十四的"内外子侄数十人，亲属众多，恕不尽录"。对照顾不周，未能列名的家族成员和亲友表示歉意，可见成员甚多，并有家族活动。讣文常见"忝属宗亲戚友世乡谊，哀此讣闻"，如例三、十四，意思是死者家属将丧事报告给有宗亲、亲戚、朋友、世交、乡亲之谊的人，才刊登此讣闻。在这里宗亲放在有关系者的第一个位置，可见其对于死者及其家庭的重要。又见关于亲友参加吊唁、送葬的文字，如例十七李祖寿丧事的《哀谢》："举殡之日，辱蒙至亲友好亲临悼念，或致送鲜花、赙仪，或护送灵枢入土安息，高谊隆情，殁荣存感，谨此哀谢。"例十八曾氏《哀谢》："叨蒙宗亲戚友世乡谊惠赐鲜花、赙仪，并亲临执绋，素车随行，高谊隆情，殁荣存感，哀此鸣谢。"例十九李氏《哀谢》的文字与例十八完全相同。无不表明家族成员参与丧礼。

（五）义子夫妇进入干亲家族，是家族文化扩展的又一种表现。例二逝者苏瀚芬，有谊女周惠莲、谊女婿黄怀汉、谊外孙黄冠东、黄冠通；例五舒侃有义子丁利明、媳李萍萍；例二十一唐世安、林佩瑗夫妇有谊男程国贤、媳VENESSA、谊孙男ELAXANDRA、谊孙女ANTHONY。这是谊女、义子及他们的配偶、子女皆列名讣告。干亲，是拟制亲，双方没有血缘关系，是家庭内部的事情，互相情愿即可，而家族是若干家庭组成的，家族对认干亲，从保持血缘纯洁性来讲是拒绝的，从照顾家庭感情讲又是予以接纳的。讣告中允许谊女、义子及他们的配偶、子女皆列名,表明家族是通情达理的,尊重家庭意愿。于此可见家族文化顺应形势,尊重家族内的家庭意志。

中国传统家族文化的尊祖敬宗收族,孝道、妇道、兄友弟恭、和睦族人,当今海外华人有传承,有变化,更有新意,形成具有当代意义的新的家族文化。所谓传承有三重内容:其一,家族成员命名使用辈字,表示家族成员的共识,共同愿望,是宗族文化的基本内容,也可以视为家族存在的标志。家庭成员用辈字,可能只是家庭的事情,与家族关系不大,可是堂兄弟用辈字,如例二苏氏家族所示,就不是纯粹小家庭的事情,而是家族的共识,共同的意愿,表示对家族的认可,而且辈字的运用,有先辈不用而后辈重新启用的情况,只能说明先辈对家族文化有所忽视,而后觉醒了,恢复使用,显示家族文化的深入人心。其二,参与族人家庭丧礼,是家族成员的义务与权利,在族人,参加是理所应当的事情,若不致送赙金、吊唁、送葬是失礼,是不仗义,故而讣告上有死者非直系亲属的列名;在丧家,发讣告通知包含宗亲在内的亲友,并对未列名的宗亲表示歉意。其三,主妇、儿妇、孙媳等外姓人员进入家庭、家族,为正式成员,故名字前冠夫姓,写作"某门某氏",此系传统家族文化,在讣告中无有变化。当今海外华人家族文化适时地容纳新内容,从而具有新气息、新活力,这主要表现在对家庭、家族女性的尊重中表达出来。讣告、哀谢中,嫁女、侄女、内侄女及其夫婿和子女列名其中,就是说把传统观念中家庭、家族以外的人纳入家族之内,成为本家族成员。我们知道,早在20世纪的七八十年代,港台、台湾及海外华人的宗亲会组织,在章程中明确规定族女可以申请成为正式会员,所以讣告中出现出嫁女及其家人是理所当然的事,而这与传统家族观念相违背,这种改变体现男女平等,显示她们不只是夫家的人,同时仍是娘家的人,这是时代的进步,是家族适时而进,赋予家族文化新内涵。其次表现在重视拟制亲方面,义子、义女及其家属列名讣告,传统社会是绝对不准许的,因为他们不被认为是家族成员,承认他们就是异姓乱宗,使得祖宗不得血食(不能接受祭奠),如今他们同亲生子女一样参与丧事,列入孝子名单,这是海外华人的改进。本来义父母、干爹娘与义子女、干子女之间有如同骨肉亲人的深厚感情,义子、谊女同死者亲生子女一同理丧,是在人格上得到尊重。

四、中华文化得以传承的海外社会文化背景

中华传统丧礼文化能够在海外华人社会流传,直接的原因是有按照中华传统丧礼文化办事的丧葬服务业,来为希望依照中华传统举办丧礼的顾客服务,从而实现中华传统礼仪。而更为深层次的原因,是海外华人社会中华传统文化因素的留存和流传,这就是宗亲会、同乡会、佛教、道教和互助会的存在及其活动,这些华人群体的活动,为华人实现传统丧礼文化提供精神的、组织的条件,也就是说这些因素的综合作用促成了海外华人实现中华传统文化的丧礼。

(一)丧葬服务业促成中华传统葬礼的实现

笔者在海外短暂的居停,每见端午节未到,华人超市的粽子早早上市,并有所宣传;中秋节将至,各式月饼陈列在商场柜台上;春节的各种年货甚多,宣传力度加大。这类事实,令笔者产生一种强烈的印象:华裔商人是中华传统文化的保存者、宣传者,虽然他们本意是为赚钱,而客观效果是让华人意识到还有这些中华文化的传统节日。笔者先写这种似乎是题外的话,其实华人殡葬业亦是如此。殡葬业中主要服务于华裔的殡仪馆,宣称其雇员精通华人的各种语言(方言),能够与顾客顺利交流;懂得中华传统丧礼文化,能够操持丧礼全部过程;讲究华人风水学和中华墓园建筑艺术。一句话,他们成了中华传统丧礼文化的载体,为华人实现中华传统葬礼的工具。

华人社区拥有众多的主要服务于华裔的殡仪馆。观看在北美和澳洲发行的华文报刊,如北美《星岛日报》《世界日报》《侨报》,澳洲《星岛日报》《新快报》《星岛周刊》,成年累月地刊登众多的殡仪馆、墓园、丧葬咨询公司针对华人的广告,这类商家,在旧金山、悉尼两地各不下十余间,他们无不宣称其雇员的华语能力和为华人服务的热忱。旧金山天寿殡仪馆表示"倾心服务亚裔社区,通晓国、粤、英语"[1];"倾心服务亚裔社区,规模最大,设施最好,服务最佳"[2]。宝莲山墓园的销售人员,"提供国语服务"[3]。利福集团百龄园、百恩园、

---

[1] 北美《世界日报》2006 年 9 月 2 日 D10;2008 年 10 月 3 日 F7。北美《星岛日报》2005 年 4 月 30 日 D11。

[2] 北美《世界日报》2018 年 11 月 11 日 D2。

[3] 北美《世界日报》2008 年 9 月 5 日 A12。

百祥园,有"通晓中华习俗的华语服务代表"①。长青殡仪馆的"专业人员,通国、粤语"②。丽安殡仪馆,"拥有全美最多华裔员工,能说各种方言"③;"精通国、粤、英语及多种方言"④。慈安殡仪馆,"华人驻守经验廿(年)有余,(精通)传统礼仪各宗教信仰"⑤。华生殡仪馆,"服务华人社区六十余载,将一如既往,继续为华人服务",职员"精通粤语、国语、英语、日语及越南语"⑥。米慎殡仪馆,"职员精通粤语、国语、潮州、福建及越南语"⑦。广福生殡仪馆"服务华人社区 150 多年……精通国、粤语、英语及多种地方方言"⑧。百安殡仪馆"享誉亚裔,服务完善"⑨。陈氏墓碑公司"为华人服务多年"⑩。祥福华人石碑公司"具有二十年以上为华人服务经验"⑪。加州石碑公司"创办于 1930 年,忠诚为华人服务"⑫。悉尼龙宝山华人永远陵园,"陵园标立着中华牌坊、凉亭小桥。资深华语顾问乐意随时与阁下参观陵园,对购地及殡葬事宜提供无微不至的专业服务"⑬。世界中华殡仪服务公司,是"全澳洲最大殡仪服务集团,中国传统善终服务,粤语、国语、越语、英语"⑭。"成立 30 多年,粤语、国语、越语、英语服务"⑮。麦嘉华女士殡仪馆,"操流利粤、国及英语的驻店华籍丧礼策划顾问,为家属提供专业服务"⑯。亚洲殡仪馆,"澳洲唯一华人创办,专业

① 北美《世界日报》2006 年 5 月 2 日 B10;2008 年 10 月 5 日 C7;2008 年 12 月 13 日 E4。

② 北美《世界日报》2006 年 9 月 2 日 D10;2018 年 11 月 11 日 D3。北美《星岛日报》2009 年 1 月 25 日 D11。

③ 北美《世界日报》2008 年 10 月 24 日 D9;北美《星岛日报》2006 年 3 月 5 日 C19。

④ 北美《世界日报》2018 年 11 月 11 日 D2。

⑤ 北美《世界日报》2008 年 10 月 18 日 C8;2008 年 12 月 13 日 E7。北美《星岛日报》2009 年 1 月 25 日 D3。

⑥ 北美《世界日报》2008 年 10 月 5 日 C7;2008 年 10 月 18 日 C8;2009 年 1 月 1 日 D8.

⑦ 北美《星岛日报》2005 年 4 月 30 日 D11。

⑧ 北美《星岛日报》2008 年 10 月 1 日 C10。

⑨ 北美《侨报》2008 年 10 月 5 日 B9。

⑩ 北美《星岛日报》2006 年 3 月 5 日 C19。

⑪ 北美《星岛日报》2009 年 1 月 25 日 D11。

⑫ 北美《世界日报》2006 年 4 月 2 日 E10。

⑬《澳洲新报》周刊第 1066 期 2009 年 2 月 28 日第 59 页。

⑭ 悉尼《星岛周刊》第 393 期 2008 年 5 月 10 日第 68 页。

⑮ 悉尼《星岛周刊》第 434 期 2009 年 2 月 20 日第 68 页。

⑯ 悉尼《星岛周刊》第 334 期 2007 年 3 月 24 日第 34 页;第 393 期 2008 年 5 月 10 日第 68 页。

办理中国传统善终服务"①。若瑟麦可夫殡仪服务宗旨,"本公司为各界华胞服务,任何宗教仪式。华人传译,历史悠久,服务忠诚。1800年荣誉创始"②。这些殡仪馆办理华人,或兼及亚洲人丧葬事务,表示从业多年,富有经验,而其雇员除了通达丧葬业务,还会华语和中国的各种方言,即普通话、国语、粤语、潮州话、闽南话等。因为他们打交道的对象是华人,而许多华人不通,或不精通英语,雇员用华语同顾客沟通,为他们提供便利,使得买卖成交,对双方有利。

宣称精通中华传统丧礼。旧金山长青殡仪馆谓其雇员,通晓中华"传统礼仪"③。慈安殡仪馆与其同行说出同样的话,雇员也是懂得"传统礼仪"④。华生殡仪馆,主理"中国传统礼仪或不同宗教仪式的祭奠"⑤。广福生殡仪馆亦谓安排"传统中国礼仪和各种宗教仪式"⑥。丽安殡仪馆,"中西礼仪,游行诵经"⑦。广告词所说的"传统礼仪",就是中华传统丧礼礼仪。殡仪商家表示通达这种礼仪文化,并会运用,以此为顾客服务。

中华传统丧礼仪式的全套设计与主持。仅仅表示通晓中华传统丧礼自然是不够的,应当能够将之具体化,于是商家又保证能够设计全套丧葬礼仪,并能充当主持人。旧金山利福集团百龄园、百恩园、百祥园,提供"百龄安心一条龙,给您最圆满完善的终点规划"⑧。同时宣称"提供百年归老一条龙计划,助您安心处理各项葬仪细节,为挚爱永留典范在人间"⑨。悉尼梁吕施萍专业丧礼策划顾问,表态:"一个完美细致策划的告别仪式,将会为家属们带来无限的慰藉。专业丧礼策划,丧礼主礼人,各种殡仪用品"⑩;"当挚爱已达人生的终

① 悉尼《星岛周刊》第393期2008年5月10日第69页。悉尼《星岛周刊》第434期2009年2月20日第68页。
② 悉尼《星岛周刊》2007年4月第35页。
③ 北美《世界日报》2006年9月2日D10。北美《星岛日报》2009年1月25日D11。
④ 北美《世界日报》2008年10月18日C8;2008年12月13日E7。北美《星岛日报》2009年1月25日D3。
⑤ 北美《世界日报》2008年10月5日C7,18日C8,2009年1月1日D8。
⑥ 北美《星岛日报》2008年10月1日C10。
⑦ 北美《星岛日报》2009年1月25日D3。
⑧ 北美《世界日报》2006年5月2日B10;2008年10月5日C7;2008年12月13日E4。
⑨ 北美《侨报》2009年1月31日C8。
⑩ 悉尼《星岛周刊》第393期2008年5月10日第68页。

点站,一个尊严而简单的告别是他/她永远的福乐"①。麦嘉华女士殡仪服务公司,"驻店华籍丧礼策划顾问为家属提供专业服务:指导有关各种丧礼,纪念追悼会及骨灰安葬仪式;专业丧礼主礼人为家属主持各种丧礼仪式;为家属编写、设计及印制丧礼程序;解答有关土葬、火化及骨灰迁移手续"②。悉尼Llberty综合殡仪服务公司,"协助礼请法师、道长、神父或牧师等主礼;棺木选购、讣告及花圈等服务;墓地选购、墓碑建造"③。亚洲殡仪馆,"专业办理中国传统善终服务,安排选购墓地及建造,骨灰安葬、上位或出国一切事宜"④。澳洲《星岛日报》甚至刊出《第73行——殡仪》专文,叙述一位殡葬业从业人员如何违规满足死者家属中华传统告别仪式的要求,并取得业主的理解,而后改进业务,尊重华人的习俗。⑤一般人很难全部知晓中华传统丧礼仪式,以致全然不知,而这些商家会做出整套设计,关照到各个细节,让丧家完美完成丧礼。笔者怀疑,有些讣告、哀谢写法是按照一种模式写的,可能就出自殡仪馆雇员之手。

风水墓地的选择。上一节我们已经说明华人笃信风水观念,所以风水墓地的选用不再赘述,这里只提及家族墓园问题。旧金山宝莲山陵园表示,"提供建立家族墓地"服务。⑥利福集团"更有专为客户量身定做的家庭墓园,为您家族百年大计规划出完整的方案,让您的生命乐章永恒精彩"⑦,为个人设计坟墓,同时考虑到未来,为建成家族陵园预留地步。商人及其主顾对风水宝地的这种选择,不仅是为个人使用,更计及家族墓园的规划,反映家族观念的主导意识,深入华人之心。商家还主办风水学讲座,以促进华人的风水文化心理,如日常风水讲座。2008年9月21日,旧金山天福园举办"风水与人生讲座",特邀"国际风水大师"太乙明心主讲,现场解说正统风水与人生修行的微

---

① 悉尼《星岛周刊》第434期2009年2月20日第68页。

② 悉尼《星岛周刊》第334期2007年3月24日第34页,第393期2008年5月10日第68页。

③ 悉尼《星岛周刊》第334期2007年3月24日第34页,第393期2008年5月10日第68页。

④ 悉尼《星岛周刊》第393期2008年5月10日第69页。悉尼《星岛周刊》第434期2009年2月20日第68页。

⑤ 澳洲《星岛日报》2008年5月10日第48版。

⑥ 北美《世界日报》2008年9月5日A12。

⑦ 北美《侨报》2009年1月31日C8。

妙互动。①

中华传统陵园碑刻建筑。坟地选定和墓穴地面建筑是二而为一的事,墓碑必须讲究,丧家和商家具有共识。旧金山陈氏墓碑公司为华人"设计墓碑和墓碑上的雕刻"②;祥福华人石碑公司经营"中西式石碑,铜碑图案设计及雕刻;具有二十年以上为华人服务经验"③。加州石碑公司"创办于1930年,忠诚为华人服务,纪念碑,大理石碑,花岗石碑,青铜碑"样样俱全,供顾客挑选。④悉尼福山咨询公司"采用中式花岗石墓碑,福地宽敞,扫墓时亲人可在福地上陪伴先人"⑤。即不只是墓碑雕刻精美,而且碑前空地开阔,供丧家祭祀方便。中华墓碑公司系"由华人经营主理的墓碑建造公司,加工各种款式墓碑"⑥;"精心设计墓碑图案、书法碑文,款式别出心裁"⑦。长城墓碑有限公司为"澳洲首家华人主理的陵墓专业公司……博知古今书法碑文,融汇传统和新款图案"⑧。墓碑设计,不仅是单纯的碑石,而是包括墓拱、供桌、刻碑在内的坟墓外形建构,体现墓葬、祭奠、纪念多种内容。

殡仪馆、殡仪、墓地、石碑是为完成丧葬全过程的配套实施,在海外华人社区是应有尽有,并打出专攻中华传统丧葬文化的旗号,令其体现华人风水学和家族式园林观念,令海外华人的中华丧葬习俗和意识得以实现。应该说殡仪馆商家是华人丧葬文化的载体,帮助华人实现中华传统丧葬礼仪。

(二)宗亲会的存在与活动反映宗族文化的活力

宗亲会,有的称作家族公所,是传统宗族的异化组织。本来宗族是血缘群体,宗亲会是同姓团体,不讲求同宗的血缘关系,以同姓为组织原则,但两者都关注同姓、同宗亲情,以讲亲情、谋福利、倡互助为宗旨。宗亲会在一定程度上活跃在华人社区,保持、传播华人的宗亲观念和家族观念。

---

① 北美《世界日报》2008年9月17日F7。
② 北美《星岛日报》2006年3月5日C19。
③ 北美《星岛日报》2009年1月25日D11。
④ 北美《世界日报》2006年4月2日E10。
⑤ 悉尼《新快报》2006年5月13日第2版。
⑥ 悉尼《星岛周刊》第334期2007年3月24日第34页;第393期2008年5月10日第68页。
⑦ 《澳洲日报·社区新闻》597期,2006年4月29日。
⑧ 悉尼《星岛周刊》第334期2007年3月24日第34页;第393期2008年5月10日第68页,第406期2008年8月9日第69页,第434期2009年2月21日第68页。

宗亲会的成立与维持。在海外华人社区,多有宗亲会团体,设在美国旧金山地区沙加缅度的中华会馆,下属11个团体中有9个是家族公所,即余风采月堂、溯源堂、黄氏宗亲会、邓高密公所、李氏宗亲会、林西河堂、至德三德公所、秉公堂、至孝笃亲公所,其中至孝笃亲公所,包括陈、袁、胡、王、田等姓人氏的成员。①至孝笃亲公所,在美国、加拿大、墨西哥有28个公所,内中纽英仑公所成立于1923年,有四栋楼宇物业。②旧金山地区不只有上述九家宗亲会,还有宁阳总会馆下属的马氏总公所、朱沛国总堂,③另有谭家公所、三藩市龙冈亲义公所、屋崙龙冈亲义公所等宗亲团体。值得注意的是当下还有新的宗亲组织的产生,如2008年10月28日在沙加缅度成立的龙冈亲义公所,由刘、关、张、赵四姓人士组成,旨在密切龙冈人与各侨社彼此间的联络,加强团结,发扬龙冈人秉持的相互扶助、服务侨社的精神。龙冈亲义会是世界性大组织,遍及全球,分支一百多个,会员达百万余,声势浩大,④在东南亚、香港、洛杉矶、纽约、华盛顿、芝加哥均有分支机构,为"侨社中甚具实力的团体组织"⑤。宗亲会会员需要交纳会费(香油费),享受会员权利。

宗亲会的活动多半在中华传统节日期间进行,内容主要是联谊、助学互助、政治性表态等三个方面。沙加缅度中华会馆于2009年2月1日假孔庙举行欢庆农历春节团拜,会馆所属诸家族公所成员及家属出席,计三百余人。家族公所的各个公所主席穿梭场内,分派"利是",互道"恭喜发财"。⑥邓高密总公所于2009年2月8日举行春宴联欢,十二时在公所礼堂祀祖,茶点招待,晚六时在酒楼联欢,宴前卡拉OK、音乐助兴;设有奖学金。⑦北美《星岛日报》2008年12月11日报道:至德三德公所订于2009年3月21日在三藩市新亚洲酒楼举行春节联欢会,并颁发奖学金典礼。⑧李氏敦宗总公所为庆祝太始祖宝诞暨春节,于2006年3月11日(农历二月十三日)举行联欢庆会,十二时

---

① 北美《世界日报》2009年2月5日B7《中华会馆新春团拜》。
② 网上信息,《大纪元报》2009年1月5日,2月9日讯。
③ 北美《世界日报》2009年1月4日B2。
④ 北美《世界日报》2008年10月1日B11。
⑤ 北美《世界日报》2008年10月8日B7。
⑥ 北美《世界日报》2009年2月5日B7《中华会馆新春团拜》。
⑦ 北美《星岛日报》2009年1月25日B12。
⑧ 北美《星岛日报》2008年12月11日B9。

在公所四楼大礼堂举行祀祖典礼，于康年酒家招待午餐，晚六时在康年酒家、四海酒家开春节联欢晚宴，"以崇祖德，共叙宗谊，同庆新春佳节"。同日，屋仑李氏敦宗公所举行春节联欢庆会，中午十二时在公所举行祀祖典礼，招待自助餐，下午六时在牡丹阁酒楼共贺新禧，"藉敦宗谊"①。旧金山谭家公所于2006年3月26日（农历二月二十七日）举行春宴庆会，十二时行祭祖礼，自助餐招待，同时颁发奖学金，六时在皇后酒家、亚洲园酒楼欢宴，"藉敦宗谊，共贺新禧"②。谭家公所设有奖学金、助学金，"为鼓励谭姓子弟勤奋向学，敦品励行，力求深造，设置奖学金、助学金，以资鼓励，同时并设置敬老金，以示对耆英之崇敬"。奖学金，凡2008年度升大学或就读于高中、初中、小学学年成绩平均在三点以上，家长为会员二年以上，可申请；助学金，就读于中文学校，可申请；敬老金，年满65岁，入会十年以上，向尽义务，可申请。③谭家公所还于2008年12月21日十二时在公所礼堂举行圣诞联欢会，自助午餐、分赠儿童礼品、幸运抽奖，凡交当年香油者皆可与会。④至孝笃亲公所之波士顿公所有1500会员，2008年9月12日举行中秋餐会，600人参加，每人捐款10元，作为奖学金，奖励12名学子；2009年2月7日晚举办"春宴敬老联欢会暨会员年会"，陈、胡、袁三姓宗亲1100人与会，国术队醒狮贺岁、武术表演，为四名大学生发奖学金，每人1000元；增设电脑班；为105岁陈梁葵好颁发敬老利是。⑤

在华人社会有影响力的社团负责人更替及接交仪式，宗亲会参与活动。2008年11月26日宁阳商董月会，通过着手筹备2009年10月在广东台山举行的世界宁阳会馆联谊大会，全美黄氏宗亲总会推荐元老黄邦麟出任2009年宁阳会馆主席，提交宁阳商董会。宁阳总会馆于2008年12月31日举行2009年新旧职员交接典礼，新主席黄邦麟就职，感谢黄氏宗亲支持与推荐，他说："宁阳总会馆先人所定下的轮值制度，从台山引进到美国，当然人口多的姓氏轮值的机会越多，此举可解决不少的纷争，权利与义务都得当平衡。""今后必然致力于发展会务，为乡辛（梓）谋福利。"宁阳会馆成立于1854年，为侨社七

---

①② 北美《星岛日报》2006年3月5日C2。
③ 北美《星岛日报》2008年10月1日B8。
④ 北美《星岛日报》2008年12月16日B7。
⑤ 网上信息，《大纪元报》2009年1月5日、2月9日讯。

大会馆的龙头,2006 年开始举行台山全球联谊会,一年一度。①旧金山大埠同源总会 2009 年 1 月 3 日举行新年餐舞会,新一届会长、职员就职会。该会为美国华人最早成立组织之一,会员八百多人,争取公平权益,每年向高中生、大学生颁发奖学金, 为 2008 年四川大地震赈灾捐款,2008 年感恩节舞会,向东华医院捐赠一万元。②2018 年岁末,旧金山地区屋仑黄氏宗亲会顾问黄楚文出任驻美中华总会馆总董,屋仑黄氏宗亲会黄志刚夫妇等二十九对伉俪以宗亲会名义,在《世界日报》用整版篇幅刊登贺词,词云:"翘楚出征安民意,雄文立史颂侨情。"③黄隐龙房、黄仁贤堂联合潮刚同乡会、南坑学禄同乡会也通过《世界日报》致贺。④

北美《星岛日报》2008 年 10 月 1 日 B9 版刊登整版广告《热烈祝贺神舟七号载人飞船成功发射并凯旋返航》,署名中有一些宗亲会:全美昭伦总公所、美国马氏宗亲总会、全美溯源总堂、原宗公所、三藩市冯翊堂、旅美伍胥山总公所、余风采总堂、美洲朱沛国总堂、美西梅氏公所、叶家公所、美洲至孝笃亲总公所、三藩市至孝笃亲公所、陈颍川总堂、邓高密总公所、中山刘族福建宗亲会等。⑤2008 年 10 月 10 日北美《世界日报》刊出庆祝民国九十七年双十节整版广告,贺者颇有一些宗亲会:全美黄氏宗亲总会、美国李氏敦宗总公所、美国至德三德总公所、三藩市至德三德总公所、陈颍川总堂、美洲龙冈亲义总公所、美国龙冈亲义总公所、三藩市龙冈亲义公所、屋仑龙冈亲义公所、屋仑黄氏宗亲会、屋仑至孝笃亲公所、屋仑黄氏宗亲会、林西河总堂、美国李圣颐堂、美国李凤颐堂、梁至孝总公所、刘家公所、关家公所、张家公所、赵家公所等。⑥宗亲会庆祝载人飞船上天和双十节,无疑有参与政治活动的意味。

宗亲会对宗亲观念的诠释。在 2008 年 10 月 28 日沙加缅度龙冈亲义公所成立会上,举行祀祖礼,世界龙冈亲义总会会长张锡利到会致贺词:恪从龙冈宗旨,秉承四先祖桃园结义、古城聚会精神,以刘先主的遗训,忠义亲爱,合

---

① 北美《世界日报》2008 年 11 月 29 日 B4;2009 年 1 月 1 日 B4。
② 北美《世界日报》2009 年 1 月 4 日 B2。
③ 北美《世界日报》2019 年 1 月 2 日 B10。
④ 北美《世界日报》2019 年 1 月 2 日 B9。
⑤ 北美《星岛日报》2008 年 10 月 1 日 B9。
⑥ 北美《星岛日报》2008 年 10 月 10 日 A19。

群互助，为四姓世谊谋福祉。①美国李氏敦宗总公所于2008年10月上旬组团，赴广东台山参加三年一度的海外李氏宗亲恳亲大会，出席会议的有美东、美西、香港、东南亚、台湾李氏宗亲，大会主要是"聚乡谊，联络宗亲感情，无分彼此"②。台湾国民党副主席、秘书长吴敦义于2009年1、2月之交访问湾区，拜访当地吴氏宗亲会等团体。③宗亲会的宗旨是联谊，联宗亲之谊，通过联欢、助学、助老等活动，实现其部分目标。宗亲会的产生、宗旨、活动，无不表明它是海外华人宗亲观念的产物和体现，华人的中华传统丧礼的实现，也借助于宗亲会所形成的社会外界环境。

(三)同乡会的乡亲活动

海外同乡会的组织早于宗亲会，活动也比宗亲会为多。它的活动在维系乡情之中，令宗亲之情与之共生。旧金山中山积善堂于2008年9月27日发布召开都侨大会及重阳节省墓通告，除选举新理事，定于10月7日重阳节上午十一时前往六山坟场省墓，"公祭先友"④。刚刚说到潮刚同乡会参与祝贺黄楚文新职，驻美台山宁阳总会馆同样以整版篇幅表示祝贺。⑤2009年新武侠小说大家梁羽生逝世悉尼，华人文化界举办追思会，澳洲钦廉同乡会致送花圈。⑥钦廉同乡会于2009年3月29日上午在会所举行一年一度的春祭大典拜祭先人，"祈求保佑钦廉族人枝繁叶茂，建功立业"⑦。澳洲琼府(海南)会馆内设妈祖庙，董事团于澳洲2008年7月26日在《星岛日报》75版刊登挽联，为其职员许寰来祖母逝世而发。⑧同乡会举行祭祀活动，与家庭、家族葬礼表达的宗亲之情有异曲同工的作用。当何东石、廖伽敏分别出任台湾宁阳总会馆主席、秘书，宁阳总会馆在《世界日报》刊登祝贺广告，共同署名的有美国珠海联谊总会、中山同乡会、中山渡头侨义所，还有刘族建福宗亲会。⑨

在美国、澳洲都有越棉寮华人联谊会，且不时有活动。这种团体不妨视作

① 北美《世界日报》2008年10月1日B11。
② 北美《世界日报》2008年11月25日B6。
③ 北美《星岛日报》2009年1月25日B2。
④ 北美《星岛日报》2008年10月1日B2。
⑤ 北美《世界日报》2019年1月2日A16。
⑥ 悉尼《澳洲新报》2009年3月3日。
⑦ 悉尼《澳洲新报》2009年2月28日6版。
⑧ 澳洲《星岛日报》2008年7月26日75版。
⑨ 北美《世界日报》2019年1月6日B13。

同乡会。越战中越南、高棉、柬埔寨华人被迫出逃,1975 年起,陆续有约二万人到达美国夏威夷,1981 年成立夏威夷越棉寮华人联谊会,约有上千户成为会员。2019 年 1 月 1 日,第 20 届新理事就职,举行典礼,按照惯例播放反映越战期间华人居民受极端主义政权迫害的灾难情景,在难民营的艰辛岁月,引发受众伤心情怀。①

(四)佛教、道教有关华人家族丧礼、祭礼文化的活动

汉化佛教在异域进一步与华人丧礼融合,佛教和道教藉着中华传统节日举行各种类型的传教活动,涉及到华人的丧礼、祭礼,客观上起着传播家族文化和协助华人完成中华传统丧礼、祭礼仪式的作用。

在澳洲悉尼,华人的佛教庙宇南山寺,附近有华人墓园,为华人丧葬做福事成为该寺的一项重要活动。

新春祈福法会。美国加州米尔必达市华严莲社年终法会暨新春祈福法会,于 2008 年 12 月份至 2009 年农历年初举行一系列的共修法会。年终法会活动有:礼拜梁皇宝忏,虔诵地藏经后接晚课,幽冥皈依,延生普佛一堂;2009 年 1 月 4 日庆祝释迦成道日;农历新春祈福法会,礼拜三佛忏(2009 年 1 月 25—31 日上午 8 时,即农历年除夕至大年初六);供佛斋天(2009 年 2 月 1 日上午 8 时、农历大年初七);特设新春吉祥灯,燃点七永日,祈求三宝加被世界和平、风调雨顺、合家平安、如意吉祥。华严莲社希望这些活动能使"健在者身心康泰,福慧绵长;过去者往生净土,早登极乐"②。真佛宗紫莲堂举办己丑年(2009 年)观世音菩萨新春祈福法会,由莲花丽惠金刚上师主持,有所谓"互动行程":"让观音菩萨保佑您一整年的平安顺心";百坛护摩法会,"加持您财运亨通万事大吉";养生健康讲座,自然医学博士陈俊旭医师主讲,题目是"如何吃到真健康""如何改善过敏与酸性体质";观音菩萨开财库日护摩法会,"快来跟观音菩萨借钱,早到早得福分。观音菩萨大悲愿力加持,让您轻松渡过金融海啸"③。

清明节法会。2006 年清明节期间,旧金山活伦纪念陵园举办多种促销活动:4 月 1 日(星期六)、2 日(星期日)举行清明节施食法会,请至善佛道社道

① 北美《世界日报》2019 年 1 月 6 日《夏州越棉寮华人联谊会新理事就职》。
② 北美《世界日报》2008 年 12 月 27 日 F1。
③ 北美《星岛日报》2009 年 1 月 25 日 A8。

长诵经,"为各家先人超度, 后人忝财寿";4月2日请风水师钟国光现场免费解答风水问题,中午设有免费自助午餐招待。①同时期,松柏园举办"清明思亲法会",邀请侨胞前来拜祭已故亲人,特设荐坛列名超荐,费用全免。②2007年4月1日,悉尼宝龙山咨询中心主办清明佳节踏青日,活动内容有参观福地,踏青,娱乐助兴,幸运抽奖,免费旅游车接送。③

中元节法会。2004年8月19日澳洲《星岛日报》报道墨尔本云阳寺举行中元孝亲报恩法会:8月19—21日连续三天,由住持上如下山法师主持盂兰盆孝亲法会(大蒙山施食法会),目的是要参加法会的人,能有机会藉着法会功德来报答祖先、亡者、亲人的恩情,或解除无始以来的怨恨及心结。法会深一层的意义, 是让社会大众能了解真正的利益是来自我们的慈悲及修养,而西方极乐世界是在我们的清净的心念中,大家更应多行善布施,利益众生。④

重阳节法会。2008年重阳节期间,旧金山天福园举办重阳节法会,请法云禅寺法师及信徒于天福园内为所有先人超度,后人祈福,免费巴士接送和茶水、午餐。⑤同日活伦纪念陵园重阳节祈福法会,请至善佛道社道长诵经,为各家先人超度,后人忝财寿,设有免费自助午餐、舞狮表演。⑥松柏园的思亲法会,谓"中国人祭祀祖先的传统历史悠久,时值重阳,松柏园举办隆重的重阳超度法会,方便侨胞前来纪念和报恩祖先和已故亲友,体现中华民族的慎终追远、崇扬孝道、民德归厚传统精神",请三藩市光明道玄玉帝宫殿主持施放先天斛食济炼幽科全堂法会;请三藩市纯阳精舍诸位斋姑主持超度息灾祈福法会,"以此如意公德超荐先祖宗亲,得令阴安阳乐,子孙福荫",备有茶水、糕点、素果及香烛、衣包,方便侨胞前来拜祭已故亲人,特设荐坛列名超度,费用全免。⑦

日常佛法讲座。前述美国华严莲社于2006年5月举办三天的七场佛学讲座及研讨会,主讲人及讲题是:日本郡山女子大学何燕生教授《棒喝参禅与

① 北美《世界日报》2006年4月2日E15、16。
② 北美《世界日报》2006年4月2日E10。
③ 悉尼《星岛周刊》第335期2007年4月2日,第35页。
④ 澳洲《星岛日报》2004年8月19日。
⑤ 北美《星岛日报》2008年10月1日C2;北美《世界日报》2008年10月3日F7。
⑥ 北美《侨报》2008年10月5日B12;北美《世界日报》2008年10月3日B11。
⑦ 北美《星岛日报》2008年10月1日C10;北美《世界日报》2008年10月3日F7。

只管打坐》、佛光大学蓝吉富《吃素、烧戒疤与南无阿弥陀佛》、东吴大学卓遵宏《台湾佛教发展概况》、南华大学吕凯文《当个喜忧的人——谈佛教的四无量心修行》、中华佛学研究所蔡伯郎《唯识的心理分析与修行实践》、德里大学沙拉欧教授《印度佛教史》，他们畅谈各种修持法门。该社住持贤度道及办会原因：美国物质生活良好，心灵生活方面也需提升，才不会发生问题，佛教在这忙碌的社会中，提供心灵的平静，进而促进社会和谐，这是华严莲社举办佛学经论讲座的目的。①2009年2月28日，国际佛光会雪梨东一分会暨佛光山雪梨佛光缘，举办新春佛学讲座，由澳组总住持依来法师主讲《六祖惠能大师般若谈》(六祖法宝坛经)。雪梨佛光缘另于3月6—27日周五晚开办禅修班。②

（五）互助会

例二十的《谢唁》提供海外华人有这类团体的信息。在澳洲新南威尔士省有越棉寮华人联谊会，下属有高龄福利互助金组织，黄娣是其成员，2009年2月故世后依章获得会员应享福利金(抚恤金)九千九百二十二元，而且她是第541位领取人。③近一万澳币，为数不少，足够一般的丧葬费用。该组织给数百人发放，显系稳定性的群体。越棉寮华人联谊会协助会之外，佛教亦有互助会，澳洲悉尼中华佛学会明月居士林的报德善社，即为一种，李慧谨参加该社为会员，按时交纳互助金，她于2018年初亡故，其孙女文巧琪依章程领到五千元福利互助金，是第170位领受者，她于二月十二日登报"泣谢"。④

在未进行本节的小结之前，笔者引出一则似是故事的情节，与读者共同解读。这是殡仪馆举办家史讲座。悉尼麦觉理墓园及火葬园，设有"历代家史，世代长存"社区教育专题讲座，2007年3月30日下午在墓园行政大楼的讲座，内容是为何要保存家史？如何将家史保存？安排百年大事须知，在澳洲火化程序，立碑须知，丧礼安排。⑤华人在异国他乡，有不懂的丧葬礼仪，殡仪馆来导引。海外华人生活的社会环境，虽与母国迥异，但是仍然离不开中华传统

---

① 北美《世界日报》2006年5月5日B3。

②《澳洲新报》2009年2月28日6版。

③《澳洲新报》2009年2月28日《谢唁》，60版。

④ 悉尼《澳洲日报》周末赠阅报《1688》2018年2月14日。

⑤ 悉尼《星岛周刊》第334期2007年3月24日第34页。

文化的氛围,传统文化的笼罩,或者说一定程度上生活在中华传统生活方式之中,如有华人的社会群体——宗亲会、同乡会、汉化佛教、道教、互助会,家庭、家族生活有着浓厚的中华传统内涵,饮食起居的华人生活习俗,享受中华饮食,观赏华语电视及影视剧。笔者不惜篇幅描述海外华人宗亲会、同乡会、佛教、道教、华人或为华人服务的殡仪馆的活动,是因为这些团体、商家是中华传统文化在海外的载体,由它们传播中华传统文化并营造文化气氛,提供相关的服务。正是在这种情形下,海外华人学习、重温中华传统丧礼与祭礼,获得或加深这种观念,并能够付诸实行,从而使得中华传统丧礼在异域社区得以实现。

五、多元文化的融合:华人丧礼与多元文化关系

海外华人的丧礼尽管浓重地展示、传承了中华宗族丧礼文化,却不完全是单一的文化、纯净的中华文化,如果是纯粹的,那是不可想象的,那也将不是现代社会,华人作为少数族裔的社会状况。事情是它融进了西方文化的内涵,尤其是基督教的丧礼文化,是中华丧葬古礼与西方礼仪的结合。融进的现代文化,主要是平等和博爱观念,表现在讣告之丧主署名、火葬、叶落归根观念的变化、家庭家族的接受异族婚姻。

平等观念与丧主具名。讣告、哀谢均有孝女及其家属的具名,甚至义子、谊女的列名,改变了中国传统社会丧礼规制,体现男女平等、人人平等的原则,是人们笃信人权平等观念,并在生活中得到实现;这种改变,既是个人意识转变,也是传统家族观念的改变,是家族理念的现代化。至于"某门某氏"之称谓,以及"杖期夫""未亡人""棘人"之说,表现出传统文化男女不平等的因素,不足为训。之所以如此,应系古礼的下意识沿用,可以理解,无须过多地说三道四。

赙金用作社会福利、赈灾。例五舒闿丧事讣告"花圈花篮恳辞,捐款移作防癌研究基金",表示谢却花篮花圈,仪金则捐作防癌研究基金。例十陈勤之丧,家属表示"秉承先夫(先)严遗愿,将惠赐赙仪全数分捐赠澳华疗养院基金及四川省赈灾"。此类事例还有,唯笔者未能抄录。中华传统社会遗嘱有照顾族人的内容,然无社会慈善事业的观念,现代人具有了,并发展到运用团体制度进行保障。例五的王氏、例十的陈氏将赙金转赠医疗研究机构、疗养院和赈

灾,是现代慈善观念及其实践。

基督教葬礼。例二,亡者苏瀚芬"在 Trinity Uniting Church 教堂举行安息礼,随即举殡往乐活六福华人坟场安葬"。例十二"举行安息弥撒,随即出殡安葬"。例十三金陵讣告,谓其死是"蒙主恩召, 安息主怀", 在 Saint Clare's Church(教堂)举行告别仪式。例二十一,"举行安息告别礼,随即辞灵,即日举殡,安葬于麦觉理墓园天主教墓区,入土为安"。逝者灵柩被安置在教堂举行告别礼,明确谓为安息礼、安息弥撒,谓为安息主怀,因为逝者是基督教徒,故在教堂举行告别仪式, 以至安葬在基督教墓区。华人信仰基督教或佛教、道教,是宗教信仰的多元化。例二的告别式是安息礼,却葬在华人坟场,更是中西文化合璧的体现。火葬的事亦值得关注,例七,告别礼后"即日火化"。例十六,举行公祭大殓后,随即引发火化。例十一,亲友瞻仰遗容后,即"扶枢发引宝福山墓园火葬"。火葬,在中国传统社会有此现象,只是少见,尤为官方禁止,视为不孝之恶。海外华人观念变化,视火化遗体为正常之事。殡仪业的商家提供这种服务。如旧金山松柏园广告,有土葬、火葬、骨灰神龛、灵庙的业务,[①]百安殡仪馆的土葬、火化业务。[②]商家同时有各种宗教葬礼的业务,旧金山广福生殡仪馆,"传统中国礼仪和各种宗教仪式"[③]。鸿福殡仪服务专代办,"各种宗教仪式礼仪,传统丧礼,土葬、火葬,各种棺木,中西墓碑"[④]。旧金山费利蒙殡仪馆,"中西宗教殡仪服务,火葬、土葬,家族式墓园"[⑤]。悉尼 Llberty 综合殡仪馆,"协助礼请法师、道长、神父或牧师等主礼"[⑥]。在新加坡,1920 年创办的新加坡殡仪馆,提供佛教、基督教及各宗教之专业服务。[⑦]

异族婚姻被视为正常现象而接纳。例四,亡者之孙国禧,孙媳熊井明子。例五,死者女儿玲玲、女婿 Glenn Martin。例十三,逝者之女金晓文,夫婿为 Jacek Rosick,外孙名 Elton Rosicki、外孙女名 Zoe Rosicki。例十四,死者女翠

---

① 北美《世界日报》2008 年 10 月 11 日 C11;2009 年 1 月 31 日 F7。北美《星岛日报》2005 年 4 月 30 日 D11。北美《侨报》2008 年 10 月 5 日 B9。

② 北美《侨报》2008 年 10 月 5 日 B9。

③ 北美《星岛日报》2008 年 10 月 1 日 C10。

④ 北美湾区《新闻报》2008 年 11 月 22 日 16 版。

⑤ 北美《世界日报》2018 年 11 月 11 日 D2。

⑥ 悉尼《星岛周刊》第 434 期 2009 年 2 月 20 日第 69 页。

⑦ 新加坡《新明日报》2003 年 2 月 2 日 20 版。

仪,婿Travis Tani。例十七,逝者三女陆珈、婿松井邦夫。例二十一,谊男程国贤、媳 VENESSA、谊孙男 ELAXANDRA、谊孙女 ANTHONY。华人男女的配偶有异族人,有的从姓名上看应系日本人,有的则会是白人。

骨灰"移民"。例十六,"举行公祭大殓后,随即引发火化灵骨返台,另择吉日安奉"。返台下葬,这是叶落归根观念的表现。叶落归根是传统观念,古人客死异地,子孙千方百计移棺归乡。华侨也是如此,千辛万苦也要设法将骨灰捎回家乡与亲人"睡在一起"。如今,世情大变。北美《世界日报》2008 年 11 月 9 日刊登高歌的《心结》一文,写道:"30 年前,父亲办好移民签证手续,心脏病突发死去,火化安厝(台湾)屏东县林园乡,母亲来到美国,数年病故。父母失和,母亲逝世前坚决表示不与父亲合葬。我姊弟三人煞费苦心在洛城玫瑰花岗墓园买了块双拼福地,一边空着,对母亲的要求作了有效度的顺从,墓碑上详细刻着他们二人的名字、籍贯和生殁年月日,以为日后迎接父亲遗骸的伏笔。"① 表示有朝一日会将亡父遗体从台湾移葬美国洛杉矶。叶落归根的观念变化了,葬地观念改变了。殡葬业商家的这类广告内容与此息息相关。旧金山松柏园"办理海外骨灰迁葬"②。阿拉米达之家(Alameda Family)"全球转移"③。丽安殡仪馆,"全球接运服务"④。天福园,"代办国内外骨灰迁移手续"⑤。广福生殡仪馆,"精办全球接运"⑥。百安殡仪馆,"全球接运"⑦。悉尼 Llberty 综合殡仪服务,"骨灰迁移、海外遗体运送"⑧,"骨灰迁移、海外还乡运送"⑨。悉尼亚洲殡仪

---

① 北美《世界日报》2008 年 11 月 9 日 E1。

② 北美《世界日报》2008 年 10 月 11 日 C11;2009 年 1 月 31 日 F7。北美《星岛日报》2005 年 4 月 30 日 D11。北美《侨报》2008 年 10 月 5 日 B9。

③ 北美《世界日报》2008 年 10 月 11 日 C11。

④ 北美《世界日报》2008 年 10 月 24 日 D9。北美《星岛日报》2006 年 3 月 5 日 C19。加州《侨报》2006 年 5 月 18 日。

⑤ 北美《世界日报》2008 年 10 月 24 日 D9。北美《世界日报》2008 年 12 月 13 日 E4。北美《星岛日报》2009 年 1 月 25 日 D11。

⑥ 北美《星岛日报》2008 年 10 月 1 日 C10。

⑦ 北美《侨报》2008 年 10 月 5 日 B9。

⑧ 悉尼《星岛周刊》第 334 期 2007 年 3 月 24 日第 34 页,第 393 期 2008 年 5 月 10 日 68 页,第 406 期 2008 年 8 月 9 日,第 68 页。

⑨ 悉尼《星岛周刊》第 434 期 2009 年 2 月 20 日,第 69 页。

馆,"骨灰安葬、上位或出国一切事宜"①。若瑟麦可夫殡仪服务,"助你的先人从中国或(中国)香港迁移悉尼"②。在新加坡,1920年创办的新加坡殡仪馆,"国际代理遗体遣返服务"③。这么多殡仪商家办理"遗体转移",有的是从海外移往母国,如若瑟麦可夫殡仪馆、新加坡殡仪馆的业务是指此而言。而大多数商家则是将在中国的遗骸移往外国(美国、澳大利亚等国),松柏园的"办理海外骨灰迁葬",表达出众多商家业务的实际内涵。笔者于2006年4月4日见万维读者网文章,谓据北美《星岛日报》报道,"为方便扫墓尽孝道,近年来许多美国华人把先人的遗骨迁往美国",与过往不同,真是连骨灰也"移民"了。人们这样做,因为在母国"祖坟欠缺照顾,不希望亲人的坟墓被迁去人迹罕至、无人管理的地方,所以索性迁来美国",也便于"一家人聚在一起去扫墓,在坟头与先人说说话,烧烧纸钱,教导在这里出生的孩子们,什么叫作中国人的'慎终追远'"。藉以向后人传播中华文化,不失为一举两得。报道还说,"中国的清明节也已经扎实地'嫁接'来了美国,并且根据这里的环境,展现出独有的生命力"④。诚然,方便祭祀先人了,不过更明显的是人们的叶落归根观念变化了,也为融入主流社会而改变,同时透露出国家观念变化的信息。

海外华人丧礼,基本上是中华传统文化与西方现代文化的结合,以中华传统文化为基础,吸收西方文化,于是乎中西文化合璧,具有多元文化的特征,但是中华传统文化实为根基。

多元文化势必发展,应予欢迎。海外华人丧礼的中西文化合璧,势必会发展,而且西方文化成分可能会逐渐增多,这是生活在西方文化为主的主流社会情形下所必然出现的现象。就以叶落归根观念的转变来说,从来是海外华人骨灰归根,如今骨灰"移民",更利于实现以祭祀为内容的孝道,此种适合世情、人情的变化值得称道。多元文化的提出与发展,表明世人希望多种文化并存,而不是一家文化独霸。海外华人的接受多元文化,表明多元文化的深入人心。

最后,笔者表示一点遗憾,就是本文缺乏细节描述,未能将海外华人丧

---

① 悉尼《星岛周刊》第393期2008年5月10日第69页;第434期2009年2月20日第68页。
② 悉尼《星岛周刊》2007年4月2日第335期第34页。
③ 新加坡《新明日报》2003年2月2日20版。
④《美国华人为先人骨灰办"移民"》,2006年4月4日万维读者网。

礼仪式的细微情节呈现给读者。如说遵礼成服,行斩衰礼的是否一定穿着至粗麻布制作的不缝下摆的丧服,行齐衰礼的是否穿着稍粗麻布制作的缝下摆的孝衣,讣文资料未作交代,笔者未经目睹,不敢杜撰。此种细节的缺略,实为憾事。

后记:本文于 2009 年 3 月初草,9 月 30 日定稿。后于 11 月 3 日乘坐航空公司班机于北京飞往台北途中,阅览当日《中国时报》,见要闻版刊登一则讣告,文云:"显考杨公讳德寿先生,恸于中华民国九十八年十月四日、农历八月十六日上午零时十五分寿终正寝,距生于民国十九年农历正月二十四日,享寿八十岁。谨择于民国九十八年十一月六日农历九月二十日星期五,假台北县立板桥殡仪馆景福厅,上午八时设奠家祭,九时公祭后,随即发引台北县三峡火葬场火化。叨在谊,哀此讣闻。护丧妻李祝   率   孝男英豪、英强同泣启。族繁,不及备载。恳辞奠仪、挽联、花圈、罐头塔。"阅竟,自然地联想到本文开篇所录的那些讣闻,行文格式基本一致,内容观念基本相同,甚至可以说雷同,于是不得不认为:(甲)华人的丧礼文化,在美国、澳大利亚和台湾是共同的,表明中华丧礼文化为华人的共识;(乙)美国、澳大利亚华人的丧礼文化是中华传统文化特别是宗族文化的传承,也是从台湾、香港、昔日之广东、福建等地区传播过去的;(丙)中华传统文化在台湾保存的较好。笔者于 2009 年 11 月 17 日补记。

(定稿于 2009 年 9 月 30 日,原题《简论当代海外华人丧礼文化与中华文化的海外生根》,载南开大学历史学院等编《纪念郑天挺先生诞辰一百一十周年中国古代社会高层论坛文集》,中华书局,2011 年;2019 年 1 月 19 日增删)

当今美澳华人佛教、道教传播与文化反哺

在美国和澳洲有许多中国佛教寺庙,间有道观,他们的活动,笔者从近年新闻纸的报道、广告中获得一些信息,在公共空间偶或见到僧侣身影,在新西兰之奥克兰亦有佛光山(寺庙)之引人注目。因而想到他们何以能在基督教强势文化的西方传播、发展,对海外华人生活的影响,特别是中华传统文化移植的动力、原因等问题。笔者限于资料的掌握,这里只想讲佛教、道教布道活动和中华传统文化在海外生根诸因素两个问题。

一、佛教、道教传道活动与渠道

佛教、道教立足于美国、澳洲,谋图发展,开展各种活动,其传道方式、渠道多种多样,如向个人传布,从事群体活动,与其他团体联合行动,故而将其传道行为与渠道问题做出统一的考察。

(一)佛教和道教藉着中华传统节日进行传教法会活动

中华传统节日活动内容中,有与佛教、道教相关联的,佛、道会主动提供条件,促成其在华人社会的实现。

佛教举办新春祈福法会。这里介绍 2008 年、2009 年之际美国两家佛教的一连串法事活动。美国加州米尔必达市华严莲社于 2008 年 12 月份至 2009 年农历年初举办年终法会暨新春祈福法会,举行多项共修法会。其年终法会活动有:礼拜梁皇宝忏,共举行七日;虔诵地藏经后接晚课;幽冥皈依;延生普佛一堂。2009 年 1 月 4 日庆祝释迦成道日,举办释迦普佛会。农历新春祈福法会,礼拜三佛忏(2009 年 1 月 25—31 日,即农历年除夕至大年初六);华严供佛斋天(2009 年 2 月 1 日、农历大年初七);特设新春吉祥灯,燃点七永日,祈求三宝加被世界和平、风调雨顺、合家平安、如意吉祥。华严莲社的这些法会,欢迎"十方大德、护法居士、驾临拈香参与共修,共荐先灵",希望这些活

动能使"健在者身心康泰,福慧绵长;过去者往生净土,早登极乐"①。真佛宗紫莲堂举办己丑年(2009年)观世音菩萨新春祈福法会,由莲花丽惠金刚上师主持,日程有:观世音菩萨新春祈福法会,2月1日在紫莲国际学校大礼堂进行,"让观音菩萨保佑您一整年的平安顺心";百坛护摩法会,2月5日开始,"加持您财运亨通,万事大吉";养生健康讲座,自然医学博士陈俊旭医师主讲二次,题目分别是"如何吃到真健康""如何改善过敏与酸性体质";观音菩萨开财库日护摩法会,2月20日在紫莲堂举行,该佛堂广告说:"快来跟观音菩萨借钱,早到早得福分。观音菩萨大悲愿力加持,让您轻松渡过金融海啸。"②

佛家举办中元节法会。澳洲墨尔本云阳寺举行中元孝亲报恩法会,2004年8月19日至21日连续三天,由住持上如下山法师主持盂兰盆孝亲法会(大蒙山施食法会),目的是要参加法会的人,能有机会藉着法会功德来报答祖先、亡者、亲人的恩情,或解除无始以来的怨恨及心结。法会深一层的意义,是让社会大众能了解真正的利益是来自信众的慈悲及修养,而西方极乐世界是在信众的清净的心念中,大家更应多行善布施,利益众生。③

(二)举办佛学讲座、研讨会

为了传道,寺院举办不定期的佛法讲座和研修班。前述举行新春祈福法会的美国华严莲社,于2006年5月举办三天的七场佛学讲座及研讨会,主讲人及讲题是:日本郡山女子大学何燕生教授《棒喝参禅与只管打坐》、佛光大学蓝吉富《吃素、烧戒疤与南无阿弥陀佛》、东吴大学卓遵宏《台湾佛教发展概况》、南华大学吕凯文《当个喜忧的人——谈佛教的四无量心修行》、中华佛学研究所蔡伯郎《唯识的心理分析与修行实践》、德里大学沙拉欧教授讲《印度佛教史》,他们畅谈各种修持法门。该社住持贤度道及办会原因:美国物质生活良好,心灵生活方面也需提升,才不会发生问题,佛教在这忙碌的社会中,提供心灵的平静,进而促进社会和谐,这是华严莲社举办佛学经论讲座目的。④
2009年2月28日,国际佛光会雪梨东一分会暨佛光山雪梨佛光缘举办新春佛学讲座,名曰"'生耕致富'新春佛学讲座 六祖惠能大师般若谈",由澳纽

---

① 北美《世界日报》2008年12月27日F1。

② 北美《星岛日报》2009年1月25日A8。

③ 澳洲《星岛日报》2004年8月19日。

④ 北美《世界日报》2006年5月5日B3。

总住持依来法师主讲禅宗六祖法宝坛经。雪梨佛光缘另于3月6日至27日的周五晚间开办禅修班。①

（三）佛诞日法会

澳洲钦廉同乡会护国观音庙于2009年3月15日农历己丑年二月十九日观世音诞辰期间举办法事庆祝活动，14日下午设坛忏观音；15日礼佛圣诞，念大悲忏，为世人祈福消灾，解厄化难，放生祈福。②

（四）佛教从事救灾活动

2009年2月在罕见的高温（摄氏46℃）气候中，澳洲维多利亚省森林大火，灾情惨重，201人死亡，7500人无家可归，社会各界人士多方救助，佛教更是发慈悲之心，大力开展救援活动。澳洲《星岛日报》2009年2月21日报道《烈火无情人间有爱 慈济为维省火灾办哀悼会》，谓佛教慈济澳洲分会将于22日举办"无缘大慈，同体大悲"哀悼祈福会，虔诚祈告天下无灾难，人心安宁。派出志工作心灵安慰，并赠衣物。③悉尼中华佛学会明月居士林经生团，于2009年2月28日上午，以一首《杨枝净水赞》开始为澳洲火灾亡者超度，祈愿所有不幸亡灵得到菩萨护持消除业障，得再生善道重临天上人间。④

（五）佛家与有丧事之家合作完成丧礼

亡者或其家属信仰佛教，请僧侣做法事，以此为逝者超度荐福。如澳洲柯宝珍于2004年7月亡故，她原籍广东省潮阳县，儿子范如等为她治丧，举行家奠，诸亲友致祭，举殡奉柩墓场安葬，在整个丧事过程中，特请佛教徒做法事，如同其家族《讣告》所说："恭请维省佛学崇善居士林法事组莅临襄理法事功德，礼颂真经宝忏。"⑤原籍广东省番禺的黄鉴宽于2006年7月24日在澳洲辞世，家属为他于7月30日"举行家奠及法事功德，翌日七月三十一日上午九时正诵经礼佛及亲友致祭仪式，随即出殡"⑥。原籍海南文昌的陈华病逝，家属治丧期间，"恭请福慧寺法事组主事功德三天"⑦。在澳洲悉尼，华人

① 悉尼《澳洲新报》2009年2月28日6版。
② 悉尼《澳洲新报》2009年2月28日6版，《澳洲钦廉同乡会护国观音庙欢庆观音诞及春祭大典活动》。
③ 澳洲《星岛日报》2009年2月21日13版。
④ 澳洲《星岛日报》2009年3月4日4版。
⑤ 澳洲《星岛日报》2004年7月22日29版。
⑥ 澳洲《星岛日报》2006年7月29日—30日19版。
⑦ 澳洲《星岛日报》2008年7月26日75版。

的佛教庙宇南山寺,附近有华人墓园,为华人丧葬做福事成为该寺的一项重要活动。

(六)佛家、道家与商家结合,在中华传统节日的纪念活动中进行传道

2006年清明节期间,旧金山活伦纪念陵园举办多种促销活动:4月1日(星期六)、2日(星期日)举行清明节施食法会,请至善佛道社道长诵经,"为各家先人超度,后人添财寿"①。2008年重阳节期间,旧金山天福园举办重阳节法会,请法云禅寺法师及信徒于天福园内为所有先人超度,后人祈福,免费巴士接送和茶水、午餐招待。②同日活伦纪念陵园重阳节祈福法会,请至善佛道社道长诵经,为各家先人超度,后人添财寿,设有免费自助午餐,舞狮表演。③松柏园的思亲法会是请道士做法事,谓"中国人祭祀祖先的传统历史悠久,时值重阳,松柏园举办隆重的重阳超度法会,方便侨胞前来纪念和报恩祖先和已故亲友,体现中华民族的慎终追远,崇扬孝道,民德归厚传统精神",特请三藩市光明道玄玉帝宫殿主持施放先天斛食济炼幽科全堂法会;请三藩市纯阳精舍诸位斋姑主持超度息灾祈福法会,"以此如意公德超荐先祖宗亲,得令阴安阳乐,子孙福荫"。备有茶水、糕点、素果及香烛、衣包,方便侨胞前来拜祭已故亲人,特设荐坛列名超度,费用全免。④活伦纪念陵园于2008年10月4日、5日举行重阳节祈福法会,请至善佛道社道长诵经,为各家先人超度,后人添财寿。⑤

佛教、道教的各样活动,关注信众和各色人等的人生幸福、平安、消灾,是传统内容和行为,但颇有特色,即因应时代的、眼前的世事变化,加进新内容,如在金融海啸环境下祈福,讲求谋生之道。

二、中华传统文化在海外生根的社会原因

中华传统文化能够移植海外,原因很多,佛教、道教在海外的活动为形成的因素之一,在这里稍微具体考察诸种因素,以见中华传统文化移植海外有着诸多的社会原因和比较充足的条件。

---

① 北美《世界日报》2006年4月2日E15、16。
②④ 北美《星岛日报》2008年10月1日C2;北美《世界日报》2008年10月3日F7。
③ 北美《侨报》2008年10月5日B12;北美《世界日报》2008年10月3日B11。
⑤ 北美《侨报》2008年10月5日B12;北美《世界日报》2008年10月3日B11。

(一)大量华人移民在相当程度上采取中华传统生活方式,是中华文化移植的基本因素

海外华人的中华文化传统,表现在饮食上习惯于中餐;交游圈主要是华人;往往居住在华人区,甚至形成唐人街、中国城;文化娱乐,打麻将,看华语影视片,阅览华文报纸,不爱运动;注重子女文化教育,以改换门庭,融入主流社会;对中华传统节日,有选择地"过",主要是春节;比较传统的家庭人际关系的维持,以至形成家族,有许多的共同行为;婚姻,海外华人求偶的方法,在内部觅求,或回国寻觅,早期多是回国成亲,现在征婚广告对这种情形亦有所反映;丧葬,体现出孝道、亲情,遵守古代的丧服礼仪,比国内更讲究传统,所以笔者曾撰文①讲到"礼失求诸野",不妨先举出两个丧葬事例。

例一,澳洲《星岛日报》2005年11月6日第6版的洪姓讣告:"先室洪门萧氏慕珍夫人(原籍中国广东省中山县大涌乡),恸于公历二〇〇五年十一月八日农历乙酉年十月初七日逝于布里斯班市雅丽珊郡主医院,享年八十有三。谨定于公历十一月十九日农历十月十八日(星期六)上午九时在 George Hartnett Funeral Home 举殡,并于中午十二时安葬于 Gravatt Cemetery。哀此讣闻。杖期夫洪添寿率弟萧瑞洪;孝男龙根、媳赛娟,孙国贤,孙媳虹惠,孙女小梅、孙女婿海军,外曾孙俊霖,孙女小莲、孙女婿卓凡;孝男宣球、媳少玲,孙国禧,孙媳熊井明子,孙国浩……(笔者注:其他孝男、媳、孝女、婿不尽录)同泣叩。"②例二,北美《星岛日报》2008年10月1日C10翁姓《讣告》:"翁公威,广东省台山县边乡聚龙村人,生于一九二八年五月二十一日,终于二〇〇八年九月二十四日在家中,儿女媳婿孙伴床侧,积闰享寿八十四岁,将于二〇〇八年十月三日(星期五)下午六时至七时在丽安殡仪馆,举行家奠礼,翌日十月四日(星期六)早上十点举行出殡礼,安葬于台山宁阳新坟场。恭属宗亲戚友世乡谊,哀此讣闻。未亡人翁雷素娟,孝子立仁媳叶绮玲、孝子立贤、降服女婉仪婿陈焯雄、降服女雅仪婿杨子健、降服女翠仪婿 Travis Tani,男孙翁俊文、外男孙陈文彦、杨俊杰,外女孙杨泳珊,胞弟公安、公实景富、公宇、胞妹珍珍、惠珍、小珍(弟妇、妹丈之名,笔者未录)同泣告(内外子侄数十人)"。③

---

① 《海外华人丧礼对中华文化的传承与反哺》,《历史学家茶座》总第5辑,2006年3月。

② 澳洲《星岛日报》2005年11月6日第6版。

③ 北美《星岛日报》2008年10月1日C10《讣告》。

讣告表达中华传统文化内涵相当丰富：使用中国传统纪年——阴历；重视籍贯，表示来自中国；丧礼过程是非常传统的，所谓亲视含殓、遵礼成服、杖期夫、降服女、未亡人，是纯正的传统丧礼制度，而遵守五服制的"杖期夫""降服女"之说，在中国内地业已消失；家族观念存在，表现在讣告署名方面，生怕家族成员有遗漏而失礼，故讣告有"亲属众多，恕不尽录"之词。总之，华人将中华传统生活方式带过去，成为中华传统文化得以移植的基础性因素。

(二)华人群体的中坚作用、移植中华文化的中坚力量

不过单个的个人、家庭对中华文化移植的作用是有限的，需要有华人的群体作为中坚力量，传播中华文化。海外华人社团很多，有信仰性的佛寺、道观，以及妈祖庙、关帝庙，同学的校友会，社区的小团体，商人的商会，以原籍为成员范畴的同乡会，以姓氏为组织原则的宗亲会，就中以同乡会、宗亲会最为活跃和有力。

同乡会出现的最早，人们以同乡而聚集，维护华人利益，组织文娱活动。作为社团，要向政府登记，应有一些公共产业。在同乡会内部，为开展各种活动，还有小组织，如娱乐健身的舞狮会，互助的公益会。《澳洲新报》2009 年 2 月 28 日的《谢唁》披露一个互助会的事例：在澳洲新南威尔士省有越棉寮华人联谊会，下属有高龄福利互助金组织，黄娣是其成员，2009 年 2 月故世后依章获得会员应享福利金(抚恤金)9922 澳元，而且她是第 541 位领取人。[1]近万元澳币，为数不少，足够一般的丧葬费用。该组织给数百人发放，显系稳定性的群体。该谢唁还代替福利互助金组发出通知：尚未缴付各次互助金者请依章前往会所缴付。

宗亲会早期名曰"同宗会"，后来较多地称作宗亲会。同姓而不一定同宗的人，认为出自一个老祖宗，认同血缘关系，组成宗亲团体。与同乡会相同，要向政府登记，有一些公共产业。系互助互利性团体，如发放奖励学生的奖助金；活动中倡扬亲情，调剂现代社会金钱至上氛围下的压抑情绪，文化功能较为显著。

同乡会、宗亲会在中华传统节日举办联欢庆祝会，如旧金山谭家公所于 2006 年 3 月 26 日(农历二月二十七日)举行春宴庆会，十二时行祭祖礼，自助餐招待，同时颁发奖学金，六时在皇后酒家、亚洲园酒楼欢宴，"藉敦宗谊，共

---

[1]《澳洲新报》2009 年 2 月 28 日 60 版《谢唁》。

贺新禧"①。至孝笃亲公所之波士顿公所有 1500 名会员,2008 年 9 月 12 日举行中秋参会,600 人参加,每人捐款 10 元,作为奖学金,奖励 12 名学子;2009年 2 月 7 日晚举办"春宴敬老联欢会暨会员年会",陈、胡、袁三姓宗亲 1100人与会,国术队醒狮贺岁、武术表演助兴,为四名大学生发奖学金,每人 1000元;增设电脑班;为 105 岁陈梁葵好颁发敬老利是。②沙加缅度中华会馆于2009 年 2 月 1 日假孔庙举行欢庆农历春节团拜,会馆所属诸家族公所成员及家属出席,计 300 余人。家族公所的各个公所主席穿梭场内,分派"利是",互道"恭喜发财"③。2008 年 11 月 26 日宁阳商董月会,通过着手筹备 2009 年10 月在广东台山举行的"世界宁阳会馆联谊大会",全美黄氏宗亲总会推荐元老黄邦麟出任 2009 年宁阳会馆主席,提交宁阳商董会。宁阳总会馆于2008 年 12 月 31 日举行 2009 年新旧职员交接典礼,新主席黄邦麟就职,感谢黄氏宗亲支持与推荐,他说:"宁阳总会馆先人所定下的轮值制度,从台山引进到美国,当然人口多的姓氏轮值的机会越多,此举可解决不少的纷争,权力与义务都得当平衡"。"今后必然致力于发展会务,为乡梓谋福利。"宁阳会馆成立于 1854 年,为侨社七大会馆的龙头。宗亲会的活动宣扬宗亲之情,团结同姓华人。在 2008 年 10 月 28 日沙加缅度龙冈亲义公所成立会上,举行祀祖礼,世界龙冈亲义总会会长张锡利到会致贺词,表示秉承先祖桃园结义、古城聚会精神,忠义亲爱,合群互助,为四姓(刘关张赵)世谊谋福祉。④美国李氏敦宗总公所于 2008 年 10 月上旬组团,赴广东台山参加三年一度的海外李氏宗亲恳亲大会,出席会议的有美东、美西、香港、东南亚、台湾李氏宗亲,大会主要是"聚乡谊,联络宗亲感情,无分彼此"⑤。宗亲会的宗旨是联谊,即联宗亲之谊,通过联欢、助学、敬老等活动,实现其部分目标。宗亲会的产生、宗旨、活动,无不表明它是海外华人宗亲观念的产物和体现,是华人凝聚的一种重要形式。

同乡会的活动维系乡情之中,令宗亲之情与之共生。旧金山中山积善堂于 2008 年 9 月 27 日发布召开都侨大会及重阳节省墓通告,除选举新理事,

① 北美《星岛日报》2006 年 3 月 5 日 C2。

② 网上信息,《大纪元报》2009 年 1 月 5 日、2 月 9 日讯。

③ 北美《世界日报》2009 年 2 月 5 日 B7《中华会馆新春团拜》。

④ 北美《世界日报》2008 年 10 月 1 日 B11。

⑤ 北美《世界日报》2008 年 11 月 25 日 B6。

定于 10 月 7 日重阳节上午 11 时前往六山坟场省墓,"公祭先人"①。钦廉同乡会于 2009 年 3 月 29 日上午在会所举行一年一度的春祭大典拜祭先人,"祈求保佑钦廉族人枝繁叶茂,建功立业"②。同乡会举行祭祀活动,与家庭、家族葬礼表达的宗亲之情有异曲同工的作用。

同乡会、宗亲会还是同祖国内地家乡、同宗共祖的祖坟所在地联系的桥梁,现在还有带有某种政治性的活动,如参与国庆、双十节庆。北美《星岛日报》2008 年 10 月 1 日 B9 版刊登整版广告《热烈祝贺神舟七号载人飞船成功发射并凯旋返航》,署名中有同乡会、宗亲会和华人慈善团体:美西福建同乡会、北加州苏浙同乡会、北加州福建会馆、北加州潮州会馆、北加州温州同乡会、东湾台山同乡会、台山宁侨总公会、海南福荫堂等;全美昭伦总公所、美国马氏宗亲总会、全美溯源总堂、陈颍川总堂、邓高密总公所、中山刘族福建宗亲会等。③2008 年 10 月 10 日北美《世界日报》刊出庆祝民国九十七年双十节整版广告,贺者有商会、同乡会、个人,而宗亲会不少,有:全美黄氏宗亲总会、美国李氏敦宗总公所、美国至德三德总公所、陈颍川总堂、美洲龙冈亲义总公所、林西河总堂、梁至孝总公所等。④同乡会、宗亲会是海外华人中最为活跃的群体,他们庆祝载人飞船上天和双十节,无疑有参与政治活动的意味,在一定程度上表达海华(本文中"海外华人"的简称)声音、愿望。

(三)商人是传承中华传统文化的活泼因素

中华传统节日文化的传承,商人是最积极的成分,应节的物品、食品,商人早早地推出,并且大做广告。因应节日之需,商家常常组织活动,如在 2007 年 4 月 1 日,悉尼宝龙山咨询中心主办清明佳节踏青日,活动内容有参观福地(即宝龙山华人永远陵园),踏青,娱乐助兴,幸运抽奖,免费旅游车接送。⑤华人墓地的选择,讲究风水,华人建造住宅、商店也顾及风水,商人为此举办风水讲座,增长华人知识,以便运用到阴阳宅的建设之中。旧金山天福园于 2008 年 9 月 21 日(星期日)举办"风水与人生讲座",特邀"国际风水大师"太

---

① 北美《星岛日报》2008 年 10 月 1 日 B2。
② 悉尼《澳洲新报》2009 年 2 月 28 日 6 版。
③ 北美《星岛日报》2008 年 10 月 1 日 B9。
④ 北美《星岛日报》2008 年 10 月 10 日 A19。
⑤ 悉尼《星岛周刊》2007 年 4 月 2 日第 335 期第 34 页。

乙明心主讲,免费入场,现场解说风水与人生修行的微妙互动。①商人做事是为盈利,但其商业活动,在客观上宣传了中华文化,并为顾客服务,满足中华节日、阴阳宅建筑的文化心理需求。

华商资助华人社团,促成海华社团的活动,功不可没。华人的一些大型纪念、庆祝活动,商人团体是助力。

(四)佛道本身是中华传统文化的重要组成部分,并在中华传统文化的观念传承上、表现形式上均有不可忽视的作用,成为海华的一个精神家园

中国人信仰的佛教,已经是中国化了的,而道教是纯正的国粹,它们本身都是中华传统文化的组成成分,它们到美国、澳洲布道,说明其有生命力,也表现出中国文化的生命力。

佛教、道教的海外传播,主要是在海华中,其中从台湾移居者又占主要成分(寺庙多为台湾僧人所建,由佛光山、慈济名称可知)。

佛、道信仰,给予海华以精神的寄托与慰藉,协助海华完成一些中华传统的活动。如前述的丧礼中做法事,清明、重阳祭礼的文化活动,客观上起着传播家族文化和协助华人完成中华传统丧礼、祭礼仪式的作用。佛、道信仰,与对儒学的崇奉结合在一起,令人有精神寄托,诚如前述贤度住持所说,在物质生活良好条件下,宗教帮助人们形成心灵的平静。信仰、遵循儒释道为载体的中华传统文化,令海华有归属感,为海华建构起精神家园。对于加入美国、澳洲国籍的海华,世人戏称他们"白皮黄心",善哉!海华与中华传统文化有着千丝万缕的割不断的联系。

总起来说,在当今的美国和澳洲,有着华人佛教和道教传道活动,其方式、渠道多种多样:举办佛学讲座;佛诞日法会;从事救灾活动;与有丧事之家合作完成葬礼;重要的是藉着中华传统节日开办法会,并同商家联合行动。中华传统文化能够在海外生根,由多种社会因素综合作用而形成:大量华人移民在相当程度上采取中华传统生活方式,是中华文化移植的基本因素;华人群体是移植中华文化的中坚力量;商人是传承中华传统文化的活泼因素;佛教、道教本身是中华传统文化的重要组成部分,并在中华传统文化的观念传承上、表现形式上均有不可忽视的作用。

(2009 年 5 月 4 日草于顾真斋,载《天津师范大学学报》2009 年第 5 期)

---

① 北美《世界日报》2008 年 9 月 17 日 F7。

20 世纪上半叶家谱修纂与谱例改良

20 世纪上半叶家族编撰谱系图籍的历史，学术界似乎还缺乏系统的关注。笔者试图对家谱的编修状况、编辑主导意识、谱书的体例改良、族谱的新功能和特点作出粗疏的素描。

一、兴修家谱的追求与实践

家谱是家族文化的载体，文化在盛世才能发展，20 世纪上半叶的中国社会基本上处于扰攘状态，自然在很大程度上影响谱牒的兴修，可是人们纂谱的热情依然很高，千方百计地从事新修与续修。这里先说两个事例，或许对此种说法能产生一点印象。50 年代上海"潘杨事件"的主角潘汉年之父潘莘华（？—1928），辛亥革命之后任常州宜兴参议员，办小学，"民间有编修宗谱的习惯，常聘请他为'监谱先生'，主持宗谱的编辑工作"①。"监谱先生"专有名词的产生，无疑反映修谱成为一种事业。在抗战后期蒋介石就想为家族修谱，胜利后找沙孟海编纂，沙孟海事后回忆："抗日战争初结束，各地各姓纷纷发动重修家谱，交游中不少人向我访寻修谱体例。"他乃拟订新范例——《家谱通例》；并同国学家柳诒徵商讨。②表明战后许多人返回家乡，有了修谱的可能，于是纷纷动手，族谱相继出现。笔者曾阅读过若干部此时新修、续修的家谱，兹列表于次：

---

① 武在平：《潘汉年》，天津人民出版社，1997 年，第 3 页。
② 沙孟海：《〈武岭蒋氏家谱〉纂修始末》，收入《蒋介石家世》，《浙江文史资料选辑》第 38 辑，1988 年，第 2 页。

谱　名	家族地区	编修年代	初修年代	修谱次数
武威段氏族谱	甘肃武威	1911	1877	2
孝思堂刘氏家谱	河北盐山	1913		3
侯氏族谱	河北南皮	1918	1635	3
上海曹氏族谱	上海	1925	1721	4
马佳氏族谱	辽宁	1925	1842	3
上海倪王家乘	上海	1926	1926	1
宜兴任氏家谱	江苏宜兴	1927	约1450	13
毗陵冯氏宗谱	江苏武进	1927	1642	10
上海葛氏家谱	上海	1927	1886	2
刘氏家谱	江西萍乡	1931		4
六修江苏洞庭安仁里严氏族谱	江苏苏州	1933	1639	6
毗陵庄氏族谱	江苏武进	1934		
东莱赵氏家谱	山东掖县	1935		7
平江叶氏族谱	湖南平江	1935		7
澄江袁氏宗谱	江苏江阴	1949	1432	8
陈氏通谱	湖南宁乡陕西安康	1921		7
郃阳马氏宗谱世系表	陕西郃阳	1935		
郃阳马氏宗谱	陕西郃阳	1936		
关中温氏族谱	陕西长安	1938		

表中最后 4 部谱书,系笔者在美国犹他州盐湖城犹他家谱学会图书馆泛览所知。又,笔者早年阅读的族谱,对于每一部谱书的兴修史记录不全,现在很难逐一再作查检,不过可以利用手头的一部书、两篇文章再做些补充,这就是陈支平的《福建族谱》①、于秀萍的《河北族谱存留现状》②和赵英兰的《近代东北地区汉族家族社会探究》③,因制作续表于下:

---

① 陈支平:《福建族谱》,福建人民出版社,1996 年。
② 该文由学友于秀萍提供。
③ 文载《吉林大学社会科学学报》,第 48 卷第 4 期,2008 年 7 月,第 71—78 页。

谱 名	家族地区	编修年代	家谱总修次数	备注
湖梓里丘氏族谱	福建上杭	1919	3	陈书
蓬岛郭氏家谱	福建南安	1930	4	陈书
中都何氏五修家谱	福建上杭	民国	5	陈书
文川李氏七修族谱	福建连城	民国	7	陈书
田氏族谱	河北临渝	1912		于文
郝氏族谱	河北三河	1927		于文
李氏家谱	河北滦县	1928		于文
郑氏族谱	河北宁晋	1930		于文
冯氏族谱	河北丰润	1932		于文
赵氏东门、西门谱	河北栾阳	1932		于文
杨氏家谱	河北沧县	1934		于文
孙氏家谱	河北玉田	1936		于文
马氏家谱	河北廊坊安次得胜口	1920		于文
宋氏家谱	河北清苑	1923		于文
王氏宗谱	河北文安	1937		于文
辽阳王氏族谱	辽宁辽阳	1929	1	赵文
永吉徐氏族谱	吉林永吉	民国	1	赵文
六台张氏家规	吉林永吉	民国	1	赵文
陈氏谱书	吉林梨树	民国	1	赵文
瑷珲郭氏家谱	黑龙江瑷珲	民国	1	赵文

事实表明,人们对修谱是比较热心的,形成一种追求,非要修谱不可。如果常州修谱不成为普遍现象,就不会有"监谱先生"的出现。修谱是一种追求。修谱不太引人注意的河北,其实多有修谱家族,表中的河北谱书已有所显示,于秀萍依据《中国家谱综合目录》资料统计,该书著录河北族谱 121 部,其中清代编修的 61 部,民国时期的 51 部,可知民国年间河北家族修谱占到总数的 45%,令人产生新的印象。在谱学素不发达的东北地区也显现出来,《马佳氏族谱》及赵英兰论文揭示的 5 部族谱问世即有所证明。赵兰英还指出,清代后期东北地区汉人家谱,开始是挂谱,将族人世系书写在白纸上,亦有写在白布上。后来,人们从山东购来"石印家谱",就是印好的空白谱书,用它填写族

人的名字。在做法上与关内宗族谱书写不同的是,存世的人不上谱,死后三年,"始将名讳书与其上,谓之上族谱"①。《黑水郭氏家乘》的兴修提供了另一个事例,该书作者郭克兴,达斡尔族,黑龙江讷河人,出身官宦世家,光绪十七年(1892)生于北京,从学陆军贵胄学堂、法政学堂,先后任职蓝翎侍卫、陆军上校,交通大学、畿辅大学兼职教授。他着力于家族史与地方史的研究,《黑水郭氏家乘》就容纳了这两方面的内容,由六个部分组成,为《黑龙江乡土录》《大贺氏世系录》(《达呼尔源流考》)、《黑水郭氏世德录》《黑水郭氏扬风录》《黑水郭氏先茔录》《黑水郭氏旧闻录》,于1925—1926年以专题印刷,作者计划中该书尚有《艺文录》与《济美录》,似乎没有完成。从已经面世的部分可知,该书包括了郭氏家族所在地区的乡土志、家族源流和世系、祖坟与坟图、人物传记,以及家庙、宅第、祠宇、金石、图像、遗墨。该书题名"家乘",确实成为比较完整的家族历史,尤可贵者,将家族世代生活的地域作出介绍,即将家族与乡土融合为一体,体例创新,体现了近代修谱的先进性。②

修谱是传统事业,续修有习惯因素的作用,但修谱需要大量的钱财、人力和物力,如若没有当时人的高度热情,不可能出现上表所列的那些家族的续修,更不会有像倪王氏、郭氏家族那样有动力去创修。西北的甘肃、陕西,华北的河北和山东,东北的辽宁、吉林、黑龙江都有发生,这种地域的广阔性,也是修谱热情高涨的表现。因此笔者以为,这时人们在新的环境里,继承中国家族的修谱传统,在可能的条件下修纂,抗战以前尤其如此,战后则再度开展起来。下面再从一些修谱案例,继续反映修谱的热忱状况。

武威段氏系由山西迁至,光绪三年(1877)段枢主持修谱,是为首修,并未印刷;1901年中举的段永思分发新疆即用知县,在乌鲁木齐纂谱,基本上于1911年竣工,1914年印刷。③他在远离家乡的边陲,在资料有限的情况下,没有强烈的愿望和坚强的毅力,修谱是不可能进行的。盐山刘氏由福增、意诚等人于1913年修谱,过了八十多年之后沧州李之辑读后说,当时"国家经济命脉已彻底崩溃,接踵而至兵匪四起,人民涂炭,饥寒交迫……处于此种历史状

---

① 赵英兰:《近代东北地区汉族家族社会探究》,《吉林大学社会科学学报》,第48卷第4期,2008年7月,第71—78页。

② 据李小文《达斡尔族家谱〈黑水郭氏家乘〉》(《寻根》2014年第4期)写作,特向该文作者致谢。

③ 民国《武威段氏族谱》卷3《太学生段公斗垣年谱》、卷4《武威段氏科名记》。

况之下,欲兴修谱之念,当是何等艰难",而刘福增等人竟然修成,"其功当垂后世,乃无愧于'先贤'二字矣!"①此种赞扬,诚不为过。潮州洪氏1915年创建三瑞堂大宗祠后即筹备修谱,由洪己任于1917年开始搜集资料,他不久从军,调查材料损失不少,1921年从前线返回,重事编辑,于次年成书,在战争干扰下总算克竟其功。②上海曹氏于1909年成立族会之际,议长就倡议修谱,因经费无着而未果,及至1922年曹启明捐出六百银元的股金和利息作印谱费,如若不足,表示续捐,家族计划于1924年成稿,恰于这年的8月遇到沪上的战事,故延至1925年编成,倡议者的议长却于1923年故去,终未能见。③

苏州严氏修谱,历时十五年之久。该族于1919年开始在上海《申报》和《新闻报》刊登广告,宣布编辑家谱,要求各地族人提供本身资料信息,并在多处张贴《各路招贴稿》,次年成立谱局,分别在上海和族居地苏州太湖洞庭山办公,另派人到各地族人处进行调查,续因材料搜集不足,于1921、1930年再次刊登修谱广告,至1933年始克蒇事。④掖县赵氏族人在1928年动议续修家谱,适值族人绶臣从辽宁返乡,要求族人丞序担任调查编辑之责,由于经费所限,调查未能普遍,"值四方多艰,绶臣又辞世",文稿遂"置之高阁",后来族人瑞泉愿意承担一切费用,乃重加搜集材料,于1935年成书。⑤抗战期间修谱少,然亦有进行的,如湖南鄮县唐氏家族在1942年编辑谱牒,该家族的唐纵于1942年3月18日的日记云:"晚,写信给母亲,族中修谱,国祥后嗣,以雪东承祧。"⑥日记反映家族纂谱的同时,记录了家族承祧事务。这里还想说一下王氏家族族谱重新印刷的事。广东宝安鳌台王氏家族于乾隆五十九年(1794)修成族谱,过了一百多年,家族因续修的不可能及老谱损失得仅剩一部,乃于1908年议论重新枣梨,然而委托人员不得当,致亏损公积金,到1915年才将族谱印出。⑦修谱个案以及重梓个案,无不表明修谱是相当困难的事情,特别是遇到战争的干扰和社会经济衰败的现实,难度实在太大。比如江苏建湖大

---

① 1997年盐山《孝思堂刘氏家谱》序言卷李之辑《三续前言》。
② 民国《洪氏族谱》洪己任《汕头三瑞堂创修族谱序文》。
③ 民国《上海曹氏族谱》卷1曹棣《续修族谱记》。
④ 民国《六修江苏洞庭安仁里严氏族谱》卷12《杂录》。
⑤ 民国《东莱赵氏家乘》赵丞〈序例〉。
⑥ 唐纵:《在蒋介石身边八年——侍从室高级幕僚唐纵日记》,群众出版社,1992年,第262页。
⑦ 乾隆宝安《鳌台王氏族谱》卷1《重印族谱记》。

李庄李氏在1934年修成族谱,尚未印刷,这是该族继同治八年(1869)二修谱之后的三修谱书,随即因抗战爆发,谱稿迷失。①战事不仅影响人心的稳定、调查资料和写作的顺利进行,更影响民生,令修谱经费很难筹集,就是在这样的情况下,只要社会稍微安定,局部环境能够允许,人们就会集资修谱,因而有大量的族谱问世并流传于后世。

二、修谱目标、组织与搜集资料手段

(一)修谱机构和资料收集

修谱是家族大事,要求所有成员的参与,因为没有个人提供的素材是编辑不好的,这就需要有个负责的临时性机构,领导和处理编写事务。苏州严氏修谱之初,就成立谱局,名曰"修谱总汇所",内设主任、帮办员、编纂书记、调查员。②1919年上杭《湖梓里丘氏族谱》之修纂,家族设立谱局,内有总理、董修、积贮、副理等职。1928年南安《蓬岛郭氏家谱》编辑时,选举出修谱董事会,由其聘请总纂、校对、印刷人员。③编写族谱的难处,一在统一家族的意见,二在领导得人,三在适当经费,四在资料翔实。而谱书的质量,尤以第四点为标准。家族有鉴于此,多很重视材料的搜集和编辑,前述潮州洪氏、掖县赵氏在族谱编写过程中均以调查不周为憾事,就是明于此种道理。

苏州严氏勤于搜访材料,并有相应的有效方法,可谓典范,其素材来源及办法拟作如下之分述:

(1)谱局在报纸登广告,在各地张贴"招贴稿",希望族人提供个人和家庭资料信息。谱局给每个族人发送调查表,格式为:

"世系: 第几世 名号 出身 官阶 生卒年岁 妻室 子 住在外埠者应书第几世祖于某年迁居某处。 科名。 职官。 善行:详叙事实,由族众调查,公议定夺,以昭慎重。 节孝:已经旌表者,或尚未旌表而年岁合例者, 亦得详报核定。 墓志家传。 艺文:著作不论已刊未刊,可将原稿送核,事竣发还,或名人题咏,关系事实光荣,亦得抄送备核。

---

① 1992年建湖《大李庄李氏西门宗谱》卷1李容春《序》。

② 民国《六修江苏洞庭安仁里严氏族谱》卷12《杂录》。

③ 陈支平:《福建族谱》,第38—39页。

坟墓:在某处都图字圩,某山某向,或兼若干度。"

(2)派遣调查员至各家调查并协助填表。调查员负责送登记表到各户,如本家不能填写即帮助之。

(3)借助文献资料。在表式中要求各家提供的文献之外,还要一些文书材料,如家藏房支的"瓜瓞绵延红本",多系个人生平素材,至于新娶的媳妇,情况有不明了之处可将家庭的喜账找出查阅,若有人故世,则可查其丧账;当然,家族还应动用老谱和家族公共文献。

(4)利用实物材料。如使用神主上的文字记录,而祖宗的神牌往往是收藏起来的,或供奉处所不明亮,因要将其请出,为此调查员要动员主家,备香烛行礼恭请,然后才能抄录文字。

(5)派遣调查员到族人各个移徙地区做访问调查,去过上海、常熟、徐州、邳县、灵璧、五湖、泗州、睢宁、宿迁、沛县,"凡属集镇市乡,到处详细采访"。

(6)对于已知的并非本族的王家浜及后山严望里严氏族人,绝对避免误入族谱,其他地方的亦需调查清楚,始可着笔。①

严氏家族经过刊登广告,派人调查,族人填表等步骤、方法,获得大量的素材,成功地编纂了十二卷族谱。

各家族在编辑事务中所使用的手段,其具有近代意义之处尤可注目,这就是选举产生修谱领导机构,并以近代名称"董事会"命名;使用近代传播媒介的报纸,刊登修谱信息,大大地有助于材料的收集,至于编辑方法中的近代因素,将在后面说明。

编写、刻印家谱的经费,有不少是个人自愿捐献的,同时亦有另外集资方法,如宝安鳌台王氏重印族谱,倡议人感到靠族中公款难度大,不如向族人劝捐,果然得到众人支持。②这是来源之一。之二是族中或支派有公共财产,动用其中的一部分,或承担修谱费用的某一部分。其三是向族人摊派,如1936年湖南黔阳周氏修谱,每人出银洋一元五角,周基龙家五口人,靠做帮工挣钱交纳七元五角。③湖北通山王氏续谱,每人出钱一元。④南安郭氏制谱,除本乡村

---

① 民国《六修江苏洞庭安仁里严氏族谱》卷12《杂录》。

② 乾隆《鳌台王氏族谱》卷1《重印族谱序》《重刊族谱认捐股份芳名》。

③ 周基铭:《控诉族权对我的迫害》,见《封建族权害死人》,天津人民出版社,1965年。

④ 张希贤等:《血泪话祠堂》,见《封建族权害死人》。

族人捐助外，"住台湾各派合交人口六百四十一元一角三"，还到海外族人中劝捐。①对于多数人来讲，自愿捐、认捐、劝捐，多多少少都有派捐的味道，有些人迫于形势，不得不认捐；但是自愿成分尤其不可忽视，因为这是给祖宗写历史，也是为自己写历史，这种历史感早已形成传统，是人们乐于实现的，对修谱交钱有着相当的自觉性。

(二)修谱主要为个人得益的目标

民国时期人们为什么修家谱，与传统的原因有什么不同吗？

从思想上"收族"，是人们想到的一个修谱原因。修谱使人知道自身来路，就要同族人团结。钱基博为上海倪王家族作谱，说明尊祖敬宗是为收族的道理：人们血缘关系疏远后，相视如途人，其实当初共祖，"悲夫，一人之身份而至于途人，势之所不能免，情之所甚不安也，敬宗故收族也"②。血缘疏远了是事实，是必须承认的，无法改变的，但是思想上不能因此丧失"一本"的意识，真正的悲哀正是在这里；应当想到老祖宗，这样族人就能凝聚成一个家族团体了。而修谱能认祖，故能团聚族人。

分清族人支派，明白互相间的亲疏关系，是修谱的一个实际原因。族人聚居，整日相见，然因世代一远，难免有的人对各自的世系关系模糊了，不好称呼，不好相处，因此要靠修家谱来明确。盐山刘德符因家族从未制作谱牒，祖先世派不清晰，若再这样下去，必将"世系淹没，支派混淆，后人不知何所终"，"则支派之远近亲疏，杂乱难明"，因此决意编修家乘，并于1913年完竣。他们在强调"辨宗派，详本支，考世系"的同时，还为了"联姻党"，故对族女的书法："适某门某氏，联姻党也。"③分清世派亲疏，是从古至今人们修谱的历久相沿的不变原因，强调联姻亲，则是过往人们不太属意的。

传播祖宗光荣历史，激励子孙前进，光大家族。苏州严氏家族认为修谱不仅敬宗收族，因为"谱之义，述德行，重劝戒，励品节"，是用先人的品德业绩教育后人提高道德修养，家谱既然"足以辅助一族教化"，故"关系甚大"，作父兄的以之训导子弟，造就人才，就可知家谱对于族人的裨益了。④为此目标，掖县

① 陈支平：《福建族谱》，第41、43页。
② 民国《上海倪王家乘·例略》。
③ 《孝思堂刘氏家谱》卷1王澄源《刘氏家谱序》、刘福增《序》，1997年。
④ 民国《六修江苏洞庭安仁里严氏族谱》卷1《序例》、卷12《杂录》。

赵氏纂谱,首列先人所得的制诰,次封荫、坊表,再将祖宗的传记、题赠、碑志、寿文、祭文、手书载入,"俾后生小子得所景仰"①。可见家谱设置那么多的卷目,收入那么多的先人遗迹资料,是为了教育后人发扬光大祖先的业绩。

修谱为提高个人修养,加强团体的凝聚力,促使家族和社会的进步。潮州洪氏说明其纂谱的旨要:"穷本溯源,敦宗睦族,将使尊卑不失序,昭穆不紊乱,相亲相爱,团体固结,而立于社会优胜之地位。"对团体之凝聚,不惮其烦地反复详陈,所谓族谱兴修之后:"昭穆既序,则和气融融,团体固结,自兹以后,教育实业,农工商贾,以及社会上种种公益,必不仰助于他人,而自治备发,努力发展,凡为社会害,为家族羞者,则谨饬戒省,使家族日有荣光。"②为加强个人品德修养,传统家族订立族规、家训令族人遵行,此时徐氏所修族谱,名之曰"行为守则"③。仍然是规约,用此新名词,令人自觉遵守的涵义凸显出来。提高个人素质,结合成坚固团体,在社会竞争中立于不败的地位,这种修家谱的观念为前人所未有,实在是时代的发明。

上述几方面的修谱目标,为尊崇祖先,为固结团体,为联络族人,为教育族人等等。其实,尊重祖先亡灵,是为着活着的人;发展团体,也是为了它的成员;联系他人,既是为互相帮助,也是为个人利用;教育族人,首先得益的是族人自身。修谱的目标归根结底是一个,即为族人的团结互助,强化组织,使个人得到发展,成功地立足于社会。根本目的是为了族人提高社会竞争能力,这是20世纪上半叶人们修谱目的之所在。这时的修谱指导思想,不同于过去的光宗耀祖,即主要落实在家族方面,如今也有发展家族团体的因素,但以个人得益为主,这应是两个时代观念差异之所在。20世纪上半叶,个人本位主义思想在社会中流行,它不能不反映到家族方面来,于是在修谱目的中体现出来了。

三、改良谱法的指导思想与新的编辑方法

(一)改良谱法的指导思想

修谱目标既定,实现并不是容易的事情。因为家谱的体例、书例,也即人

---

① 民国《东莱赵氏家乘·序例》。
② 民国《洪氏族谱·修谱例言、汕头三瑞堂创修族谱序文》。
③ 《徐氏家谱》,转引自孙发全主编《谱牒研究》,淄川谱牒学会,2007年3月,第9页。

们通常所说的"谱法",不仅要依据修谱目的来拟定,同时受着传统谱法的深刻影响。不过,改良传统谱法的愿望给人深刻印象。苏州严氏族谱的编撰人,对该族修谱历史考核后得出的结论是:"居今之世,知古之道,所以作谱者不必同,要各视其家世,以蕲体例比乎义而已。"各家应依据本族的历史状况,采取相宜的体例,这是基本精神。它的家族已经修过五次谱书,有了传统,如何对待呢?续谱者表示:"不泥祖法,不离祖法,或同或异,革即是因。"①"不泥""不离"之说值得体味:既尊重祖法,不背离它,又不泥古不化,处于今世,就要记录当世的事情,对古法应有继承,也需有所变更,是之谓"革即是因"。其精神在于变革,只是不宜大变,走得太远。1927年宜兴任氏修谱,主稿人说:"编辑之例,悉遵旧谱。"又表示:"或因时制,量为变通。"②"不泥"于、"不离"于、"量为变通"于传统谱法,可能是这个时代家谱编写方法的基本概念,或许说是许多家族的意识,因为也还有些家族是相当泥古的。变与不变,不是说一个家族样样皆变,另一个处处遵循旧规,而会是在某些方面"因",某个方面"革",或者反是。对谱法如何"因""革",当时人在几个问题上的争论与处理是:

关于家族源流。穷溯姓氏源流,是传统的修谱观念和方法,仍为20世纪上半叶的许多家族所信守,但是质疑者屡屡出现,原因是从后世要追溯两三千年的家族世系,对于绝大多数的家族来讲,根本是不可能的,因为没有那么多的历史资料让人理清数千年的历代祖先名讳、世系,所作出来的不过是同姓氏的人不连缀的、不相干的系谱。武威段氏为作家谱,考察了段姓来源的诸种说法,知道这是"莫衷一是"的状况,无法信从,因而认为"古今氏族之学,不足证信也久矣",故而自定家法,以"始迁祖为第一世,不复旁搜远绍,以免附会"③。不寻求无法确切知道的始祖、远祖,而以始迁祖为第一代,知之既确(也有的家族不准确),符合家族历史实际,免得牵强附会,乱认祖先,闹出笑话。掖县赵氏家谱冠以"东莱"之称,表明它是东莱的赵氏,与别处赵姓不相干,不要没有根据的牵扯,故《凡例》云:"冠东莱者,明以东莱之赵氏也,其毫无根据者,既不敢妄为攀援,即明知其系出一本,而世次久湮,茫无可稽

---

① 民国《六修江苏洞庭安仁里严氏族谱》卷首《序例》。
② 民国《宜兴任氏家谱·序》。
③ 民国《武威段氏族谱》卷首《凡例》。

者,亦不敢遽为载入。"①不追溯得姓氏之源,即不攀附圣贤名人,是求实态度。看来,以始迁祖为第一世,为许多家族系谱处理世系源流问题的准则,这样就有了确切弄清家族世系的可能,是处理家族源流这个棘手问题比较科学的方法。

为尊者讳的两种态度。为尊者讳是传统谱法所普遍遵行的,其内容是不讲祖宗的坏话,在名讳、身份上作讲究,如后人的名字不能同于先人名字中的某个字,如果先人是普通的农人、工匠、商人,没有官职和功名,为他们写传记,往往将他们书写为"处士",意即有德才而不乐于做官,其实是溢美之词。不写家族的坏人坏事,这个时期的家谱依然如此,而身份方面不少家族采取信从实际的做法,对没有官爵的人不加写桂冠,比如苏州严氏,"无官阶者不书不仕,不必书也;或书处士,于不求闻达者特书也"②。对无官爵的先人不写"不仕""处士",只是对个别真正的隐士,才特地注明他是处士。掖县赵氏为避免重名现象的发生,自二十二世起另订辈字。过去各家族订辈字,均是每辈一个字,赵氏害怕再出重名的事,加多字数,每辈订出四个字,任人选择其中一个字③。有的人嫌辈字不好,不能反映个人性格、愿望,故给子孙起名时舍弃辈字,自择喜爱的字,这本是有个性的好事,可是与家族要求统一辈字相抵触,家族的做法限制个人自由,不是好事,赵氏对此作出改良,以增强字数,好让族人有所选择,这就比以前进步了,虽然仍有不足之处。

对族人职业、信仰选择的某种尊重与抹杀的矛盾态度。10 年代湖北夏口县王氏家族修谱,对以前的族规"倡优吏卒"不准入谱,改为"营业不正"者不得上谱,主修王继树将唱戏的王继炎及其妾甘氏叙入谱内。④对艺人的宽容,夏口王氏是先进的,好多家族仍持否定态度。对其他"卑贱"人,一些家族继续歧视,如苏州严氏,对"失身贱役,辱行污祖"者,"削不书,恶之者,弃之也"。但是该家族理解出家人,谱例讲通例不给僧尼作传,今则为其上谱,原因是人们的修养方法不同, 他们也是要到达功德圆满的境地,"且出家必有不得已者,略迹原心,不得概以异端弃亲屏之"。体谅出家人不得已的苦衷,不要以为他

---

① ③ 民国《东莱赵氏家乘·凡例》。
② 民国《六修江苏洞庭安仁里严氏族谱》卷首《序例》。
④ 南京中国第二历史档案馆藏档,全宗 241 卷 4752 号,民国八年(1919)。

们皈依法门，就是忘亲背孝，就责难他们，须知"能信教犹贤于无教也"①。这是对佛教徒，对西洋教徒就不一样了。写于19世纪末的上海葛氏《谱例》，在1927年续谱时被重申继续遵行，其中规定："入西教者不书，杜异端也"②，可见家族坚决反对族人信仰西方宗教的立场。王氏家族宽容过去的卑贱人和严氏家族不以佛教为异端地对待出家人，在社会上还不多见，但却是一种信号，表明对族人职业和信仰的某种尊重业已出现了。

对族女上谱的矛盾状态。对于族女，过去相当多的家族不予书写，因为她们已经成为丈夫家族的人，会出现在夫族家谱里，也有家族写的，因为她们毕竟出自本族，若是夫家有地位的话，更应当书写，以为家族增光。这时许多家族认识到应该书写，但限于资料，不一定能写出来。苏州严氏修谱，就有这种不得已的苦衷："近世只知谱为敬宗收族，而以女无关传系，遂不书女，殊失谱之古义。今欲补书，而旧谱既已无征，虽吾本支支谱女名可考，然他支均缺，未便详此略彼，则亦仍从旧例，一概不书。"③掖县赵氏族谱虽书写族女，但亦以素材不足为憾，故《凡例》云："女子愿生而为之有家，字某适某亦应详列，以女子亦骨肉之亲也，但前谱及现所调查，对于上列各项强半未详，是亦无可如何之事，日后续修调查，极应注意，是所望于后之续修者。"④强调女子是骨肉之亲，所以应当给她们在娘家族谱以应有的地位。重视女子的血缘因素，是非常有识见的，日后家族发展为宗亲会，男女家族成员一样吸收，即基于血缘之故。

血统原则的坚持与废弃。对于"异姓乱宗"，族谱的体例多是防范甚严的，大多不接纳义子、赘婿为嗣子，并不许写入谱内，如上海葛氏家谱的规范："抱他人子为子者不书，重宗祀也。"⑤有的家族就不这么严格，采取变通办法，在家谱中另设"副谱""支谱"，以记录实际进入家族的异姓后人。掖县赵氏家谱的《序例》没有说明对义子的态度，而在实践上作出《义子》一卷，也是以世代作记载，每人名下书写其配氏、子数、子名，如果其人有身份，则予注明，实际上颇有一些人具有庠生的功名。在卷末特别加注说："八修族谱调查，以上义

---

① 民国《六修江苏洞庭安仁里严氏族谱》卷首〈凡例〉。
② 民国《上海葛氏家谱》卷1〈谱例〉。
③ 民国《六修江苏洞庭安仁里严氏族谱》卷首《序例》。
④ 民国《东莱赵氏家乘·凡例》
⑤ 民国《上海葛氏家谱》卷首《谱例》。

子俱照栖霞郭毕抄来，姑存之，以防日后紊乱吾本宗耳！"①原来，单独立卷，是为加以区别，防止与本宗混淆，仍然是排斥义子，反对异姓乱宗，设立副谱的目的就在于此，可见宗族坚持血缘原则；不过副谱之类的增设，也多少反映家族的某种退让态度和通情达理之处。在坚持中退却，这大约就是家族对实际进入本族的异姓无可奈何的态度。异姓进入家庭的现象具有一定的普遍性，人们在实际生活中接受了，而思想上的通融却要困难得多，这就是"意识落后于存在"吧！家族陷入这种现实与意识冲突的矛盾之中。

重视移居的族人。家族本来是聚族而居的，在商品经济不发达的社会，很难有人迁离出去，随着近代商品经济的发展，人们离开村落的可能性大为增加，此种现象增多，这就引起家族的注意，需要了解族人的去向，以便保持联系，因此越往后世，家谱对族人的迁移加多关注，乃至出现专门的卷目。《东莱赵氏家谱》设置《迁徙记》一卷，该族谱编修的倡议人之一赵绶臣，就是外出回乡探亲的人，外迁的人既多，就不难理解为什么会建立迁徙专卷了。在这卷里，先列出族人迁移地区，然后为他们作出传记。所去地点，除本县的东南西北四乡之外，有山东的北流、平度、昌邑、蓬莱、寿光、黄县、烟台等地，辽宁的复州、盖州、凤凰城，以及河北的赤峰，传记的内容，在说明其人本身之外，还要注明他的家族迁徙历史，现在与本宗的联系。②在一定意义上说，比在原村落居住人的记录要详细一些，这是依据外迁者的实际情况所决定的。苏州严氏之重视外迁族人，由派人到各地去访查即可知了。福建人修谱，派人到台湾和海外寻找族人，广东人修谱亦是与海外族人联系，他们这样做，固然有募捐的意思，不过了解族人下落，以便上谱和日后加强联系，应是基本出发点。

将家族修谱的编辑思想再行归纳，可能不外两条：一是务实还是尚虚荣的不同，一些家族比较尚实，家族是什么情况就如实写来，如不做无根据的姓氏溯源、千年祖系"复原"，不过分地为先人讳，如书写什么处士；另一些家族在谱书中大讲虚话，无中生有，将不是先人的他族名人当作自家的祖宗。二是观念的矛盾，对传统宗法性观念既想保存，又有不安，而有所改变，于是同一个家族在这方面对传统谱例有所改进，在那方面又非常坚持，造成家族观念

---

① 民国《东莱赵氏家乘·义子》。
② 民国《东莱赵氏家乘·迁徙记》。

不新不旧的状态。

(二)新的编辑方法的采用

编辑思想直接影响着家谱的编写体例，新旧观念的冲突反映在谱例上，出现某种新因素、新方法，与传统体例掺和在一起，使体例大为丰富、有所改观，能够较多地反映家族情况，保存较多的史料。新增体例有多种方式，可归纳为三个方面：

1.增加族谱内容的容量：(甲)村落地图的增添。过去极其个别的家谱绘制有家族聚居地的村落图，至此时有所增多。乾隆五十九年的宝安《鳌台王氏族谱》，原有《宅里图》，1915年重刻时，做了两件事，一是原来只有总目，至是作出分目，当然这并没有增加新内容，另一是增绘家乡新地图，曰《厚街乡全图》，以便族人知道"宅场位置龙脉之来去"，更知"乡内交通道路之标识"①，所以颇有实用价值。1927年修纂的安徽旌德《济阳江氏金鳌派宗谱》，有《江村图》放在第一本中。②(乙)收入相片。过往家谱只有画像，自从照相技术传入中国，有的人有了相片，一些家族适应新情况，加收相片，如武威段氏族谱规定，除始迁祖等人的画像，仍然健在的段越以下有相片的，应行附入。③旌德江氏谱在《祖像》类别里收有江绍源、朝宗、志伊三人的照片，前二人是名人，后者是族谱的编纂人。照片是人物的形象资料，为研究人物传记所不可缺少。(丙)人口统计表。1935年湖南平江叶氏族谱设有人口统计表，制表方法是列出房分派别、人数、性别三大项，著录男、妇、(族)女的原有、现存人数，最后作出人口合计。据表可知叶氏家族过去有多少人，现有若干，当然现有人数应是较准确的，而原有人数可能少于实际数字，因为早先的记录很可能有遗漏。其现存人口1019人，其中妇人319人，族女179人，男521人，男比女多200余人，因此族谱在"统计说明"里讲，各房系人口消长不同，其重要原因是"生计窘迫，冠而不昏，男多于妇，吾族人读此表，应剀目忧心，极讲求生息教养之道"④。这个人口统计表，不只提供家族人口数字，还能教育族人提高认识，增强素质，强化社会竞争能力。(丁)学位表。传统家谱有科第

---

① 乾隆《鳌台王氏族谱》卷1《重印族谱序》及图。

② 此谱书之资料介绍，由上海傅介说先生提供，特致谢。

③ 民国《武威段氏族谱》卷首《凡例》。

④ 民国《平江叶氏族谱》卷末《平江叶氏人口统计表说明》。

表、科名表,记录族人科举功名,学位表与此意相同,不过增写新式学堂的毕业生,反映族人最新的学位获得情况。前述四项内容,使家谱的信息量明显增多,体例趋于完善。

2.采用崭新的表达方法。潮州洪氏族谱使用符合表示人物特征,其谱例云:"世系图中,凡先祀者以○为记号,过继者以⊙为记号,分创者以∴为记号,遗忘及无从查考者以△为记号,所以省记载而易认识。"①使用符号表示人物的某种特征,如某人名字之前有⊙的符号,根据凡例,就可知这个人是过继者,有生父,还有嗣父,这种表达法的好处有二,一是节省文字,少占篇幅;二是易于识别,一见某种符号,就知道某人特点,"省记载而易认识"的说法是一点不错的。这种符号表达法,是近代人类学的方法,由西方传入,自然是中国古代所没有的,洪氏将它运用到族谱上,是谱牒编纂方法上的一个发明。

3.检字表的设置。(甲)1934年编成的武进《毗陵庄氏族谱》制作有《检字表》,以备阅读者查找某人在谱书中的页码及世系表中的位置。②(乙)《世系一览表》,"俾查讳号诞忌者一检使得"③。这一览表也是为检索用的,方便检查人物的小传。检字表之类的设置,同样是过往谱书所没有的,是家谱体例的创新。

家谱多种新的表达方法的出现,加大了容载量,并大大地便利了阅读,令家谱的面貌有了不小的改变,同时由于一些表达法是近代的方法(如符号法、统计法、检字法),这些都使家谱向近代图书方向转变。

四、家谱新功能与谱例改良的时代特色

(一)族谱新功能

由于某些新观念、新方法的进入,族谱的功用也发生某些变化,重要的一

---

① 民国《洪氏族谱·例言》。
② 民国《毗陵庄氏族谱·检字表》。
③ 民国《武威段氏族谱》卷首《凡例》。

点是由秘藏开始走向公藏。《上海倪王家乘》扉页有这样的文字:"永世亡亿算,绳祖服而不断也;或烬灰而沉渊,征诸南北图书馆。"①这里表达两个意思,一是冀盼家族永世绵延,二是希望家谱永久保存。值得注意的是第二点,家谱会有损坏,油浸水渍鼠咬虫蠹是常有的现象,更严重的是水火之灾的毁灭,因此珍藏家谱成为家族对族人严格要求的一个原因,再说家谱是家族历史,古人的传统观念是秘不示人,使之成为秘本。倪王家族害怕家谱遭灾,灰飞烟灭,将家谱送赠南北各大图书馆,以便久远保存。这是有远见的做法,也反映该家族具有近代观念,知道近代图书馆接受私人赠书,予以保管。可是图书馆是公共传播机构,藏书是为了读者的利用,将家谱交给图书馆保存,无疑使之由秘本变成公藏,改变了秘本的性质,成为公众读物。就此一事,可知修谱由家族事务向社会事业方向发展。家谱的传播功能是联络族人、教育族人,即所谓"收族",将家谱交给图书馆,仍有这个功用,同时成为学术研究者的史料。此外家谱可以作为打官司的证据,近代、前近代莫不如此,不必多叙。

(二)谱例改良的时代特色

综观 20 世纪上半叶的族谱,前述 1919 年湖北夏口王氏家族族谱主编允许艺人上谱,当时引起一场官司,承审的湖北高等审判厅检察官给北京政府大理院报告中说,允许优伶上谱,是"谱例改良之结果",支持王氏族谱主编②。"谱例改良之结果"这句话,说明谱例改革的事实,并给予赞扬。那时的家谱确实是作了改良,观念和体例都发生了变化,尤其是观念的某种更新。新观念的主要成分,是对族人职业、信仰的选择,制定较多的辈字供族人选用,较诸传统家法,出现宽容的态度和做法,这种松动,一定程度上体现出对族人个性、自主权、自由意志的尊重,虽然这只是少数家族中出现的事情,而其思想意义不能忽视;族谱由私家秘籍向公藏图书的转化,这是家族、家谱与社会联系的一种方式,而这首先是家族对近代社会认同的产物;对义子支系要求加入谱籍的某种理解,是社会同情心的增强。但是家族作为传统社会的产物,传统意识的包袱太重,刚刚说明的那些新的思想因素,其实同传统的东西搅和在一起,歧视妇女和某些职业的等级意识,在相当多的家族中或轻或重地存在着,妨碍新的思想观念的成长。家谱要想成为新时代的图书文献,需要

---

① 民国《上海倪王家乘》扉页。
② 南京中国第二历史档案馆藏档,全宗 241 卷 4752 号,民国八年(1919)。

在制作观念、方法、体例、书例诸方面表现出来,观念上要接受民主、平等意识,克服宗法的专制等级思想,要有新的表达方法,能够容纳更多的家族资料,并且便于阅读与检索。由此观之,20世纪上半叶的族谱,是从传统的观念和体例,向着近代家族文化载体的方向嬗变,新旧文化观念并存,是这个时期家谱的特性。

(原载台北淡江大学《淡江史学》第11期,2000年6月;2019年1月16日增补了内容)

改革开放 20 年来家谱编修及其文化取向

编修族谱是家族活动的一项基本内容，是家族存在的一种载体和标志，同时也是家族的一种资源。改革开放以来的 20 年，家族在几乎销声匿迹 30 年之后，迅速恢复活动，修坟祭祖，续编家谱，修缮祠堂，族老调处族内和社区事务，成立或筹建宗亲组织，总的情形可以说是宗亲活动在一些地区有着一定程度的流行，宗亲组织本身也处在变化之中；古代宗法性成分明显减弱，现代因素在迅速增长。

笔者曾去江西、江苏、湖南等省的农村，以及北京、天津调查过宗亲活动状况，同上海、山东、四川、广西、河北等地族谱、族史编纂者保持通信联系[1]，并据所获资料，写过几篇文字，即《当代宗族活动的特点》[2]、《当今宗族与现代化的关系》[3]、《当前宗亲活动状况与族谱编撰》[4]，本文拟在前此研究、撰述的基础上，结合拜读时彦的文论，专就近 20 年新编族谱发表一点浅见，而着眼点则将它放在中国谱牒史中加以观察，以期明了其特点和地位。因纯系探讨之见，谫陋不当之处，尚祈方家赐教。

一、家族编写族谱概况

人们恢复宗亲活动，最初的行动是祭祖，其次则是续修家谱。人们出于认祖宗、认同宗、认辈分的需要，在祭祖的时候，自然提出续编族谱的事情，如江

---

① 本文将多处利用田野调查和通信联系所得到的资料，由于一些客观的原因。不一一注明材料的提供者。而笔者对接受访问者以及协助调查的友人，始终怀着感激的心情，特志于此。

② 《当代宗族活动的特点》，于 1995 年 8 月北戴河举行的"海峡两岸传统社会与当代中国社会史学术研讨会"宣读。

③ 《当今宗族与现代化的关系》，日本《中国研究》第 10 期，1996 年 1 月号。

④ 《当前宗亲活动状况与族谱编撰》，于 1996 年 8 月扬州举行的"海峡两岸族谱学术研讨会"宣读。

苏仪征康氏家族清明祭祖,挂谱已在"文革"中被毁,族人提出重修,在议论中,有人认为既然重编挂谱,何不一起编纂书谱,就这样众人作出两种族谱一同编写的决定,并于1994年修成《月塘康氏家谱》。此事表明修谱有着广泛的民众基础。有些人还相信"只有千年的本家,没有千年的亲眷"的老话,以为本家可亲可信,要通过家谱把自身与本家联系起来。江苏大丰萧某某以古稀之年主动编写族谱,自费到几个县市找族人调查,走桥上千座,过渡口近百回,到处得到族人的热情接待。就连外族人听说是修家谱的也都帮忙,如一次修车,那人不收分文,说修谱不容易,这点钱就免了吧。一次推车过小桥,一名外族妇女帮着扶过河,并表示对修谱的羡慕。他终于在族内外民众支持下编成《萧氏宗谱》。①

人们还认为当前社会状况是修谱的好时机,山东淄博翟氏1995年编修的族谱序言中表达了这个观点:"忆往昔,30年代日寇侵华,60年代'十年浩劫',不是朝不保夕,就是视族谱为'糟粕''四旧',怎能有续谱的可能!看今日,又逢盛世,国泰民安,修谱明系,发扬民族传统,方有条件形成共识。机不可失,时不我待,续修世谱,势所必行。"②湖南平江李氏与翟氏持有相同的见解,认为"兹当盛世,百废俱兴,史志编修,方兴未艾,纂修谱牒,亦应运迭起。我平江李姓各房族长,顺应潮流,纷编谱牒",遂于1995年编辑成可昭房《李氏族谱》,并在《新序》中说出这一番话。③

20年来在一些地方,续修家谱形成了一种气候,不少家族热衷于此,如果有可能得到成品统计数字的话,相信是会以百计数的。但是中国家族繁多,虽说修谱不少,可是各地发展不平衡,因而不能说具有多大普遍性。修谱在有传统的地方较盛行,江西、湖南、浙江等省比较多。1994年笔者在南昌市访问文化名人王老先生,他正在编写自身家谱,他说前几年江西民间与政府编修地方志同时纂辑宗谱,现在已近尾声。同时间访问新建县一位做了将近八年的刻谱工匠(农民"专业户")告诉我们,该县各家修谱兴起于1987年,现在差不多都修成了。新建有谱师20余户,目前转移丰城、南昌县等地去干活。有这么多谱师,说明江西修谱之风确实很盛。湖南双峰县在1989年,已约有六七十

---

① 大丰萧某某口述的一份油印资料。
② 淄博《新续翟氏五支世谱》,1995年。
③ 平江可昭房《李氏族谱》,南开大学外事处刘先生赠送,特致谢。

种族谱正在编印或业已印制完竣。①湖北民间修谱亦不乏其例,《建国以来我国农村宗族势力兴衰的历史考察》一文的作者到江汉平原调查,获知 5 个自然村中,大多数姓氏近年修了谱。②

修谱之风在一些地方延续,如成都沈某某于 1994 年说:"我正受家人委托撰写家谱。"有的人受聘,撰修族谱,福建连江郑某某云:"初,我同本族人研修家谱,继而受雇于人,参与整辑大部头族谱。"杭州徐某某说他的家乡"都时兴续家谱",但谱书不好写,"要到外县聘请文人才能搞好"。四川西昌柳姓族户 262 家,因地处大凉山农村,缺少文人,"四处请人续修"。新疆博乐市杨某某兄弟 14 家 95 人,于 1993 年在乌鲁木齐团聚,共同的愿望是写好家谱。③笔者亦不时收到从不同地方寄来的函件,叙说写信人修谱写作中遇到的困难,是以得出这一"延续"的印象。

当今宗谱的编写者是些什么人?也就是说什么人对修谱最感兴趣?梁洪生在《谁在修谱》一文中认为,它的中坚和引导力量是下列三种老人:"一类:辈分高,热心公益事业,较有威望者;二类:退休教师或其他一些曾经从事脑力劳动的文化人;三类:部分退下来的乡村干部。而台港澳同胞、海外华侨则成为修谱推波助澜的力量。"④笔者同意这一看法。在这三类人员中,在农村是区乡村组干部和中小学教员较多,而城里则高层文化人为多。从村镇看,如岳阳县张氏修谱,倡议人某某曾任大队会计,某某区教育办领导、中学校长;督修某某原为乡长;纂修某某原为国民党区分部书记;编修某某教师、某某教师;协修五人,其中三人分别是村会计、出纳、保管。大丰《明季苏迁西团陈氏家谱(东海公系)》的编写人是退休小学教师;同县朱氏谱主修是担任过区委书记、地区供销学校副校长的离休干部。建湖县《盐城唐鼎公总谱》编纂常务理事长是处级离休干部,副理事长是县局级离休干部。修谱的人必须要有威信,否则难以动员族人参与,当过干部的人,恰能充当此任。现在的居民小组长往往是协修人员,由他们出面召集族人开会,商议修谱事项,最为方便。所

① 钱杭、谢维扬:《传统与转型:江西泰和农村宗族形态——一项社会人类学的研究》,上海社会科学出版社 1995 年,第 291 页。

② 刘世奎等:《建国以来我国农村宗族势力兴衰的历史考察》,《江汉论坛》1994 年第 7 期,第 44 页。

③ 《中国姓氏家谱》第 1 期第 2 版,1994 年,成都。

④ 梁洪生:《谁在修谱》,《东方》1995 年第 3 期,第 39 页。

以今日修谱固然是有文化老年人的事情,但基层干部充当了重要角色。还需要看到,家族为培养修谱"接班人",编写班子实行老中青"三结合"原则,让二十来岁的回乡中学毕业生参加写作,做助手,以便几十年后由他们续修族谱。修谱人还有家庭的传承性,即早先父祖编谱,如今儿孙以之为己任,族人也视纂谱为其家庭世业,希望他们编写,1994年江西萍乡《刘氏续修家谱》,1997年河北盐山《采家庄志·采氏家谱》等,皆是这一特点的产物。采氏谱由采保太初修于1893年,其孙卷林于1954年续修,至其曾孙女玉双,深感"继往开来"的责任,乃行三修。

农村修谱,总要同在外地的族人取得联系,一方面要他们提供家庭资料,以便记录入谱,另一方面要他们交纳谱份或提供经济赞助。笔者在萍乡看到刘氏修谱赞助名单,其在外乡的都标明所在地,有广西、四川、安徽、甘肃和天津等省市的,有的还注出职务,如市长、处长等,他们的捐助款项均系三位数字。城里人支持乡下族人修谱,有各种原因,或出于真心,或无奈应付。自古修谱靠做官的和有功名的人,现在的修谱多系不在职的人出面,但受有身份者的支持。

在大城市修谱的,多系高层知识分子,笔者见到的《西清王氏族谱》《长乐林氏开蓉公五世后裔宗谱》(1993年)、《马佳氏宗谱文献汇编》(1995年)等即是。

族谱的编纂还有另一种情形,就是由学会组织编写,如"长春苏颂学术研究会"在世界苏氏宗亲总会支持下主持编撰《新编苏氏大族谱》,于1994年完成,由东北师范大学出版社梓行。当然,这种族谱更具有学术性,与一般的家族自编谱牒有所不同。

谱成之后,发到房或户中保存,并举行隆重仪式。新建某氏在1993年农历八月十一日发谱,住在其他村庄的族人都赶到祖居地,由主修报告编写经过及经费开支,党支部书记也讲了话,各房选出辈分最大和最小的两个人领谱,由辈分最长的人发谱。外村领谱人群乘坐大小汽车及拖拉机前来,共有140余辆,领走后回村,沿路绕行,约行二三十里,同时鼓号齐鸣,鞭炮不绝。晚上连演三夜采茶戏和两场电影。某村是只有120人的单姓村,族人到家族老基接谱,去了十几辆车,其中有借的单位干部的小轿车、吉普车,还有个人掏钱租的车,共去了五六十人,跑了40里公路和20里小道。如此浩浩荡荡,亦是在社区显示家族的力量,表示拥有家族资源和社会地位。

另外,有一种不是族谱,而是家族的刊物,在某种意义上讲也是家史资料,似亦应予留意。苏州九如巷张家(清代高层官宦后裔)有十姐弟,在20年代,姐妹们组织水社,出版名为《水》的杂志,兄弟们办九如社,后来归入水社,一同梓刻《水》,每月一期,出到25期,后因成员到外地、外国求学等原因而中辍。到了1995年,尚健在的耄耋老人着手恢复,1996年2月《水》的复刊号面世,只印25份,送给张家至亲好友。此事被《新民晚报》披露,为世人所知,至1998年上半年该刊已出版了七期。①

20年来的修谱情形大致如此,那么今日族谱在编写方法,即体例与书例方面同传统族谱有无不同呢?其质量又是怎样呢?有什么特色呢?以下述之。

二、新谱例的追求

20世纪下半叶的前三十年,中国社会发生了天翻地覆的变化,后二十年又是一个巨变。时代不同了,传统社会、20世纪上半叶族谱的编辑思想、方法和体例,显然难以适应变化了的社会要求,人们不可能依葫芦画瓢,势必要作创新,要在上半叶基础上再事求新。事实上,许多族谱撰修者具有强烈的革新精神。萍乡廖氏修谱,强调观念和体例的改变,认为修谱"未尽旧制以行,随时代进化,予以更改,并非篡改,实为时予我,我应时"②。他们要革新,需要否定"修订"是"篡改"的糊涂观念,深知时代要求改革,应当顺应它,改变传统族谱不适时宜的陈规,所谓"时予我,我应予时",将改革谱例的必要性说得何其深刻!福建《西清王氏族谱》的制作者具有相同的认识,如为其作《序》的水利史专家姚老先生所说:"因时代之变易,社会之推移,今谱作用不同于古,则乘时立新,自所必需。"③大丰《明季苏迁陈氏家谱(东海公系)》表示:"要写出新时代,有新的特色家谱。"④无疑,适时变革谱例是许多修谱者的愿望。但是创造谈何容易,而且它不可能离开母体即宗亲宗族活动状况孤立地产生,也不可能不受传统族谱的影响并吸收其优长。这里先着重了解新编族谱的体例和

---

① 曾蕾:《中国独一份家庭刊物〈水〉》,《北京青年报》1998年5月29日。
② 萍乡《廖氏四修族谱》卷1《序》。
③ 福建《西清王氏族谱》,1992年,第8页。该谱承王老先生和同事王敦书教授赠送,特致谢。
④ 大丰《明季苏迁西团陈氏家谱(东海公系)·序》,1996年。

书例,下一节再分析它的文化价值取向,说明它的创新所在和达到的水准。

（一）新体例的探讨

70年代,中国台湾文化界讨论族谱写法,提出两种方案,甲方案归并、取舍传统族谱的体例,定为四大项内容,即源流、世系表、传和记,可以容纳丰富的家族史资料,在源流中有迁徙考一目,又特别强调秉笔直书的写作态度。乙方案遵循三项原则,一是继承传统家谱优点,二是采用现代人类学系谱表达方法,以减省文字叙述,三是内容要适合现代社会的需要,如家族通讯录、嫁女世系表等的设置。①大陆学界对此只有零星的涉及,并无方案的提出,唯于1993年成都出现阎晋修宗源有限公司,制作出表格式的"姓氏家谱",供人填写,其体例称作"阎氏谱例",包含十项内容,为家族名册、世系表、传记、亲戚、家族影集等。其特点,一是表格化,便于填写、续修,二是体现男女平等思想,族女均上谱、作传,三是记录亲属关系,四是收集家族成员的摄影,五是为每一个成员制定编号,便于查找。②此谱例未见有学术性的说明,亦未知其被采用的情形,但从谱例获知,它同台湾乙方案接近。

新编家谱的实际情形,就笔者见到的,一部分因袭传统谱书,一部分作了改进;在改变较大的谱中,可分出两种类型:一是增加一些新的类目,是改造与完善传统族谱体例;另一是创造男女并书的、含有族女世系的新体例。

1.新类目丰富了族谱体例

传统家谱体例,主体是世系图表传记和序跋,兼有像赞、宗规、家训、祠堂、茔图、族产、得姓考、迁徙考、艺文等,近来谱书新增大类项有:

图略:1988年修成的天津《徐氏族谱》开辟图略一目,制出《徐氏后裔迁徙居住分布图略》,作图以表示族人迁移和分布的情况,以往谱书有祠堂图、坟茔图,个别的有村落图(如宝安《鳌台王氏族谱》),而迁徙分布图则系创新。

风云:1994年仪征《月塘康氏家谱》设此篇章,叙述社会风云变化中康氏族人的遭遇和生活。

风情:上述康氏族谱的另一篇目,描写社会风俗人情中康氏的活动。

经济、创业录:亦系康氏家谱所创,系结合各时代的社会经济状况,叙说康氏族人农商各业的经营和经济情况。传统族谱不乏反映族人经济生活的内

---

① 台北《谱系与宗亲组织》,1985年。
② "阎氏谱例"介绍材料。

容,但没有康氏谱这样集中的类别。

家族大事记:许多族谱采用此形式记录家族的重大事情。

家族成员通讯录:阎氏谱例中有此一项,《西清王氏族谱》在成书以前,先编出通讯录,作为修谱的准备,大丰西团陈氏修谱亦令族人填写登记表,这类表格汇编在一起就是通讯录。

世系检索表:按照每个人的世辈,给予一个序数符号,据此检索家谱中的族人简历,可以较快地找到。《西清王氏族谱》即使用了此种方法,前此1934年编成的武进《毗陵庄氏族谱》已用此法。

家族影集:阎氏谱例有此。传统家谱常有少许画像,民国年间族谱间有族人肖像,今日要求人人有相片上谱。《西清王氏族谱》选登了一些画像和相片,随后又辑成《西清王氏影帧集》,不过尚与谱书分离。

亲戚:阎氏谱例有此。

附录:《徐氏族谱》摘录学术界关于谱牒研究的文论。①这种情形少见,未必有发展前途。

2.男女并书的、含有族女世系的家谱出现

人类学的父系系谱制,系指以男性血缘系统计算其家族成员。中国传统族谱都是父系制的家族记录。它记载家族男性成员,对于族人的妻子,因是配偶亦予书写;至于族女,多数谱以其为嫁出去的外人而不上谱,即使写入的,也仅是"适于某村某人之第几子"的简单内容,她的丈夫及子女的状况自然不在著录的范围之内(只有地位崇高的人,宗族引为光耀才给予特殊的一笔)。如今的族谱依然是男系制的,但是出现男女并重并书的、含有族女世系的内容,即不但给来归的女子应有的地位,对嫁出去的族女及其夫婿、子女亦予上谱的权力,这样使家谱完整地反映家族男女成员的血缘辈分与亲等关系。它实际上已突破了传统的父系制族谱的规范和内容;由于此类图籍尚属罕见,笔者还不能给予一个新的概念,做到进一步认识。

如今还有以一个家族的女性为主题的、含有其配偶及其男女后裔的系谱专著,说它是女系制或双系制谱牒并不确切,笔者同样不能作出科学的说明。现在笔者将有幸见到的数种稀见谱书介绍于后,敬祈读者研究赐教。

---

① 在族谱为封建糟粕的政治观念影响下,80年代修谱者尚有顾忌,希图用报纸登载的学术界关于宗族史与谱牒学研究的动态,作为新编族谱的依据,以对抗、反驳指责者。

其一是《刨根问底集——林家三姐妹的后人》(*THE THREE LIN SISTERS AND THEIR DESCENDTS*)，书的主人公是近代史上享有盛名的林则徐的三个女儿和她们的夫婿及所有的后裔。林则徐的三个女儿，分别许配刘、沈、郑三氏，她们的后人，早在20世纪20年代就经常于北京北海公园聚会，参加者有时达一二百人，这是一种表亲的欢聚。所谓"表亲"，相当于西文的COUSIN，包括中表亲、姨表亲，也包含宗亲，这种聚会成员的姻亲状况表明，它是对传统宗亲观念的突破，强调的是不分男女的血缘亲属。这类聚会，到八九十年代是给长辈做寿，分别在京、沪进行，出席者以宗亲、表亲为范围。1991年，散布在海内外的表亲们编辑了这部系谱图籍。以"三姐妹的后人"为题，把姨表亲编制在一部系谱著作里。它以林则徐为第一代，林氏三姐妹及其配偶为第二代，他们的子女为第三代，如此推演，写到已问世的第九代。对子与女一视同仁，写明他们的妻或夫及子女，这样，谱书不仅登记三姐妹的男性后裔，对女性后人的历史，与男儿一样没有遗漏。在方法上，它采取世系表的表现形式，并借助人类学的符号表达法，以正方形表示男性，以圆形表示女性，有夫妻关系的男女，用符号表示，在他们（她们）的名下用竖线联接他们的子女及配偶，这就表明此书的制作，不只是观念的更新，方法上也有创造。①

其二是《明季苏迁西团陈氏家谱（东海公系）》所载的《十四世陈廉静（鉴清）五女联修家谱》。原来陈鉴清（1899—1971）和妻夏恒杏（1905—）生有五女一子，子殇，五女婚配，其长女已见第四代，现今五姊妹联合修谱，以鉴清夫妇为第一代，五姊妹及其配偶为第二代，她们的后裔及配偶依次记载，直写到问世的第五代；每人名下记注生卒年、学历、职务及配偶的出生地和移居地。②

其三是《西清王氏族谱》。福建西清王氏于1972年在台北续谱，已将"女儿的配偶子女，也分别列名"，打破从前重男轻女观念，并能了解婿家和甥辈，同时让他们知道外家历史。1992年大陆的西清王氏宗人续谱，继承了这一谱法，并进一步规定："每位族人均以家庭为单位，详细记载每位男女族人及其配偶的详细经历，特别是女子也尽量包括到第三代的后裔。"③

---

① 此书亦系西清王老先生所赠，不胜感激之至；书中记载有历史名人、文化名人甚多，如杨石先、余英时等。

② 该书承大丰陈逸臣先生赠送，特致谢。

③《西清王氏族谱》王世宪《序》、王世威《跋》。

其四是 1993 年修福建《长乐林氏开蓉公五代后裔宗谱》。林开蓉(1863—1937)生育五子二女,此谱将其七子女和配偶、男女后裔的配偶全行记录。

其五是平江可昭房八修《李氏家谱》。此谱并没有明确规定族女及其配偶、后裔一定上谱,但有的记录了,并记到族女的第三代,所记不一定是名人,表明具有尊重族女世系的某种观念。

这类族谱给族女及其家庭成员在家族中的主体地位,与仅登录族女出嫁给谁的家谱有某种质的不同。因为在那种情形下,女儿女婿不是作为主体出现的,仅为表示族女的婚姻状态而已。

这类族谱的产生,是对传统谱书的巨大改造,使它发生局部的质变,发展开来,也许会成为一种新的谱书体例。

(二)新书例与秉笔直书的追求

体例讲的是宗谱的结构,书例则是具体书写的规范,如世系图,五世一换页,为不致讹乱,第五世是否仍在新页书写一遍?若写则每换页都要移写,因而烦琐,占篇幅,这就是书例是否恰当的问题。再如怎样表述女性历史,义子、异姓上谱如何写,历来并无统一的规格。今日讨论最多的是族女、异姓上谱的写法问题。

1995 年制作的淄博《新续翟氏五支世谱·凡例十二则》第三条云:"贯彻男女平等原则,仍以血统为序",即"女性同样入谱;先尊无子者其女占子位详记;招婿或养子同样入谱,并注明女婿、养子;婿、养子非本族者,下世不续入本谱"。

萍乡泉溪《刘氏续修家谱·续修凡例》:"因我国现行人口政策与昔时不同,族人中有女无男而入赘者,则以女方为主册人,子孙亦一脉相承也。"

仪征《月塘康氏家谱·凡例》:"男性婚出者,则冠以'出赘'。""凡带养子女者是否入宗,尊重本人意愿,自行决定。"

上述族谱凡例表明,其对于族女、赘婿、义子、出赘的写法是:

族女:无子有女者,则以女占据子男的地位,并使她的子男一脉承袭下来。

招婿:与本族男子在谱上处于同等地位,承嗣承产。

义子:写明"入嗣"及其缘由(不愿入谱者自然不书)。

出赘:族人之子进入他族家庭,以"出赘"字样标识。

带养子女:允许上谱,然上谱与否,尊重其本人意愿。

这些新书例的制定都是尊重现实的表现，是怎样情形，就作怎样的记载，而不像过去忌讳书写族人出赘和顾忌异姓入宗。不讳言传统观念中不名誉的事情，就体现了秉笔直书的精神。不过家谱的直书，主要不在这里，而是旧日谱书采取书善不书恶的原则，绝口不谈族中出现的坏人坏事，以免被他人笑话。家族"削谱黜宗"的惩治对象，如为盗匪、僧道及下流职业，盗卖祠产、家谱等，既已不准入祠上谱，就使那些族人的史事在族谱上毫无反映。如今不少家族主持人和谱牒纂写人主张实事求是，揭露和写出家族中的阴暗面，以教育族人和后人。盐城陈氏《家训十条》中的第七条，批评家丑不可外扬的传统观念，规定在祭祖时，可请政府干部作法制教育，并且强调说："这是一条特殊的规定，严明各个门支不能动摇。"岳阳张氏家谱，对同宗结婚，采取"实事求是，不粉饰，不隐讳，明文直记，保持原状"的直书态度。仪征《月塘康氏家谱》记叙两位族人吸食鸦片，不务正业，造成绝房的严重恶果，而勤业的房支生息繁衍，后人多有成就。编写者以这样的事实教育族人自尊自重，自强自立，不可沾染恶习，贻累后人和社会。大丰西团陈氏公开承认族中出了坏人坏事，故于谱序云："在抗日战争中，西团陈氏既有光明面，也有黑暗面。"因为有人参加抗战，也有人任职于汪伪政府，替日伪出力。

董狐直笔，历来为历史学家所推崇，秉笔直书，是中国史学的优良传统，但是在实践上难以做到，因为要为君讳，为尊者讳，如果家谱能做到不为亲讳，实在是了不起的大变革。如今有些家族敢于提倡秉笔直书，虽然做得很有限，实是不简单的举动。不过更应当看到，提倡直书，仅是家谱的一种追求，真正做到，难以预期。

（三）当代族谱体例、书例综述

如前所述，新纂辑的谱书，对于体例、书例多有创新，同时对传统谱法亦有继承，因此现时代各种谱书，于其体例、书例可以作如下的归纳，并可从中明了族谱的一般内容。

姓氏：说明姓源和姓义，即制作族谱的家族姓氏的来源和含义，传统宗谱也考察族源，但近现代移民家族对此的重视，尤甚于古代。

地望与区域社会：叙述宗族的居住地及其社会环境。古代宗族聚族而居，与地望不可分离，宗族同地域联系在一起，表述其家族，是以太原王、博陵崔、宏农杨之类名闻于古今。古人重视地望，在宗谱中有所提及，并不过分渲染，而近现代族谱对祖籍和新居地的人文和自然地理，对社会经济、风俗、政治、教育等情况的留心远迈古代。以至将村史与族谱混合编写,如前面提到过的《采家庄志·采氏家谱》,还有村史中写族史的,如1999年煤炭工业出版社印行的《曾甘村志》,特写了《曾甘家世》一章。

移徙:移民重视家族的祖籍和播迁历史,自古皆然,但近现代移民比古时增多,迁徙史更引起人们注意,因此反映在家谱中,往往特立移徙类目。

世系表、图:登录族人名字、房系及亲人间血缘关系,这是宗谱的传统内容及主体部分,但如前所述,古代族谱只记载男性成员,很少涉及族女历史,现代修谱人普遍承认男女平等,多将族女纳入世系中,只是在具体写法上,各谱有所不同。女祧者及其夫婿、异姓承嗣者一概书入,族人为僧道者亦如实书写。值得注意的是少数族谱有的已将族女的配偶及子女记载于谱内。

传记和个人资料:登载族中名人、名媛或有嘉言善行族人的传记、别传、寿序之类的传记文。此类目在传统族谱中早已出现,但现今族谱为保存家族成员的个人资料,增加成员相片、亲戚,以致血型等内容,然而这是一种理想,难以做到。

坟茔:说明祖坟所在地,常常绘有祖茔图。一个家族的先祖坟墓,或因年代久远,或因战乱和社会动荡诸种原因而遭到破坏,所以不是每部家谱都能有此项内容。

祠堂、家庙:介绍祭祖及宗族议事场所,也常绘制成图刊出。祠堂不维修,就会倾倒,而20世纪以来多有被改作学校和他用的,因而所存甚少,族谱记载亦复不多。

族产和公司:传统家族有的有公共祭田、义庄田,宗谱予以记叙,甚而誊录族产的税纸和有关契据。现代宗族田产绝少,唯大陆以外的宗亲会开办公司,经理族产,或得族人公司的赞助,因此族谱收录有关公司的文献,或者记录家族企业的经营发展状况。

族规、家训和懿范:族约、宗规、家范是传统谱书的常见内容,在古代宗族起着维护社区治安作用的情况下,宗谱出现这些文字是必要的,而现代社会宗族已失去此种功能,旧式规范的意义大减,而今人们重视家教和祖先光荣传统,故仍乐于在谱书里保持懿范等类目。

文献:收录本家族成员的文章诗赋或他族人歌咏本族的文献。

统计表等:有各种内容的统计表,如宗族人口统计表,统计族内各支派和总人口数目。通信录,记录族人通信地址、电话,便于族众互相联系。检字表、世系检索表,用以检索族人资料在谱书中的页码和卷目。家族大事年表,年表的形式早在《史记》就已出现,作为史法并不新鲜,而利用到族谱上,则始于今日。

谱序、凡例、派语等,古今谱牒多有之,唯不同时期的谱序、凡例反映不同时代的修谱思想和特点。

从上述可知,现代家乘谱例与传统宗谱有基本相同点,即记录族人世系、传记和家族公共事务的历史,但差异也相当明显,主要表现在重视家族迁徙史、社会关系史、女子的历史以及由此而产生的族女家庭、族人统计、族人个人历史资料。

笔者在《20 世纪上半叶的家谱修纂与谱例的改良》一文中,讲到修谱中与时代思潮相适应的一些改进内容,20 世纪最后 20 年族谱体例书例的改变,亦同社会思潮相吻合,两个时期的谱例变动亦颇相同,即都在强调人的个性发展,克服宗族的宗法因素,不过两个时期的变化,是在不同的社会制度环境下进行的,所以表述的语言多所不同。

(四)编写族志的趋向

这里提到的"族志",与族谱同是家族史的历史文献,然侧重点不一,族谱虽有表、传、志、图的综合内容,但以世系表、世系图为核心,主要是表现族人之间的世代关系,故为系谱专书,而族志重点不在系谱,甚至可以不要系谱,而记录家族史的某个或某些侧面,如人物传记。

族志之作,早已出现,如乾隆十八年(1743)江苏常州华孳亨编成《华氏传芳录》,道光间安徽桐城戴钧衡编辑《戴氏先德录》,咸丰十一年(1861)广东南海朱次琦、宗琦刊刻《南海九江朱氏传芳录》,汇集朱氏家族成员的诗文及他族人为朱氏撰写的文字。有的家族志书不只一部,江西乐安流坑董氏宗族有嘉庆九年(1804)编成的《秦龙董氏家宝族志》,还有《董氏文献内志》《续修董氏乡贤录》等三部书。①

北宋欧阳修、苏洵族谱定型之后的族志编写,通常的情形是在族谱撰修成功或多次编定以后才会进行,如南海朱氏家族在著成《南海九江朱氏家谱》后编辑《传芳录》,流坑董氏族志多,同修谱多不无关系,该宗族仅在嘉庆十年(1805)至 1938 年的百余年间,修谱即达 21 种。

---

① 周銮书等:《千古一村——流坑历史文化的考察》。江西人民出版社 1997 年,第 403 页。

在 20 世纪 80 年代编著了家谱的家族,有的就以撰写族志作为新的活动内容。就是没有新编族谱的家族,在续修家谱多少成为一种社会风气的环境下,对于族史的编写产生了兴趣,也在情理之中,是以 90 年代出现新编族志的苗头。

天津徐氏于 1988 年修成宗谱,90 年代从事宗亲文化活动,着手编纂家族人物志,业于 1998 年上半年确定入选人物的原则,诸如改革开放后发家致富者、致力社会公益者、具有大专以上学历的人,皆在编选范围之内。该族有的成员还将出土的文物捐献给南开大学历史系博物馆,既可用作教学,又利于永久保存。

四川新竹陈某某,于 90 年代中开始撰著《陈氏族志》,请注意它是径直以"族志"为名,内分"派支访问记""人物篇""诗文楹联选"等目。新竹陈氏先由广西迁移江西,转徙四川,编辑者为明了迁徙历史,循先人之足迹,进行实地调查,1995 年给笔者寄来《江西赣县吉唐下门谱》,收有文天祥的《颍川陈氏谱序》。笔者夙知署名文天祥的各种谱序,其真伪在学术界有争论,故写信请其留心这一问题,不意迅速收到复信,谓前次赴赣得到的资料论证了文天祥序言的真伪,其言之凿凿,是以知作者用力之勤。不知此书是否业已杀青,预料会大量汇集新竹陈氏的族史材料。

90 年代中出版的《马佳氏宗谱文献汇编》,可以视为族史的一种。马佳氏系满洲氏族,在清代和民国年间数度修谱。此次《汇编》的作者,居住北京,退休后以花甲、古稀之年,七次奔赴祖居地东北,跑遍了"凡有马佳氏族人居住"的京津辽之间的都会、县邑、乡镇、村庄,历时十余年,编著成功。①全书分甲乙两编,甲编为《马佳氏宗谱》,乙编为《马佳氏族志》。乙编包含十卷,分别为"族源""居地""恩荣""传记""谱牒""祠墓""碑刻""纪事""艺文"和"附录",试图将与宗族有关的历史文献汇总起来。毫无疑问,它提供了马佳氏族史的大量资料。这部书说它是族谱亦非不可,但作者将乙编命名为"族志",全书以"文献汇编"为名,显然不赞成将它看作单纯的宗谱,或许视之为族志较为准确些。

族志与族谱的不同,除了体例和侧重点的差别,似乎后者具有资料性的特色,而前者应有某种程度的研究性,其本身是向着族史研究专著方向发展,

①《马佳氏宗谱文献汇编》金启孮《序》。此书亦承编著者惠赠,特致谢。

只是已出现的这类著作尚待提高层次而已。

三、新的社会文化取向

当今族谱写作中关于体例、书例的革新，对新的家族史表达的追求、探讨，是在顺应时代要求思想观念变化的前提下进行的，比如近现代社会男女平权，虽然实现得远不理想，但比古代社会的男尊女卑已大为改观。本文前面不止一次提到现代族谱编写者具有男女平等的思想，要把它运用到家谱写作中，改变传统宗谱排斥、歧视女性的表达方法。修谱中的观念变化，不止如此。人们对修谱的价值观念、文化取向多与前代不同，才使谱书的内容和写作方法变异。究竟变在何处？新谱的指导思想为何？笔者仅就认识所及，略述于后：

其一，开发族谱社会功能的价值取向。

传统族谱记载族人间的血缘关系，令人知晓如何同他人相处，如礼貌、称谓、请求、拜托，这就使族谱具有有益于人们处理社会关系的社会功能。新族谱在系谱之外，特意增加族人通讯录、相片，不厌其详地登录族人的家庭地址、邮政编码、电话号码。传统家族聚族而居，隔墙相守，有事联系迈步即到，而如今不少族人远在外地，甚至国外。至于出现在城市的宗亲会，其成员不用说是分散居住的。散居的宗亲间要联系，见面不易，而电话、通信则颇便捷，因此通信录的增设，适应现代社会宗亲加强联络的需要。宗亲间的交往，对于个人，除交流亲情之外，有互助或单方面求援的作用。而农村宗族与外地族人联系，往往有求于人，即希望人家提供物资、信息，介绍合作对象，以帮助本地发展，这就是学者杜经国等谈到编写新族谱的社会文化背景时所说的："改革开放后加强外联，以期借助在外乡族力量支持本地建设。"①由此可见，宗亲、宗族是一种社会资源，人们可以因各种需要而加以利用。

作为社会资源的宗亲的范畴，古代传承下来的观念是以男性为基准，而将有血缘关系的女性排斥在外，很不合理，今人讲究男女平等，提倡家谱书写族女，甚至于她的家庭夫婿和子女，子女的婚配及其子女，这就是族谱增添表达宗亲与表亲、姻亲成员关系的内容，而就传统宗谱观念讲，它扩展了宗亲范

---

①《汕头近十年新编族谱》，《第八届亚洲族谱学术研讨会论文摘要》，香港大学，1994年12月，第22页。

围。谱书记录对象的变更,实质上使宗族社会资源扩大,使人们将表亲(中表亲、姨表亲)和某些姻亲纳入宗亲范围,当作亲近的社会关系加以利用。正如《西清王氏族谱》讲到记录族女家庭原因时所说:"藉以提倡增进堂兄弟姐妹和姑表兄弟姐妹之间代的横向联系,在当前只生一个子女的国策,这项横向联系已成为十分必要。"①

传统族谱的功能,时代越早的,政治性教化的作用越强,晚近以来,在朝着有益于宗亲谋生、互助、社交的要求,即向社会性功能方向发展。今日制谱者追求男女平等的新表现方法和增加便利人们联系的通信录等内容,扩大作为一种社会资源的宗亲的构成范畴,增添成员的社交对象,同时也为人们进行交流特别是异地联系开辟一种渠道,既利宗族发展,又利个人前途。看来,今日人们之编修族谱,赋予其促进宗亲、姻亲社交的内容,增强它的社会功能,这种价值取向是相当明显的。

其二,提倡建设现代人伦的思想文化取向。

许多人对现代社会物质文明的高度发展、精神文明的滞后乃至颓靡,表示极大的担忧,对见利忘义、损人利己、高离婚率、赡养老人不力、人际关系不协调等现象表示义愤,盼望改变这种状况,为此想到古代传统的伦理道德,特别是其中的核心部分——家庭伦理,希望从中吸取一些有益的因素,改善社会精神面貌。编修家谱,开展宗亲活动,就被赋予了这种使命。

一位台湾的彭姓人士参加宗亲会活动,写了下述一段文字,道出此种情形。他于1996年在《弘扬祖德》文中写道:"今人物质文明发飙,相形之下,益显精神文明匮乏。""参与宗亲事务乃系人间之至高情操,与宗人相聚,悠然自在;仅需注意基本礼貌,便有无拘无束畅所欲言之感,更有归属感之再生;而后,宁静可以致远。在安定富裕中,必须对本身、对家庭、对社会国家要有'使命感'。"②他参加宗亲会活动,感到精神充实,从而产生对家庭和社会的使命感。另一位台胞刘某于1994年出席祖籍萍乡泉溪宗族祭谱大会,在演讲中说:人类社会"目前虽然进展到'开放、自由、民主'的阶段,可是社会伦理、社会秩序,都是十分的紊乱,不完全是国法或政规能够做得到的,然而往往一个

---

① 《西清王氏族谱》,第495页。
② 台北《彭氏宗亲会讯》第13期,1996年8月10日,彭贤清文。承台北彭炳进先生提供,特致谢。

族群的规约或习俗,却常常影响族人很大"①。台湾工业化比大陆早,人们对社会文明、人伦的变化更加敏感。

其实,大陆同样有人留心于此,主张加强伦理建设,并对传统的人伦观作出批评和给予新的阐述。《西清王氏族谱》主修王老先生对此论述颇详。他首先说明伦理与社会进步、精神文明的关系:"在我们源远流长的中华文化思想宝库中,在发挥精神文明作用上,最注重地就是要讲伦理道德,处理好人际之间的关系,成为社会稳定、健康、有序发展的支柱。"接着他提出通过修家谱进行新伦理道德的培养:"我们应教育族人持有人生以奉献为主的精神","提倡各家族修订族谱绝不是恢复封建制度,而是要贯注新的伦理道德,提倡优生优育,注重对子孙伦理道德与科学文化教育的双重培养,使成为一代讲精神文明和科学文化的新人。"他对传统伦理赋予了新的内容,作出符合于今日道德要求的新诠释。他说,父子关系是"父慈而教,子孝而箴",具体讲是父母"有培养教育子女的责任,不仅应教以学业,还应教以仁义道德";子女"不仅应孝敬父母,还要有诤于父母,防止父母陷于不义"。"应当反对的是'父为子纲',要求子女对父母绝对服从的关系"。在讲到夫妻关系时认为:"夫妻有别是指夫和而义,妻柔而正。""我们赞赏古人'相敬如宾'的提法,反对'夫为妻纲'和'从一而终'的纲常说教。"说到兄弟关系的"兄爱而友,弟敬而顺",是指"兄须爱其弟,弟也恭其兄,以维护手足之情,告诫兄弟之间,勿因小利而伤骨肉关系"。总之,他主张"把人伦关系建立在双方互相尊重的基础之上,而不是什么谁服从谁的尊卑关系"②。把人伦关系建立在"方互相尊重的基础"上,说得何其中肯! 由家族成员之间如此,扩展到社会各个领域,人人如此,社会道德不就成为理想的了吗?!

人的社会角色繁多,各种角色之间都有关系,但是主要的是夫与妻、父母与子女、朋友之间的三种关系,而前两者更加重要,它们之间的关系准则,可以说是社会伦理的核心部分。今日的修谱者就此作文章,主张人间平等、尊严、互相关怀与给予而又有约束的人伦关系,推崇奉献社会的精神,不仅不是传统伦理的有害部分(宗法性伦常),而是建设新时代社会伦理的探讨和一些内容的阐述。精神文明与物质文明需要互相适应,但又不可能保持同步的变

---

① 《修谱的意义——优种爱国》,复印件。承萍乡刘炳继先生提供,特致谢。
② 《西清王氏族谱》,第491页。

化和一致,被一些人认为的"昌盛的物质文明与颓靡的精神文明"的矛盾,是否那么严重,不同的人会有相异的看法,笔者认为那种不协调确实严重存在,社会伦理中不健康的成分确实存在,令人担心,人们试图通过宗亲活动和编辑家谱作些弥补是完全必要的,应该看作是好事。至此,似乎可以认为,今日之修谱,赋有建设新时代伦理的社会价值取向和社会文化取向。

其三,发扬尊祖先爱乡族的传统精神,并赋予新的文化内涵。

许多宗族在进行活动和修谱时,总是强调祖先创业的艰难,表示要继承这一传统,建设新家乡。比如江苏盐城建湖县唐氏表示,编辑族谱,"发扬先人美德,以育后代裔孙,为新时代做出更大贡献"。并在《告祖文》中较具体地说明祖先创业精神之所在:"我祖筱川,创业唐湾,种植良田,何其艰难。我祖精神,移惠后人,裔孙当守,万事为训。"该族的一位成员还说,"凡我族众,其再努力,发扬祖德,共勉共励,建设新盐城。"①

大丰朱氏编修族谱时,"研究 500 年来朱氏子孙对丁溪场各地的开发和开拓的历史贡献,并从中引出那种不畏险阻、艰苦创业、开拓进取的创业精神,加以总结和发扬"②。

同地 1998 年编修的《束氏联修家谱·前言》,讲述编写新谱目标:"懂得祖先殚精竭虑,艰苦创业……启迪后人,励精图治,早日实现现代化。"

岳阳《清河堂张氏家谱》讲其修谱的用意:"更重要者,记叙先祖之公德业绩,垂为典范,启迪后人。"③

江西《易氏重修族谱》云:"修谱是为了既懂先祖艰苦创业,又爱现代幸福家园。"④

人们感谢祖先披荆斩棘开发良田、给后人留下美好家园的功绩,同时希望创新业,把家乡建设好。如果说敬祖是传统的观念,而超出家庭家族的视野,兴建乡里,已比先辈远大一些,事情还不限于此,人们的目光业已放大到城市、国家范围,企图通过一个个小小的家族,联系上海内外的同胞,促进社会国家的进步。西清王氏家族就是以编写族谱联络散处在大陆、台湾以及美

---

① 建湖《盐城唐氏宗谱》中《璜门支谱》《凡例》等篇。

② 大丰朱某:《我对宗谱的认识过程和调查老谱编新谱的初步体会》,油印件。

③ 岳阳县《清河堂张氏家谱》卷首《六修谱前言》。

④ 转引自钱杭:《宗族重建的意义》,香港《二十一世纪》1993 年第 10 期。

国等国家、地区的宗亲,姚老先生为该族家谱作序讲出了这个道理:"海外赤子心怀故国,心目中常存中国之山川城郭,尤切于先祖之屋庐故墓,族姓亲朋之故情旧谊。知我非孤立之我,我之来自可上溯百世,我之同气可遍于世界各地之我姓我族,皆中国心之所含。而寻根追源,又莫捷于族谱之纂修。"①修谱联系海外宗亲,使"中国之心"得以有所表达。

通过编辑族谱,将敬祖宗爱乡族的精神融会在一起的一个典型,是辽宁海城范氏家谱。海城范某某于 80 年代编写《范氏近代宗谱》,纯系世系表,内容简略,在台湾的范氏族人范传培于 1990 年返乡探亲,获见后,重为查询考证,历数年之功,撰成《海城范氏近代宗谱》,遂能"藉助谱系辈行认祖归宗,或有助于凝聚向心力,以发扬爱族、爱乡之传统精神,使高平门风更加辉煌"②。所谓高平门风的"高平",是范氏先祖范仲淹次子纯仁的封号——"高平郡开国侯",范纯仁从政讲学均有建树,今日处在海峡两岸的范氏,以范仲淹、纯仁父子为楷模,爱护和关照族人。所云"爱乡",表面看是爱护家乡海城,但不会限于海城,海城乃中华民族之一乡,爱之,即爱中华文化之乡和产生它的国度。

由今日修谱对祖乡的态度,可知修谱者在编写中尊祖爱族的传统精神,同时贯注热爱中华、联谊海内外宗亲的新观念,是对传统爱乡族的美德的升华。换句话说,是爱族、爱国思想的融为一体,修谱者的文化取向已立于爱国的高度,大大突破家族小团体的立场,是非常可喜的现象。虽然这样的家族不能说是非常的多,却是可以注目的事情。

写到这里,不由得不使笔者认为,今日族谱的编修,对前人的观念在继承的基础上作出了重大的改变,对体例、书例的创新,对族史的研究,均是由于在指导思想方面具有了建设新时代的社会伦理、发展家族社会功能、开发爱族与爱乡国的社会意识,这种文化观念和社会价值的取向,是探求新式族谱的动力,从而使它有了新的面貌。钱杭认为今天农村修谱,"有一些颇具时代特点的新目标和新的胸怀","许多新族谱和传统的宗族文献的文化取向已有差异,与社会历史潮流基本走向相适应"。③我们的见解是颇为相通的。

① 《西清王氏族谱》,姚《序》。

② 洪神皆笔录《春风化雨四十年——退休导师范传培专访》,新西兰《亚洲时报》1998 年 11 月 13 日。

③ 钱杭:《宗族重建的意义》,香港《二十一世纪》1993 年第 10 期。

四、何以仅是新型族谱出现的端倪

我们将今日所编纂的族谱说得这么好，是这样的吗？现今的族谱，从总体上说是欧阳修、苏洵谱式的传承，又是它的变异，而变化仅见端倪，无论是在体例上，还是新谱使用的普及率方面，都存在大量的问题。

第一，新观念、新体例、新书例出现在少数宗谱中，绝不能表示新修族谱普遍达到此种水平。

细心的读者会发现，本文所引述的具有新观念、新体例的谱书，多系生活在城市的，或宗亲散处在海内外的家族所书写，而且它们的作者文化层次相当高，如《西清王氏族谱》《刨根问底集》《长乐林氏开誊公五世后裔宗谱》《海城近代范氏宗谱》等。当然，许多农村家谱也同样有新的成分，但是农村新编的族谱，因袭传统谱书，不作改进者亦复不少。笔者在新建县访问某族的一位修谱成员，谈到族女上不上谱的问题，他说他主张上谱，但是其他的编修不赞成，不能取得共识，只好各行其事。他在所主持的房谱里写上了族女，他的女儿就上了谱，而其他房支没有这样做。社会提倡男女平等已有一个世纪的历史，为何仍有人反对族女上谱呢？盖因他们所持的理由，不外是老祖宗留下的规矩不能变。因循守旧就使一些新编宗谱基本保留了旧日的面貌，不能反映新时代的精神风貌。看来，新修族谱是否作适应社会变革的改进，出现很不一致的状况，大体上说有城乡的区别，文化层次的不一，作大的改进者相对少一些，大体不变者不少，所以，用新观念创造新体例、新书例的族谱，终属凤毛麟角，它反映的是观念先进的人们的一种现代追求，但远未成为时尚，因此只能认为这种谱书的出现，仅仅表明谱书改革的一种开端，发展开来，才能使新型族谱代替传统族谱。

第二，新谱书的观念、体例需要不断地完善，以克服现存的问题。

新谱书最大特点是将族女家庭成员容纳进来，也就是我们说族谱发生局部质变的所在。但是当代社会基本上还是女性进入男性家庭，女性写入男性家谱，因而它基本上仍是男系谱，故冠以男性的"某氏"之名。如果真正男女并重，重新修谱，从确定的近世的祖先、祖母写起，以谁（祖或祖母）姓氏为名称呢？用任何一姓都不合适，恐怕要以双方姓氏联用为好。如今修谱还没有提出这一问题，可是根据男女平等原则而出现的男女并书的族谱，势必要在将来处理这一课题。

新族谱开始采用某些现代研究方法,如人类学的符号记录法,现代数学统计图表,以数码为人物代号的检索法等,无疑是相当科学的,必要的,相信在实践中还会遇到许多具体情况,究竟要用何种现代研究方法,还要摸索,以便谱书表达更完备,更便于读者阅览利用。

新族谱留意于家族生活的社会环境、迁徙的历程,无疑对全面了解家族历史所必要的,然而如此要求,大大增加了写作的繁难程度,不是一般家族的人力、物力和学识才能所能达到的。家族史如何处理好与地方史、社区史的关系,双方的各自分工是什么,结合点在哪里,这是一种社会工程,家族史、地方史能够同时开展研究,互相借助研究成果,才是共同有益的,可是哪能要求一个家族在其修谱时,社会上已将地方史、社区史研究好,或同时开展研究活动,这是没有可能的事情,故家族史与地域史的结合,理想甚佳,实现难度很大,而关键是要把握家族史与区域史联系所在,家族谱要把地区的哪些社会生活内容写进来,才能完满地反映家族史,这是值得考究的关键问题。

第三,如何克服传统族谱乱认祖先的弊端。

传统族谱为古人和今人所诟病的,笔者以为主要在两个方面,一是无中生有地虚美先人,再一是乱认祖先。这后一类,是作家族溯源时,把直系祖先追到上古的王侯卿相和先圣先贤方面,于是都成了轩辕黄帝的直系裔孙,此种不健康的不科学的做法,笔者作有《古代宗族乱以名贤为祖先的通病——以明人〈萧江宗谱〉为例》①,作了说明,这里不作赘述。

今天作谱者中的不少人,对族源问题表现出浓厚兴趣,将考证先祖渊源当作重大的任务,下颇大的功夫。但如前所述,多数作者缺乏历史学素养,其论证的结果,无非是先祖为上古某大名人,然而所依据的史料哪里经得起推敲!事实上今日只有极其个别的家族能够准确地追溯上千年的历史,如曲阜孔氏,其他的由于没有足够的真实的历史材料,已经不可考证了,即使一些家族依据古人的某种记载作证明,其实大多是古人的想象之词,或者是附会之说,本不足据。笔者认为,一个家族,能够知道几百年的历史,已经了不起,何必追到二三千年,作无稽之谈,而浪费人力、财力,把它刊刻在族谱上,还可能

---

① 冯尔康:《古代宗族乱以名贤为祖先的通病——以明人〈萧江宗谱〉为例》,载《第五届亚洲族谱学术研讨会会议记录》,台湾联合报文化基金会国学文献馆,1991 年。

贻笑大方。

但是人们追根溯源是应当理解的。祖宗是哪一位,人们为了表达对他的崇敬,或许还有好奇心,总想刨根问底,只是不了解问题的难处,即不懂得刨根之不容易,甚至是刨不到根的。再说,现在修谱的家族就多数讲是处于平民地位,社会层次一般,人们希望祖宗是位名人,以增加自豪感,鼓励自身上进,或者还可以提高本家族在社区的地位,以利家族的发展。这种愿望是可以理解的。不过好虚荣,并非社会所提倡的。乱认祖宗,是对先人的亵渎,也是自欺欺人。人们认识到这些,就会科学地探讨族源,克服不健康的心理和做法。

第四,修谱与社会的关系有待协调,以利提高族谱质量。

族谱的修制,在唐代及其以前,由官府编修或审定,宋朝以降,政府除了编纂皇家的玉牒,以及像清代少数民族王朝需要审核旗人家谱之外,对民间的修谱不再过问,但由于政府对宗族活动实行鼓励政策,支持宗族修谱。而近期的社会背景,与清代、民国大异。家族及其谱书一度被当作封建文化加以扫荡,新的宗亲活动合法与否人们并不明确,家谱则是不能正式出版的。这样从民间讲,有一个争取社会和政府承认的问题,而从政府讲则有待制定适宜政策。这种情况已经受到地方政府方志编写者中少数人的关注。他们因纂修方志接触、思考族谱和家族活动现象,从而提出见解。据梁洪生的了解,他们的设想是:"1.成立谱牒研究机构,编写谱牒修纂大纲,确定体例和内容,以对修谱进行规范和指导。2.对已经修好的谱牒,必须像对待其他出版物一样,送当地修志部门审查,以在印刷和发行方面'把关',否则不得出版。3.地方修志机构应加强对地方姓氏、人口分布及村民户籍档案资料的收集和管理,以便存史与咨询。"总之是希望有关部门"认可乡村修谱有其合理性,应该有条件地准其进行"。梁洪生认为这些人"介于管理层与农民之间,试图找到一种可以通融、避免公开冲突的办法"[①]。笔者认为,这种设想提出的本身就是朝着解决问题的方向前进,私修而官导官审,是否合理和可行,未有实践,难以推测,如果有更多的建议,逐步加以实行,自然会有可行的方法出现,那时修谱在质量方面的提高将是可以预期的。

学术界总结当代修谱经验,对于提高修谱质量应当是不可忽视的社会因

---

① 梁洪生:《企望:私谱和官书的对接——近年方志界的一种构想及其可行性考察》,《海峡两岸族谱学术研讨会会议手册》,扬州,1996 年 8 月,第 21 页。

素。编写族谱是实际的学问,一般的纂修者多少有些文化,或有一些旧学基础,但对于谱法很难说有研究,因而不能指望大多数人能够拿出高质量的作品。我国谱牒学研究的队伍,与以万计数的谱书文化宝藏相比小得可怜,其中研究当代谱书、谱法者更属罕见。这种情形似乎不算正常,因为谱牒学研究的任务,不单纯是评论传统谱书,亦需钻研现代谱学,以便对谱书的写作有理论的参考价值,有助于提高修谱者的学识修养。主修《基隆鲁国颜氏家乘》《福成杨氏族谱》的台湾修谱专家唐羽,就批评这一现象,他认为修谱是实践之学,"更为学界应所关心,导正之方向"[①]。这种实践家的呼声,学界似乎应有所回应。

总起来看,当今的修谱,已经有人在贯彻现代平等、人权的观念,创造族女及其家庭成员记录法、人口统计、大事记、通信录、影集等新体例、新书例,较好地反映当代宗亲活动的实况,较成功地保存家族历史记录。这是在对传统谱法继承的基础上,作出较大的创新和呈现的某种质的变化。但是目前修谱及谱书的状况,含有新质因素的族谱较少,多数仍是传统谱法的产物;即使新谱,体例、书例尚不完备,不经过一个较长时期实践改进,很难达到完善的目标;传统族谱中的弱点,如祖宗考证不准确,书善不书恶的倾向,作为传统包袱,抛弃并不容易;修谱,如何在新时代被社会理解和认可,这种关系的协调,亦非一蹴而就的事情。这些修谱的主客观因素,决定新质族谱的出现尚处于开始状态,或许也可以说是它的发轫期。

新谱能否发展,要以主客观条件为转移,就笔者所见,似乎是可以乐观的事情,是可以期待的。

五、修谱与台港同胞及海外华人关系

写了上述四个方面的情况,并没有将当前大陆民间修谱的诸种社会因素交代完竣,因为它同台湾、香港同胞及海外华裔的宗亲活动关系极其密切,它之所以是如今的面貌,乃是双方结合的产物。对于这一问题,亦不应忽视不谈。

---

① 唐羽:《从工商社会之修谱探讨今谱之体例——以基隆颜氏家乘为试述》,载《第八届亚洲族谱学术研讨会论文摘要》,第11页。

台港和海外华人社会,不乏从事宗亲家族活动的现象,虽然决不能说这是普遍的事情,但这种活动从来没有中断过。大陆改革开放以来,台港同胞和海外华人相继回乡探望亲人,祭扫祖坟,查阅家乘,甚至于寻求合作开办企业。祖坟、宗祠、家谱是内外宗亲寻求共识的资源,成为双方联络的纽带。同时,外边来的宗亲,经济条件相对宽裕,他们常常不惜金钱,进行祖根的宗族建设。大陆的族人,像对待贵宾一样,热情欢迎他们的到来,于是共同进行修坟祭祖、续编族谱,开展宗亲活动,而要点则是大陆族人接受境外宗亲的经济资助和某些观念。请看下述一些事实。

《盐城陈氏宗谱》是台胞倡议编修和经济支援的结果。1991年台北盐城同乡会理事长陈某,到深圳参加"中外友好人士联谊会",特邀盐城市长及在盐族人陈某某前往会面,随即委托宗亲修谱,稿成寄往台北,于1993年在那里印刷1000部,分送大陆族人,费用由其负担。此后,陈某回故乡,盐城市长送他到祖居地上冈镇,他举行祭祖仪式,几千人参加。①

萍乡刘氏续谱亦系其在台湾宗亲倡议和出资促成。1991年在台中的刘氏宗亲某某给大陆族亲写信,倡言续撰宗谱,并建议民国年间主持谱务者的裔孙刘炳继担任此事,得到族人的响应,他遂成为宗谱的"倡修",随后另一位台胞返乡,规划族谱兴修事宜,成了"纂修",并委托大陆族人成立"续谱委员会",负责具体编纂事务,1994年编纂成功,由在台族亲捐资刊刻,故大陆族人基本未出费用。谱成之际,于11月举行祭谱大会,在台刘氏代表出席,当地对台办干部因而与会,台胞的同窗好友及邻姓族长亦应邀赴会。仪式很隆重,有乐队伴奏,录像留念。与会台胞宣读《续修家谱祭祖文》,并作了前面提到的《修谱的意义——优种爱国》的讲演,又当场拿出100美元,赠送给该族第13代长孙,鼓励他努力读书。这一切充分体现台胞在宗族活动中的骨干作用。这个宗族的一位在台族人出资2000元,一位族女捐500元,村人再凑一点钱,于1992年将在上栗小李庄的一个祠堂修复,与此同时,在台族人捐资5000元为村民修了一座桥,又花3000元打了一眼井。修桥补路,这是以往宗族常为社区操办的善行,如今由在台宗亲实行了。

前面说到海城范氏在台族人范传培纂修宗谱,他已先后五次到东北探亲,在力所能及的范围内帮助大陆宗亲,如担任晚辈出国留学的保证人,协助

① 盐城陈氏谱牒联修处:《陈氏家讯》第12期,1994年。

族人调动工作,促成地方政府与美国公司技术交流及贸易合作。①

有的家族同台胞协议联合修谱,如郑州的郑某某"受台亲之托想把我们的家谱立起来(原家谱在十年内乱中已毁),另受荥阳、密县郑氏宗亲之托,亦须续谱"。有的则想通过编写家谱联络海外宗亲,如浙江象山张某某,"最近受本家族的委托,正在筹备续写家族之谱,想通过续谱的形式为家乡出谋献策"②。

明清之际山东临朐人冯三仕移徙韩国,如今其裔孙冯荣燮执着于中华文化,出任民间组织的"明义会""朝宗岩大统庙"负责人,编辑《冯氏族谱》《冯氏大同谱》《明遗民史》等著作。为寻根问祖,不只一次奔赴山东,与宗亲、乡亲座谈,还同包括笔者在内的各界冯姓人士联系,交换资料。1992 年笔者到韩国参加学术研讨会,在他陪同下前往大统庙行礼。同年笔者在南开大学主持召开第二届明清史国际学术研讨会,邀请冯荣燮与会。同他凤有往来的在辽宁工作的冯某某,返回原籍北京平谷调查族源族史,得悉族人字派竟与韩国冯氏相同,平谷冯氏还流传一种说法,即约在 300 年前从山东迁移来的。这些迹象表明,韩国冯氏与平谷冯氏很可能同宗。冯某某还给与冯荣燮有联系的国内同姓氏者写信,询问冯氏宗亲能给韩国冯氏寻根做些什么,大家今后如何联系。③这是海外的宗亲活动,推动了国内宗亲间的联络和对家族史的考察。

大陆宗亲活动的某些观念亦受着台胞和海外华人的影响。江苏仪征刘氏宗族开展活动时使用"宗亲会"的名义,如清明祭祖挂谱,以宗亲会具名通知族人。笔者访问其族谱纂修人刘老先生时,问他为什么用宗亲会的名称,他说有两个原因,一是传统的家族意识里族人就是宗亲,二是海外有宗亲会的名目,这两点结合起来,就把宗族叫做宗亲会了。台港及海外华人的宗亲组织普遍地称作宗亲会,现在大陆家族使用这一名称的已不算太少,无疑是受到外面的启发和影响。《刨根问底集》的编辑者们,生活在美国、中国香港及台湾等国家和地区,男女平等的观念早已扎根于他们的头脑之中,所以能以女方为

---

① 洪神皆笔录:《春风化雨四十年——退休导师范传培专访》,新西兰《亚洲时报》1998 年 11 月 13 日。

②《中国姓氏家谱》第 1 期第 2 版,1994 年,成都。

③ 冯某某 1992 年 9 月 11 日给笔者信件。

名表达男女姻亲的系谱关系;他们具有人类学系谱知识,并熟练地运用到著作中,与台湾学界研讨的第二种制谱方法相同。毋庸赘言,台港同胞和海外侨胞在寻根问祖的同时,将他们的宗亲观念和编修族谱方法也输入大陆,产生了某些影响。

上面所述的陈氏、刘氏、范氏、冯氏等内外结合的宗亲活动,都是一些个案,石田浩在1994年著文,说他于1987年以来,一直在福建晋江作华侨、华人回乡活动的调查,认识到显系带有群体性的社会现象,他写道:"我看到了华侨'衣锦还乡'的实际情况。他们在侨乡的投资,从兴建学校,提供教育资金,造桥铺路,建发电所变电站,铺设电线,到重建村内的寺庙和祠堂。让过去被禁止的传统庙祭及宗族祭祀再次兴起。"①改革开放,引进外资。以宗族作纽带,不失为吸引外资的一种渠道,这就是某些地方政府为名人修复祠堂、允许民间续修家谱的原因吧? 民间开展宗族活动不无有所瞻循,而利用境外宗亲的钱财为本族本乡造福,何乐而不为。仅从这种功利的目的就可知,大陆宗亲活动的发生及活动状态受境外的影响是势所必然的,这也是当前大陆宗亲宗族活动和续修家谱的一个特点。

(原题《当代家族谱编修论略》,载《中国社会历史评论》第一卷,天津古籍出版社,1999年)

---

① 石田浩:《闽南农村宗族组织与乡村建设》,载《第八届亚洲族谱学术研讨会论文摘要》,第2页。

诚可效法的创新体例的家谱
——仪征《月塘康氏家谱》序

　　江苏省仪征市《月塘康氏家谱》（以下简称康氏谱）撰成，编著者业田表兄命作弁言，尔康不敏，然为康门之甥，情不敢辞，因应命敬书数言，贺舅氏宝谱之成。

　　家族谱书体例，向有繁简之别，简略者仅以世系表图书写家族成员，繁复者在世系之外，多含序跋、凡例、家诚、宗规、祠堂、祖茔、像赞、族产、传记、艺文、移徙考、得姓考等门类。近世海内外华人修谱，尚有不断的创新，增辟乡土志、原籍乡土志、人口统计表、族人分布图等。至于书例，更是根据时代精神，对旧时代谱书写法多所改进，如登记族人相片、血型、族女之夫婿子女。更有甚者，以女性为中心制作谱牒。族谱之兴修，在当代诚可谓创新迭出。

　　敬读康氏谱，深感它体例新颖，符合于当代修谱潮流，且有其新贡献。何以云此，非为献谀舅氏和欺世也。康氏谱包括序、凡例、康姓溯源、家族成员简历、经济篇、教育篇、风云篇、风情篇、世德赞暨世系、传略等篇目。"经济篇"系结合各时代的社会经济情况，备书康氏族人农商各业的经营和经济状况；"教育篇"记录康氏重视文化知识及族人受教育的情况；"风云篇"述说近现代社会风云变幻中康氏族人的遭遇；"风情篇"叙述社会风俗人情中康氏的活动；"世德赞"是以诗词的形式赞扬康氏门中优良传统。前人谱书也有宗族经济、科举功名内容及传记像赞，但是没有或者说极少把经济、教育、风云列为独立的篇目，更没有"风情篇"，康氏谱把它们设为专篇，实是族谱体例的一种创新。这种创造更便于书写家族历史的方方面面，能够容纳更多的族史资料，使得族谱内容更加丰富充实，从而能够较好地反映时代地、地域、社区社会风貌。

　　这部具有新体例的谱书，向人们展示了月塘康氏近百余年来的发展变化历程。康族先世原具有"凡置产业的当以田亩为上"的以农为本的观念，在清朝中期，由于勤劳，购置田产，自耕自食。迨至近代，康氏开办裕兴油坊、裕兴碾坊,生意兴隆,贸易于长江南北,于是拥有良田美宅,茂林修竹,骡马成群,机声轰鸣。华宅所在,是名副其实的"小康庄"。后来遭受日本侵华之害,族业明显下降。20世纪后半叶历经农村合作化、公社化运动及生产责任制政策的实行,务农的康氏家庭经济也随之变化,一度是家无隔宿之粮,而近十年来明显好转,主要表现在产业结构方面,人们种粮之外,栽桑养蚕,加工食品。木作手艺,外出做工。离乡的族人,任职于行政、文教、工业、商业各个部门,以及自行经办商业,当今之康氏族人生活,诚如康氏谱经济篇所云:"康庄又焕发出青春","呈现出欣欣向荣、蒸蒸日上的兴旺景象,康庄人在康庄大道上,向着小康人家迈进"。

康氏的变化,得力于家族的文化意识。如前述康氏原以农业为本,然耕读传家的观念也很浓厚,当经济条件稍微具备时,即致力于子弟的文化教育,故在家族加工业发展的同时,男性成员皆从师就学,无不识字之人,摒弃世俗"识字不识字,有钱会办事"的观念。舅父先源公说:"养儿不读书,犹如养圈猪",在经济尚不宽裕的情况下,不惜出卖耕牛、土地、首饰,送子读书,使他们取得中等文化学历,这在好几十年前的乡村是非常难能可贵的。先源公读书名言已成为康氏家训,遵承相传,而今大学毕业者频频而出也。康氏家族的历程大体上可以说是:从务农为本,到农商结合,再到农、商、工、学、政全面就业,经历了一个发展兴旺的过程,也说明这是一个有着广阔前途的家族。

尔康对舅氏家族的历史,原来只有一鳞半爪的知识,现有以上了解,实从今修家谱获得。纂修者业田表兄不满意于常见族谱的体例题材,立意要把家族史放到社会环境中来写,因而创设前面说到的风情、风云、经济、教育诸篇目,并为此查阅地方志书,走访族人,实地考察,又同社会上制谱专家及谱学研究者磋商探讨,在获得大量社区和家族资料之后,本着秉笔直书的精神写出谱书。因此我们读它,得知康氏族人的活动与中国近现代社会的脉搏息息相通。如康氏油坊、碾坊的兴办,因淮盐总栈于1873年从江都县瓜州(今属邗江县)移设仪征十二圩,仪征再度成为淮盐集散地,于是长江中游商贾云集仪征,刺激了当地农村收购业、加工业和运输业的发展。康氏敏感地意识到区域经济发展的形势,适时开办碾坊、油坊。公社化期间的康氏所在农村的经济状况,家谱叙述了生产队的土地、劳力、收入的总体情况及分配情况。它把事情说得非常具体,如粮食分配中劳力、儿童各若干以及猪饲料若干,又如现金分配中劳动日单价、口粮单价、烧草折价、食油单价、肥料价格、水费、电费等一一写明。风云篇从清朝乾隆中期(18世纪中叶)实行保甲制度写起,讲到中华民国、日伪时期以及中华人民共和国各个时期,仪征和月塘乡的政权及其组织机构的变化。"风情篇"把仪征及月塘的风土人情、岁时节日、民间红白喜事的习俗介绍得一清二楚。比如说送灶,有的人家在腊月二十三日,有的则在二十四日,何以有此差异,家谱言明的"军三民四"之说,原来在前清以前,政府将百姓区分为"民籍""军籍"等不同籍别,因而不同籍属的人形成一些不同的习惯,军户在二十三日送灶,民户在二十四日送灶,自然是可以理解的了。再比如,传统社会计量单位是石、斛、斗、升,与今日所用的市斤、公斤不同。时下年青人很难懂得旧日的计量方法,康氏谱编著者顾虑及此,特别对它作出说明,并交代前后两种计量的换算方法。凡此种种,令我们读后,不但懂得康氏族史,而且获知康氏聚居地仪征,特别是月塘乡的近百年史,诸如它的政权机构暨政情的更授,它的物产经济、民间的风俗习惯和民众的生活方式。因此,这部谱书反映了仪征市和月塘乡历史的一些侧面,它不仅是康氏家族史,还可以说是仪征市和月塘史志的一种,至少可以说它能为撰写市、乡志提供大量的可靠的素材。康氏谱的价值或许还能说得更高一些,即它还从一个小小家族反映中国近代社会的演变,这当然是就很小的局部范围来讲的。康氏家族从农耕到农贾结合再到各业并举,不就是中国从传统自然经济向近代商品经济社会进化历程中的一个缩影吗?

一部好书的形成,要有充实的素材,要能从材料中引出固有的观点,还要有好的表现形式和优美的文字表达能力,康氏谱远不能说作为好书的要素样样俱备,但在体例新、材料翔实两点上确有特色。它既能记述康族历史,又能以家族的衍化,或多或少地反映近代仪征乃至中国历史的一个侧面,不能不说它是一部好的族乘之作,值得称道,且可为新修家谱者效法。是为序。

冯尔康

1994年10月15日敬撰于真州镇

新时期早期的族谱
——1988 年天津《徐氏宗谱》序

　　徐文甫、玉书先生以《徐氏宗谱》部分底稿示余,谓家族中续谱将成,与修者希望余为该谱写几句话,余对谱牒学颇有兴趣,当即观览徐氏谱,并听他们介绍修谱情况,故而对徐氏谱有所了解,进而思及今日家乘之写作状况,遂不揣谫陋,书此数语,以志《徐氏宗谱》续修之成。

　　徐氏纂修家谱甚勤,据云已十数修,即自清朝咸丰十年(1860)编撰算起,光绪九年(1883)、民国二十二年(1933)、1962 年相继续修,至 1988 年之作,已达五次,平均三十年一修。中国古人每有二三十年,五六十年续谱一次的理想,甚至有"三世不修谱是为不孝"之说,然而真能实现三十年一修的家族并不多,而如徐氏纂修之热忱者实不多见,尤其是最近两次之写作,尤令人见其执着于谱牒之诚。

　　徐氏近期修谱,新定目标,云为"使后人辈世分清,缅怀先辈业绩,增进同宗族睦之性,更重要的是培养教育后代子孙,将热爱祖国、爱集体、爱家乡和家族的理想,达到融汇统一,相辅相成"。兴修家谱,是家族进行传统教育活动,而其内容是追念先人业绩和加强族人团结,这是小的社会群体活动,如果局限于此,倒会增长家族小团体意识,徐氏意识及此,特别强调修谱中的爱家族与爱家乡、爱祖国相结合,这样把爱家族融汇在爱国主义之中,即避免可能发生的小团体思想的倾向, 又使它成为对族人进行爱国主义教育的一个渠道,做得好,实在是有益于国家的事情。中华民族立于世界民族之林,宗族文化为其内容和标志,只是我们应当批判传统家族文化中的宗法性,并赋予其爱国主义、集体主义新内容。徐氏修谱有了这种表示,值得赞扬。

　　与新的修谱宗旨相适应的,应当是它的体例与内容。徐氏此次修谱,作了若干努力,制作了族人分布图,将旧谱凡例中的不详记载、僧道、仆隶、义子、赘婿的内容,歧视再婚妇女的著录方法删去,允许异姓继承入谱,注意登记族中女子,体现出尊重女性的平等观念。但是徐氏还没有拟定出新的凡例。余意新式族谱需要贯彻这样一套原则：给在政治、经济、文化建设中做过贡献的男、女族人立传；男女平等，不仅族内女子上谱，连母妻媳系统的直系亲属（父母）等也要作出记录；重视家族婚姻史、生育史、健康史资料和记载；注意族人的分布状况、迁徙及其原因；著录凭据、文书，如出生证、身份证、毕业证书等；总之，新家谱的编写，在于促进新型家庭和家族建设，促进民族文化的发展和国家的繁荣。倘若这样来要求徐氏宗族，那么它就显得不够完善，只有俟诸异日改进了。

谱主徐氏，明朝初年由今山东平度、江苏徐州等地迁至今河北沧州，始迁祖为徐铭、徐彦明，据宗谱揭示，他们"身处畎亩，孝友力田"（嘉庆二年十一世大来谱序），或列入"灶籍"，治盐为生（徐氏谱叙），皆普通劳动者，他们身后五六百年，子孙繁衍，而今分布在天津市大港区和静海县，河北沧县、青县、黄骅县、盐山县、孟村回族自治县的一百多个村庄。据云旅居海外欧美等大有其人。今徐氏修谱取证其先世，力求追溯至上古时代。修谱探询族源，是应有之事。然而前人修谱，往往在这方面出问题，即弄不清族源，而以后来名人为祖先，诚所谓："推远年君王将相一人共为始祖，如周姓则祖后稷，吴姓则祖太伯，姜姓则祖太公望，袁姓则祖袁绍。"（清人辅德语）这就做了为"有识者喷饭之助"的傻事（清人钱大昕语），是今日编写家谱尤当警惕的事。族源是族史中的重要问题，不可不究，然一般家族的远年之史，实在难以考订，余意溯源能准确地溯到始迁祖就很好，再远不知道了，就不必费力，特别不能牵强附会。修谱也是修史，似乎也可以遵循略古详今的原则，能把始迁祖以降的族史搞清楚了就很好，族人明其关系，他人得到人口史、移民史的资料。总而言之，要实事求是，把族谱编成信史，始不愧为家族之名。

谱牒之学，源远流长，如今台湾和海外华人社会，多有宗亲会组织，修谱为其一项活动。甚而有治谱专家，专门为他族纂辑家乘，大陆也有一些宗族在编写谱书，徐氏修谱，即为其一，并非罕事。但是讲究谱法则不容忽视，盖新时代当有新谱学。民间不懂谱法，往往沿用旧法，容易导致宣扬家族主义，设若加以引导，使宗族修谱沿着新谱学的科学轨道前进，利国利民，有识者岂可渺忽之，何不引导之欤？

（写于 1989 年 1 月。《徐氏宗谱》所记刻印时间为"戊辰元旦"，即 1988 年，实该谱于 1989 年刻印）

关注精神文明建设的家族史
——天津《徐氏芳名录》序

一些家族在族谱修成之后,仍要做些事情,有一项就是纂写家族史,写作"传芳录"之类的作品。天津市、河北沧州徐氏家族即是如此,于20世纪80年代末编辑《徐氏宗谱》,刊刻发给族人,如今《徐氏芳名录》撰成,主事人徐文甫先生要我写点什么,高兴地应承了,因为我们是老相识,早在十几年前我为他们的族谱写过序言。

"芳名录"一类的著作,在我国很早就产生了。早在二百多年前的清朝乾隆八年(1743),江苏无锡的华氏家族就撰成《华氏传芳录》,记述有特殊表现族人的言行。一百多年前,广东南海九江朱氏完成了《朱氏传芳录》的写作,同时期,安徽桐城戴氏家族出版《戴氏先德录》,刊载该族男女成员传记,特别是他们的嘉言懿行。这种类型的图书是家族人物传记专著,用以纪念祖先,表彰他们的美德,激励子孙继承宏扬,努力上进,使家族继续兴旺发达。这种家族人物传记书籍,在早先,多是只给故去的先人作传,对存世的人是不写盖棺论定式的传记的。

天津徐氏热衷于家族的建设,尤其重视家族历史的保存,远的不说,在20世纪20年代编纂家谱,60年代初又同山东新泰等地宗人一起再次辑成新谱,80年代末续修了《徐氏宗谱》。不到一个世纪纂修三部家族谱,在我国各个家族中不仅不多见,可以说是罕见的。族谱修成后,家族还要开展哪些活动?徐氏宗亲议定编写芳名录,记载新时期族人的新成就,不论在农业生产、工业运输、商业贸易、党政部门、文化教育哪一方面,或者在村落社区、家族、家庭生活方面,凡是有业绩、有贡献的,发家致富而不忘回馈社会的,和睦邻里的,尊老爱幼的,有一善一行,即予记录,并汇编成册。因此有此书的问世。

改革开放以来,我国出现了前所未有的新面貌,经济发展,人民生活改善。工业社会,往往是物质文明上升,精神文明滞后,我国也有这种倾向。人们思考避免这种情形的发生,宗亲活动开展得好,或许有助于这种弊病的克服。

比如,《徐氏芳名录》所要表扬的是具有两种精神的人,一是致富不忘回报社会,即不是个人富有,少数人占有财富,而是富有者以其财力回报社会,帮助乡亲共同过富裕生活;一是建立新型的家内、族内人际关系,亟须清除族长制、家长制、男尊女卑传统观念的影响,建立男女平等、互相尊重的人际关系。徐氏芳名录所推崇的这种精神,如果各个家族都来提倡和实行,对于我国精神文明的建设无疑是有益处的。因此我认为健康的宗亲活动,既为民众生活所需要,对社会也会有好处。

宗亲是小群体,宗亲活动可能存在传统社会的宗法性成分,因此颇为人们所忌讳,所诟病。徐氏宗亲在社会生活中发扬亲情的同时,注意避免宗法因素的冒头。他们力求与村落中其他族群搞好关系,家族活动邀请族外人参加,以克服传统宗族的小团体本位。

历史上的传芳录不写或基本不写在世的人,有其道理,因为人是变化的,前半生做好事,后半生可能办坏事,这样的人经不起表彰,对后人难以起到教育作用,不写是有道理的。难道绝对不能写吗?也不尽然。写出来,对其人是一种鼓舞,激励他更向前走;也是一种要求和鞭策,只能往上走,不可以向下出溜。我想,上了芳名录的不必沾沾自喜,人生的路还长,走到最后还在笑的人,才是真正有成就的人,快乐的人。走了一半就停下来了,甚而倒退了,岂不可惜,岂不让人笑话!让传芳录发挥良好的影响,人人走好,真正流芳百世!作为友人,这是我的衷心祝愿,是为序。

(此文应当写于21世纪初年,一时查不出时间纪录,甚憾!)